Verband der Sicherheits- und Gesundheitsschutzkoordinatoren Deutschlands e.V. (Hrsg.)

Praxis-Handbuch SiGeKo

Praxis-Handbuch SiGeKo

Fachgerechte Koordination gemäß
Baustellenverordnung

mit 48 Abbildungen und 15 Tabellen

\+ mit Musterdokumenten und Arbeitshilfen
zum Download

Herausgeber

Verband der Sicherheits- und Gesundheitsschutz-
koordinatoren Deutschlands e. V. (VSGK)

Autoren

Dr. Friedhelm Kring

Dr. F. Josef Follmann

RA Guido Meyer

Dipl.-Ing. Thomas Dudek, M. Sc.

RM Rudolf Müller

Bibliografische Information der Deutschen Nationalbibliothek
Die Deutsche Nationalbibliothek verzeichnet diese Publikation in der Deutschen Nationalbibliografie; detaillierte bibliografische Daten sind im Internet über https://dnb.de abrufbar.

Maßgebend für das Anwenden von Normen ist deren Fassung mit dem neuesten Ausgabedatum, die bei der Beuth Verlag GmbH, Burggrafenstraße 6, 10787 Berlin, erhältlich ist. Maßgebend für das Anwenden von Regelwerken, Richtlinien, Merkblättern, Hinweisen, Verordnungen usw. ist deren Fassung mit dem neuesten Ausgabedatum, die bei der jeweiligen herausgebenden Institution erhältlich ist. Zitate aus Normen, Merkblättern usw. wurden, unabhängig von ihrem Ausgabedatum, in neuer deutscher Rechtschreibung abgedruckt.

Das vorliegende Werk wurde mit größter Sorgfalt erstellt. Verlag und Autor können dennoch für die inhaltliche und technische Fehlerfreiheit, Aktualität und Vollständigkeit des Werkes und seiner elektronischen Bestandteile (Internetseiten) keine Haftung übernehmen.

Wir freuen uns, Ihre Meinung über dieses Fachbuch zu erfahren. Bitte teilen Sie uns Ihre Anregungen, Hinweise oder Fragen per E-Mail: fachmedien.bau@rudolf-mueller.de oder Telefax: 0221 5497-6141 mit.

Lektorat: Brigitte Fenner, Münster
Umschlaggestaltung: Satz+Layout Werkstatt Kluth GmbH, Erftstadt
Satz: WMTP Wendt-Media Text-Processing GmbH, Birkenau
Druck und Bindearbeiten: Westermann Druck Zwickau GmbH, Zwickau
Printed in Germany

ISBN 978-3-481-03942-4 (Buch-Ausgabe)
ISBN 978-3-481-04025-3 (E-Book-Ausgabe als PDF)
ISBN 978-3-481-04054-3 (Buch + E-Book)

MIX
Papier aus verantwortungsvollen Quellen
FSC® C110508
FSC
www.fsc.org

Vorwort

Mit Einführung der Baustellenverordnung im Jahr 1998 wurde der Begriff **SiGeKo** geprägt und hat seitdem zunehmend an Bedeutung gewonnen. Gemeint ist hier der „Koordinator gemäß Baustellenverordnung (BaustellV)", der häufig als Sicherheits- und Gesundheitsschutzkoordinator (SiGeKo) bezeichnet wird – obwohl dieser Begriff weder in der Verordnung enthalten ist noch dessen Tätigkeit korrekt wiedergibt. Auch wenn die Definition nicht eindeutig belegt ist, spiegelt sie doch den Sprachgebrauch in der Praxis wider. Folglich ist es auch nachvollziehbar, dass das vorliegende Werk nach intensiver Diskussion sowohl der Autoren als auch im Verlag nun unter dem Titel „Praxis-Handbuch SiGeKo" herausgegeben wird. Mit der Wahl des Begriffs **SiGeKo** soll einerseits der Praxisbezug unterstrichen und andererseits eine Abgrenzung sowohl der unterschiedlichen Aufgaben als auch der rechtlichen Stellung des Koordinators gemäß BaustellV von Koordinatoren gemäß anderer Rechtsvorschriften vorgenommen werden. Wenn im Folgenden vom „Koordinator" die Rede ist, ist ausschließlich der Koordinator gemäß BaustellV – der im Volksmund auch als SiGeKo bezeichnet wird – gemeint.

Ein weiterer möglicher **begrifflicher Stolperstein** ist die von der BaustellV geforderte „Unterlage mit den erforderlichen, bei möglichen späteren Arbeiten an der baulichen Anlage zu berücksichtigenden Angaben zu Sicherheit und Gesundheitsschutz", für die im Folgenden der Begriff „Unterlage" verwendet wird. Diese Bezeichnung klingt zunächst allgemein bis nichtssagend, da jedoch eindeutig definiert wird, was damit gemeint ist, kann die Fachwelt gut damit umgehen.

Ziel des vorliegenden Werks ist es, Grundlagen zu vermitteln sowie Informationen und Arbeitshilfen für die alltägliche Praxis eines Koordinators bereitzustellen. Das Bauwesen hat viele Facetten, wie bereits die Auslegung des Begriffs „bauliche Anlage" zeigt. Hinzu kommen individuelle räumliche, planerische und ablauforganisatorische Bedingungen, die ein breites fachübergreifendes Wissen bei der Sicherheits-, Gesundheitsschutzplanung und Koordination erfordern.

Der Verband der Sicherheits- und Gesundheitsschutzkoordinatoren Deutschlands e. V. (VSGK) hat sich zum Ziel gesetzt, die Koordinatoren bei ihrer Tätigkeit zu unterstützen und bei der Erstellung von Arbeitshilfen für eine praxisgerechte Anwendung der BaustellV mitzuwirken. In einer eigenen Schriftenreihe wurden zu ausgewählten Themen von Fachgruppen Expertisen veröffentlicht. Mit dem vorliegenden Praxis-Handbuch tritt der VSGK nun erstmals als Herausgeber eines Werks auf, das das **gesamte** Spektrum der Koordinatorentätigkeit abdeckt.

Da auch Handbücher in ihrem Umfang begrenzt sind, können einige Themen hier lediglich angerissen werden. Hinzu kommt, dass neue Erkenntnisse im Arbeitsschutz sowie Digitalisierung und technologischer Fortschritt dazu führen, dass **Standardwerke** rasch veraltet sind.

Den Autoren war es wichtig, der Leserschaft Zusammenhänge für das Arbeitsfeld der **SiGeKo** aufzuzeigen, für ausgewählte relevante Aspekte detaillierteres Wissen zu vermitteln und darüber hinaus weitere Informationsquellen zu nennen, die Arbeitshilfen zur bedarfsorientierten Erweiterung des eigenen Fachwissens anbieten.

Das vorliegende „Praxis-Handbuch SiGeKo" wurde von der Rudolf Müller Verlagsgesellschaft in Kooperation mit fachkundigen und erfahrenen Autoren erstellt, allen am Entstehungsprozess Beteiligten gilt unser Dank. Darüber hinaus danken wir den Mitgliedern des VSGK Burkhard Krüger, Christel Scheyk und Konrad Zieglowski, die als Expert/innen dazu beigetragen haben, dass dieses praxistaugliche Fachbuch zustande gekommen ist.

Wuppertal, im Dezember 2019

Manfred Helmus und
F. Josef Follmann

Hinweise zum Download-Angebot

Auf **www.bauleiter-plattform.de** stehen unter dem Reiter „Buchkäufer" Musterdokumente und Arbeitshilfen zum Download zur Verfügung. Zum Öffnen der Seite ist ein Kennwort erforderlich. Ihr persönliches Kennwort lautet: SiGeKo#2020

Ein Verzeichnis der downloadbaren Arbeitshilfen ist im Anhang enthalten. Im Buch sind diese mit + gekennzeichnet.

Inhalt

1 Einleitung

Friedhelm Kring

Bauarbeiter haben – neben den Landwirten – das Erscheinungsbild unseres Planeten so verändert wie kaum eine andere Berufsgruppe. Nachdem unsere Vorfahren in der Steinzeit zum ersten Mal ihre schützenden Höhlen verließen und in selbst errichteten Konstruktionen aus Naturmaterialien Schutz suchten, war die Weiterentwicklung von Bauweisen und Bautechniken nicht mehr aufzuhalten. Auf allen Kontinenten – und bis auf wenige noch heute nomadisierende Volksgruppen – errichten Menschen feste Gebäude und verändern damit ihre Umgebung. Ohne die Fähigkeit der Koordination im Sinne von Kommunikation und Kooperation wären diese Bauleistungen unvorstellbar.

Bauen und Zivilisation

Umgekehrt hat das Entdecken und Anwenden der Fähigkeiten zum Bauen die weitere Entwicklung von Zivilisation und Kultur mitgeprägt. Einfache Hütten, in denen Mensch und Tier noch eng zusammenleben, entwickeln sich zu Bauten aus mehreren Räumen unterschiedlicher Nutzung. Als Vorräte und Erntegut sicher gelagert werden können, werden Nomaden und Hirten zu Ackerbauern. Die Menschheit wird sesshaft und beginnt – im heutigen Sinne verstanden – zu wohnen. Im Lauf von Jahren und Jahrhunderten werden Gehöfte zu Dörfern und Dörfer zu Städten. Auch die Bauwerke werden größer, komplexer und vielgestaltiger. Neben die bis heute vorherrschende Gebäudeform eines Hauses für Wohnzwecke treten Bauwerke mit unterschiedlichsten Funktionen wie Schulen, Krankenhäuser, Fabrikhallen, Verwaltungsgebäude, Einkaufszentren, Bahnhöfe, Staudämme, Opernhäuser, Sportstadien und Hunderte andere mehr.

Mit steigendem Wohlstand werden die ehemals reinen Zweckbauten immer weiter ausgeschmückt. Die Grenzen zwischen Bauwerk und Kunstwerk verschwimmen und Bauten erhalten verstärkt eine kulturelle Dimension. Spektakuläre Bauwerke wie die Pyramiden, die Akropolis oder das Kolosseum sind zu Symbolen für Hochkulturen der Menschheitsgeschichte geworden. Tempel und Kathedralen gelten noch Hunderte von Jahren nach ihrer Errichtung als Wahrzeichen einer Region und Bauten, z. B. Versailles oder die Freiheitsstatue, illustrieren nicht ohne Grund zahlreiche Geschichtsbücher. Komplette historische Epochen wie Romanik, Gotik, Renaissance oder Barock werden im Wesentlichen über architektonische Entwicklungen und damit über Bauweisen definiert.

Auch in Deutschland werden bis in die jüngste Zeit historische Ereignisse mit Gebäuden verbunden wie etwa dem Reichstag oder dem Brandenburger Tor. Gerade hierzulande hat sich zudem das Wiederaufbauen nach den Zerstörungen des Zweiten Weltkriegs tief in das kollektive Gädächtnis eingeprägt.

Die Bauwirtschaft in Deutschland

Die Baubranche hat für Deutschland eine hohe volkswirtschaftlicher Bedeutung. Sie beschäftigt rund **2,5 Mio. Menschen**, davon allein 850.000 Beschäftigte im Bauhauptgewerbe (Roh- und Tiefbau), und trägt mit etwa 5 % zur gesamtwirtschaftlichen Bruttowertschöpfung bei. Die Wirtschaftskraft der Baubranche liegt damit noch vor der Automobil- oder der Chemieindustrie. Der Stellenwert von Baugewerbe und Bauindustrie zeigt sich auch daran, dass etwa 10 % des deutschen Bruttoinlandsproduktes – im Jahr 2018 waren dies 350 Mrd. € – für Baumaßnahmen verwendet werden (weitere aktuelle Daten und Zahlen sind unter „Statistik anschaulich" im Online-Portal des Hauptverbands der Deutschen Bauindustrie nachzulesen).

Nach einer Mitte der 90er Jahre beginnenden und etwa 10 Jahre dauernden Krise mit deutlichen Umsatzrückgängen und Beschäftigungsabbau steigen die Bauinvestitionen in den letzten Jahren. Das Eigenheim als Wertanlage und Immobilien als Altersvorsorge bleiben gerade in unsicheren Gesamtwirtschaftslagen sowohl für viele Deutsche als auch für ausländische Investoren attraktiv. Davon profitiert die Branche, doch da die Arbeitsbedingungen nicht unbedingt als attraktiv gelten, zeichnet sich ein wachsender Mangel an Fachkräften und Auszubildenden ab. Gleichzeitig wird das Image der Baubranche *„immer noch in hohem Maße von Assoziationen mit Schwarzarbeit und Korruption geprägt"*, wie es der Hauptverband der Deutschen Bauindustrie e. V. auf seiner Homepage selbstkritisch formuliert.

Die öffentliche Wahrnehmung der Baubranche wird zudem durch Großprojekte geprägt, die aufgrund von Kostenexplosionen und Verzögerungen in die Kritik gerieten, z. B.:

- Der Flughafen Berlin Brandenburg Willy Brandt, bekannt als BER, hätte 2011 eröffnet werden sollen. Eine Fertigstellung war auch bei Redaktionsschluss im Oktober 2019 nicht absehbar.
- Die Hamburger Elbphilharmonie, die 11-mal teurer wurde als geplant.
- Die unterirdische Verlegung des Stuttgarter Hauptbahnhofs, bekannt als Projekt Stuttgart 21, die zu massiven Protesten in der Bevölkerung führte.

Dass die Medien über Bauprojekte, die reibungslos verlaufen, deutlich weniger berichten, verzerrt bedauerlicherweise das Bild des Baugeschehens in Deutschland insgesamt. Dennoch bleibt es eine Herausforderung für die Branche, Budgets und Termine nicht aus dem Ruder laufen zu lassen.

Das Unfallgeschehen in der Baubranche

Dass Menschen sich bei der Ausübung ihrer beruflichen Tätigkeit verletzen und ihre Gesundheit schädigen können, erscheint trivial, doch Relevanz und Ausmaß dieser Arbeitsunfälle werden häufig unterschätzt. Nach den Statistiken der Internationalen Arbeitsorganisation (IAO) sterben weltweit jährlich mehr Menschen an den Folgen von Arbeitsunfällen und arbeitsbedingten Erkrankungen als in allen Kriegen zusammen.

Gerade Baustellen gelten seit jeher als unfallträchtig. Laut der britischen **Institution of Occupational Safety and Health** (IOSH) kommt es **weltweit alle 10 Minuten zu einem tödlichen Unfall bei Bauarbeiten**. Für Deutsch-

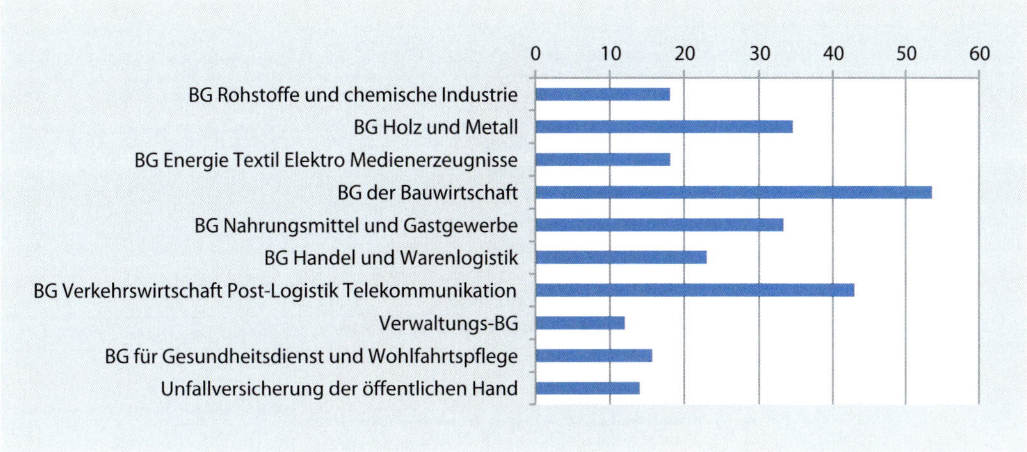

Abb. 1.1: Meldepflichtige Arbeitsunfälle je 1.000 Vollarbeiter nach Berufsgenossenschaft [BG], hier für das Jahr 2018 (nach Deutsche Gesetzliche Unfallversicherung [DGUV], 2019)

land konstatiert bereits ein früher Vorläufer des vorliegenden Werks: „*Die Bauwirtschaft weist seit Jahren die höchste Unfallbilanz, einen besonders hohen Krankenstand und einen erheblichen Anteil an Frühinvalidität auf*“ (Preißler; Georges, 2002, S. 5). Das Niveau im Bereich der Bauwirtschaft liegt in den letzten Jahren konstant oberhalb von 100.000 Arbeitsunfällen im Jahr.

Unfallhäufigkeit

An dieser ernüchternden Bilanz hat sich bis heute nicht viel geändert. Die Baubranche hat einen überdurchschnittlich hohen Anteil an den rund 900.000 meldepflichtigen und insbesondere an den etwa 800 tödlichen Arbeitsunfällen pro Jahr in Deutschland. Um das Unfallgeschehen zwischen den Branchen bzw. Berufsgenossenschaften vergleichen zu können, werden die absoluten Unfallzahlen auf 1.000 Vollarbeiter normiert. Jüngste Statistiken der Deutschen Gesetzlichen Unfallversicherung (DGUV) belegen das Unfallgeschehen wie folgt:

BG Rohstoffe und chemische Industrie	18,15
BG Holz und Metall	34,43
BG Energie Textil Elektro Medienerzeugnisse	18,23
BG der Bauwirtschaft	53,07
BG Nahrungsmittel und Gastgewerbe	31,87
BG Handel und Warenlogistik	23,29
BG Verkehrswirtschaft Post-Logistik Telekommunikation	43,89
Verwaltungs-BG	18,04
BG für Gesundheitsdienst und Wohlfahrtspflege	14,95
Unfallversicherung der öffentlichen Hand (allgemeine UV)	12,72

Wie Abb. 1.1 zeigt, liegt die **Unfallhäufigkeit in der Baubranche mehr als doppelt so hoch** wie der Durchschnitt in der übrigen gewerblichen Wirtschaft. Der Wert war zwar 1995 noch etwa doppelt so hoch wie heute, ist aber in den letzten Jahren etwa konstant geblieben. Konkret heißt das: In Deutsch-

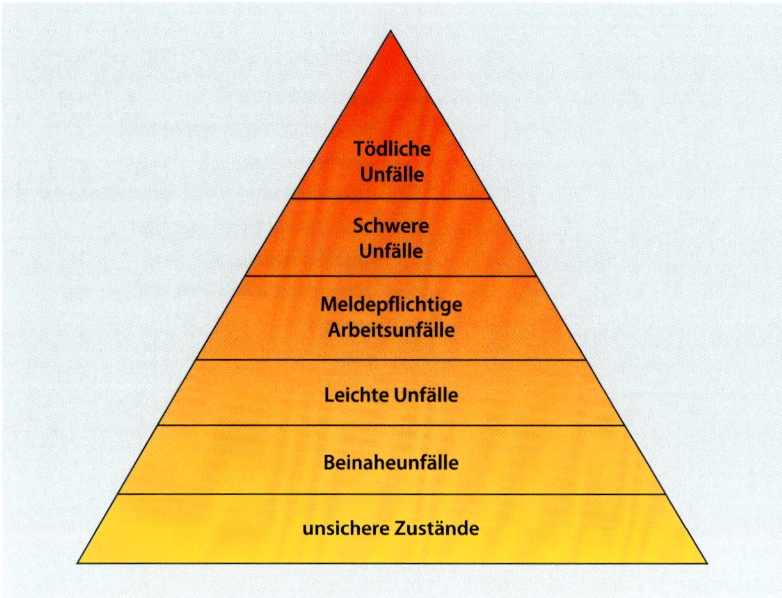

Abb. 1.2: Unfallpyramide Arbeitssicherheit und Arbeitsschutz

land verletzen sich auf Baustellen jedes Jahr mehr als 50 von 1.000 Beschäftigten – das ist jeder zwanzigste Bauarbeiter –so schwer, dass sie mehr als 3 Tage ausfallen.

Bei diesen Daten ist zu beachten, dass lediglich diejenigen Unfälle erfasst werden, die den BG und Unfallkassen gemeldet werden. Eine Meldepflicht besteht nur, wenn eine Verletzung so schwer ist, dass der Mitarbeiter mehr als 3 Tage arbeitsunfähig ist. Das heißt, dass die tatsächliche Zahl aller Verletzungen und Unfälle auf Baustellen weitaus höher liegt. Die Zahl der tödlichen Arbeitsunfälle blieb in den Jahren 2017 und 2018 unverändert, jeweils 88 bei der Berufsgenossenschaft der Bauwirtschaft (BG BAU) versicherte Beschäftigte kamen bei ihrer Arbeit ums Leben. Häufigste Ursache tödlicher Unfälle auf Baustellen ist Absturz (siehe Abb. 3.7).

Für eine detailliertere Darstellung des Unfallgeschehens verwendet man im Arbeitsschutz das Bild der sog. **Unfallpyramide** (siehe Abb. 1.2). Nach diesem Modell stellen die tödlichen und schweren Unfälle die Spitze eines Dreiecks dar, das von unten nach oben zu lesen ist. Auf viele unsichere Zustände, die zu Beinaheunfällen führen, kommen – mit abnehmender Häufigkeit – die meldepflichtigen (ab 3 Tage Ausfall), die schweren und die tödlich verlaufenden Arbeitsunfälle.

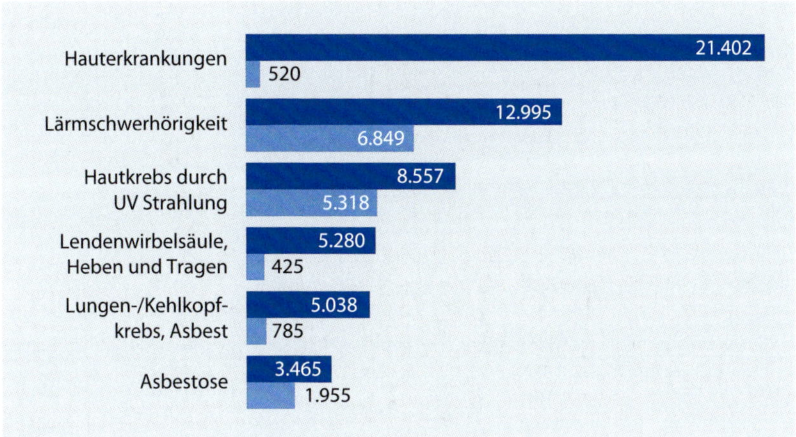

Abb. 1.3: Die häufigsten angezeigten (dunkelblau) und anerkannten (hellblau) Berufskrankheiten in Deutschland (nach „Arbeitswelt im Wandel", 2019)

Unfallschwere

In Deutschland werden die tödlichen Arbeitsunfälle in der gewerblichen Wirtschaft sowohl von der DGUV als auch seit 1978 von der Bundesanstalt für Arbeitsschutz und Arbeitsmedizin (BAuA) erfasst. Die Zahlen der BAuA zeigen:

- Fast 40 % aller gemeldeten tödlichen Arbeitsunfälle aus allen Branchen geschehen auf Baustellen.
- Mehr als jeder dritte Todesfall auf Baustellen beruht auf einem Absturzunfall.

Die Auswertungen der Unfallstatistiken belegen 3 für das Unfallgeschehen in der Bauwirtschaft – und damit auch für die Prävention – wesentliche Befunde:

- Auf Baustellen kommt es häufiger zu Unfällen als in anderen Branchen.
- Arbeitsunfälle auf Baustellen haben häufig schwerere bis tödliche Folgen als an anderen Arbeitsplätzen.
- Ein besonders häufiges und hohes Risiko für tödliche Verletzungen besteht durch Absturzrisiken. Etwa jeder zweite tödliche Arbeitsunfall auf Baustellen ist ein Absturzunfall.

Berufskrankheiten

Auch bei den Berufskrankheiten zeichnet sich das hohe Risikopotenzial für Bauarbeiter ab. Die 6 häufigsten Berufskrankheiten in Deutschland (siehe Abb. 1.3) betreffen Risikofaktoren, die auch oder speziell auf Baustellen eine Rolle spielen: Gefährdungen für die Haut durch Chemikalien, Feuchte, UV-Strahlung usw., Gefährdung des Gehörs, Gefährdung der Atemwege durch Stäube, Asbest, Mineralfasern sowie Gefährdungen für das Muskel-Skelettsystem durch schwere körperlicher Arbeit wie Heben und Tragen von Lasten.

Aktuelle Zahlen der BG BAU zu Berufskrankheiten, welche die Gesundheitsbelastungen speziell für die Bauwirtschaft widerspiegeln, bestätigen dies (siehe Tabelle 1.1). Auch im Jahr 2018 wird die Liste der gemeldeten Verdachtsfälle angeführt von Hautkrebs durch die UV-Strahlung der Sonne, Lärmschwerhörigkeit und Lungenkrebs durch Asbest.

Tabelle 1.1: Häufigste Berufskrankheiten (gemeldete Verdachtsfälle) in der Bauwirtschaft (nach Berufsgenossenschaft der Bauwirtschaft [BG BAU] – Pressestelle, 2019)

Häufigste Berufskrankheiten (gemeldete Verdachtsfälle)	2017	2018
Hautkrebs durch Sonnenstrahlung	2.769	2.944
Lärmschwerhörigkeit	2.431	2.620
Lungenkrebs durch Asbest	1.495	1.429
Schwere oder wiederholt rückfällige Hauterkrankungen	1.344	1.393
Asbeststaublungenerkrankung (Asbestose)	918	900

Die Gefährdungslage auf Baustellen

Für die im Branchenvergleich überdurchschnittlich hohen Unfallraten auf dem Bau gibt es mehrere Gründe. Viele Arbeitsbedingungen und -faktoren unterscheiden sich grundlegend von denen in anderen Berufen und können auf einer Baustelle zu Auslösern oder Mitursachen für Unfälle und Verletzungen werden:

Dynamische Arbeitsbedingungen: Statt an festen Dauerarbeitsplätzen sind Bauarbeiter an wechselnden Einsatzorten aktiv. Jede neue Baustelle stellt eine neue und zunächst unbekannte Situation dar mit ihren eigenen Risiken und Herausforderungen. Zudem ist die Baustelle selbst kein statischer Arbeitsplatz, sondern ein dynamischer Ort, der mit dem Baufortschritt ständig neue Arbeitssituationen schafft.

Freilandarbeiten: Bauarbeiten werden größtenteils outdoor und bei fast jeder Witterung geleistet. Beschäftigte sind nicht nur Wind und Regen, sondern auch Temperaturunterschieden von Frost bis großer Hitze ausgesetzt. Auch mit Gewitter, Hagel, Schnee ist zu rechnen. Je nach Jahreszeit ist die UV-Belastung hoch und die Luft voller Blütenpollen. Dazu kommen durch das Wetter mitbedingte Sekundärgefahren wie Stolpern, Rutschen und Stürzen durch Nässe, Schmutz, Schlamm, Eisglätte usw. Trotz aller Wettervorhersagen bleiben die Witterungsbedingungen auf einer Baustelle stets in gewissem Maße unvorhersehbar.

Schwere Fahrzeuge: Bei Erdbaumaschinen wie Baggern und Radladern, aber auch in der Nähe von Lkw besteht stets die Gefahr, überrollt oder eingequetscht zu werden. Bei hohem Lärmpegel und schlechter Sicht werden insbesondere rückwärtsfahrende Baumaschinen zur tödlichen Falle.

Maschinen: Vom Kran bis zur Kreissäge werden auf Baustellen unterschiedlichste Maschinen und Anlagen eingesetzt. Jede Maschine bringt eigene Verletzungsrisiken mit sich – ob pendelnde Last am Kranseil oder fehlender Schiebestock an der Säge.

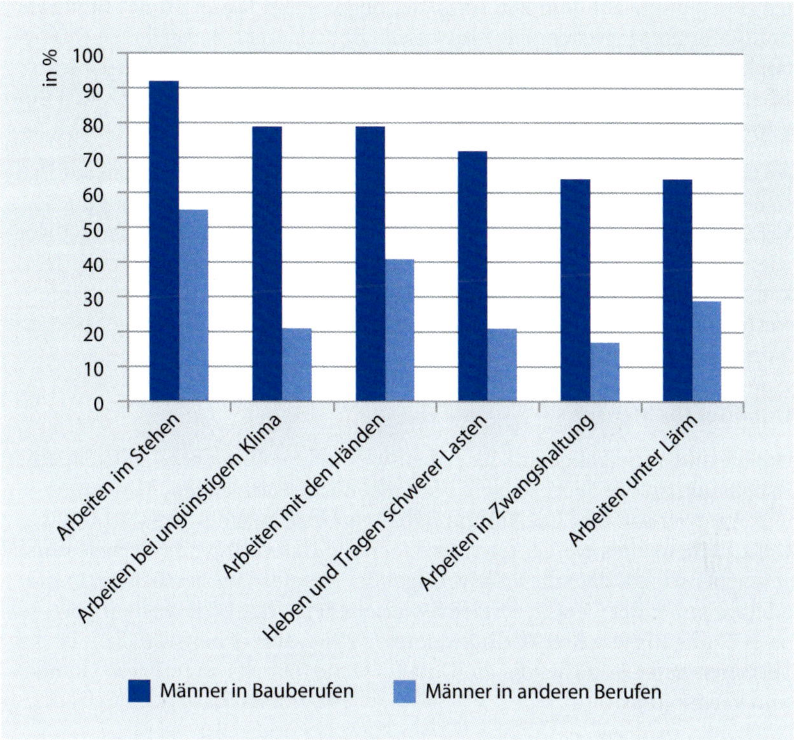

Abb. 1.4: Erwerbstätige, die häufig von ungünstigen Arbeits- und Umgebungsbedingungen betroffen sind in Prozent (nach Factsheet 11, 2014)

Physische Belastung: Trotz aller Maschinen und technischen Hilfsmittel bedeutet der Einsatz auf einer Baustelle häufig körperliche Schwerstarbeit in ungünstiger Umgebung. Dies belegen Erhebungen der BAuA, siehe Abb. 1.4.

Körperlich schwere Arbeiten bei zusätzlich belastenden Arbeits- und Umgebungsfaktoren bleiben nicht ohne Folgen. Insbesondere Muskel-Skelett-Erkrankungen treten bei Beschäftigten im Baugewerbe überdurchschnittlich häufig auf.

Termindruck: Zeit ist Geld und jede Verzögerung teuer, auf Bauarbeiten lastet dementsprechend ein hoher Termin- und Kostendruck. Viele Arbeiten hängen zudem unmittelbar von der Erledigung einer anderen Arbeit ab. Verzögerungen an einer Stelle führen zu dominoartigen Effekten und bringen Planungen durcheinander. Damit wächst die Versuchung, „nur mal eben“ auf vorgesehene Schutzmaßnahmen zu verzichten und zu improvisieren, anstatt vereinbarte und sichere Abläufe einzuhalten.

Ständig wechselnde Belegschaft: Auf Baustellen arbeiten oft Beschäftigte mehrerer Arbeitgeber auf begrenztem Raum zusammen. Je enger die Zeitplanung und je größer bereits eingetretene Verzögerungen, desto eher müssen unterschiedliche Firmen und Gewerke parallel bzw. zeitlich und räumlich nahe beieinander arbeiten. Wenn Leistungen an Subunternehmer vergeben werden, steigt die Zahl der Akteure und die Situation wird komplexer. Statt in einem festen Kollegenkreis und als Teil einer vertrauten Belegschaft arbeiten Beschäftigte auf dem Bau somit auf begrenztem Raum oft neben vielen unbekannten Menschen. Die Gesamtheit der auf einer Baustelle Beschäftigten kann sehr heterogen sein, dabei unterscheiden sich die Arbeiter nicht allein in ihrer Herkunft, Sprache und Kultur, sondern auch hinsichtlich ihrer Kenntnisse zu Arbeitssicherheit und Gesundheitsschutz.

All die genannten Aspekte sind Umstände, mit denen Unfallrisiken auf Baustellen steigen. Bereits aufgrund der Arbeitsumgebung haben individuelle Verhaltensfehler, Unaufmerksamkeiten und Nachlässigkeiten schon schwerwiegendere Folgen als im Büro oder an vielen anderen Arbeitsplätzen. Dazu kommen die mannigfachen und für den Einzelnen kaum vorhersehbaren wechselseitigen Gefährdungen durch die Arbeit mehr oder weniger bekannter **Kollegen** in unmittelbarer Nähe.

Unfallfaktor Mensch

Unfälle und Verletzungen in der Arbeitswelt treten oft mit bzw. an technischen Arbeitsmitteln wie Werkzeugen, Elektrogeräten, Fahrzeugen, Maschinen und Anlagen auf. Der Laie nimmt daher als Ursache eines Unfalls oft das viel zitierte technische Versagen an. Doch die Auswertung des Arbeitsunfallgeschehens zeigt, dass die Fälle versagender Bremsen, gerissener Kranseile oder klemmender Ventile vergleichsweise selten sind. Weitaus häufiger – je nach Studie in zwischen 70 und weit über 90 % aller Arbeitsunfälle – ist das Verhalten eines Mitarbeiters die Unfallursache. Daraus folgt: Diese Unfälle sind **vermeidbar**.

Das zum Unfall führende Fehlverhalten kann vom Unfallopfer selbst oder einer anderen Person ausgehen und lässt sich auf unterschiedliche Ursachen zurückführen:

- Missachten von Vorschriften
- Unkenntnis aufgrund fehlender Informationen oder Anweisungen
- Stress und Hektik
- Übermüdung, Ablenkung, Unaufmerksamkeit
- Alkohol
- unangebrachten Ehrgeiz und Selbstüberschätzung
- Manipulieren von Schutzeinrichtungen
- Mängel in Planung und Organisation

Dass der Faktor Mensch Unfallursache Nr. 1 ist, muss auch der Koordinator nach Baustellenverordnung (BaustellV) berücksichtigen. Sein Augenmerk darf sich nie ausschließlich auf die vorhandene Sicherheitstechnik und Schutzeinrichtungen richten. Entscheidend ist vielmehr, ob die auf der Baustelle beschäftigten Personen sich sicherheitsgerecht verhalten und Techniken, Schutzausrüstungen und Arbeitsverfahren so anwenden, wie es vorgesehen ist.

Fehlzeiten

Neben den Unfallzahlen sind die krankheitsbedingten Fehlzeiten ein Maß für die Gesundheitsbelastung im Beruf. Auch dieser Faktor zeigt eine überdurchschnittlich hohe Belastung für den Bau. Laut dem Fehlzeitenreport 2018 der AOK (Badura et al., 2018) lag die durchschnittliche Zahl der AU-Tage

(Tage der Arbeitsunfähigkeit) im Hoch- und Tiefbau bei 15. Das sind gut 3 krankheitsbedingte Ausfalltage mehr, als der Durchschnitt aller Branchen und Berufe und fast 6 zusätzliche Tage als bei z. B. Beschäftigten von Banken und Versicherungen.

Arbeitsschutz auf Baustellen

Bauwirtschaft und Arbeitsschutz hängen auf besondere Weise zusammen. Mit der Planung und Errichtung gewerblich genutzter Gebäude, die zukünftig Arbeitsstätten werden, ist die Baubranche für die Qualität und Sicherheit – im doppelten Wortsinn – von Arbeitsplätzen mitverantwortlich. Im Fokus des vorliegenden Werks zielt weniger auf die Sicherheit in der späteren Nutzungsphase eines Gebäudes, sondern auf die Sicherheit bei der Errichtung.

Zahlreiche Richtlinien, Gesetze, Verordnungen, Vorschriften, Normen usw. zu Arbeitssicherheit und Gesundheitsschutz dienen dazu, Unfälle am Arbeitsplatz und berufsbedingte Erkrankungen zu verhindern (siehe Kapitel 2). Diese Vorgaben gelten – bis auf wenige Einschränkungen und Abweichungen – grundsätzlich auch für Arbeitsplätze auf Baustellen. Doch gerade auf Baustellen steht es in Sachen Arbeitsschutz oft nicht gut, wie Kontrollen immer wieder belegen (s. Beispiel).

Beispiel

> Die Arbeitsschutzverwaltung NRW hat 2017 und 2018 gemeinsam mit der Finanzkontrolle Schwarzarbeit des Zolls in einer landesweiten Kontrolle auf Baustellen jeweils mehr als 300 bzw. 400 Unternehmen überprüft. Dabei stellten die Kontrolleure jeweils bei **70 bis 80 % der Baubetriebe** Mängel fest. Die Versäumnisse und Verstöße gegen Arbeitsschutzbestimmungen waren teilweise so gravierend, dass das **Weiterarbeiten untersagt** werden musste (Pressemeldung des MAGS NRW, 2017 und 2018).

Die Anforderungen an die Arbeitssicherheit auf Baustellen sind hoch. Das hohe Gefährdungspotenzial, die Unfallzahlen und die Unfallschwere erfordern besondere Schutzmaßnahmen. Trotz aller Bemühungen und Erfolge – langfristig gesehen sinken die Unfallraten – genügen Vorschriften allein offenbar nicht, um ein hohes Sicherheitsniveau auf Baustellen durchzusetzen. Insbesondere die Vielzahl der Akteure, Unternehmen und das Zusammenkommen unterschiedlicher Gewerke erschweren das Abstimmen und Durchsetzen von Schutzmaßnahmen. Dementsprechend lassen sich rund ⅔ Drittel aller Baustellenunfälle auf Planungs- und Organisationsmängel zurückführen (Merz, 2019).

Diese besondere Problematik der Baubranche hat auch der Gesetzgeber erkannt und 1998 mit der Verordnung über Sicherheit und Gesundheitsschutz auf Baustellen (Baustellenverordnung – BaustellV) und den bis 2003 entstandenen „Regeln zum Arbeitsschutz auf Baustellen" (RAB) Regelungsinstrumente geschaffen, die Arbeitssicherheit und Gesundheitsschutz aufwerten. Die BaustellV legt dem Bauherrn besondere Pflichten auf, welche die Arbeitsbedingungen auf Baustellen sicherer und gesundheitsverträglicher machen sollen. Mit dem **Sicherheits- und Gesundheitsschutzkoordinator** (SiGeKo,

Abb. 1.5: Großer Turmbau zu Babel (Pieter Bruegel der Ältere), 1563, Kunsthistorisches Museum Wien

im Folgenden: **Koordinator**) wurde ein eigener Akteur ausschließlich für **eine** Branche eingeführt. Dies ist im Arbeitsschutzrecht außergewöhnlich und kommt ansonsten nur noch bei der Elektrofachkraft und einigen recht speziellen technischen Risikobereichen wie Laserschutz- oder Strahlenschutzbeauftragter in ähnlicher Weise vor.

Kommunikation, Kooperation, Koordination

Beispiel

> Schon in der biblischen Erzählung vom **Turmbau zu Babel** wird die Bedeutung von Kommunikation und Kooperation deutlich, wenn es um Bauprojekte mit vielen Beteiligten geht. In dieser Geschichte aus dem 1. Buch Mose 11 wollen die Menschen zu Gott aufsteigen. Sie planen den Bau der Stadt Babel mit einem Turm, dessen Spitze bis zum Himmel reichen soll. Gott bestraft diese Überheblichkeit, indem er die Sprache der Menschen verwirrt. Da sich die Bauarbeiter nicht mehr verständigen können, muss der Bau eingestellt werden.

Wie auch immer man diesen Mythos theologisch oder historisch deutet, der entscheidende Wendepunkt ist die sog. Sprachverwirrung. Ursache der Schwierigkeiten, die in Babel zum Baustopp führen, sind weder Planungsfehler noch Auflagen von Behörden, auch nicht Engpässe beim Materialnachschub oder ein Mangel an Fachkräften. Es ist einzig und allein ein **Kommunikationsproblem**, das dazu führt, dass die Planer das ambitionierte Projekt aufgeben und der Turm unvollendet bleibt. Seine Bauruine wurde zum beliebten Motiv in der Kunstgeschichte (siehe Abb. 1.5).

Diese Geschichte steht damit geradezu sinnbildlich für die Funktion und das Selbstverständnis des Koordinators nach BaustellV. Bereits aus seiner Bezeichnung gehen die entscheidenden Aufgaben hervor: Koordination, d. h. kommunizieren, informieren, kooperieren und aufeinander abstimmen. Auch eine Kontrolle gehört dazu, doch agiert der Koordinator keineswegs als verlängerter Arm einer Aufsichtsbehörde im Sinne eines Sicherheitspolizisten für Baustellen. Er wird vom Bauherrn eingesetzt, um in einem präventiven (vorbeugenden) Ansatz die Risiken für Arbeitsunfälle und Berufskrankheiten mit all ihren unerwünschten Folgen von vornherein zu minimieren.

Kosten und Nutzen der Prävention

Es bedarf keiner Diskussion, dass Maßnahmen für Schutz und Sicherheit Zeit und Geld kosten. Schutzhelme oder Sicherheitsschuhe, Fanggerüste oder Rückfahrkameras müssen eingekauft, bezahlt und genutzt bzw. installiert werden. In der Zeit, in der Mitarbeiter geschult, qualifiziert oder unterwiesen werden, können sie keine anderen Aufgaben übernehmen. Selbst bei einer rein ökonomischen Bewertung der Prävention wäre dies jedoch kein Argument, auf Maßnahmen für Sicherheit und Gesundheitsschutz zu verzichten. Denn zu berücksichtigen ist auch, welche ökonomischen Folgen ein solcher Verzicht haben würde. Die Europäische Agentur für Sicherheit und Gesundheitsschutz am Arbeitsplatz fasst dies folgendermaßen zusammen:

„*Arbeitsbedingte Erkrankungen und Verletzungen kosten die Europäische Union 3, 3 % ihres BIP. Das sind 476 Mrd. EUR, die jedes Jahr durch geeignete Strategien, Maßnahmen und Praktiken im Bereich Sicherheit und Gesundheit bei der Arbeit eingespart werden könnte*" (Pressemitteilung der EU-OSHA vom 04.09.2017)

Auch für deutsche Bauunternehmen bedeuten Ausfallzeiten der Mitarbeiter immense Kosten. Die von Arbeitsunfähigkeit – ob durch Krankheit oder infolge eines Unfalls – verursachten volkswirtschaftlichen Produktionsausfälle werden auf **dreistellige Milliardenbeträge** geschätzt.

Return on Prevention

Als Maß dafür, wie lohnend Prävention ausschließlich unter finanziellen Aspekten ist, haben internationale Arbeitsschutzforscher – analog zum Return on Investment (ROI) – den Begriff **Return on Prevention** (RoP) entwickelt. Der RoP stellt das Verhältnis von Präventionsnutzen zu Präventionskosten als Zahlenwert dar und ist damit ein Maß für die Wirtschaftlichkeit einer Investition in Arbeitsschutzmaßnahmen. So zahlt sich laut einer Studie der Felix-Burda-Stiftung jeder in betriebliche Prävention investierte Euro für die Volkswirtschaft mit 5 bis 16 Euro aus, der RoP läge somit zwischen 5 und 16.

In anderen Studien liegt der RoP niedriger. Der Abschlussbericht eines Forschungsprojekts der Internationalen Vereinigung für Soziale Sicherheit (IVSS), an der auch die DGUV beteiligt war, kommt auf einen RoP von 2,2. Diese Zahl beruht auf Befragungen von Betrieben und Unternehmen. Dabei stellte sich heraus, dass die Einsicht in die Sinnhaftigkeit von Präventionsmaßnahmen überraschend hoch war:

„Nach Auffassung der weitaus größten Mehrheit der befragten Unternehmen würden zusätzliche Investitionen in den betrieblichen Arbeits- und Gesundheitsschutz langfristig zu konstant bleibenden oder sinkenden Kosten führen.“ (Bräunig; Kohstall, 2013, S.12)

Ein exakter RoP ist kaum zu ermitteln und seine genaue Höhe ist nicht entscheidend, auch nicht für Unternehmen der Bauwirtschaft. Entscheidend ist vielmehr, dass sämtliche Studien zum messbaren Nutzen von Prävention auf einen RoP größer 1 kommen.

Hinweis

Die Kosten für Prävention liegen stets unterhalb der Kosten bzw. Folgekosten von unzureichender Prävention.

Die Gründe dafür liegen auf der Hand: Der verletzte Mitarbeiter fällt als Arbeitskraft aus. Im optimalen Fall ist er nach 2 Stunden vom Arzt zurück und kann problemlos weiterarbeiten. Bei ernsthafteren Verletzungen oder Gesundheitsbeschwerden dauert eine Arbeitsunfähigkeit mehrere Tage oder Wochen. Bei besonders schweren Verletzungen kann es sein, dass Mitarbeiter trotz hoher persönlicher Einsatzfreude und trotz Reha-Maßnahmen nie wieder in ihren Beruf zurückkehren können. Für den Arbeitgeber ist jeder Ausfall ein Verlust, je nach Gewerk sind Arbeitskräfte – insbesondere ausgebildete Fachkräfte – rar.

Ein Arbeitsunfall auf einer Baustelle kann zudem je nach Verletzungsschwere und in einer unklaren Situation zu einem Baustopp führen. Die Aufsichtsbehörden – je nach Bundesland ein Amt für Arbeitsschutz, die Gewerbeaufsicht oder eine bei einem Regierungspräsidium angesiedelte Instanz – können die Stilllegung einer Baustelle veranlassen, wenn nach einem schweren oder gar tödlich verlaufendem Unfall die Ursachen ungeklärt sind und somit die Gefahr von Wiederholungsfällen besteht.

Last, not least sollte dieses Argument vor allen finanziellen und Personalplanungen stehen: Jeder vermiedene Arbeitsunfall auf einer Baustelle erspart nicht nur den Betroffenen Schmerzen, sondern auch Kindern, Partnern, Familie und Freunden Leid und Sorgen. Für einen verantwortlichen Arbeitgeber sollte die Fürsorge hinsichtlich Sicherheit und Gesundheitsschutz seiner Mitarbeiter ganz oben stehen. Aber auch jeder Einzelne ist unabhängig von Beruf, Aufgabe und Stellung aufgefordert, alles zu tun, damit er weder sich noch andere bei seinen und durch seine Tätigkeiten gefährdet. Jeder hat das Recht, die Baustelle nach Arbeitsschluss genauso gesund zu verlassen, wie er sie morgens betreten hat.

Schutz und Sicherheit in der Baubranche – Prävention der Zukunft

Die Diskussion um die Entwicklung der Arbeitswelt wird derzeit geprägt durch das Schlagwort Arbeit 4.0. Dieser Begriff steht mit all seinen Varianten wie Industrie 4.0, Wirtschaft 4.0 oder Bildung 4.0 für die – nach Dampfmaschine, Elektrizität und Computern – sog. vierte Stufe der industriellen

Revolution. Diese Umwälzung wird unsere Arbeitswelt verändern. Die 4.0-Technologien wie Digitalisierung, Vernetzung, Robotik, künstliche Intelligenz, autonome Fahrzeuge, Smart Factory, Internet of Things und Virtual Reality (VR) werden bereits heute in vielen Branchen genutzt.

Dieser dynamische Wandel der Arbeitswelt mit all seinen Chancen und Risiken erfasst auch den Bau. Auf den ersten Blick mögen die Umwälzungen in anderen Branchen deutlich größer sein. Viele Bauleistungen können zwar vernetzt, aber nicht komplett digitalisiert werden. Für viele Prozesse auf Baustellen wird auch weiterhin menschliche Muskelkraft notwendig sein. Doch auch die Baubranche nimmt neue Technologien auf und entwickelt neue Arbeitsverfahren, hier einige Beispiele sowohl für bereits realisierte Verfahren als auch für Vorhaben, die sich noch in einem frühen Entwicklungsstadium befinden:

- Ein vernetztes softwaregestütztes Modellieren von Bauwerksdaten verknüpft Planen, Errichten und Bewirtschaften von Bauwerken (Building Information Modeling = BIM).
- Baufahrzeuge und Maschinen werden zukünftig autonom und selbstfahrend, semi-autonome Systeme werden im Bergbau bereits eingesetzt, z. B. fahrerlose Muldenkipper.
- Maschinen, Fahrzeuge, Werkzeuge und Schutzausrüstung werden digital vernetzt, so ist z. B. nach Arbeitsschluss feststellbar, welche Gerätschaften noch nicht in ein Lager oder einen Container zurückgebracht wurden.
- Der 3D-Druck – etwa von Beton oder anderen Materialien – wird es zukünftig ermöglichen, beliebige – auch filigrane – Strukturen individuell oder in kleinen Stückzahlen herzustellen.
- Bauprodukte auf der Basis von Nanotechnologie verfügen über neuartige Eigenschaften: selbstreinigende Oberflächen, Abbau von Luftschadstoffen, antibakterielle Wirkung u. a.
- Baustellen werden aus der Luft durch autonome, selbstgesteuerte Drohnen überwacht, die bei Bedarf Fotos und Videos aufnehmen, z. B. bei Untersuchungen zu Dachschäden nach einem Sturm.
- Bauherr und Planer tauchen per VR-Brille in computergenerierte Umgebungen ein und können ein Bauwerk bereits in der Planungsphase nicht nur betrachten, sondern virtuell begehen.

Die Automatisierung – in anderen Industriezweigen längst Standard – macht auch vor der Baubranche nicht halt. So wurde z. B. bereits 2015 ein mauernder Roboter vorgestellt, der eigenständig CAD-Baupläne ausliest, rund 1.000 Steine pro Stunde verarbeitet und dies über 24 h am Tag („Australischer Roboter Hadrian mauert Haus in 48 Stunden", 2015). Ob sich solche Bauroboter und andere hochgejubelte Techniken auf Baustellen durchsetzen werden, bleibt abzuwarten. Dass sich das Arbeiten auf der Baustelle 4.0 verändern wird, ist jedoch unumstritten.

Diese Veränderungen betreffen auch den Arbeitsschutz und die Prävention. Der Einsatz von Robotern für belastende Aufgaben könnte schwere körperliche Arbeiten reduzieren. Ein anderer Weg zielt auf den Einsatz von Exoskeletten (Roboteranzügen) und neuartigen Assistenzsystemen für besonders belastende Tätigkeiten. So werden z. B. die Anwendungsmöglichkeiten des BIM-Modells für den Arbeits- und Gesundheitsschutz auf Baustellen in Forschungsprojekten untersucht (siehe Helmus et al., 2017).

Auch die Digitalisierung ist in der Prävention 4.0 längst angekommen. Die – vielen Arbeitsschützern auf dem Bau bekannte – **Gelbe Mappe** ist als App am Android-Tablet oder am iPhone einsetzbar. Sicherheitsunterweisungen werden heute in Teilen per Software geliefert und an Bildschirmen demonstriert. Im Projekt **SDBtransfer** haben Sicherheitsdatenblätter (SDB) für Gefahrstoffe und Bau-Chemikalien ihren Analog-Status verloren und werden elektronisch und damit maschinenlesbar ausgetauscht. Der Informationsfluss kann verlustfrei von der SDB-Software des Herstellers über den Fachhandel bis zum Anwender einer Bau-Chemikalie erfolgen.

Wie das Arbeiten auf dem Bau und damit auch präventiver Sicherheits- und Gesundheitsschutz zukünftig aussehen werden, ist angesichts der rasanten technologischen Entwicklungen kaum vorhersehbar. Die BG BAU sieht im Wandel durchaus auch eine „Chance für eine sichere Bauwirtschaft“, so der Titel eines Magazins der BG BAU von 2018 (BG BAU, 2018). Prävention wird weiterhin unverzichtbar sein und dem Koordinator wird auch auf einer Baustelle 4.0 oder 5.0 die Arbeit nicht ausgehen. Im internationalen Vergleich hat der Standard für Arbeitssicherheit und Gesundheitsschutz hierzulande ein erfreulich hohes Niveau erreicht. Der Koordinator nach BaustellV wird auch in Zukunft daran mitwirken, dass dies so bleibt.

2 Arbeitssicherheit und Gesundheitsschutz auf Baustellen

Für Baustellen gelten nicht nur das zivile und das öffentliche Baurecht (Bauplanungsrecht, Bauordnungsrecht), sondern auch die Vorgaben des Arbeits- und des Arbeitsschutzrechts. Zu den für alle Branchen relevanten Arbeitsschutzgesetzen, Verordnungen, Technischen und Berufsgenossenschaftlichen Regeln hinzu kommt die BaustellV. Deren zentrale Forderungen sind das Planen von Bauarbeiten nach den Grundsätzen des Arbeitsschutzes und das Bestellen eines Koordinators.

Im Folgenden wird die Rolle dieses **Sicherheits- und Gesundheitsschutzkoordinators (SiGeKo)** aus verschiedenen Blickwinkeln betrachtet: In Kapitel 2.1 wird ein Überblick über die relevanten Rechtsgrundlagen gegeben, in Kapitel 2.2 werden Akteure im Arbeitsschutz und in Kapitel 2.3 die Grundsätze sicherer Koordination auf der Baustelle aufgezeigt. In Kapitel 2.4 werden die Aufgaben, Anforderungen an die Qualifikation und die Rechtsstellung des Koordinators im Verantwortungsgefüge einer Baustelle erläutert. In Kapitel 2.5 wird eine Methode zum digitalen Informations- und Datenaustausch in der Bauwirtschaft – BIM – präsentiert.

2.1 Rechtliche Grundlagen

Friedhelm Kring

Das Arbeitsschutzrecht beginnt auf europäischer Ebene, EU-Richtlinien sind für alle Mitgliedstaaten rechtsverbindlich. Für die Sicherheit und den Gesundheitsschutz von Beschäftigten am Arbeitsplatz sind insbesondere folgende Richtlinien und Verordnungen relevant, hier in chronologischer Reihenfolge ihres Inkrafttretens gelistet:

- Arbeitsschutz-Rahmenrichtlinie vom 12. Juni 1989 (89/391/EWG): legt europaweit Mindestanforderungen für Sicherheit und Gesundheitsschutz fest und soll verhindern, dass wirtschaftliche Konkurrenz unter den EU-Staaten zulasten des Arbeitsschutzes geht.
- Arbeitsstättenrichtlinie vom 30. November 1989 (89/654/EWG): definiert Mindestvorschriften für Sicherheit und Gesundheitsschutz in Arbeitsstätten, in Deutschland umgesetzt durch die Arbeitsstättenverordnung (siehe Kapitel 2.1.2).
- Richtlinie Befristete Arbeitsverhältnisse/Leiharbeit vom 25. Juni 1991 (91/383/EWG): fordert für Leiharbeitnehmer und befristete Arbeitsverhältnisse dasselbe Schutzniveau wie für die anderen Arbeitnehmer des entleihenden Unternehmens.
- Baustellenrichtlinie vom 24. Juni 1992 (92/57/EWG): nennt Mindestvorschriften für die Sicherheit und den Gesundheitsschutz auf zeitlich begrenzten oder ortsveränderlichen Baustellen; in Deutschland umgesetzt durch die BaustellV.

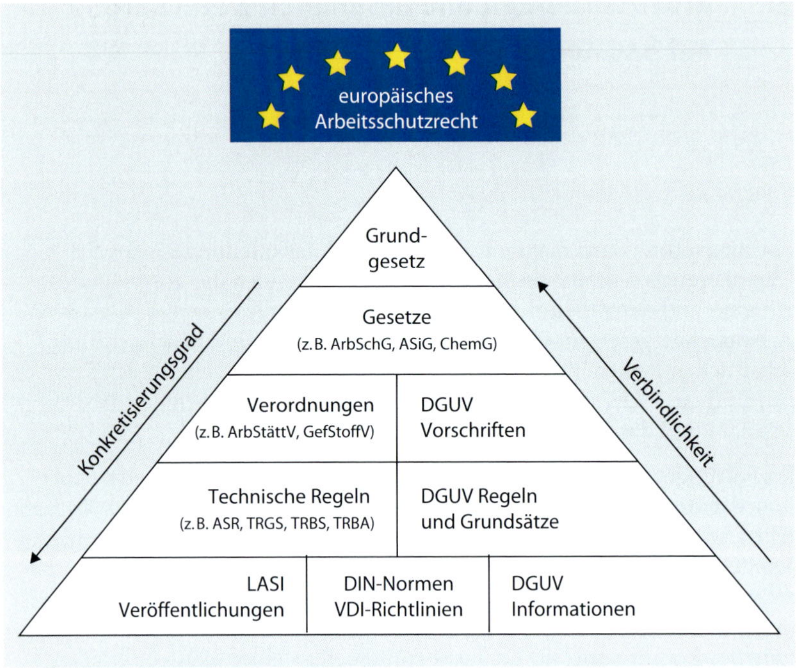

Abb. 2.1: Hierarchie im Arbeitsschutzrecht (nach Institut für Arbeitsschutz [IFA], Berlin)

- Maschinenrichtlinie vom 17. Mai 2006 (2006/42/EG): regelt die Anforderungen an die Sicherheit von Maschinen, z. B. an Bedienbarkeit, Schutzeinrichtungen, CE-Kennzeichnung, Betriebsanleitung und Typenschild.
- REACH-Verordnung vom 18. Dezember 2006 (1907/2006/EG): regelt die Registrierung, Bewertung, Zulassung und Beschränkung chemischer Stoffe.
- Bauprodukte-Verordnung vom 9. März 2011 (305/2011/EU): regelt das Inverkehrbringen von Bauprodukten, die CE-Kennzeichnung, die Benutzerinformation zu Gesundheitsaspekten u. a.
- PSA-Verordnung vom 9. März 2016 (2016/425/EU): legt Anforderungen, Kategorien, Kennzeichnung usw. von Persönlicher Schutzausrüstung (PSA) fest (siehe Kapitel 3.2.14).

Diese EU-weit geltenden Mindestanforderungen und Grundprinzipien – z. B. zur Prävention, zu den Arbeitgeberpflichten oder zur Maschinensicherheit – müssen von den einzelnen Mitgliedstaaten in ihrem jeweiligen nationalen Recht umgesetzt werden.

Arbeitsschutz-Pyramide

Der betriebliche Arbeitsschutz in Deutschland ist in **Gesetzen** (siehe Kapitel 2.1.1) und **Verordnungen** (siehe Kapitel 2.1.2) verankert. Dazu kommen das **Technische Regelwerk** (siehe Kapitel 2.1.3), das berufsgenossenschaftliche Vorschriftenwerk (die sog. **Unfallverhütungsvorschriften** [siehe Kapitel 2.1.4]) und weitere **Normen, Richtlinien** und **Veröffentlichungen** anderer Akteure: dem Deutschen Institut für Normung (**DIN**), dem Verein Deutscher Ingenieure (**VDI**) oder dem Länderausschuss für Arbeitsschutz und Sicherheitstechnik (**LASI**).

Die Hierarchie des Arbeitsschutzrechts wird oft in Form einer Pyramide dargestellt (siehe Abb. 2.1). Dabei nehmen die Konkretisierung und die Detailgenauigkeit von der obersten bis zur untersten Ebene zu, gleichzeitig sinkt der Grad der Verbindlichkeit. Dieser Aufbau ermöglicht es, die grundlegenden – aber nur mühsam veränderbaren – Bestimmungen auf Gesetzesebene durch untergeordnete Verordnungen, Regeln usw. immer weiter zu verfeinern und schneller anzupassen.

2.1.1 Gesetze

Das **Arbeitsschutzgesetz** (ArbSchG) nimmt eine zentrale Stelle im nationalen Arbeitsschutzrecht ein. Es regelt die grundlegenden Arbeitsschutzpflichten des Arbeitgebers sowie die Rechte und Pflichten der Beschäftigten. Die für die Arbeit des Koordinators maßgebliche Baustellenverordnung (siehe Kapitel 2.1.5) bezieht sich in § 2 explizit auf das ArbSchG und fordert explizit, die allgemeinen Grundsätze nach § 4 ArbSchG (siehe Kapitel 2.1.8) zu berücksichtigen.

Das **Arbeitssicherheitsgesetz** (ASiG) regelt die Tätigkeit der Fachkräfte für Arbeitssicherheit (siehe Kapitel 2.2.2) und der Betriebsärzte (siehe Kapitel 2.2.3).

Das **Arbeitszeitgesetz** (ArbZG) legt fest, wie die Anforderungen an Sicherheit und Gesundheitsschutz am Arbeitsplatz durch die Arbeitszeitgestaltung umgesetzt werden müssen, z. B. durch maximale Arbeitsdauern, Pausenregelungen sowie Vorgaben zu Nachtarbeit, Schichtarbeit, Sonn- und Feiertagsruhe usw.

Das **Mutterschutzgesetz** (MuSchG) und das **Jugendarbeitsschutzgesetz** (JArbSchG) regeln Besonderheiten bei der Beschäftigung schutzbedürftiger Personen, wie schwangeren und stillenden Frauen sowie Jugendlichen unter 18 Jahren. Die Vorgaben reichen von den maximal zulässigen Arbeitsdauern bis zu Beschäftigungsverboten für bestimmte Tätigkeiten. (siehe Kapitel 2.1.8)

Das **Sprengstoffgesetz** (SprengG) regelt den Umgang mit explosionsgefährlichen Stoffen und Sprengzubehör, z. B. durch Sprengstoffkategorien, Erlaubnispflicht, Fachkundenachweis usw.

Das **Chemikaliengesetz** (ChemG) definiert gefährliche Stoffe und gibt Maßnahmen zum Schutz von Mensch und Umwelt vor schädlichen Einwirkungen vor.

Das **Arbeitnehmerüberlassungsgesetz** (AÜG) regelt die Arbeitnehmerpflichten bei Leiharbeit/Zeitarbeit.

Hinweis

> Umweltschutz auf Baustellen
>
> Neben dem Arbeitsschutz müssen auf Baustellen auch Gesetze aus dem Umweltrecht eingehalten werden, insbesondere sind dies die Anforderungen aus dem **Kreislaufwirtschaftsgesetz** (KrWG) und dem **Wasserhaushaltsgesetz** (WHG).

2.1.2 Verordnungen

Die grundsätzlichen und eher allgemein gehaltenen gesetzlichen Vorgaben werden weiter ausgeführt durch spezifischere Regelwerke auf der Rechtsebene der Verordnungen (siehe Tabelle 2.1). Verordnungen haben nicht den formaljuristischen Status eines Gesetzes, da ihnen kein Gesetzgebungsverfahren zugrunde liegt, vielmehr werden sie erlassen, z. B. von einem Ministerium. Die in einer Verordnung formulierten Rechte und Pflichten haben jedoch die gleiche Verbindlichkeit wie ein Gesetz.

Tabelle 2.1: Wichtige Verordnungen zum Arbeitsschutz

Verordnung	Regelungsinhalte
Arbeitsstättenverordnung (ArbStättV)	Einrichten und Betreiben von Arbeitsstätten: Anforderungen an Raumabmessungen, Türen, Verkehrswege, Temperatur, Beleuchtung, Erste Hilfe, Feuerlöscher, Nichtraucherschutz, Sanitärräume u. a.
Betriebssicherheitsverordnung (BetrSichV)	Bereitstellen und Benutzen von Arbeitsmitteln (Werkzeugen, Maschinen), Betreiben von überwachungsbedürftigen Anlagen
Biostoffverordnung (BioStoffV)	Gefährdungsbeurteilung, Schutzstufen, Dokumentationspflichten usw. bei Tätigkeiten mit Biologischen Arbeitsstoffen (Bakterien, Viren, Pilzen, auch Taubenkot, Schimmel usw.)
Druckluftverordnung (DruckLV)	Anforderungen für Arbeiten in Druckluft: Prüfung, ärztliche Untersuchung, Fachkunde, Nachweise u. a.
Gefahrstoffverordnung (GefStoffV)	Schutzmaßnahmen bei Tätigkeiten mit Stoffen, die bestimmte gefährliche Eigenschaften besitzen wie giftig, krebserzeugend, hochentzündlich u. a.
Lärm- und Vibrations-Arbeitsschutzverordnung (LärmVibrationsArbSchV)	Schutz der Beschäftigten vor gesundheitsschädlichem Lärm und Vibrationen
Lastenhandhabungsverordnung (LasthandhabV)	Minimieren der Gesundheitsbelastungen beim manuellen Handhaben von Lasten (Heben, Tragen, Halten usw.)
PSA-Benutzungsverordnung (PSA-BV)	Auswahl, Bereitstellung, Wartung, Reparatur, Ersatz und Lagerung von persönlicher Schutzausrüstung (PSA)
Strahlenschutzverordnung (StrlSchV)	Schutz vor ionisierender Strahlung, Umgang mit radioaktiven Stoffen, Betrieb von Einrichtungen und Geräten, die Strahlung erzeugen, auch Röntgenstrahlung
Verordnung zu elektromagnetischen Feldern (EMFV)	Schutz vor statischen oder zeitveränderlichen elektrischen, magnetischen und elektromagnetischen Feldern
Verordnung zu künstlicher optischer Strahlung (OStrV)	Schutz vor künstlicher ultravioletter, sichtbarer und infraroter Strahlung, auch durch Laser
Verordnung zur arbeitsmedizinischen Vorsorge (ArbMedVV)	frühzeitiges Erkennen und Verhüten von arbeitsbedingten Erkrankungen und Berufskrankheiten
Berufskrankheiten-Verordnung (BKV)	Liste der Berufskrankheiten, Pflichten der Unfallversicherungsträger und Ablauf des Verfahrens zum Feststellen einer Berufskrankheit

Weitere Verordnungen aus dem Arbeitsschutz- und Umweltrecht – wie die Röntgenverordnung, die Strahlenschutzverordnung, die Maschinenverordnung (9. ProdSV) oder die Abfallbeauftragtenverordnung – spielen auf Baustellen eine eher untergeordnete Rolle.

Hinweis

Verbindlichkeit von Normen

Gesetze und Verordnungen werden auch als Rechtsnormen bezeichnet. Diese Bedeutung des Normbegriffs ist eine andere, als bei den ansonsten im Bauwesen geltenden Normen, in denen es auf unterschiedlichen Ebenen (EN, ISO, DIN, VDE u. a.) überwiegend um technische Standards geht.

Auch bei den Rechtsgrundlagen für Arbeitssicherheit werden oft **Normen** genannt. Diese Normen sind i. d. R. nicht rechtsverbindlich. Denn sie werden nicht vom Gesetzgeber (oder den Unfallversicherungsträgern, siehe Kapitel 2.1.4.1) erstellt, sondern von privatwirtschaftlichen Institutionen. Eine Norm **kann** für die Arbeitssicherheit jedoch dann rechtsverbindlich werden, wenn eine staatliche Verordnung explizit darauf Bezug nimmt.

Praxistipp

Arbeitsschutznormen recherchieren: Die mühsame Suche nach arbeitsschutzrelevanten Normen wird erleichtert durch ein Angebot der Kommission Arbeitsschutz und Normung (KAN), das gemeinsam mit der DIN Software GmbH unterhalten wird: Die monatlich aktualisierte Datenbank **Normen-Recherche Arbeitsschutz(NoRA)** beinhaltet derzeit (Stand: 01/2020) Informationen zu 15.371 Normen.

2.1.3 Technisches Regelwerk

Auf die Verordnungen folgt in der nächsten Hierarchiestufe (siehe Abb. 2.1) das Technische Regelwerk. Technische Regeln konkretisieren die Anforderungen von Verordnungen und gelten auch für Bauarbeiten und auf Baustellen. Sie geben den Stand der Technik wieder, müssen jedoch nicht verpflichtend umgesetzt werden.

Die Technischen Regeln werden von speziellen Ausschüssen des Bundesministeriums für Arbeit und Soziales (BMAS) erstellt und erlassen. Derzeit (Stand 2019) gibt es **5 Arbeitsschutzausschüsse**:

- Ausschuss für Arbeitsstätten (ASTA)
- Ausschuss für Betriebssicherheit (ABS)
- Ausschuss für Gefahrstoffe (AGS)
- Ausschuss für Biologische Arbeitsstoffe (ABAS)
- Ausschuss für Arbeitsmedizin (AfAMed)

In diesen Gremien arbeiten Vertreter der Arbeitgeber, Gewerkschaften, Behörden und Unfallversicherer mit Sachverständigen und Wissenschaftlern zusammen. Ihre gemeinsame Aufgabe ist neben dem Erarbeiten von Regeln die Beratung des BMAS in allen Arbeitsschutzfragen.

Die **Technischen Regeln für Arbeitsstätten (ASR)** (siehe Tabelle 2.2) sind für jedes Unternehmen relevant. Sie konkretisieren die Anforderungen der ArbStättV und enthalten häufig **ergänzende Anforderungen an Baustellen** in eigenen Kapiteln.

Tabelle 2.2: Übersicht über die Technischen Regeln für Arbeitsstätten

Technische Regeln für Arbeitsstätten (ASR)	
Nummerierung	**Inhalt**
ASR A1.2	„Technische Regeln für Arbeitsstätten – Raumabmessungen und Bewegungsflächen" (2013)
ASR A1.3	„Technische Regeln für Arbeitsstätten – Sicherheits- und Gesundheitsschutzkennzeichnung" (2013)
ASR A1.5/1,2	„Technische Regeln für Arbeitsstätten – Fußböden" (2013)
ASR A1.6	„Technische Regeln für Arbeitsstätten – Fenster, Oberlichter, lichtdurchlässige Wände" (2012)
ASR A1.7	„Technische Regeln für Arbeitsstätten – Türen und Tore" (2009)
ASR A1.8	„Technische Regeln für Arbeitsstätten – Verkehrswege" (2012)
ASR A2.1	„Technische Regeln für Arbeitsstätten – Schutz vor Absturz und herabfallenden Gegenständen, Betreten von Gefahrenbereichen" (2012)
ASR A2.2	„Technische Regeln für Arbeitsstätten – Maßnahmen gegen Brände" (2018)
ASR A2.3	„Technische Regeln für Arbeitsstätten – Fluchtwege und Notausgänge, Flucht- und „Rettungsplan (2007)
ASR A3.4	„Technische Regeln für Arbeitsstätten – Beleuchtung" (2011)
ASR A3.4/7	„Technische Regeln für Arbeitsstätten – Sicherheitsbeleuchtung, optische „Sicherheitsleitsysteme (2009)
ASR A3.5	„Technische Regeln für Arbeitsstätten – Raumtemperatur" (2010)
ASR A3.6	„Technische Regeln für Arbeitsstätten – Lüftung" (2012)
ASR A3.7	„Technische Regeln für Arbeitsstätten – Lärm" (2018)
ASR A4.1	„Technische Regeln für Arbeitsstätten – Sanitärräume" (2013)
ASR A4.2	„Technische Regeln für Arbeitsstätten – Pausen- und Bereitschaftsräume" (2012)
ASR A4.3	„Technische Regeln für Arbeitsstätten – Erste-Hilfe-Räume, Mittel und Einrichtungen zur Ersten Hilfe" (2010)
ASR A4.4	„Technische Regeln für Arbeitsstätten – Unterkünfte" (2010)
ASR A5.2	„Technische Regeln für Arbeitsstätten – Anforderungen an Arbeitsplätze und Verkehrswege auf Baustellen im Grenzbereich zum Straßenverkehr – Straßenbaustellen" (2018)
ASR V3	„Technische Regeln für Arbeitsstätten – Gefährdungsbeurteilung" (2017)
ASR V3a.2	„Technische Regeln für Arbeitsstätten – Barrierefreie Gestaltung von Arbeitsstätten" (2012)

Weitere wichtige technische Regelwerke mit Bezug zum Arbeitsschutz, die auch auf Baustellen relevant werden, sind:

- **„Technische Regeln für Betriebssicherheit“** (TRBS)
- **„Technische Regeln für Gefahrstoffe“** (TRGS)
- **„Technische Regeln für Biologische Arbeitsstoffe“** (TRBA)
- **„Technische Regeln zur Lärm- und Vibrations-Arbeitsschutzverordnung“** (TRLV) (2017)
- **„Technische Regeln zur Arbeitsschutzverordnung zu künstlicher optischer Strahlung“** – (TROS) Inkohärente Optische Strahlung (2013)
- **„Technische Regel zum Sprengstoffrecht: Sprengarbeiten“** (SprengTR 310 – Sprengarbeiten) (2016)

Dazu kommen die **„Arbeitsmedizinischen Regeln“** (AMR), welche die Anforderungen der ArbMedVV und die Arbeit des Betriebsarztes konkretisieren.

Hinweis

Die Technischen Regeln – wie auch die nachfolgend vorgestellten Dokumente des berufsgenossenschaftlichen Regelwerks – werden ständig überarbeitet und weiterentwickelt. Dies bedeutet nicht, dass die dort genannten Sicherheitsvorgaben schlagartig falsch oder unsinnig geworden wären, sie entsprechen jedoch möglicherweise nicht mehr dem Stand der Technik. Angaben in älteren Fachpublikationen oder auf nicht aktualisierten Internetseiten sind jedoch oft überholt. Im Jahr 2013 wurden Regelgruppen komplett zurückgezogen, z. B. die TR Druckgase (TRG), die TR für brennbare Flüssigkeiten (TRbF) und die TR zur Druckbehälterverordnung (TRB und TRR).

Die aktuellsten Versionen der ASR, TR, AMR usw. sind stets auf den Webseiten der **Bundesanstalt für Arbeitsschutz und Arbeitsmedizin (BAuA)** zu finden: www.baua.de > Angebote > Rechtstexte und Technische Regeln.

Zum Nachschlagen des aktuellen berufsgenossenschaftlichen Regelwerks steht die **Publikationsdatenbank der DGUV** unter www.publikationen.dguv.de zur Verfügung.

Auch die **Regeln zum Arbeitsschutz auf Baustellen** (siehe Kapitel 2.1.6) gehören im weiteren Sinne zum Technischen Regelwerk. Ebenfalls für Baustellen relevant sind die technischen Regeln einiger Branchenverbände wie etwa der Deutschen Vereinigung für Wasserwirtschaft, Abwasser und Abfall e. V. (DWA). In diesen Regelwerken geht es jedoch eher um Qualitätssicherung in der Technik und weniger um Arbeitsschutz.

2.1.4 Berufsgenossenschaftliches Regelwerk

Die staatlichen Gesetze, Verordnungen und Regeln werden im Arbeitsschutzrecht durch die **Unfallverhütungsvorschriften** (UVV) ergänzt, die von den Trägern der gesetzlichen Unfallversicherung (Berufsgenossenschaften und Unfallkassen) erlassen werden.

Gesetzliche Unfallversicherung

Die gesetzliche Unfallversicherung ist in Deutschland – neben Krankenversicherung und Rentenversicherung – ein zentraler Teil der Sozialversicherung. Das erste Unfallversicherungsgesetz trat in Deutschland 1885 in Kraft mit Regelungen zu Unfallverhütung, Unfallrente und medizinischer Heilbehandlung. Dementsprechend mussten Unternehmen und Arbeitgeber in eine gemeinsame Unfallversicherung einzahlen und wurden dadurch von ihrer zivilrechtlichen Haftpflicht befreit. Bis heute basiert die Unfallversicherung auf dieser **kollektiven Haftpflichtversicherung** durch das **Solidarprinzip** und das **Prinzip der Haftungsablösung**. Dies bedeutet: Der Arbeitgeber bzw. Unternehmer muss nicht haften, wenn einer seiner Beschäftigten bei der Arbeit einen Unfall erleidet oder eine Berufskrankheit festgestellt wird und ist somit vor unkalkulierbaren Risiken geschützt.

Arbeits- und Wegeunfälle

Im Unfallgeschehen wird zwischen Arbeitsunfällen und Wegeunfällen unterschieden. Als **Arbeitsunfälle** gelten alle Unfälle, die eine versicherte Person infolge ihrer versicherten Tätigkeit erleidet. Ein Arbeitsunfall ist nicht an eine bestimmte Verletzungsschwere gekoppelt, auch kleinere Verletzungen gelten als Arbeitsunfälle. Jede Verletzung sollte stets im Verbandbuch des Betriebs eingetragen werden, um Versicherungsansprüche bei Folgeschäden ggf. auch später noch geltend machen zu können.

Als **Wegeunfälle** gelten Unfälle auf dem Weg zur versicherten Tätigkeit, typischerweise ist das der Arbeitsplatz in der Arbeitsstätte. In der Baubranche findet die versicherte Tätigkeit an wechselnden Orten statt. Auch hier steht der Weg von Zuhause zum Arbeitsplatz Baustelle unter dem Schutz der gesetzlichen Unfallversicherung. Dies gilt auch für Wege zwischen Baustelle und einem anderen Arbeitspatz, etwa um Materialien und Werkzeuge aus der eigenen Firma zu holen. Der Versicherungsschutz kann jedoch erlöschen oder unterbrochen werden, wenn der Versicherte einen Umweg einlegt, der privaten Interessen dient wie etwa Einkaufen.

Berufsgenossenschaften

Mit dem Inkrafttreten des Unfallversicherungsgesetzes von 1885 wurden die ersten Berufsgenossenschaften (BG) gegründet, sie sind branchenbezogen organisiert und für die jeweilige Unfallversicherung einer Branche zuständig. Die Zuteilung der Berufsgruppen war mit ursprünglich 57 BG noch bis in die 90er Jahre weit aufgefächert, nach der letzten Fusionswelle blieben 9 BG übrig. Die auf Baustellen tätigen Unternehmen gehören überwiegend einer der folgenden BG an:

- Berufsgenossenschaft der Bauwirtschaft (**BG BAU**)
- Berufsgenossenschaft Energie Textil Elektro Medienerzeugnisse (**BG ETEM**)
- Berufsgenossenschaft Rohstoffe und chemische Industrie (**BG RCI**)
- Berufsgenossenschaft Holz und Metall (**BGHM**)

Auf Baustellen von geringerer Bedeutung sind eher die Berufsgenossenschaft Verkehrswirtschaft Post-Logistik Telekommunikation (**BG Verkehr**), die Berufsgenossenschaft Handel und Warenlogistik **(BGHW)**, die Berufsgenossenschaft Nahrungsmittel und Gastgewerbe **(BGN)**, die Berufsgenossenschaft für Gesundheitsdienst und Wohlfahrtspflege **(BGW)** sowie die Verwaltungs-Berufsgenossenschaft **(VBG)**

2.1.4.1 Deutsche Gesetzliche Unfallversicherung (DGUV)

Die Berufsgenossenschaften sind gemeinsam mit den Unfallkassen – die Unfallversicherung für Angestellte des Öffentlichen Dienstes plus Bahn, Post, Feuerwehren – zusammengeschlossen im Dachverband **Deutsche Gesetzliche Unfallversicherung (DGUV)**. Innerhalb der DGUV ist der Fachbereich Bauwesen zuständig für Arbeitssicherheit und Gesundheitsschutz in der Bauwirtschaft.

Unter dem Dach der DGUV sind alle Betriebe, Unternehmen sowie Verwaltungen **Pflichtmitglieder** in einer Berufsgenossenschaft oder Unfallkasse. In einigen Ausnahmefällen – wie z. B. bei Ein-Personen-Unternehmen – ist eine freiwillige Mitgliedschaft möglich.

Der **gesetzliche Auftrag** der DGUV bzw. der Unfallversicherungsträger umfasst die 3 Aufgabenbereiche Prävention, Rehabilitation und Entschädigung:

- **Prävention**: Das übergeordnete Ziel ist stets, Arbeitsunfälle, arbeitsbedingte Gesundheitsgefahren und Berufskrankheiten durch vorbeugende Maßnahmen zu verhüten.
- **Rehabilitation**: Nach einem Arbeitsunfall oder bei einer Berufskrankheit soll die Gesundheit der Versicherten mit allen geeigneten Mitteln möglichst vollständig wiederhergestellt werden. Diese Mittel können weit über die Leistungen der Krankenversicherung hinausgehen, daher ist der Eintrag jeder – auch kleinen – Verletzung im Verbandbuch so wichtig.
- **Entschädigung**: Nicht nur das Unfallopfer, auch seine Angehörigen oder Hinterbliebenen sollen durch finanzielle Leistungen, Unfallrenten usw. entschädigt werden.

2.1.4.2 DGUV Vorschriften, Regeln, Informationen und Grundsätze

Die Bedeutung der Berufsgenossenschaften für den Arbeitsschutz – auch auf Baustellen – ist deshalb so bedeutsam, weil sie weit über das Organisieren der Unfallversicherung hinausgeht. Denn die Träger der gesetzlichen Unfallversicherung haben ein **autonomes Satzungsrecht**. Das heißt, die BG und Unfallkassen können für ihre Mitgliedsbetriebe eigene Vorschriften erlassen, die z. T. den gleichen Stellenwert haben wie staatliche Verordnungen und somit rechtlich bindend sind (siehe Abb. 2.1).

Damit ergibt sich eine Nebeneinander (**Dualismus**) staatlicher (technischer) und berufsgenossenschaftlicher Regelwerke, auch als Zwei-Säulen-Modell bekannt (siehe auch Abb. 2.1). Diese zweifache Arbeitsschutzorganisation hat immer wieder zu Unmut und Irritationen geführt, weil die Fülle der von Unternehmen und Betrieben zu beachtenden Regelungen damit noch größer wird. In den letzten Jahren sind Bemühungen der beteiligten Akteure hinsichtlich einer Vereinheitlichung festzustellen und Doppelregelungen werden zunehmend abgebaut.

Sowohl in Betrieben als auch auf Baustellen ist immer wieder Spott und Unmut über vermeintlich zu viele, zu komplizierte, übertriebene oder schwer verständliche Vorschriften zum Arbeitsschutz zu hören. Bei genauerer Betrachtung bleibt der erste hieraus entstehende Eindruck jedoch vordergründig: In groß angelegten und regelmäßig wiederholten Befragungen von Betrieben und Beschäftigten – dem sog. Arbeitsschutzbarometer – zeigte sich zuletzt, dass 82 % der Befragten den Arbeitsschutz als klar geregelt ansehen und 70 % das Vorschriften- und Regelwerk im Arbeitsschutz für verständlich halten (Sicherheit und Gesundheit bei der Arbeit – Berichtsjahr 2017, 2018, S. 27).

Nomenklatur des DGUV Regelwerks

Im Jahr 2014 wurden die Regelwerke der einzelnen BG in ein gemeinsames Vorschriften- und Regelwerk der DGUV überführt und neu zusammengestellt. Damit haben sich auch die Kurzbezeichnungen vieler arbeitsschutzrelevanter Dokumente geändert Die früher geläufigen Bezeichnungen wie BGV, BGR, BGI oder BGG gibt es nicht mehr. Stattdessen werden alle Dokumente nun als DGUV Vorschrift, DGUV Information, DGUV Regel oder DGUV Grundsatz herausgegeben, gefolgt von jeweils einer 2- bis 6-stelligen Ziffernfolge.

Diese Dokumente bilden das sog. **DGUV Vorschriften- und Regelwerk**. Sie werden von den Fachbereichen und Sachgebieten der DGUV erstellt und sind – zumindest für die Mitgliedsunternehmen der jeweiligen BG – kostenlos. Da sich das Regelwerk in ständiger Überarbeitung befindet, genügt es nicht, dass sich Arbeitsschutzverantwortlich einmalig alle für die eigene Tätigkeit relevanten Dokumente besorgt. Ein regelmäßiges Aktualisieren ist unverzichtbar. Die Datenbank des DGUV Vorschriften- und Regelwerks ist öffentlich einsehbar und die meisten Dokumente stehen als Broschüren im PDF-Format zum Download bereit (**www.dguv.de** > Prävention > DGUV Vorschriften- und Regelwerk).

Das DGUV Regelwerk besteht aus den folgenden 4 Bereichen:

- **DGUV Vorschriften** sind für die Mitgliedsunternehmen rechtlich bindend, sie müssen **verpflichtend** umgesetzt werden. Die Aufsichtsdienste der Berufsgenossenschaften haben die Aufgabe, das Einhalten dieser Vorschriften zu überwachen.
  - Beispiele: DGUV Vorschrift 39 „Unfallverhütungsvorschrift – Bauarbeiten" (1997), DGUV Vorschrift 54 „Unfallverhütungsvorschrift – Winden, Hub- und Zuggeräte" (1997)
- **DGUV Regeln** sind – auch wenn der Begriff Regel eine Verbindlichkeit suggeriert – **nicht rechtsverbindlich**. Sie befassen sich mit grundlegenden Sicherheits- und Gesundheitsaspekten für bestimmte Branchen und Gewerke und sind als Empfehlungen zu verstehen.
  - Beispiele: DGUV Regel 101-601 „Branche Rohbau" (2017), DGUV Regel 101-016 „Dacharbeiten" (2008), DGUV Regel 103-011 „Arbeiten unter Spannung" (2008)
- **DGUV Informationen** bieten **unverbindliche Hilfestellung** und beziehen sich meist auf bestimmte Arbeitsverfahren und Arbeitssituationen.

  - Beispiele: DGUV Information 201-057 „Maßnahmen zum Schutz gegen Absturz bei Bauarbeiten" (2015), DGUV Information 203-006 „Auswahl und Betrieb elektrischer Anlagen und Betriebsmittel auf Bau- und Montagestellen" (2012)
- **DGUV Grundsätze** stellen **anerkannte Verfahren, Maßstäbe und Standards** dar für arbeitsschutzrelevante Vorgänge.
  - Beispiele: DGUV Grundsatz 301-002 „Grundsätze für die Prüfung von Randsicherungen und Dachschutzwänden" (2017), DGUV Grundsatz 309-003 „Auswahl, Unterweisung und Befähigungsnachweis von Kranführern" (2013).

Hinweis

Der früher gängige Begriff **Unfallverhütungsvorschriften** gilt durch die neue Nomenklatur des DGUV Regelwerks als überholt, trifft jedoch in seiner Kernbedeutung nach wie vor zu. Wenn heute von UVV die Rede ist, können entweder die (verbindlichen) DGUV Vorschriften gemeint sein oder das komplette Regelwerk der Berufsgenossenschaften.

Das Vorschriften- und Regelwerk der DGUV betrifft auch den Arbeitsschutz auf Baustellen. Die Vorgaben beziehen sich oft konkret auf eine Tätigkeit, eine Gefährdung, einen Maschinentyp oder eine PSA-Komponente. Sie können aber auch auf die **baulichen Anforderungen** selbst fokussieren, z. B. die Vorgaben

- für **Gebäudetypen,** wie etwa die DGUV Regel 110-001 „Arbeiten in Gaststätten" (2007), die DGUV Vorschrift 81 „Unfallverhütungsvorschrift – Schulen" (2001) oder die DGUV Vorschrift 82 „Unfallverhütungsvorschrift – Kindertageseinrichtungen" (2007)
- für **Bauteile**, wie z. B. Treppen (DGUV Information 208-005 „Treppen" [1991]), Glastüren und Glaswände (DGUV Information 208-014 „Glastüren, Glaswände" [2010]) oder die Rutschfestigkeit von Fußböden in Arbeitsräumen (DGUV Regel 108-003 „Fußböden in Arbeitsräumen und Arbeitsbereichen mit Rutschgefahr" [1994])
- für **technische Einrichtungen**, wie für die Lüftung an Arbeitsplätzen die DGUV Regel 109-002 „Arbeitsplatzlüftung – Lufttechnische Maßnahmen" (2004)
- für die **Gestaltung von Arbeitsplätzen**, wie z. B. die DGUV Information 215-410 „Bildschirm- und Büroarbeitsplätze – Leitfaden für die Gestaltung" (2019)

Die Prüfung des vorschriftsgemäßen Planens und Ausführens von Bauleistungen gehört i. d. R. nicht zur primären Aufgabe des Koordinators. Dies ist zwar relevant für den Sicherheits- und Gesundheitsschutz, bezieht sich jedoch nicht auf das Errichten, sondern auf die spätere Nutzung des Gebäudes. Für das Erstellen der **Unterlage mit den erforderlichen, bei möglichen späteren Arbeiten an der baulichen Anlage zu berücksichtigenden Angaben zu Sicherheit und Gesundheitsschutz** (im Folgenden: Unterlage) (siehe Kapitel 3.1.4) können die Arbeitsschutzanforderungen an die Gestaltung von Räumen und Einrichtungen jedoch relevant werden.

Alle Regelungen, ob für eine Tätigkeit, eine Maschine oder ein Gebäude, werden so gefasst und formuliert, dass sie für möglichst viele Fälle bzw. Arbeitsplätze zutreffen. Dennoch sind die Gefährdungen auf **jeder Baustelle individuell** zu betrachten, denn jede Baustelle unterscheidet sich von jeder anderen, und das Baugeschehen läuft nicht immer nach standardisierten Prozessvorgaben ab. Wichtiger als der Gebrauch von Vorlagen und Musterdokumenten und das buchstabengetreue Einhalten des technischen und des berufsgenossenschaftlichen Werks ist stets das individuelle Erkennen und Bewerten der Unfallrisiken vor Ort.

Hinweis

> Weitere Regeln zum Schutz der auf Baustellen beschäftigten Personen finden sich in den **Bauordnungen der Länder**. Die baubezogenen Vorgaben aus dem **Arbeitsschutzrecht** müssen nicht zwangsläufig deckungsgleich mit den Vorgaben der Landesbauordnungen sein und können durchaus über diese hinausgehen.

2.1.4.3 BG BAU

Die BG BAU ist die Berufsgenossenschaft für die Bauwirtschaft und baunahe Dienstleistungen. Sie betreut bundesweit mehr als **2,8 Mio.** gesetzlich und freiwillig Unfallversicherte aus mehr als 500.000 Unternehmen und etwa 50.000 privaten Bauvorhaben. Im Jahr 2018 hat die BG BAU rund **1 Mrd. €** für Rentenzahlungen (Unfallrenten) ausgegeben, dazu 632 Mio. € für Rehabilitationsleistungen.

Jedes Mitgliedsunternehmen der BG BAU hat die Möglichkeit, die BG durch eine **Baustellenmeldung** über geplante Bauarbeiten bzw. Tätigkeiten vorab zu informieren. Die BG BAU bietet dann organisatorische Unterstützung, z. B. durch eine Karte mit Lage der Baustelle samt den Adressen der Durchgangsärzte oder einen direkt ausdruckbaren Baustellenaushang. Bestimmte erforderliche Meldungen, etwa zu Asbestarbeiten oder zur Inbetriebnahme eines hochziehbaren Personenaufnahmemittels, lassen sich direkt aus der Baustellenmeldung generieren.

Kostenlose Beratung

Bei Betrieben und Arbeitgebern auf Baustellen haben die BG bisweilen den Ruf als lästige Kontrolleure. Mitarbeiter der BG BAU haben 2017 fast 200.000 Betriebs- bzw. Baustellenbesichtigungen durchgeführt (Jahresbericht BG BAU, 2018, S. 13). Zu den Aufgaben der Unfallversicherungsträger gehört jedoch nicht nur die Kontrolle, sondern auch die Beratung ihrer Mitgliedsbetriebe. Auch die BG BAU gibt viele Informationsmaterialien, Plakate, Musterdokumente, Schulungsfilme usw. – meist – kostenfrei ab. Sie hat z. B. hat für viele Gewerke und Tätigkeiten auf Baustellen Sicherheitshinweise in kompakter Form verfasst. Diese sog. **Bausteine** sind als Merkhefte, als Baustein-Ordner (**„Gelbe Mappe“**) oder in Form einer App erhältlich (www.bgbau.de > Service > Angebote > Medien-Center).

Hinweis

Unter der gebührenfreien Telefonnummer 0800 8020100 bietet die BG BAU eine **kostenfreie Beratung** zu allen Fragen rund um die Sicherheit und Gesundheit bei der Arbeit. Überdies kann die BG BAU auf diesem Wege auch über besondere Gefahrensituationen bei der Arbeit auf einer Baustelle informiert werden.

2.1.5 Baustellenverordnung

Die in den Kapiteln 2.1.1 bis 2.1.4 genannten Rechtsgrundlagen zum Arbeitsschutz gelten auch für Baustellen. Dazu kommt seit 1998 die Baustellenverodnung, die Anforderungen des Arbeitsschutzrechts speziell für die Baubranche spezifiziert. Die BaustellV gilt nicht allein für die auf einer Baustelle beschäftigten Arbeiter i. e. S. Sie dehnt den gesetzlichen Arbeitsschutz auch auf alle anderen auf einer Baustelle tätigen oder anwesenden Personen – wie Architekten, Fachplaner, Einzelunternehmer, Besucher und Passanten – aus.

Als branchenbezogene Rechtsnorm steht die BaustellV in einer Sonderrolle. Wichtig zum Verständnis ist, dass die **BaustellV nicht anstelle, sondern zusätzlich zum gesamten übrigen Arbeitsschutzrecht** gilt. Das folgende Zitat stellt dies unmissverständlich dar:

„*Das **Baustellenrecht** wurde nicht vom **Arbeitsschutzgesetz** (ArbSchG), dem Hauptgesetz, abgekoppelt, sondern stellt einen **besonderen Teil des Arbeitsschutzrechts** dar. Das bedeutet, dass die allgemeinen Regeln des Arbeitsschutzgesetzes in vollem Umfang Anwendung finden, sofern die Baustellenverordnung zu einer bestimmten Thematik keine abschließende Regelung trifft.*“ (Kohte et al., 2014, S. 545)

Ziel der BaustellV ist laut § 1 Abs. 1 die „*wesentliche Verbesserung von Sicherheit und Gesundheitsschutz der Beschäftigten auf Baustellen*“. Auch damit ist die BaustellV de facto dem Arbeitsschutzrecht zugeordnet.

Wichtig zum Verständnis ist:

- Die BaustellV unterscheidet nicht zwischen Neubau, Umbau oder Rückbau/Abbruch.
- Die BaustellV gilt sowohl für private wie für öffentliche und für gewerbliche Bauherrn.

EG-Baustellenrichtlinie

Grundlage der BaustellV ist die **Richtlinie 92/57/EWG** der Europäischen Union „*über die auf zeitlich begrenzte oder ortsveränderliche Baustellen anzuwendenden Mindestvorschriften für die Sicherheit und den Gesundheitsschutz*“, die sog. **EU-Baustellenrichtlinie**. Mit dieser Richtlinie strebt die EU ein europaweit einheitliches Sicherheitsniveau auf Baustellen an. Die BaustellV setzt die EG-Baustellenrichtlinie in das deutsche Recht um.

Bauherr

Die BaustellV richtet sich **nicht** – wie ansonsten im Arbeitsschutzrecht üblich – an den Arbeitgeber, sondern an den **Bauherrn**. Dieser trägt die **Gesamtverantwortung** für das Bauprojekt und hat eine **Fürsorge- und Aufsichtspflicht** über das gesamte Baugeschehen. Der Bauherr muss diese Aufgaben jedoch nicht allein schultern. Bei größeren bzw. komplexeren Bauvorhaben mit mehreren Unternehmen (Details siehe Kapitel 2.4) ist er aufgerufen, einen Arbeitsschutzexperten als Koordinator zu bestellen. Die BaustellV bringt in § 5 Koordinierung mit dem **Sicherheits- und Gesundheitsschutzkoordinator** (SiGeKo; im Folgenden: Koordinator) einen neuen Akteur mit einem eigenen Aufgabengebiet in das Arbeitsschutzrecht, mehr dazu in Kapitel 2.2.9 sowie Kapitel 2.4.

Es obliegt dem Bauherrn, wenn er entsprechende Eignungen vorweisen kann, alle Leistungen der BaustellV auch selbst in eigener Verantwortung zu erfüllen oder diese Aufgaben an einen „beauftragten Dritten" zu vergeben. Auch dieser kann die geforderten Leistungen in eigener Verantwortung erbringen (z. B. als Generalübernehmer, Generalplaner oder Projektsteuerer). Letztendlich trägt jedoch der Bauherr die volle Verantwortung für die umfängliche Erfüllung der Präventionsaufgaben nach BaustellV. Alle Leistungen, die der Bauherr **nicht** an einen externen geeigneten Koordinator vergibt, werden vom Bauherrn selber geschuldet.

Einzelunternehmer

Ein weiterer Unterschied zum übrigen Arbeitsschutzrecht besteht darin, dass die BaustellV sich explizit auch an „Unternehmer ohne Beschäftigte" richtet und diesen Ein-Personen-Unternehmen sogar einen eigenen Paragraphen (§ 6) widmet. Ansonsten ist im Arbeitsschutzrecht i. d. R. der Arbeitgeber angesprochen. So gilt z. B. ein als Einzelunternehmer selbstständiger Fliesenleger oder Elektriker streng genommen nicht als Arbeitgeber und ist auch nicht automatisch bei einer BG unfallversichert. In der BaustellV werden jedoch auch solche Unternehmen ohne Beschäftigte explizit erfasst.

Auch wenn der Bauherr selbst – z. B. als freiberuflicher Handwerker im Ein-Personen-Betrieb – auf seiner eigenen Baustelle aktiv wird, fällt dies in den Geltungsbereich der BaustellV. Sobald Beschäftigte eines weiteren Unternehmens aktiv werden, muss er einen Koordinator bestellen oder selbst als Koordinator agieren.

2.1.6 Regeln zum Arbeitsschutz auf Baustellen (RAB)

Die RAB konkretisieren die BaustellV bzw. – im Falle der RAB 25 (2003) – die Druckluftverordnung. Sie ergänzen das Arbeitsschutzrecht durch spezielle Vorgaben für Sicherheit und Gesundheitsschutz auf Baustellen. Die RAB wurden vom **Ausschuss für Sicherheit und Gesundheitsschutz auf Baustellen (ASGB)** in 6 Projektgruppen erstellt und im Bundesarbeitsblatt (BArbBl), dem (damaligen) Bekanntmachungsorgan des BMAS, veröffentlicht.

Insgesamt liegen folgende 7 Regeln vor:

- **RAB 01**: „Gegenstand, Zustandekommen, Aufbau, Anwendung und Wirksamwerden der RAB" (2000)
- **RAB 10**: „Begriffsbestimmungen (Konkretisierung von Begriffen der BaustellV)" (2003)
- **RAB 25**: „Arbeiten in Druckluft (Konkretisierungen zur Druckluftverordnung)" (2003)
- **RAB 30**: „Geeigneter Koordinator (Konkretisierung zu § 3 BaustellV)" (2003)
- **RAB 31**: „Sicherheits- und Gesundheitsschutzplan – SiGePlan" (2003)
- **RAB 32**: „Unterlage für spätere Arbeiten (Konkretisierung zu § 3 Abs. 2 Nr. 3 BaustellV)" (2003)
- **RAB 33**: „Allgemeine Grundsätze nach § 4 des Arbeitsschutzgesetzes bei Anwendung der Baustellenverordnung" (2004)

Es fällt auf, dass die RAB seit ihrem Inkrafttreten nicht verändert wurden. Dies ist insofern ungewöhnlich, als die auf den Arbeitsschutz bezogenen Regelwerke (siehe Kapitel 2.1.3 und 2.1.4) üblicherweise kontinuierlich an neue Arbeitsverfahren und Risiken, an den Stand der Technik bei Schutzeinrichtungen usw. angepasst und in überarbeiteter, aktualisierter Version neu herausgegeben werden. Die RAB wurden jedoch seit mehr als 16 Jahren in ihrem ursprünglichen Wortlaut beibehalten, obgleich auch in dem jeweiligen Vorspann darauf verwiesen wird, den „Stand der Technik bezüglich Sicherheit und Gesundheitsschutz auf Baustellen" wiederzugeben (Stand bei Redaktionsschluss dieses Buchs). Einerseits haben sich die grundsätzlichen Regelungen der RAB offenbar bewährt, andererseits sieht selbst die BAuA inzwischen die Notwendigkeit, eine Aktualisierung der RAB zu prüfen. Da sich der ASGB am 31.12.2003 aufgelöst hat, ist aber noch unklar, wer dessen Rolle und Aufgaben – und damit auch eine potenzielle Aktualisierung der RAB – künftig übernehmen wird.

Die folgenden Aussagen aus den RAB sind für das Verständnis der Aufgaben eines Koordinators maßgeblich:

- RAB 10 Nr. 2 (2003) definiert eine Baustelle als *„den Ort, an dem ein Bauvorhaben ausgeführt wird"*. Das betrifft das **Errichten, Ändern oder Abbrechen** einer baulichen Anlage sowie *„die dazugehörigen Vorbereitungs- und Abschlussarbeiten"*.
- Laut RAB 10 Nr. 3 (2003) gehören auch Aufschüttungen, Abgrabungen, Deponien und Bodensanierungen zu baulichen Anlangen im Sinne der BaustellV, ebenso Wohn-, Büro- und Sanitärcontainer sowie Versorgungsleitungen für Strom, Wasser, Gas usw.
- RAB 33 (2004) bezieht sich auf die allgemeinen Grundsätze des ArbSchG, welche der Bauherr gemäß § 2 BaustellV stets berücksichtigen muss und zwar
  - **von der Planung an**, also bereits **vor** Erteilung einer Baugenehmigung,
  - **unabhängig** davon, ob ein Koordinator bestellt werden muss oder ein SiGe-Plan erforderlich ist.

Hinweis

Grundsätzlich gilt: Die Notwendigkeit von Maßnahmen für Arbeitssicherheit und Gesundheitsschutz auf einer Baustelle besteht unabhängig davon,

- ob die Arbeiten einer Genehmigungspflicht unterliegen oder
- ob für die Arbeiten ein Koordinator bestellt wird bzw. bestellt werden muss.

Für jeden Arbeitgeber auf einer Baustelle gilt das Arbeitsschutzrecht unabhängig davon, inwiefern im konkreten Fall das Baurecht oder die BaustellV relevant sind.

Vermutungswirkung

Eine Technische Regel hat keine Gesetzeskraft, aber sie löst die sog. Vermutungswirkung aus. Diese besagt: Wer sich an die im Technischen Regelwerk genannten Vorgaben hält, kann davon ausgehen, dass er die (übergeordneten) verpflichtenden Anforderungen erfüllt.

Diese Vermutungswirkung **gilt auch für die RAB**. In einem Konfliktfall wird das Gericht davon ausgehen (= vermuten), dass ein Betrieb, der sich an die (unverbindlichen) RAB gehalten hat, damit den (rechtsverbindlichen) Forderungen der BaustellV nachgekommen ist. Wer sich für ein anderes Vorgehen entscheidet und von den Regelwerken abweicht, sollte seine eigene Lösung nachvollziehbar begründen und dies dokumentieren.

Praxistipp

Die BAuA hat Antworten auf etwa 80 der am **häufigsten gestellten Fragen zur BaustellV** zusammengestellt und als FAQ-Sammlung veröffentlicht. Diese PDF-Datei ist zwar in einigen Details – etwa bei den aktuellen Bezeichnungen einiger Rechtsdokumente – nicht auf dem neuesten Stand, aber die zentralen Aussagen zur BaustellV treffen nach wie vor zu (siehe Kapitel 6.5.3).

2.1.7 Aufsichtsbehörden

Auch wenn die Arbeitsschutzgesetzgebung ganz überwiegend Bundesrecht ist, gehört das Überwachen der Vorschriften in den Verantwortungsbereich der Länder. Die staatliche Arbeitsschutzaufsicht ist somit **auf Ebene der Bundesländer organisiert** und entsprechend uneinheitlich. Teilweise gibt es ein eigenes Landesamt für Arbeitsschutz, teilweise eine regionale Gewerbeaufsicht, teilweise ist die Arbeitsschutzverwaltung einer Bezirksregierung oder eines Regierungspräsidiums zuständig. Koordinierende Aufgaben haben die Arbeits- und Sozialministerkonferenz (ASMK) und der Länderausschuss für Arbeitsschutz und Sicherheitstechnik (LASI).

Befugnisse

Die BaustellV sieht kein spezielles behördliches Überwachungsprozedere vor. Auch auf Baustellen greifen die Regelungen zu den Zuständigkeiten und Befugnissen der Behörden, die das ArbSchG in den §§ 21 und 22 festlegt. Demnach dürfen die zuständigen Landesbehörden und die mit ihnen bei der Überwachung zusammenarbeitenden Aufsichtspersonen der Unfallversicherungsträger

- Baustellen zu den Betriebs- und Arbeitszeiten betreten, besichtigen und prüfen,
- Arbeitsmittel und PSA prüfen,
- Arbeitsverfahren und Arbeitsabläufe untersuchen,
- Messungen vornehmen,
- in die geschäftlichen Unterlagen Einsicht nehmen, z. B. in Koordinator-Vertrag, SiGe-Plan, Unterlage oder Dokumente zur Baustelleneinrichtung,
- Auskünfte und das Überlassen von Unterlagen verlangen, vom Bauherrn, von Arbeitgebern und vom Koordinator,
- Sicherheits- und Schutzmaßnahmen anordnen,
- für das Ausführen der Anordnung eine angemessene Frist setzen und bei Nichteinhaltung die betroffene Arbeit oder den Einsatz des betroffenen Arbeitsmittels untersagen.

Die Befugnisse sowohl der Behörden als auch der BG reichen damit bei eklatanten Sicherheitsmängeln und akuter Gefahr bis zum **Baustopp**. Eine Baustelle kann so lange stillgelegt werden, bis eine tatsächliche oder potenzielle Unfallursache beseitigt wurde.

Überwachung

Die Berufsgenossenschaften achten nicht nur auf die Vorgaben des Berufsgenossenschaftlichen Regelwerks. Die Technischen Außendienste der BG (TAD) dürfen und sollen auch das Durchsetzen staatlicher Arbeitsschutzregeln – und damit auch der BaustellV – überwachen. Ein Koordinator ist damit auch den Aufsichtspersonen einer BG gegenüber auskunftspflichtig.

Die Beamten einer Arbeitsschutzbehörde/Gewerbeaufsicht können auf Baustellen mit einer zweifachen Kontrollfunktion auftreten:

- Prüfen der **Arbeitsbedingungen** der auf der Baustelle beschäftigten Personen: Werden alle Anforderungen der Arbeitssicherheit und des Gesundheitsschutzes eingehalten?
- Prüfen des **Bauwerks**: Erfüllt das Gebäude die Voraussetzungen für eine sichere Nutzung, z. B. als spätere Arbeitsstätte?

Auch im zweiten Fall kann der Koordinator betroffen sein, wenn es um Sicherheitsaspekte geht, die für zu erstellende Unterlage (siehe Kapitel 3.1.4) relevant sind.

Praxistipp

Die Adressen der für den Arbeitsschutz zuständigen staatlichen Behörden sind – geordnet nach Bundesländern – auf www.baua.de online abrufbar (siehe Kapitel 6.5.3).

Die Tarifparteien der Bauwirtschaft setzen sich bereits seit vielen Jahren dafür ein, die Effektivität der Kontrollen und Überprüfungen von Baustellen zu verbessern. Auch müsse geprüft werden, ob durch eine gezielte Verschärfung des Sanktionssystems die Sicherheit auf Baustellen verbessert werden könnte (Positionspapier der Tarifvertragsparteien des Baugewerbes zum Arbeits- und Gesundheitsschutz, 2011).

2.1.8 Grundsätze, Prinzipien und Begriffe im Arbeitsschutzrecht

Die BaustellV bezieht sich in § 2 explizit auf das Arbeitsschutzrecht. Bereits bei der Planung *„sind die allgemeinen Grundsätze nach § 4 des Arbeitsschutzgesetzes zu berücksichtigen."* Diese Grundsätze werden im Folgenden ausführlicher dargestellt.

Arbeitsgestaltung

„Die Arbeit ist so zu gestalten, dass eine Gefährdung für das Leben sowie die physische und die psychische Gesundheit möglichst vermieden und die verbleibende Gefährdung möglichst gering gehalten wird." (§ 4 Punkt 1 ArbSchG)

Diese Forderung ist auf Gesetzesebene nur vage formuliert, konkretisiert wird sie durch das Technische Regelwerk (siehe Kapitel 2.1.3).

Gefahren an der Quelle bekämpfen

„Gefahren sind an ihrer Quelle zu bekämpfen." (§ 4 Punkt 2 ArbSchG)

Diese Vorgabe bedeutet z. B., dass gesundheitsschädigende Emissionen wie Lärm oder Staub nicht durch Verteilen von Gehörschutz- oder Atemschutz-PSA „bekämpft" werden sollen, sondern vielmehr an der Quelle der Emissionen angesetzt wird. Statt nachsorgend die Emissionsfolgen zu lindern, sollen die Emissionen erst gar nicht auftreten. Dies betrifft bereits die Planungsphase. Eine Aufgabe des Koordinators wäre z. B., darauf hinzuwirken, dass in Ausschreibungsunterlagen lärmgeminderte Maschinen oder staubarme Arbeitsverfahren gefordert werden. In der Ausführungsphase ist Staub dort abzusaugen, wo er entsteht, anstatt alle in der Umgebung arbeitenden Beschäftigten mit Atemschutzmasken auszustatten.

Stand der Technik

„Bei den Maßnahmen sind der Stand von Technik, Arbeitsmedizin und Hygiene sowie sonstige gesicherte arbeitswissenschaftliche Erkenntnisse zu berücksichtigen." (§ 4 Punkt 3 ArbSchG)

Der Begriff **Stand der Technik** (SdT) umfasst die in einer Branche anerkannten wissenschaftlichen, technischen und handwerklichen Erfahrungen zu

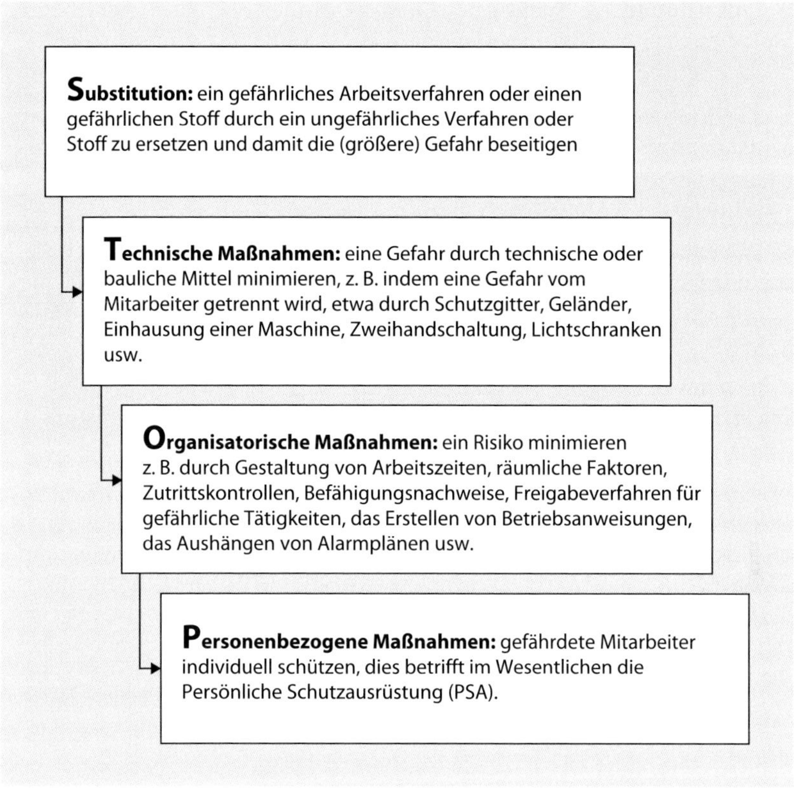

Abb. 2.2: Die STOP-Rangfolge im Arbeitsschutz

Schutzmaßnahmen, Arbeitsverfahren, Sicherheitstechnik usw. Zum Stand der Technik gehören auch die staatlichen und berufsgenossenschaftlichen Regelwerke, Richtlinien, Branchenregeln usw.

Auch im Vorspann der RAB heißt es, dass sie den „*Stand der Technik bezüglich Sicherheit und Gesundheitsschutz auf Baustellen*" wiedergeben. Darüber, wie zutreffend diese Selbsteinschätzung ist für Dokumente, die seit fast 2 Jahrzehnten nicht überarbeitet wurden, kann diskutiert werden. Dessen ungeachtet gelten die grundlegenden Angaben in den RAB zu Gefährdungen und Maßnahmen jedoch nach wie vor als Orientierungsmaßstab.

STOP-Hierarchie

„*Individuelle Schutzmaßnahmen sind nachrangig zu anderen Maßnahmen.*" (§ 4 Punkt 5 ArbSchG)

Diese Formulierung ist eine Kurzform des sog. TOP- oder STOP-Prinzips im Arbeitsschutz und führt den Grundsatz, Gefahren an der Quelle zu bekämpfen, konsequent weiter. Die STOP-Regel (siehe Abb. 2.2) gibt eine Hierarchie und damit eine **Rangfolge der Schutzmaßnahmen** folgendermaßen vor:

S = Substitution: ein gefährliches Arbeitsverfahren oder einen gefährlichen Stoff durch ein ungefährliches Verfahren oder Stoff zu ersetzen und damit die (größere) Gefahr beseitigen

T = Technische Maßnahmen: eine Gefahr durch technische oder bauliche Mittel minimieren, z. B. indem eine Gefahr vom Mitarbeiter getrennt wird, etwa durch Schutzgitter, Geländer, Einhausung einer Maschine, Zweihandschaltung, Lichtschranken usw.

O = Organisatorische Maßnahmen: ein Risiko minimieren z. B. durch Gestaltung von Arbeitszeiten, räumliche Faktoren, Zutrittskontrollen, Befähigungsnachweise, Freigabeverfahren für gefährliche Tätigkeiten, das Erstellen von Betriebsanweisungen, das Aushängen von Alarmplänen usw.

P = Personenbezogene Maßnahmen: gefährdete Mitarbeiter individuell schützen, dies betrifft im Wesentlichen die Persönliche Schutzausrüstung (PSA).

Die Einordnung einer Maßnahme in eine der 4 Kategorien ist nicht immer eindeutig. Das Unterweisen und Einweisen von Mitarbeitern hat sowohl organisatorischen wie personenbezogenen Charakter, das Kennzeichnen mit Warn-, Gebots- und Verbotszeichen muss organisiert, aber auch technisch umgesetzt werden usw. Ein Substituieren kann unmöglich sein, wenn genau die gewünschte und erforderliche Eigenschaft einer Bau-Chemikalie auch das Gefährlichkeitsmerkmal darstellt. Dennoch gibt das STOP-Prinzip eine gute Orientierung, um beim Planen von Maßnahmen rechtssicher zu agieren. Denn **die Reihenfolge S → T → O → P ist verbindlich**. Sie begrenzt den Handlungsspielraum des Arbeitgebers und seiner Sicherheitsverantwortlichen, eine beliebige Schutzmaßnahme im eigenen Ermessen festzulegen.

Auch auf Baustellen gilt daher: Zunächst müssen alle baulichen, technischen und organisatorischen Möglichkeiten ausschöpft sein, **bevor** das Tragen PSA angeordnet wird. Erst wenn STOP-Maßnahmen nicht möglich sind oder ihre Wirkung unzureichend ist, kommen Tragegebote für Schutzausrüstung in Frage. PSA ist damit – entgegen einer oft gehörten Ansicht – das **Mittel letzter Wahl**.

Konsequent weiter gedacht bedeuten das TOP/STOP-Prinzip und die Nachrangigkeit individueller Schutzmaßnahmen auch: Es sind vorrangig Maßnahmen zu wählen, die bei mehreren Tätigkeiten und unterschiedlichen Gewerken allen Beteiligten Schutz bieten statt Maßnahmen, die allein den einzelnen Mitarbeiter schützen. Somit wäre beispielsweise ein Tragegebot für Gehörschutz nachrangig zum Einsatz einer lärmarmen Maschine oder einer lärmmindernden Aufstellung, Umrüstung, Einhausung usw.

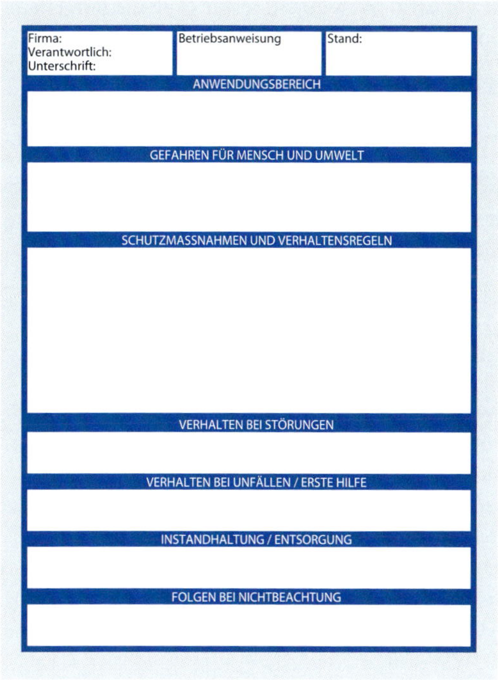
Firma:
Verantwortlich:
Unterschrift:
Betriebsanweisung
Stand:
ANWENDUNGSBEREICH
GEFAHREN FÜR MENSCH UND UMWELT
SCHUTZMASSNAHMEN UND VERHALTENSREGELN
VERHALTEN BEI STÖRUNGEN
VERHALTEN BEI UNFÄLLEN / ERSTE HILFE
INSTANDHALTUNG / ENTSORGUNG
FOLGEN BEI NICHTBEACHTUNG

Abb. 2.3: Betriebsanweisung für Arbeitsmittel – Blankoformular (Quelle: BG BAU – Berufsgenossenschaft der Bauwirtschaft, Berlin; siehe Kapitel 6.5.3)

Schutzbedürftige Beschäftigte

„*Spezielle Gefahren für besonders schutzbedürftige Beschäftigtengruppen sind zu berücksichtigen.*“ (§ 4 Punkt 6 ArbSchG)

Als besonders schutzbedürftig gelten im Arbeitsschutz nach § 4 Punkt 6 ArbSchG **Jugendliche** sowie **schwangere und stillende Frauen**. Für diese Personenkreise sind besondere Vorgaben nach dem Jugendarbeitsschutzgesetz (JArbSchG) und dem Mutterschutzgesetz (MuSchG) zu beachten. Darüber hinaus sind im Arbeitsschutz auch die Belange aller anderen Personen oder Personengruppen zu berücksichtigen, sofern dies für deren Sicherheit oder Gesundheitsschutz relevant ist. Das können z. B. körperliche oder geistige Einschränkungen sein (Sehschwächen, Hörschwächen, Lernschwächen), chronische Erkrankungen (Diabetes, Allergien), physische Besonderheiten (Kleinwuchs, Behinderungen), das Tragen von Körperhilfsmitteln (Kontaktlinsen, Hörgerät, Prothesen) aber auch Analphabetismus.

Betriebsanweisungen

„*Den Beschäftigten sind geeignete Anweisungen zu erteilen.*“ (§ 4 Punkt 7 ArbSchG)

Eine Anweisung kann sowohl mündlich als auch durch schriftliche Betriebsanweisungen erfolgen. Betriebsanweisungen sind Dokumente, die in komprimierter Form die sicherheitsrelevanten Verhaltensregeln für bestimmte Tätigkeiten, Maschinen, Tätigkeiten, Gefahrstoffe o. a. vorgeben (siehe Abb. 2.3).

Sie liegen meist im A4-Format vor, sind nach einem festen Schema aufgebaut und nutzen folgenden Farbcode:

- Blau für Arbeitsmittel, Arbeitsverfahren, Maschinen, Anlagen
- Orange für Gefahrstoffe
- Grün für Biologische Arbeitsstoffe.
- Gelb für gentechnische Anlagen

Diese Farbzuordnung ist zwar nicht verbindlich vorgeschrieben, hat sich jedoch branchenübergreifend als Standard etabliert.

Sicherheitsunterweisungen

Sicherheitsunterweisungen sind laut § 12 ArbSchG und § 4 DGUV Vorschrift 1 „Unfallverhütungsvorschrift – Grundsätze der Prävention" (2013) ein elementarer Bestandteil der Arbeitsschutzorganisation. Die Unterweisungspflicht obliegt nicht der Sifa oder dem Koordinator, sondern dem Arbeitgeber. Er soll seine Mitarbeiter über alle Gefährdungen und Schutzmaßnahmen an ihren Arbeitsplätzen informieren. Dies muss **mindestens einmal jährlich** (für Auszubildende halbjährlich) erfolgen. Bei Änderungen von Arbeitsverfahren, neuen Maschinen, nach schweren Unfällen oder bei neuen Mitarbeitern ist stets eine neue Unterweisung notwendig. Die Unterweisung muss in einer Weise erfolgen, dass jeder Mitarbeiter sie sprachlich und inhaltlich verstehen kann (siehe Abb. 2.3).

Auch die BaustellV greift diese Informationspflicht auf, wenn sie in § 5 fordert, die Beschäftigten einer Baustelle *„in verständlicher Form und Sprache"* zu den auf sie zutreffende Schutzmaßnahmen und Sicherheitsregeln zu informieren. Gerade auf Baustellen, auf denen Mitarbeiter zahlreicher Nationalitäten und unterschiedlicher Muttersprachen zusammenkommen, ist es entscheidend, dass sicherheitsrelevante Informationen von jedem sprachlich und inhaltlich verstanden werden, der durch seine Tätigkeit sich oder andere gefährden kann. Dies kann, muss aber nicht automatisch eine Übersetzung sicherheitsrelevanter Dokumente, Aushänge usw. notwendig machen. Laut RAB 10 Nr. 24 (2003) können auch Abbildungen, Fotos, Piktogramme und praktische, auf den Arbeitsplatz und die Tätigkeit bezogene Demonstrationen dazu dienen, die notwendigen Informationen verständlich zu vermitteln.

Eine besondere Herausforderung für den Koordinator ist, wenn sein Ansprechpartner, der von einem Arbeitgeber oder Subunternehmer bestimmt wurde, selbst nur begrenzte Kenntnisse der deutschen Sprache hat. In diesem Fall ist es besonders wichtig, dass alle notwendigen Informationen in verständlicher Form vermittelt werden. Durch Rückfragen und die Bitte, dass der Ansprechpartner den Inhalt noch einmal mit eigenen Worten wiedergibt, kann dies bei Bedarf überprüft werden.

Qualifikationen

Nicht jeder Beschäftigte darf jede Tätigkeit ausüben und jedes Arbeitsmittel (Werkzeug, Maschine, Fahrzeug usw.) benutzen. Für Schweißarbeiten, Flurförderfahrzeuge, Krane, Erdbaumaschinen u. a. muss zunächst eine Qualifikation nachgewiesen werden – eine Schweißerlaubnis, ein Staplerschein usw. Hierzu ist i. d. R. das Absolvieren eines Lehrgangs, einer Schulung, eines Seminars mit theoretischen und praktischen Teilen sowie das erfolgreiche Bestehen einer Prüfung erforderlich.

Davon unabhängig darf ein Arbeitgeber eine Aufgabe grundsätzlich nur einem Mitarbeiter zuweisen, der für die auszuführende Tätigkeit körperlich und geistig geeignet ist. Dabei sind sowohl individuelle Einschränkungen wie etwa Seh-, Hörschwäche oder eine chronische Erkrankung ebenso zu berücksichtigen, wie die Zuverlässigkeit, Gewissenhaftigkeit und die persönliche Reife.

Neben der Qualifikation verlangt das technische Regelwerk für bestimmte Aufgaben **Sachkunde**, die i. d. R. durch einen Sachkundelehrgang erworben wird. Für Sifa und Betriebsarzt kann Sachkunde in ihren Aufgabengebieten angenommen werden. Daneben wird der Begriff **Fachkunde** verwendet, welche ebenfalls eine Befähigung zum Ausüben einer bestimmten Tätigkeit umschreibt. Kriterien sind eine entsprechende Berufsausbildung, Berufserfahrung, eine zeitnahe berufliche Tätigkeit und das Auffrischen der Kenntnisse durch spezielle Weiterbildungsmaßnahmen. Insbesondere das Durchführen einer Gefährdungsbeurteilung (siehe nachfolgenden Praxistipp) erfordert Fachkunde.

Arbeitsmittel und Prüfpflichten

Als **Arbeitsmittel** gelten laut § 2 Abs. 1 BetrSichV Werkzeuge, Geräte, Maschinen und Anlagen, die für die Arbeit verwendet werden sowie überwachungsbedürftige Anlagen. Auf einer Baustelle zählen auch die nicht für den öffentlichen Verkehr zulassungspflichtigen Fahrzeuge dazu. Selbst Computer, Smartphones sowie PSA-Komponenten zählen im weitesten Sinne zu Arbeitsmitteln. Der vom Regelwerk der DGUV verwendete Begriff **Betriebsmittel** wird weitgehend synonym verwendet.

Arbeits- bzw. Betriebsmittel müssen stets sicher sein, von ihrer Verwendung darf keine (vermeidbare) Gefährdung für den Benutzer ausgehen. Daher gilt grundsätzlich für jedes Arbeitsmittel, ob Elektrogerät, Leiter oder Hubarbeitsbühne:

- Arbeitsmittel dürfen nur gemäß ihrer Betriebs- oder Bedienungsanleitung eingesetzt werden.
- Der Benutzer muss sein Arbeitsmittel vor Beginn der Arbeiten auf augenscheinliche Mängel checken.
- Der Arbeitgeber muss regelmäßige Prüfungen und Wartungen durch Fachpersonal organisieren. Prüffristen und Prüfumfang werden durch eine Gefährdungsbeurteilung festgelegt.
- Arbeitsmittel dürfen nur von Fachleuten repariert werden.

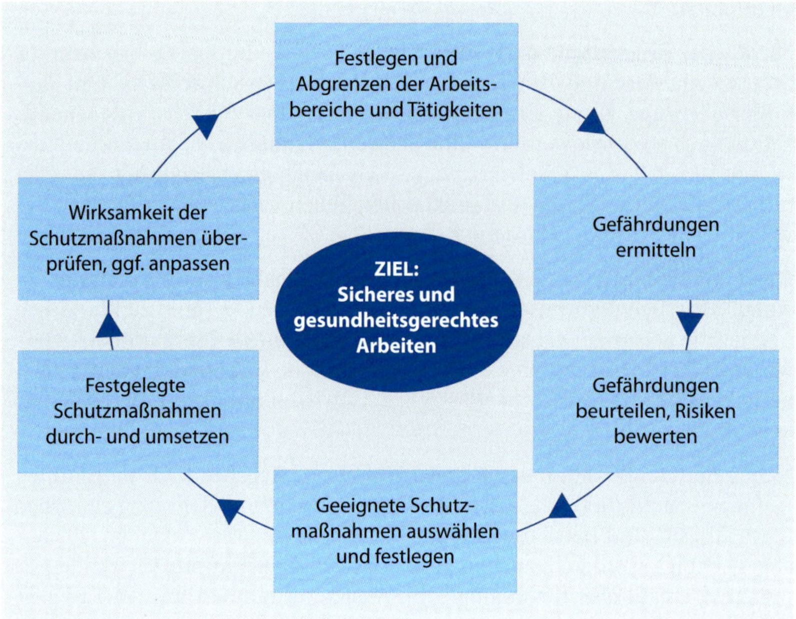

Abb. 2.4: Handlungsschritte einer Gefährdungsbeurteilung (nach BG BAU – Berufsgenossenschaft der Bauwirtschaft, Berlin)

Gefährdungsbeurteilungen

Gefährdungsbeurteilungen bilden die Grundlage der Arbeitsschutz-Aktivitäten eines Unternehmens. Ihr Ziel ist, sämtliche Unfallgefahren und Gesundheitsrisiken an allen Arbeitsplätzen und bei allen Tätigkeiten zu ermitteln, ihr Risiko zu bewerten und darauf aufbauend geeignete Schutzmaßnahmen festzulegen (siehe Abb. 2.4). Eine Gefährdungsbeurteilung

- kann auf ein Gebäude, einen Arbeitsbereich, einen Arbeitsplatz, eine Tätigkeit, ein Arbeitsmittel, einen Gefahrstoff oder einen anderen Gefährdungsfaktor bezogen sein,
- soll vorausschauend und systematisch alle Situationen betrachten, die zu Unfällen und Gesundheitsschäden führen können und somit Mängel frühzeitig erkennen, **bevor** es zu Verletzungen oder Schäden kommt,
- soll geeignete Schutzmaßnahmen und Sicherheitsregeln ableiten und festlegen,
- ist Grundlage für die Sicherheitsunterweisungen der Mitarbeiter.

Die Durchführung einer Gefährdungsbeurteilung ist nicht die primäre Aufgabe eines Koordinators. Diese Pflicht bleibt stets bei den einzelnen Arbeitgebern. Sie müssen zudem dafür sorgen, dass

- das Umsetzen und die Wirksamkeit der angeordneten Maßnahmen überprüft wird,
- die Gefährdungsbeurteilung aktualisiert und an veränderte Faktoren und Umstände angepasst wird.

Hat der Koordinator den Eindruck, dass auf einer Baustelle Schutzmaßnahmen fehlen, wäre ein erster Schritt, beim Arbeitgeber der betroffenen Mitarbeiter nach der Gefährdungsbeurteilung zu fragen. Gerade in kleineren Unternehmen wird die Gefährdungsbeurteilung vielfach noch nicht in ausreichendem Maße umgesetzt.

Praxistipp

Ratgeber zu Gefährdungsbeurteilungen: Die BAuA bietet mit „Gefährdungsbeurteilung: Handbuch – Gefährdungsfaktoren" (2019) einen Ratgeber mit einer Anleitung zum Durchführen von Gefährdungsbeurteilungen als kostenlosen Download an. Speziell an die Beurteiler von Gefährdungen auf Baustellen richten sich die „Handlungshilfen Gefährdungsbeurteilung" der BG BAU (siehe Kapitel 6.5.3).

Um Gefährdungsbeurteilungen strukturierter angehen zu können, werden die Risiken an Arbeitsplätzen üblicherweise den folgenden **Gefährdungsfaktoren** zugeordnet:

- **mechanische Gefährdungen**, z. B. Einklemmen, Quetschen, Stoßen, Schneiden, Abstürzen, Stolpern, Stürzen, kontrolliert (Antriebe) oder unkontrolliert (Kippen, Pendeln) bewegte Teile
- **elektrische Gefährdungen** durch elektrischen Schlag, Isolationsdurchbrüche, Störlichtbogen, statische Elektrizität (siehe Explosionsgefahr)
- **chemische Gefährdungen** durch chemische Stoffe oder Gefahrstoffe, die als Staub, Flüssigkeit, Gas usw. vorliegen und nach Verschlucken, Einatmen oder Hautkontakt Gesundheitsschäden auslösen, Feuchtarbeiten
- **biologische Gefährdungen** durch Biostoffe wie Schimmelpilze oder Mikroorganismen mit sensibilisierenden, giftigen oder infektiösen Wirkungen
- **Brand- und Explosionsgefährdungen**, wenn Feststoffe, Flüssigkeiten oder Gase sich unter hoher Energiefreisetzung entzünden
- **thermische Gefährdungen** durch kalte oder heiße Flüssigkeiten oder gasförmige Emissionen (Heißdampf), heiße Oberflächen, Spritzer geschmolzenen Metalls
- **Gefährdungen durch spezielle physikalische Einwirkungen** wie Lärm, Vibrationen, elektromagnetische Felder, optische Strahlung, Unter- und Überdruck
- **Gefährdungen durch die Arbeitsumgebung** wie Klima, zu geringe Beleuchtung oder Blendung, Ertrinken, Verschüttung, Ersticken, unzureichende Fluchtwege
- **physische Belastung** durch Arbeitsschwere, Überlastung, einseitige Belastungen, insbesondere für den Muskel-Skelett-Apparat, Hände und Finger
- **psychische Faktoren** wie Über- oder Unterforderung, Monotonie, Störung von Arbeitsabläufen, Nacht- und Schichtarbeit, soziale Konflikte, Mobbing
- **sonstige Gefährdungen** wie Gewalt durch andere Personen, Tierbisse, Verletzungen durch Pflanzen (Dornen, Stacheln, Nesseln, Gifte)

Gefährdungsbeurteilungen müssen stets dokumentiert werden. Ob der Koordinator das Recht hat, diese Dokumentation anzufordern und einzusehen, ist im Arbeitsschutzrecht nicht geregelt. Spätestens dann, wenn ein Koordinator sich bei erheblichen Sicherheitsbedenken und fehlender Einsicht der Verantwortlichen an eine Behörde wendet, muss das betroffene Bauunternehmen seine Gefährdungsbeurteilungen nachweisen und dazu seine Dokumentation offenlegen.

Freigabe- und Erlaubnisverfahren

Bei bestimmten Tätigkeiten mit erhöhten Gefahren für die Mitarbeiter und ihre Umgebung ist es erforderlich, die Einsätze zu planen und abzustimmen. Dies erfolgt über Freigabe- und Erlaubnisverfahren, die den Beginn der Arbeiten erst nach einem zuvor festgelegten Prozedere erlauben. Solche Freigabeverfahren sind üblich z. B. für Heißarbeiten mit Brandgefahr (siehe Kapitel 3.2.6), z. B. beim Verschweißen von Dachbahnen oder beim Freigeben einer Maschine nach Beseitigung einer Störung.

Arbeitsmedizinische Vorsorge

In der Verantwortung des Arbeitgebers liegt auch die Organisation der arbeitsmedizinischen Vorsorge für seine Beschäftigten gemäß ArbMedVV. Zuständig hierfür ist der Betriebsarzt bzw. ein externer betriebsärztlicher Dienstleister. Ziel arbeitsmedizinischer Vorsorge ist, arbeitsbedingte Belastungsfaktoren frühzeitig zu erkennen und Erkrankungen zu verhüten.

Jeder Beschäftigte hat einen Anspruch auf arbeitsmedizinische Beratung und Untersuchung. Bei einigen Gefährdungen muss der Arbeitgeber diese arbeitsmedizinische Vorsorge anbieten (**Angebotsvorsorge**). Bei erhöhter Gefährdung ist die Vorsorge vorgeschrieben (**Pflichtvorsorge**), das betrifft z. B. Tätigkeiten mit Asbest, Arbeiten in extremer Hitze oder Kälte und Tätigkeiten mit wesentlich erhöhten körperlichen Belastungen, z. B. durch häufiges Heben oder Tragen schwerer Lasten.

Leiharbeit

Leiharbeit wie auch die Synonyme Zeitarbeit, Personalleasing oder Arbeitnehmerüberlassung bezeichnen ein Beschäftigungsverhältnis, in dem ein Leiharbeitnehmer von einer Zeitarbeitsfirma– dem Verleiher - einem andern Unternehmen - dem Entleiher - für eine bestimmte Zeit überlassen wird. Die Rechten und Pflichten des Arbeitgebers liegen beim Verleiher, damit auch die arbeitsvertraglichen Vereinbarungen und die gesetzlichen Arbeitnehmerrechte. Der Entleiher erhält jedoch das Weisungsrecht für den Leiharbeiter in seinem Unternehmen. Geregelt wird diese Situation durch das AÜG. Dieser flexible Personaleinsatz steht in der Kritik, ist aber auch im Baugewerbe üblich.

Hinsichtlich des Arbeitsschutzes ist eine **sorgfältige Abstimmung** zwischen Zeitarbeitsfirma und entleihendem Unternehmen erforderlich. Wichtig für alle Beteiligten sind klare Regelungen dazu, welche Qualifikationen für den geplanten Einsatz notwendig sind, wer Leiharbeiter vor Ort einweist, wer die PSA stellt, wer ggf. arbeitsmedizinische Vorsorge veranlasst usw. Für die

Unfallversicherung der Leiharbeiter ist die BG des Zeitarbeitsunternehmens zuständig, das ist i. d. R. die VBG.

Arbeitsschutzmanagement

Managementanalysen sind strukturierte Prozesse, die sowohl mithilfe von Handbüchern, Verfahrensanweisungen, Checklisten usw. als auch mit entsprechenden Computerprogrammen betriebliche Prozesse analysieren und optimieren. Sie sind i. d. R. mit einer Wirksamkeitskontrolle (Audit) verbunden. Verbreitet sind **Qualitätsmanagementsysteme** (QMS) nach der Normenreihe DIN EN ISO 9000 „Qualitätsmanagementsysteme – Grundlagen und Begriffe“ (2015) und folgende, die auch in der Baubranche Einzug gehalten haben. **Umweltmanagementsysteme** (UMS) werden in analoger Weise auf Basis der DIN EN ISO 14001 „Umweltmanagementsysteme – Anforderungen mit Anleitung zur Anwendung“ (2015) und folgende implementiert.

Die DIN ISO 45001 „Managementsysteme für Sicherheit und Gesundheit bei der Arbeit – Anforderungen mit Anleitung zur Anwendung“ (2018) übernimmt die Struktur, Begriffe und Definitionen dieser bewährten Normensysteme für das **Arbeitsschutzmanagement** (AMS) und hat 2018 den zuvor international anerkannten Standard **OHSAS 18001** abgelöst. Damit wird die Integration eines AMS in die Prozesse von bereits nach DIN ISO 9000 oder DIN ISO 14000 zertifizierten Unternehmen vereinfacht.

Speziell für ihre Mitgliedsbetriebe hat die BG BAU gemeinsam mit dem Zentralverband des Deutschen Baugewerbes (ZDB) das **AMS BAU** als branchenspezifisches Arbeitsschutzmanagementsystem entwickelt. Grund war, dass andere Managementsysteme meist auf stationäre Betriebe ausgerichtet sind und die speziellen Anforderungen der Baubranche zu wenig berücksichtigen. Ziel von AMS BAU ist, den Arbeitsschutz systematisch in die Organisation, Struktur und Prozesse eines Betriebs der Baubranche zu integrieren (siehe Kapitel 6.5.3).

Ein weiteres Managementsystem im Arbeitsschutz mit der Bezeichnung **SCC** (Sicherheits Certifikat Contraktoren) wurde ursprünglich für die Petrochemie entwickelt. Es spielt für Bauunternehmen eher eine Rolle, wenn diese in großen Werken oder Industrieparks als Kontraktoren (Auftragnehmer) technische Dienstleistungen übernehmen. Weitere den Arbeitsschutz beinhaltende managementartige Prozesse oder Strukturen laufen unter der Bezeichnung **SGU** (Sicherheit, Gesundheits- und Umweltschutz) oder **EHS** (Environment, Health und Safety).

2.2 Akteure im betrieblichen Arbeitsschutz

Friedhelm Kring

Unabhängig davon, ob ein Koordinator bestellt ist oder nicht, gibt es in **jedem** Unternehmen – auch in jedem ausführenden Betrieb auf einer Baustelle und in jedem Subunternehmen –Akteure, die für den Arbeitsschutz zuständig sind.

2.2.1 Arbeitgeber

An der Spitze der Verantwortung steht im Arbeitsschutzrecht stets der Arbeitgeber. Auch auf einer Baustelle – ob mit oder ohne Beteiligung eines Koordinators – bleibt er verantwortlich für Sicherheit und Gesundheit seiner Mitarbeiter. Dazu kommt die Verantwortung des **Bauherrn** (siehe Kapitel 2.1.5) für die Sicherheit auf seinem Baugelände. Dieser delegiert seine Verantwortung häufig an einen **Bauleiter**. Auch der Chef eines Sub- oder Sub-Sub-Unternehmens gilt arbeitsschutzrechtlich als Arbeitgeber mit entsprechender Verantwortung für seine Beschäftigten.

2.2.2 Fachkraft für Arbeitssicherheit

Jeder Betrieb und jedes Unternehmen in Deutschland muss gemäß ASiG eine **sicherheitstechnische sowie eine betriebsärztliche Betreuung** nachweisen. Je nach Unternehmensgröße werden eine oder mehrere **Fachkräfte für Arbeitssicherheit (Sifa)** und ein oder mehrere **Betriebsärzte** bestellt bzw. eingestellt. Beide Aufgabenfelder können auch durch spezialisierte Dienstleister in Form der sog. externen betriebsärztlichen und sicherheitstechnischen Betreuung übernommen werden.

Für kleinere Betriebe (bis 50 Beschäftigte) bieten die BG spezielle bedarfsorientierte (sog. alternative) Betreuungsmodelle an, die ohne eigene Sifa und ohne eigenen Betriebsarzt auskommen. In diesen Fällen wird der Unternehmer und Arbeitgeber von seiner BG betreut und weitergebildet, um selbst einen Teil der Arbeitsschutzaufgaben zu übernehmen.

Die Anforderungen des ASiG zur sicherheitstechnischen und betriebsärztlichen Betreuung werden in der **DGUV Vorschrift 2** „Unfallverhütungsvorschrift – Betriebsärzte und Fachkräfte für Arbeitssicherheit“ (2016) konkretisiert. Diese Unfallverhütungsvorschrift regelt die Aufgaben und den Umfang der Aktivitäten von Sifa und Betriebsarzt. Demnach soll die Sifa den Arbeitgeber beraten und unterstützen, Arbeitsmittel und Anlagen prüfen, Arbeitsunfälle und deren Ursachen untersuchen und die Beschäftigten über Schutzmaßnahmen informieren.

Voraussetzung für die Bestellung einer Person zur Sifa ist, dass sie die erforderliche sicherheitstechnische Fachkunde nachweisen kann. Das wird i. d. R. belegt durch

- eine Prüfung als staatlich anerkannter Techniker oder Meister oder ein Ingenieurstudium,
- eine praktische Tätigkeit in diesem Beruf über mindestens 2 Jahre,
- den erfolgreichen Abschluss eines Lehrgangs zum Erwerb der sicherheitstechnischen Fachkunde.

Organisatorisch hat die Sifa im Unternehmen eine Stabsfunktion bei der Geschäftsleitung inne, hat jedoch keine Weisungsbefugnis, es sei denn, sie ist gleichzeitig auch Vorgesetzter.

Hinweis

> Sifa, SiFa, SIFA, FaSi ... Die DGUV hat sich mit den Bundesministerien darauf geeinigt, den Begriff „Fachkraft für Arbeitssicherheit" mit „Sifa" abzukürzen. Andere inoffizielle Kürzel wie SIFA, SiFA, Fasi oder FASI werden ebenfalls verwendet, letzteres steht allerdings auch für die „Fachvereinigung Arbeitssicherheit".

Nicht verwechselt werden darf die Sifa mit der „Fachkraft für Schutz- und Sicherheit". Dies ist ein Ausbildungsberuf in der Sicherheitsbranche, deren Absolventen als Sicherheitsfachkräfte bezeichnet werden. Dies führt leicht zu Missverständnissen, da auch das Kürzel Sifa als Sicherheitsfachkraft gelesen wird. Letztlich geht diese Verwechslung darauf zurück, dass der deutsche Begriff Sicherheit sowohl im Sinne von **Safety** (für Arbeitssicherheit) wie von **Security** (für Werkschutz, Personenschutz usw.) verstanden werden kann.

2.2.3 Betriebsarzt

Der Betriebsarzt oder externe betriebsärztliche Dienst übernimmt die arbeitsmedizinische Betreuung der Beschäftigten. Er berät bei Fragen der Gesundheitsvorsorge und -fürsorge sowie Arbeitsmedizin und ist an Gefährdungsbeurteilungen beteiligt. Je nach Branche, Betrieb und Gesundheitsrisiken führt er unterschiedliche arbeitsmedizinische Vorsorgeuntersuchungen durch, ggf. auch Impfungen. Das Arbeitsschutzrecht unterscheidet **Angebotsvorsorge** und **Pflichtvorsorge**. Der Betriebsarzt ist ebenso an Messungen zur Gesundheitsbelastung (Biomonitoring) beteiligt.

2.2.4 Betriebsrat

Der Betriebsrat bzw. Personalrat setzt sich gemäß Betriebsverfassungsgesetz für den Arbeitsschutz der Beschäftigten ein und wacht über das Durchführen des Arbeitsschutzes und Einhalten der Vorschriften. Er ist zudem mit einigen **Befugnissen** ausgestattet. Er darf und soll u. a.

- betriebliche Maßnahmen zur Verbesserung von Arbeits- und Gesundheitsschutz vorschlagen,
- bei der Wahl der Sifa und der Benennung von Sicherheitsbeauftragten mitwirken,
- sich beim Erstellen von Betriebsvereinbarungen beteiligen.

Grundsätzlich hat der Betriebsrat Mitbestimmungs- bzw. Mitwirkungsrechte bei vielen sicherheitsrelevanten betrieblichen Vorgängen, z. B. der Gestaltung von Arbeitsplätzen oder der Auswahl von Persönlicher Schutzausrüstung.

2.2.5 Sicherheitsbeauftragte

Jedes Unternehmen mit mehr als 20 Beschäftigten muss Sicherheitsbeauftragte bestellen. Das sind eigene Mitarbeiter, die aufgrund ihrer Erfahrung und Kenntnisse Unfall- und Gesundheitsgefahren in ihrem Arbeitsumfeld erkennen. Vor Ort und in engem Kontakt zu den Kollegen sollen sie „auf Augenhöhe" darauf achten, dass z. B. vorgeschriebene Schutzvorrichtungen vorhanden sind oder PSA-Tragegebote eingehalten werden (Details siehe § 20 DGUV Vorschrift 1 [2013]) usw. Sicherheitsbeauftragte, bisweilen als SiBe abgekürzt, arbeiten stets ehrenamtlich und freiwillig.

Je nach Branche, Gefährdungsart und -potenzial müssen Unternehmen diverse weitere Betriebsbeauftragte bestellen. Dazu gehören u. a. Gefahrgutbeauftragte, Abfallbeauftragte, Brandschutzbeauftragte, Störfallbeauftragte, Explosionsschutzbeauftragte, Sprengstoffbeauftragte, Strahlenschutzbeauftragte und Laserschutzbeauftragte. Bei Umweltgefahren kann das Bestellen von Gewässerschutzbeauftragten oder Immissionsschutzbeauftragten erforderlich werden. Auch die Asbestsachkundigen (siehe Kapitel3.2.7.2) werden bisweilen als Asbestbeauftragte bezeichnet.

2.2.6 Ersthelfer

Ab dem zweiten Mitarbeiter muss ein Unternehmen betriebliche Ersthelfer ausbilden. Ihre Aufgabe ist, verletzte Kollegen nach einem Unfall zu versorgen, bis der Rettungsdienst eintrifft. Ab dem 20. Beschäftigten muss die Zahl der Ersthelfer je nach Branche mindestens 5 oder 10 % der anwesenden Versicherten entsprechen (siehe Kapitel 3.1.5.8). Ersthelfer erhalten einen kostenlosen Erste-Hilfe-Lehrgang und sind ehrenamtlich tätig.

Praxistipp

Für Baustellen ist nicht zwingend festgelegt, dass die anwesenden Ersthelfer aus dem eigenen Unternehmen kommen. Sind mehrere Betriebe zeitgleich auf einer Baustelle tätig, können sich die Verantwortlichen zum Einsatz der Ersthelfer absprechen, ein typischer Ansatzpunkt für Koordination auf der Baustelle.

2.2.7 Betriebssanitäter

Ab 1.500 versicherten Beschäftigten werden – zusätzlich zu den Ersthelfern – Betriebssanitäter erforderlich. Bei erhöhten Unfallrisiken gilt diese Pflicht bereits ab 250 Beschäftigten. Für Baustellen beginnt diese Pflicht noch früher: Sobald **mehr als 100 versicherte Beschäftigte auf einer Baustelle** arbeiten, muss ein Betriebssanitäter vor Ort sein (siehe Kapitel 3.1.5.8).

Seine Ausbildung ist deutlich umfangreicher als die der Ersthelfer. Ein ausgebildeter Betriebssanitäter kann Notarzt und Rettungsdienste bei notwendigen lebensrettenden Maßnahmen unterstützen. Somit kann zwar ein Betriebssanitäter einen Ersthelfer ersetzen, aber nicht umgekehrt.

2.2.8 Koordinator im Arbeitsschutz

Im Arbeitsschutzrecht bestehen – unabhängig vom Koordinator nach BaustellV – unterschiedliche Koordinations-Verpflichtungen. Eine grundlegende Aussage zu Koordination und Abstimmung findet sich in § 8 ArbSchG:

„*Werden Beschäftigte mehrerer Arbeitgeber an einem Arbeitsplatz tätig, sind die Arbeitgeber verpflichtet, bei der Durchführung der Sicherheits- und Gesundheitsschutzbestimmungen* ***zusammenzuarbeiten****. Soweit dies für die Sicherheit und den Gesundheitsschutz der Beschäftigten bei der Arbeit erforderlich ist, haben die Arbeitgeber je nach Art der Tätigkeiten insbesondere* ***sich gegenseitig*** *und ihre Beschäftigten über die mit den Arbeiten verbundenen Gefahren für Sicherheit und Gesundheit der Beschäftigten zu* ***unterrichten*** *und Maßnahmen zur Verhütung dieser Gefahren* ***abzustimmen*** [Hervorhebungen durch den Autor].“

Ein Koordinator wird zudem in § 13 Abs. 3 der BetrSichV dann gefordert, sobald bei der Zusammenarbeit mehrerer Unternehmen „*bei der Verwendung von Arbeitsmitteln eine erhöhte Gefährdung von Beschäftigten anderer Arbeitgeber*“ besteht. Auch die Berufsgenossenschaften stellen diese Forderung nach Koordination. Gemäß DGUV Vorschrift 1 (2013) wird dieser Koordinator jedoch – im Gegensatz zum Koordinator nach BaustellV – mit einer **Weisungsbefugnis** ausgestattet:

„*Werden Beschäftigte mehrerer Unternehmer oder selbständige Einzelunternehmer an einem Arbeitsplatz tätig, haben die Unternehmer hinsichtlich der Sicherheit und des Gesundheitsschutzes der Beschäftigten [...] zusammenzuarbeiten. Insbesondere haben sie, soweit es zur Vermeidung einer möglichen gegenseitigen Gefährdung erforderlich ist, eine Person zu bestimmen, die die Arbeiten aufeinander abstimmt; zur Abwehr besonderer Gefahren ist sie mit entsprechender* ***Weisungsbefugnis*** [Hervorhebung durch den Autor] *auszustatten.*“ (DGUV Vorschrift 1, § 6 [2013])

Diese Koordinatoren haben – wie auch der sog. **Fremdfirmenkoordinator** – zur Abstimmung sicherheitsrelevanter Aspekte in der Zusammenarbeit mit Fremdfirmen grundsätzlich eine ähnliche Rolle wie der Koordinator nach BaustellV. Organisatorisch sind die unterschiedlichen Koordinatoren jedoch eigenständig zu betrachten. Der Fremdfirmenkoordinator eines an einem Bau beteiligten Unternehmens ersetzt z. B. nicht den Koordinator nach BaustellV.

Gegebenenfalls wird ein zusätzlicher **Koordinator im Gefahrstoffrecht** laut § 15 Abs. 4 GefStoffV gefordert:

„*Besteht bei Tätigkeiten von Beschäftigten eines Arbeitgebers eine erhöhte Gefährdung von Beschäftigten anderer Arbeitgeber durch Gefahrstoffe, ist durch die beteiligten Arbeitgeber ein Koordinator zu bestellen.*“

Die GefStoffV stellt in § 15 Abs. 4 interessanterweise explizit klar, dass diese Pflicht erfüllt ist, wenn „*ein Koordinator nach den Bestimmungen der Baustellenverordnung*“ bestellt wurde. Das heißt, der Gesetzgeber geht davon aus, dass der Koordinator nach BaustellV auch die Risiken durch Gefahrstoffe sicher einschätzen kann.

2.2.9 Koordinator nach BaustellV

Gegenseitige Gefährdungen bestehen immer dann, wenn einzelne Personen oder Personengruppen durch die Arbeiten anderer Personen oder Gruppen gefährdet werden. Das ist zwangsläufig der Fall, wenn sich unterschiedliche Tätigkeiten **zeitlich und räumlich überschneiden**. In solchen Fällen ist der Unternehmer unter Berücksichtigung des im Arbeitsschutzes verpflichtet, alle Arbeiten so abzustimmen, dass niemand gefährdet ist (siehe Kapitel 2.1.8.8). Diese Koordinationspflicht gab es bereits vor der BaustellV, und sie gilt bis heute und **unabhängig** davon, ob ein Koordinator nach BaustellV (SiGeKo) bestellt ist oder nicht.

Auf Baustellen mit Beschäftigten aus mehreren Unternehmen kann dieses Koordinieren und Abstimmen kompliziert werden, auch deshalb, weil sich die Weisungsbefugnis jedes Unternehmers auf die eigenen Mitarbeiter beschränkt. Daher hat der Gesetzgeber mit dem Koordinator laut BaustellV für diese Abstimmungsaufgabe einen eigenen Akteur geschaffen.

Hinweis

> Wenn im Folgenden von **Koordinator** die Rede ist, ist stets der Koordinator nach BaustellV gemeint.

„Für Baustellen, auf denen Beschäftigte mehrerer Arbeitgeber tätig werden, sind ein oder mehrere geeignete Koordinatoren zu bestellen." (§ 3 BaustellV)

Der Koordinator nach BaustellV wird im Arbeitsschutzrecht, das sich an den Arbeitgeber richtet, nicht genannt. Seine Rechtsgrundlage ist die BaustellV, die sich an den **Bauherrn** richtet. Der Koordinator nach BaustellV ist somit nicht – wie die Sifa – einem Unternehmen zugeordnet, sondern dem Bauherrn.

Der Koordinator (nach BaustellV) darf weder mit der Sifa oder dem Sicherheitsbeauftragen verwechselt werden noch mit anderen als Koordinatoren bezeichneten Akteuren wie dem Koordinator oder Fremdfirmenkoordinator nach ArbSchG (siehe Kapitel 2.1.8), dem BIM-Koordinator oder dem CE-Koordinator (Maschinen- und Produktsicherheit) . Er hat eine eigenständige Funktion und einen eigenen Aufgabenbereich.

Aufgaben

Der Koordinator nach BaustellV soll im Auftrag des Bauherrn die Anforderungen des Arbeitsschutzes in das Bauprojekt integrieren. Wesentliche Aufgaben dabei sind

- die Übermittlung einer **Vorankündigung** des Bauvorhabens an die Behörde (siehe Kapitel 3.1.1),
- die Erstellung eines **Sicherheits- und Gesundheitsschutzplans** (SiGe-Plan) bei größeren Baustellen und besonders gefährlichen Tätigkeiten (siehe Kapitel 3.1.2),
- die Anfertigung einer **Unterlage** für spätere Wartungs- und Instandhaltungsaufgaben (siehe Kapitel 3.1.4).

Ziel aller Koordinator-Aktivitäten ist es, Arbeitssicherheit und Gesundheitsschutz **von der Planungsphase über die Erstellung bis zu späteren Instandhaltungsarbeiten** einzubeziehen, um mit diesem präventiven (vorbeugenden) Ansatz die Unfallraten auf Baustellen zu senken.

Größe der Baustelle

Für den Einsatz eines Koordinators sind weder die Dauer noch der Umfang der Bauarbeiten ebenso wenig von Bedeutung, wie die Größe eines Bauwerks oder die Fläche einer Baustelle. Entscheidend ist vielmehr, *„ob **aufgrund von Arbeitsteilung eine Gefährdungslage** vorhanden"* ist (Kohte et al., 2014, S. 547).

Das heißt, dass ein Koordinator auch dann notwendig werden kann, wenn mehrere Unternehmen, Arbeitgeber und Gewerke jeweils nur geringfügige Arbeiten durchführen, dies aber räumlich und/oder zeitlich auf einer gemeinsamen Baustelle erfolgt. Es gibt keine Ausnahmeregelung für kleine Baustellen und es spielt auch keine Rolle, ob eine Baugenehmigung erforderlich ist, dies hat der EuGH klargestellt (EuGH, Urteil vom 7.10.2010 – C-224/09).

Der Bauherr kann auf Großbaustellen und bei komplexen Bauvorhaben nach eigenem Ermessen durchaus auch mehrere Koordinatoren bestellen.

Einzelunternehmer ohne Beschäftigte

Die BaustellV spricht in § 3 von *„Beschäftigten mehrerer Arbeitgeber"*. Dies führt zur Frage, ob ein Koordinator auch zu bestellen ist, wenn mehrere Einzelunternehmer (ohne Beschäftigte) oder ein Arbeitgeber und ein Einzelunternehmer auf einer Baustelle arbeiten. Denn ein Einzelunternehmer ist gemäß der Definition des ArbSchG (§ 2 Abs. 3) kein Arbeitgeber, da er keine Personen beschäftigt. In der EG-Baustellenrichtlinie bezieht sich die Koordinatorenpflicht jedoch auf Baustellen, auf der *„mehrere Unternehmen anwesend"* sind. Laut EU-Recht ist demnach auch auf solchen Baustellen ein Koordinator erforderlich, auf denen lediglich Einzelunternehmer ohne weitere Beschäftigte gleichzeitig tätig sind. Diese Einzelunternehmer werden in § 6 BaustellV explizit aufgefordert, die Hinweise des Koordinators und den SiGe-Plan *„zu berücksichtigen"*. Dies gilt unabhängig von einem Weisungsrecht des Koordinators.

Subunternehmen

Wird die komplette Bauleistung von einem Generalunternehmer (GU) erbracht, der ausschließlich eigene Beschäftigte einsetzt, ist das Kriterium „mehrere Arbeitgeber" (oder „mehrere Unternehmer") nicht erfüllt. Sobald dieser GU jedoch Subunternehmen einsetzt, ist ein Koordinator zu bestellen. Denn die BaustellV bezieht sich nicht auf Auftragnehmer, sondern auf (mehrere) Arbeitgeber. Das gleiche gilt, wenn der GU Maschinen oder Arbeitsmittel einschließlich des sie bedienenden Personals ausleiht bzw. anmietet.

Laut RAB 10 Nr. 12 (2003) trifft das Kriterium **mehrere Arbeitgeber nicht** zu,

- wenn der zeitliche Abstand der Einsätze unterschiedlicher Arbeitgeber so groß ist, dass die Baustelle inzwischen geräumt und neu eingerichtet wurde,
- wenn die Beschäftigen weiterer Arbeitgeber nur kurzzeitig tätig werden, z. B. Material abladen, Abfälle abtransportieren, Geräte prüfen, Proben nehmen oder Vermessungsarbeiten durchführen,
- wenn die Beschäftigen weiterer Arbeitgeber lediglich kontrollierende oder koordinierende Tätigkeiten durchführen.

Auch in diesen Fällen und ohne Koordinator-Pflicht ist jedoch zu prüfen, ob gegenseitige Gesundheitsgefährdungen bestehen und wie sie vermieden werden können.

Interessenverbände

In Deutschland haben sich die Koordinatoren nach BaustellV in 2 Interessenverbänden organisiert:

- Verband der Sicherheits- und Gesundheitsschutzkoordinatoren Deutschlands e. V. (**VSGK**)
- Bundesverband Deutscher Baukoordinatoren e. V. (**BDK**)

Außerhalb des deutschsprachigen Raums wird der Koordinator oft als **SHCC** für **Safety and Health Construction Coordinators** bezeichnet. Auf internationaler Ebene vertritt die International Safety and Health Construction Coordinators Organization die Interessen der Koordinatoren (**ISHCCO** – www.ishcco.org).

Veranstaltungen

Die wichtigste und bekannteste Veranstaltung für Koordinatoren nach BaustellV ist der jährlich stattfindende Bundeskoordinatorentag in Berlin. Veranstalter sind das BMAS, die BAuA und ein Präsidium aus Vertretern von Koordinatoren nach BaustellV. Die Mischung aus Vorträgen zu Arbeitsschutzthemen, Berichten aus der Baustellenpraxis, einem Forum zu Fachgesprächen und Erfahrungsaustausch ist vielfach als **Weiterbildungsveranstaltung** anerkannt, etwa vom Verband Deutscher Sicherheitsingenieure e. V. (VDSI) aber auch von Architekten- und Ingenieurkammern.

Zu den für Koordinatoren relevanten Messeterminen gehören insbesondere die weltgrößte Arbeitsschutzmesse **A+A**, die alle 2 Jahre in Düsseldorf stattfindet und die **bauma** als bedeutendste Fachmesse der Bauwirtschaft, die sich im 3-Jahres-Turnus in München präsentiert.

Weisungsrecht des Koordinators nach BaustellV

Die BaustellV sieht kein explizites Weisungsrecht für den Koordinator vor, allerdings sollen Arbeitgeber gemäß §§ 5 und 6 die *„Hinweise des Koordinators […] berücksichtigen“*. Daraus ist nach allgemeiner Rechtsauffassung jedoch keine Weisungsbefugnis abzuleiten.

Der Koordinator hat damit keine (öffentlich-rechtlich festgelegten) Weisungsbefugnisse gegenüber den auf der Baustelle agierenden Unternehmen und deren Beschäftigten. Auch wenn sich Unternehmer, Architekten oder Mitarbeiter einer am Bau beteiligten Firma seinen Anordnungen widersetzen und z. B. den SiGe-Plan (siehe Kapitel 3.1.2) ignorieren, kann (und sollte) der Koordinator lediglich mahnen und den Bauherrn informieren. Darüber hinaus hat er keine weiteren Befugnisse gegenüber den am Bau beteiligten Akteuren. Im Gegenzug ist ausschließlich der Bauherr als Auftraggeber dem Koordinator gegenüber weisungsbefugt.

Eine Weisungsbefugnis des Bauherrn **kann jedoch vertraglich vereinbart werden**, z. B. bei Belangen des Arbeitsschutzes und **im Rahmen der Rechte und Befugnisse des Bauherrn**, so eine gängige Formulierung. Dies muss **für jede neue Baustelle festgelegt** und dokumentiert sein. Ein Koordinator hat nicht **per se** ein öffentlich-rechtliches Weisungsrecht, das ihn von Einsatzort zu Einsatzort begleiten würde.

Die Sinnhaftigkeit einer Weisungsbefugnis für den Koordinator wird kontrovers diskutiert. Denn das Erteilen einer Weisung impliziert die Verpflichtung, das Befolgen dieser Anweisung zu kontrollieren. Damit steigt der Aufwand für den Koordinator. Das Argument, nur mit Weisungsbefugnis sei der Koordinator berechtigt, Gefährdungen abzuwehren, greift ins Leere. Denn bei einer akuten Gefahr ist **jeder** – ob er Koordinator ist oder nicht – befugt, zum Abwehren der Gefahr aktiv zu handeln. **Diese** Befugnis bedarf keiner schriftlichen bzw. vertraglichen Vereinbarung (weitere Erläuterungen zum Thema Weisungsbefugnisse des Koordinators siehe Kapitel 2.4.4 und Kapitel 5.1.2.2.).

Praxistipp

Wenn eine Weisungsbefugnis vereinbart wird, dann sollte klar definiert sein, **wer gegenüber wem für welche Bereiche** weisungsbefugt ist. Dies sollte dann in allen vertraglichen Vereinbarungen eindeutig berücksichtigt, unmissverständlich formuliert und schriftlich festgehalten werden.

Koordinator und Sifa

Auch auf einer Baustelle greift die Verantwortung der beteiligten Arbeitgeber für die sicherheitstechnische und betriebsärztliche Betreuung ihrer Beschäftigten. Diese Aufgaben werden von Sifa und Betriebsärzten der einzelnen Baufirmen übernommen. Deren Bestellpflichten werden keineswegs durch die Tätigkeit eines Koordinators aufgehoben oder übertragen. Auch eine Baufirma, die ihre Mitarbeiter ausschließlich auf Baustellen mit Koordinatorenpflicht einsetzt, muss die unternehmensinterne sicherheitstechnische und betriebsärztliche Betreuung organisieren. Das gilt im Übrigen auch für den Bauherrn, sobald er eigene Mitarbeiter auf der Baustelle einsetzt.

Sifa und Koordinator haben unterschiedliche Funktionen. Es gehört **nicht** zu den Aufgaben der Sifa, bei einer Baustelle im Betrieb gleichzeitig bzw. **nebenbei** die Aufgaben des Koordinators zu übernehmen. Genauso wenig ist es Aufgabe eines Koordinators, für die Mitarbeiter eines an den Bauarbeiten beteiligten Unternehmens die Funktionen einer Sifa zu erfüllen. Allerdings ist jede Sifa aufgerufen, die Arbeit des Koordinators zu unterstützen. In welcher Art und in welchem Umfang dies erfolgen soll, ist nirgendwo standardisiert oder vorgegeben.

Hinweis

> Es liegt nahe, der Sifa einer beim Bau mitwirkenden Firma die Rolle des Koordinators zu übertragen. Dies ist jedoch i. d. R. nicht zu empfehlen und auch nicht immer möglich. Zwar befassen sich beide Akteure mit Arbeitsschutz, doch der Koordinator nach BaustellV muss über baufachliches Knowhow und Erfahrung verfügen, die nicht von jedem als Sifa eingesetzten Sicherheitsingenieur, Meister, Techniker usw. erwartet werden kann (siehe Kapitel 2.4). Letztendlich sind Sifa und Koordinator zur Kooperation aufgerufen. Das tiefere Arbeitsschutzwissen einer Sifa ergänzt sich mit der stärker baufachlichen Kompetenz eines als Koordinator eingesetzten Architekten oder Stadtplaners.

Deutschsprachiges Ausland

In den deutschsprachigen Nachbarländern ist der Begriff SiGeKo weniger geläufig, gleichwohl sind für Baustellen koordinierende Maßnahmen vorgesehen. In **Österreich** fordert das Baustellenkoordinationsgesetz (BauKG) in ähnlicher Weise wie in Deutschland einen Koordinator, das Erstellen eines SiGe-Plans usw. Auch in der **Schweiz** sind beim Einsatz von Fremdfirmen die Arbeitgeber der beteiligten Firmen aufgefordert, die Koordination sicherzustellen, um Arbeitssicherheit und Gesundheitsschutz für alle Beteiligten zu gewähren. Die Schweizerische Unfallversicherung (Suva), größter Unfallversicherer der Schweiz, stellt das Planungsinstrument SiGe-Bau zur Verfügung, mit dem ein Baustellenkoordinator einen Sicherheits- und Gesundheitsschutzplan erstellen kann.

Die Aufgaben, Rechte und Pflichten des Koordinators nach BaustellV werden ausführlicher im Kapitel 2.4 dargestellt.

2.3 Grundsätze sicherer Koordination auf der Baustelle

Friedhelm Kring

Bauvorhaben sind selten 1-Personen-Projekte, auf Baustellen arbeiten in aller Regel mehrere Akteure, Unternehmen, Gewerke usw. zusammen. Koordinieren im Sinne von abstimmen, kommunizieren und kooperieren ist unerlässlich. In diesem übergeordneten Koordinationsgeschehen ist der Koordinator nach BaustellV für die Aspekte Arbeitssicherheit und gesundheitsgerechte Arbeitsbedingungen bei der Bauausführung zuständig (siehe hierzu auch Kapitel 2.4). Er soll insbesondere gegenseitige Gefährdungen erkennen und auf deren Minimierung durch geeignete präventive Maßnahmen hinwirken. Die Ziele Unfallverhütung und Gesundheitsschutz konsequent in einem Umfeld durchzusetzen, das in hohem Maße von weiteren Anforderungen wie Wirtschaftlichkeit, Qualität, Effizienz und Termintreue bestimmt wird, ist keine geringe Herausforderung. Im Folgenden werden einige Grundsätze genannt, die für das erfolgreiche Erfüllen dieser Aufgabe (siehe hierzu auch Kapitel 2.4.3) unerlässlich sind.

Aktive Koordination und Überwachung

Die Aufgabe eines Koordinators nach BaustellV zu übernehmen erfordert Aktivität. Koordinieren und Überwachen sind aktive Prozesse, die durch eine passive und abwartende Haltung nicht zu leisten sind. Bereits der Begriff Prävention impliziert ein vorausschauendes und vorsorgendes Handeln. Ein Koordinator ist daher gefordert, frühzeitig und eigenständig aktiv zu werden – zu agieren anstatt zu reagieren.

Auch die RAB 30 Nr. 4 (2003) fordert explizit vom Koordinator, dass er bereit und in der Lage ist *„sich für Sicherheit und Gesundheitsschutz auf Baustellen aktiv einzusetzen"*. Das bedeutet, dass die Arbeit eines Koordinators neben baufachlichen und arbeitsschutzfachlichen Kenntnissen auch Selbstorganisation, kommunikative Fähigkeiten, Sozialkompetenz und Führungsqualitäten erfordert. Der Koordinator ist – im Gegensatz zu vielen anderen auf einer Baustelle tätigen Personen – kein Befehlsempfänger, der bei Arbeitsbeginn eine bestimmte Aufgabe zugewiesen bekommt, vielmehr muss er seine Aufgaben eigenständig angehen. Dies erfordert ein eigenverantwortliches Organisieren, aber auch Aufmerksamkeit und Flexibilität, um ggf. die konkrete Planung an veränderte Situationen oder neu erkannte Gefährdungen anzupassen.

Das Koordinieren nach BaustellV umfasst mehrere Aufgabenbereiche:

- sicherheits- und gesundheitsrelevante Wechselwirkungen erkennen
- das Einhalten von Sicherheitsvorschriften kontrollieren
- Informationen verständlich darstellen und weitergeben
- Maßnahmen aufeinander abstimmen
- Situationen, Abläufe und Vereinbarungen dokumentieren

Bei alledem muss der Koordinator stets aktiv und präventiv die gesamte Baustelle im Blick haben.

Hinweis

Das von der BAuA 2011 veröffentlichte **„Leitbild Koordination nach Baustellenverordnung“** fasst die Aspekte guter Koordination in 4 Leitlinien wie folgt zusammen. Gute Koordination nach BaustellV

- bringt Nutzen für die am Bau Beteiligten,
- fördert präventives Handeln,
- bedingt die enge Kooperation und Kommunikation der am Bau Beteiligten,
- erfordert Partnerschaft und Fairness.

Klarheit bei Verantwortlichkeiten

Die Verantwortung für Sicherheit und Gesundheitsschutz auf einer Baustelle liegt keinesfalls allein beim Koordinator. Jedem Beteiligten, ob Bauherr, Architekt, Bauleiter oder Arbeitgeber eines ausführenden Unternehmens sollte seine (Mit-)Verantwortung bekannt sein. Die Pflichten und Verantwortlichkeiten im Arbeitsschutzrecht reichen sogar noch weiter und richten sich an jeden einzelnen Beschäftigten. Denn **Jeder** muss laut § 15 ArbSchG Sorge tragen

- für seine Sicherheit und Gesundheit bei der Arbeit,
- für Sicherheit und Gesundheit der Personen, die von seinen Handlungen oder Unterlassungen bei der Arbeit betroffen sind.

Diese Eigen- und Mitverantwortung umfasst z. B., dass Maschinen, Geräte, Werkzeuge, Arbeitsstoffe, Transportmittel usw. sowie Schutzvorrichtungen und die zur Verfügung gestellte PSA **bestimmungsgemäß benutzt** werden müssen. Ebenso ist jeder Beschäftigte aufgerufen, einen sicherheitsrelevanten Mangel unmittelbarer erheblicher Gefahr für die Sicherheit und Gesundheit oder einen an einem Schutzsystem festgestellten Defekt unverzüglich seinem Vorgesetzten zu melden. Auch die DGUV Vorschrift 1 (2013) betont in § 2 Abs. 1 diese **Eigenverantwortung jedes Einzelnen** und fordert von den Beschäftigten, die hier als „Versicherte angesprochen werden, *„[…] Maßnahmen zur Verhütung von Arbeitsunfällen, Berufskrankheiten und arbeitsbedingten Gesundheitsgefahren sowie für eine wirksame Erste Hilfe zu unterstützen“*.

Keine neuen Anforderungen

Dieser Hintergrund ist wichtig für das Selbstverständnis des Koordinators. Er bringt durch seine Aktivität – auch wenn dies bisweilen auf Baustellen so empfunden wird – **keine neuen Anforderungen** im Sinne zusätzlicher Erschwernisse für die ausführenden Bauunternehmen. Er koordiniert und überwacht lediglich – gewerkeübergreifend und mit dem besonderen Fokus auf wechselseitige Gefährdungen – das Umsetzen längst vorhandener Sicherheitsanforderungen, die auch ohne sein Wirken verpflichtend gelten würden.

Ein Koordinator entbindet insbesondere die beteiligten Arbeitgeber einer Baustelle nicht von ihren Pflichten und Verantwortlichkeiten (Gefährdungsbeurteilungen, Sicherheitsunterweisungen, sichere Arbeitsmittel usw.) gegenüber ihren jeweiligen Beschäftigten. Auch für das gegenseitige Abstimmen bleiben die Unternehmen und Gewerke selbst in der Verantwortung. Diese Abstimmung berührt zwar unmittelbar den Aufgabenbereich des Koordinators, aber es ist nicht dessen primäre Pflicht, Boten- und Vermittlungsdienste zu leisten.

Die Koordination nach BaustellV wird im optimalen Fall so gestaltet, dass sie von den ausführenden Baufirmen nicht als Einmischung in die eigene Arbeit, Zuständigkeit und Verantwortlichkeit wahrgenommen wird. Wenn er Gefährdungen durch die örtliche und zeitliche Nähe von Tätigkeiten erkennt, mahnt und appelliert der Koordinator jedoch, die Arbeitsschutzpflichten zu erfüllen. Das kann z. B. heißen, dass er

- die ausführenden Firmen zu einer Unterweisung ihrer Mitarbeiter für die anstehenden Arbeiten auffordert,
- darauf hinwirkt, dass die Inhalte des SiGe-Plans bei den Gefährdungsbeurteilungen der einzelnen Gewerke und Tätigkeiten berücksichtigt werden.

Hinweis

> Der Koordinator kann – unabhängig von Sicherheits- oder Gesundheitsaspekten – selbstverständlich darauf hinweisen, wenn seiner Meinung nach eine Arbeit fachlich unzureichend ausgeführt wurde. Er ist jedoch nicht für das korrekte Ausführen einer Aufgabe mitverantwortlich – selbst dann nicht, wenn die Beteiligten der Auffassung sind, vermeintlich **übertriebene** Sicherheitsmaßnahmen hätten das fristgemäße oder korrekte Ausführen der Arbeit verhindert oder erschwert.

Kommunikation und Informationsfluss

In so gut wie jedem Beruf ist es notwendig, mit Vorgesetzten, Kollegen, Kunden usw. zu kommunizieren. Für den Koordinator nach BaustellV sind kommunikative Fähigkeiten besonders wichtig. Koordination ohne Kommunikation ist undenkbar. Je nach Situation nutzt der Koordinator unterschiedliche **Kommunikationswege und Kommunikationsmittel**, von der direkten, individuellen und persönlichen Ansprache über gemeinsame Sicherheitsbesprechungen bis zu technischen Kommunikationshilfen wie Telefon, E-Mail, SMS, WhatsApp-Nachrichten oder Messenger-Diensten. Mit der Komplexität eines Bauvorhabens steigt die Notwendigkeit. Kommunikationsprozesse systematisch zu regeln und zu dokumentieren, z. B. über standardisierte Prozesse in einem Berichtswesen oder über ein Projektkommunikationsmanagementsystem (PKM).

Unabhängig vom Kommunikationsmittel gilt stets, dass eine **Botschaft beim Empfänger ankommen** muss. Nur dann kann sie aufgenommen und verarbeitet werden. Gerade auf Baustellen ist dies nicht selbstverständlich. Wenn Maschinenlärm ein Gespräch übertönt, wenn Fachjargon das Verständnis erschwert oder wenn der Zuhörer (Empfänger) der deutschen Sprache nicht mächtig ist, kann eine Botschaft nicht ankommen. Eine solche **Kommunikationsstörung** bedeutet stets eine Unterbrechung des Informationsflusses.

In der Regel ist der Absender einer Botschaft dafür verantwortlich, dass diese ungestört beim Empfänger ankommt. Das heißt, dass der Koordinator ggf. zu einem Gespräch an einem ruhigeren Ort bitten, seine Wortwahl anpassen oder jemanden mit Übersetzerfähigkeiten finden muss.

Der Koordinator kommuniziert in viele Richtungen und mit ganz unterschiedlichen Adressaten. Dazu gehören je nach Baustelle der Bauherr, der Bauleiter nach der Landesbauordnung, der Bauleiter des Generalunternehmens, die verantwortlichen Führungs- und Fachkräfte der ausführenden Unternehmen und Gewerke, die Aufsichtspersonen der BG BAU oder die Beamten der zuständigen Arbeitsschutzbehörde. In jeder Situation muss sich der Koordinator auf den jeweiligen Gesprächspartner bzw. Informationsempfänger einstellen und seine Botschaft in **angemessener und verständlicher Weise** vermitteln.

Ein wichtiger Kommunikationsvorgang ist das **Startgespräch** mit den Verantwortlichen der Gewerke. Angemessen und sinnvoll ist es, wenn der Koordinator von sich aus auf die anderen Akteure zugeht, sich vorstellt und bekannt macht. Inhaltlich geht es dann z. B. um den Informationsaustausch zu vorgesehenen Arbeitsverfahren und Arbeitsmitteln und den damit verbundenen potenziellen Risiken und Gefahren.

Kommunikative Fähigkeiten sind ebenfalls bei der **Einweisung der am Bau beteiligten Unternehmen und Gewerke in den SiGe-Plan** gefragt. Ziel dieses Kommunikationsvorgangs ist,

- die Leitlinien zur Zusammenarbeit vorzustellen,
- Gefährdungen anzusprechen, insbesondere an den Schnittstellen mehrerer Gewerke (siehe Abb. 3.2),
- frühzeitig auf typische Fehler und Mängel hinzuweisen,
- Schutzmaßnahmen vorzuschlagen und abzustimmen.

Dabei sollte der Koordinator die Pflicht deutlich machen, ihn über sicherheitsrelevante Änderungen im Baugeschehen (Arbeitsverfahren, Terminverschiebungen usw.) zu informieren. Aus Sicht des Koordinators ist wichtig, diesen **Informationsfluss in die eigene Richtung** einzufordern und sicherzustellen. Es muss deutlich werden, dass und wie er zu Infomieren ist, wenn z. B. ein Subunternehmen beauftragt wird oder wenn sich Planungen ändern.

Die am Bau beteiligten Betriebe bzw. deren Verantwortliche und Mitarbeiter sollten im Startgespräch oder bei der Einweisung in den SiGe-Plan erfahren,

- was auf der Baustelle in puncto Sicherheit und Gesundheitsschutz gefordert ist,
- wer bis wann welche Informationen vorlegen muss,
- wen sie im Zweifelsfall um Rat fragen sollten,
- dass Arbeitsschutz nicht an den Koordinator wegdelegiert wurde, sondern nach wie vor die persönliche Aufgabe jedes Einzelnen ist (s. o.),
- wo, bei wem und wie sie Verbesserungsvorschläge machen können.

Der Koordinator erleichtert sich seine Arbeit, wenn er ab dem Beginn seiner Tätigkeit den notwendigen **Informationsfluss** sicherstellt. Das bedeutet nicht nur Kontaktmöglichkeiten auszutauschen, sondern auch zu klären bzw. zu vereinbaren, welche **Kommunikationskanäle** für welche Informationen genutzt werden sollen. Je nach Art und Dringlichkeit der Information, technischer Ausstattung, dem Erfordernis schneller Erreichbarkeit usw. werden unterschiedliche Wege und Medien festgelegt wie E-Mail, Telefon, Begehungen, Austausch von Dokumenten, ob auf Papier oder als PDF-Datei usw. Zu empfehlen ist insbesondere auch, frühzeitig die Sifa der ausführenden Gewerke kennenzulernen und zu klären, wie diese eingebunden werden, auf welchen Wegen Informationen ausgetauscht werden sollen usw.

Besprechungen und Begehungen

Ein Koordinator kann seine Aufgaben nicht allein vom „stillen Kämmerlein" aus erfüllen. Er muss auch vor Ort sein und Präsenz zeigen, dies erfolgt u. a. durch gemeinsame Besprechungen und Begehungen auf der Baustelle. Auch die RAB 30 (2003) fordert explizit, das Zusammenwirken der bauausführenden Unternehmen hinsichtlich Sicherheit und Gesundheitsschutz zu organisieren, *„zum Beispiel durch Sicherheitsbesprechungen und -begehungen"*.

Bei größeren oder komplexeren Baustellen kann eine solche Begehung auch vor Beginn der Arbeiten stattfinden. Dabei lernen die Verantwortlichen der ausführenden Unternehmen die konkreten **Umgebungsbedingungen vor Ort** kennen. Gemeinsam können bereits jetzt die späteren Abläufe mental durchgegangen, Gefährdungen vorausgesehen und Schutzmaßnahmen im Vorfeld abstimmt werden.

Für den Erfolg von Besprechungen und Begehungen mitentscheidend ist eine sorgsame **Vorbereitung**, zu der auch eine frühzeitige Terminvereinbarung gehört. Eine schriftliche Einladung mit Angaben zu Ort, Ziel und Ablauf ist zwar nicht zwingend vorgeschrieben, aber empfehlenswert. Nicht erschienene Personen sollten in der **Nachbereitung** – etwa mit einem Protokoll – über die Ergebnisse von Begehungen und Besprechungen, getroffene Vereinbarungen, noch zu klärende Fragen usw. informiert werden.

Der Koordinator hat von der ungelernten Hilfskraft über Auszubildende bis zu Meistern, Facharbeitern und Ingenieuren mit Menschen zu tun, die sich sowohl in ihrem Wissensstand als auch – und unabhängig davon – hinsichtlich ihrer sozialen Kompetenzen deutlich unterscheiden. Daher ist es oft unerlässlich, auch vermeintliche Selbstverständlichkeiten zu erläutern, insbesondere dann, wenn eine Person aus einem anderen Kulturkreis stammt und mit hierzulande üblichen Verhaltensweisen wenig vertraut ist. Unabhängig von Nationalität, Sprache und Herkunft kann selbst bei Ingenieuren und Architekten nicht automatisch von einem ausgeprägten Bewusstsein für Arbeitsschutzfragen und entsprechende Sachkenntnis ausgegangen werden.

Praxistipp

Präventionsmaterialien: Auf Baustellen arbeiten oftmals Beschäftigte aus aller Herren Länder. Sie kommen z. T. aus Kulturkreisen oder Ländern, in denen Arbeitsschutz nicht die gleiche Bedeutung hat, wie in Deutschland. Dies macht das Vermitteln von Sicherheitsanforderungen nicht einfacher. Diese Problematik hat auch die BG BAU erkannt und **Schulungsunterlagen mit international verständlichen Piktogrammen in 12 Sprachen** entwickelt. Diese Präventionsmaterialien sollen Sprachprobleme und Verständigungsschwierigkeiten auf Baustellen abfedern und eignen sich für Schulungen und Arbeitsschutz-Unterweisungen (siehe Link zum Arbeitsmittel „Sehen + Verstehen" der BG BAU in Kapitel 6.5.3).

Moderation und Konfliktmanagement

Der Koordinator ist nicht in eigener Person für das Umsetzen von Schutzmaßnahmen zuständig. Er kann und sollte jedoch informieren, hinweisen, mahnen und Lösungen vorschlagen. Somit kommt ihm die Rolle eines Moderators, gelegentlich auch Mediators zu. Die Arbeit des Koordinators ist daher häufig eine Gratwanderung zwischen Koordination und Kontrolle, zwischen Abstimmung und Motivation.

Vom Koordinator erhobene Forderungen sind nicht immer populär und Auseinandersetzungen können unvermeidbar werden. Zur Kompetenz des Koordinators gehören auch Belastbarkeit, ein sicheres Auftreten und der souveräne Umgang mit Konfliktsituationen. Ziel ist, die Situation zu entschärfen, einem Eskalieren vorzubeugen und für sich selbst nicht mehr Stress zu erzeugen als nötig. Damit dies erfolgreich gelingt, ist es wichtig,

- Anschuldigungen Dritter nicht ungeprüft zu übernehmen, sondern sich nach Möglichkeit selbst ein Bild zu machen,
- in Auseinandersetzungen außerhalb sicherheitsrelevanter Belange nach Möglichkeit neutral zu bleiben.
- authentisch und glaubwürdig zu bleiben,
- stets Fairness, Transparenz und partnerschaftliche Lösungen anzustreben.

Sind Spannungen aufgrund der besonderen Situation oder aus Erfahrung mit den beteiligten Akteuren bereits im Vorfeld zu erwarten, empfiehlt es sich, vorab eindeutige Konfliktregelungen festzulegen. Dies kann auch die Rolle des Koordinators (oder einer anderen Person) als Mediator beinhalten.

Praxistipp

Kommunikationsexperten empfehlen folgende Strategien für eine **konfliktarme und eskalationsvermeidende Verständigung:**

- Kritik in Form von Ich-Sätzen formulieren anstatt die Person gegenüber zu beschuldigen, z. B. statt: „Sie haben Ihre Mitarbeiter offenbar nicht zum Staubschutz unterwiesen!", besser: „Ich habe den Eindruck, Ihre Leute sind unsicher in Bezug auf den notwendigen Staubschutz".
- Kritik nur konkret ansprechen und Pauschalisierungen durch nie, immer, ständig usw. vermeiden, z. B. statt: „Ständig sehe ich Ihre Leute ohne Gehörschutz!" besser: „Heute Morgen fiel mir auf, dass nur 3 Ihrer 5 Mitarbeiter Gehörschutz benutzen".
- Fragen und aktiv zuhören, anstatt nur selbst zu reden. Möglicherweise hapert es lediglich am Informationsfluss und ein vermeintlicher Konflikt stellt sich aus neuer Perspektive ganz anders da als zunächst angenommen.
- In der Sache konsequent, aber im Tonfall angemessen bleiben. Klare Worte lautstark vorzubringen kann je nach Situation notwendig sein, Schimpfworte und Drohungen sind nicht zielführend.
- Rückmeldung geben und die Macht des Lobens nicht unterschätzen. Jeder freut sich, wenn das eigene Bemühen um Sicherheit und gesundheitsgerechte Arbeitsbedingungen wahrgenommen und anerkannt werden. Positives Feedback zu geben vermittelt Wertschätzung und fördert das Betriebsklima auf der Baustelle.

Der Koordinator kann auch selbst in der Kritik stehen. Ob diese gerechtfertigt ist oder nicht, die unangenehme Situation wird schneller und leichter entschärft, wenn die folgenden Aspekte beachtet werden:

- Zuhören und den Anderen ausreden lassen, dem Gegenüber nicht gleich ins Wort fallen.
- Konkret nachfragen und die Situation möglichst umfassend aufklären.
- Die vorgebrachte Kritik, Bedenken, Einwände usw. ernst nehmen und selbstkritisch prüfen, nicht vorschnell beiseite wischen.
- Den Anderen ernst nehmen und ihm fair und offen zustimmen in den Punkten, in denen er recht hat.
- Emotional nüchtern bleiben und die eigene Sichtweise sachlich erläutern.
- Nach den Erwartungen, Befürchtungen und Bedürfnissen des Gegenübers fragen.
- Gegebenenfalls um Bedenkzeit bitten und sich nicht vorschnell unter einen Rechtfertigungsdruck setzen lassen. In sicherheitsrelevanten Fragen keine schnellen Entscheidungen allein aus dem Bauch heraus – ohne solides Hintergrundwissen – treffen.
- In der Sache konsequent bleiben, keine faulen Kompromisse zulassen.

Zum letzten Punkt: **Arbeitssicherheit ist nicht verhandelbar**. Wenn es um Leben und Gesundheit geht, kann es – und im Gegensatz zu vielen anderen Situationen in Beruf und Privatleben – keine Kompromisse geben. Eine Helmpflicht nur an ungeraden Tagen wäre schon auf den ersten Blick absurd. Andere vermeintliche Sicherheitskompromisse auf einer Baustelle sind schwer zu erkennen, müssen aber umso deutlicher in der Sache geklärt werden.

Praxistipp

Selbstverständnis und Selbstbewusstsein des Koordinators einerseits und sein Image auf der Baustelle andererseits liegen nicht immer auf einem optimalen Niveau. Die Praxishilfe „Check Gute Koordination – Nutzen sichtbar machen" (2018) der **Offensive Gutes Bauen** liefert viele Anregungen und gute Argumente für den Koordinator, seine Aufgaben und deren Nutzen für das Bauvorhaben zu verdeutlichen. Die Offensive Gutes Bauen ist ein Netzwerk aus etwa 50 namhaften Organisationen der Bauwirtschaft, das im Rahmen der „Initiative Neue Qualität der Arbeit" des Bundesministeriums für Arbeit und Soziales (BMAS) agiert (siehe Kapitel 6.5.3).

Dokumentation und Ablage

Ein (inoffizieller) Grundsatz im Arbeitsschutz lautet „Wer schreibt, der bleibt". Dies soll aus Sicht der Sifa besagen, dass es notwendig ist, die eigene Arbeit zu dokumentieren, um – im doppelten Wortsinn – einen sicheren Arbeitsplatz zu haben. Dieser Grundsatz lässt sich auch auf den Koordinator nach BaustellV übertragen. Unabhängig von den Vorgaben für das Erstellen von Vorankündigung, SiGe-Plan, Baustellenordnung usw. (siehe Kapitel 3.1 sollte der Koordinator seine Tätigkeit in einer angemessenen Weise dokumentieren. Die Schriftform dient zur eigenen Erinnerung und zum **Nachweis** der geleisteten Arbeit im Konfliktfall oder bei Kontrollen von Behörden.

Die RAB 30 (2003) fordert in Nr. 3.2 für Sicherheitsbesprechungen und -begehungen eine *„Dokumentation und Auswerten der Ergebnisse"*. Ein solches **Ergebnisprotokoll** wird umso wichtiger, je komplexer oder heikler das Thema einer Besprechung war. Wenn alle Beteiligten anschließend ein Protokoll zum Unterzeichnen vorliegen haben, dient dies auch zur Klärung, dass alle das Gleiche verstanden haben. Auch Einweisungen, z. B. in das Bedienen einer Maschine, sollten protokolliert werden.

Es geht beim Dokumentieren oder Protokollieren nicht darum, möglichst viel Papier oder möglichst große Dateien zu erzeugen. Weniger kann mehr sein. Doch Beobachtungen und Vereinbarungen sollten mindestens so detailliert festgehalten werden, dass auch später noch und auch von Dritten die Informationen eindeutig dem Datum, Personen, Prozessen und Unternehmen zugeordnet werden können. Ob dies in Textform geschieht, tabellarisch oder mit Unterstützung durch Skizzen ist nicht vorgeschrieben.

Es empfiehlt sich, auch **mündliche Vereinbarungen** anschließend kurz schriftlich festzuhalten und diese Notiz per Mail an die Beteiligten senden. Auf eine solche Weise konsequent und verlässlich vorzugehen, bringt eine **Verbindlichkeit** für alle Beteiligten mit sich. Telefonate oder SMS-Botschaften lassen sich kaum in gleicher Weise archivieren und rekonstruieren.

Für die Art und Weise der Dokumentation und deren Ablage gibt es keine festen Vorschriften. Entscheidend ist eine Struktur, in der jedes gesuchte Dokument schnell **wiederauffindbar** ist, selbst dann, wenn der Koordinator z. B. wegen einer Erkrankung ausfällt. Der Schriftwechsel des Koordinators muss jederzeit einsehbar sein, getroffene Vereinbarungen müssen auch für Aufsichtsbehörden nachvollziehbar sein. Es ist empfehlenswert, für die für Papierablage und die digitale Dokumentation die gleiche Ablagestruktur zu wählen. Eine Alternative kann sein, vom Beginn des Bauprojekts an jedes Papierdokument einzuscannen und elektronisch einzusortieren. Bei alledem sind die Anforderungen an den Datenschutz zu beachten, insbesondere wenn es sich um personenbezogene Daten und Aufzeichnungen handelt.

Fazit

Von der Arbeit eines Koordinators profitieren alle Beteiligten, vom Bauherren bis zu den beschäftigten Bauarbeitern. Die Arbeitsbedingungen am Bau zu verbessern wirkt sich auf mehreren Ebenen positiv aus:

Sicherheit und Gesundheit: Unfallrisiken und Gesundheitsbelastungen auf einer Baustelle zu minimieren verhindert nicht nur persönliches Leid für das Unfallopfer und seine Angehörigen. Auch den Kollegen und anderen Unfallzeugen bleiben traumatische Erlebnisse erspart.

Termin- und Kostentreue: Ein Koordinator, der Prävention von Anfang an in die Planung einbezieht und während der Ausführung überwacht, trägt damit auch dazu bei, Termin- und Kostentreue zu sichern.

Effizienz und Störungsfreiheit: Planung und Abstimmung sind bei größeren Projekten mit unterschiedlichen Akteuren stets eine Voraussetzung für das Optimieren von Abläufen. Ein unfallfreies, störungsfreies und effizientes Arbeiten schont Ressourcen und senkt Kosten.

Planbarkeit und Kostentransparenz: Schon in der Planung werden spätere Sicherheitsanforderungen bei Wartungs- und Instandsetzungsarbeiten am fertigen Gebäude deutlich und können vorgesehen werden. Nachträglich zu reagieren wird teurer und zeitaufwendiger.

Fachkompetenz plus Sozialkompetenz

Jedes Bauwerk ist einzigartig und stets eine Teamarbeit, die ein effizientes Miteinander durch Kommunikation und Kooperation erfordert. Dies im Hinblick auf Arbeitssicherheit und Gesundheitsschutz sicherzustellen, ist Aufgabe des Koordinators. Voraussetzung für ein erfolgreiches Agieren ist seine **Akzeptanz** bei allen Baubeteiligten. Diese Akzeptanz beruht nicht nur auf Fachwissen, Kompetenz und Erfahrung, sondern hängt stets auch von seinem persönlichen Auftreten ab. Ob ein Koordinator auf einer Baustelle gern gesehen wird oder nicht und ob er respektiert wird, bestimmt er auch durch sein Auftreten und seine Umgangsformen mit. Gerade in einer Koordinationsfunktion erfordert das erfolgreiche Agieren stets Korrektheit, Fairness, Respekt und Wertschätzung für die Arbeit anderer.

2.4 Koordination auf Baustellen nach BaustellV

F. Josef Follmann

Die Realisierung eines Bauvorhabens ohne Koordination ist nicht möglich. Allein eine zeitliche Abstimmung sowohl der Arbeiten der unterschiedlichen Gewerke als auch möglicher Überschneidungen ist erforderlich, damit ein Bauvorhaben überhaupt abgewickelt werden kann – unabhängig davon, ob es um die technische Umsetzung eines Entwurfs oder die Sicherheit der handelnden Personen geht. Abstimmung bzw. Koordination wird bereits auch in anderen Vorschriften gefordert, die schon vor Inkrafttreten der BaustellV existierten. So ist z. B. nach den Landesbauordnungen (vgl. § 53 MBO) durch den Bauherrn ein Bauleiter mit weitreichenden Koordinationspflichten zu bestellen. Ferner ist in § 6 DGUV Vorschrift 1 (2013) eine Koordination gefordert, wenn mehrere Unternehmen gleichzeitig auf der Baustelle tätig sind. Dies spiegelt sich auch in § 8 ArbSchG wider. Ein weiterer Koordinator, der beim Umgang mit Kontaminationen gefordert wird, ergibt sich aus dem Gefahrstoffrecht. In der TRGS 524 „Schutzmaßnahmen bei Tätigkeiten in kontaminierten Bereichen" (2010) sowie in der DGUV Regel 101-004 „Kontaminierte Bereiche" (2006) ist geregelt, dass für Arbeiten in kontaminierten Bereichen ein (sachkundiger) Koordinator zu bestellen ist. Diese mehrfache Verwendung des Begriffs **Koordinator** führt bei der Projektbearbeitung häufig zu Missverständnissen. Im Zweifelsfall ist dann nämlich nicht geklärt, ob der Koordinator Aufgaben nach der Baustellenverordnung wahrnimmt oder auch darüber hinausgehende Abstimmungen und Koordination gemäß Gefahrstoffrecht ausübt, die ebenfalls vom Bauherrn gefordert ist.

2.4.1 Koordinationspflichten

Gemäß § 3 Abs. 1 BaustellV ist ein Koordinator dann zu bestellen, wenn Beschäftigte mehrerer Arbeitgeber auf der Baustelle tätig werden. Bei größeren Baustellen sind ggf. auch mehrere Koordinatoren zu bestellen. Auch kann der Bauherr oder ein von ihm beauftragter Dritter diese Funktion selbst wahrnehmen, wenn er geeignet ist (siehe Kapitel 2.4.2).

Der Fall, dass allein Beschäftigte eines Arbeitgebers auf der Baustelle tätig werden, kommt in der Praxis kaum vor. Selbst die Beauftragung eines Generalunternehmers entbindet den Bauherrn nicht von seiner Koordinationspflicht, weil der Generalunternehmer mit mehreren Arbeitgebern zusammenarbeitet und das Bauvorhaben dadurch (manchmal zum Ärger des Bauherrn) in den Geltungsbereich der Baustellenverordnung fällt. Auch wenn eine Baustelle auf einem Gelände mit betrieblicher Tätigkeit liegt oder der Infrastruktur, die von mehreren Arbeitgebern genutzt wird, werden i. d. R. Beschäftigte mehrerer Arbeitgeber tätig, die der Bauherr als Veranlasser der Maßnahme bei der Koordination zu berücksichtigen hat. Welche Aufgaben auf dem Koordinator zukommen, ist im Kapitel 2.4.3 beschrieben.

Der Koordinator sei davor gewarnt, weitere Koordinationspflichten wie z. B. nach TRGS 524 (2010) wahrzunehmen, es sei denn, er hat dafür die Qualifikation, den Auftrag und eine entsprechende Versicherung. Die Aufgaben des Koordinators fasst die RAB 30 (2003) wie folgt zusammen:

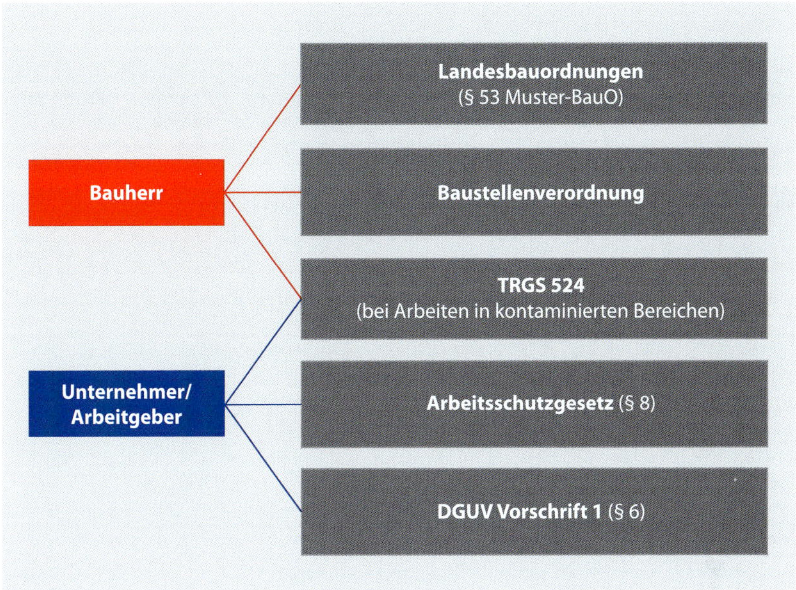

Abb. 2.5: Ausgewählte Koordinationspflichten

„Der Koordinator hat im Rahmen seiner in § 3 BaustellV genannten Aufgaben den Bauherrn und die sonstigen am Bau Beteiligten bei ihrer Zusammenarbeit hinsichtlich der Einbindung von Sicherheit und Gesundheitsschutz sowohl während der Planung der Ausführung als auch während der Ausführung des Bauvorhabens zu unterstützen. Er hat mit seiner Tätigkeit dazu beizutragen, das Bauvorhaben, den Bauablauf und die späteren Arbeiten an der baulichen Anlage zu jeder Zeit sicher zu gestalten.“ (siehe Abb. 2.5)

Hinweis

In diesem Kapitel geht es ausschließlich um die Koordination nach BaustellV, hier sind Kenntnisse der Koordination nach Gefahrstoffrecht und Unfallverhütungsvorschriften alleine deshalb wichtig, damit der Koordinator seinen Aufgabenbereich abgrenzen und die Randbedingungen des Vorhabens zutreffend einordnen kann.

Tabelle 2.3 zeigt die wesentlichen Anforderungen der BaustellV an den Bauherrn und die Baustellenbedingungen, unter denen diese zum Tragen kommen. Neben der oben genannten Aufgabe, einen Koordinator zu bestellen sind hier noch weitere Aufgaben benannt, auf die in Kapitel 2.3 näher eingegangen wird.

Tabelle 2.3: Anforderungen der BaustellV an den Bauherrn in Anlehnung an RAB 30 (2003)

Baustellenbedingungen		**Berücksichtigung allg. Grundsätze nach § 4 ArbSchG**	**Vorankündigung**	**Koordinator**	**SiGe-Plan**	**Unterlage**
Arbeitnehmer	**Umfang und Art der Arbeiten**					
eines Arbeitgebers	**kleiner** 31 Arbeitstage und 21 Beschäftigte oder 501 Personentage	**ja**				
eines Arbeitgebers	**kleiner** 31 Arbeitstage und 21 Beschäftigte oder 501 Personentage **und** gefährliche Arbeiten	**ja**				
eines Arbeitgebers	**größe**r 30 Arbeitstage und 20 Beschäftigte oder 500 Personentage	**ja**	**ja**			
eines Arbeitgebers	**größer** 30 Arbeitstage und 20 Beschäftigte oder 500 Personentage **und** gefährliche Arbeiten	**ja**	**ja**			
mehrerer Arbeitgeber	**kleiner** 31 Arbeitstage und 21 Beschäftigte oder 501 Personentage	**ja**		**ja**		**ja**
mehrerer Arbeitgeber	**kleiner** 31 Arbeitstage und 21 Beschäftigte oder 501 Personentage **jedoch** gefährliche Arbeiten	**ja**		**ja**	**ja**	**ja**
mehrerer Arbeitgeber	**größer** 30 Arbeitstage und 20 Beschäftigte oder 500 Personentage	**ja**	**ja**	**ja**	**ja**	**ja**
mehrerer Arbeitgeber	**größer** 30 Arbeitstage und 20 Beschäftigte oder 500 Personentage **und** gefährliche Arbeiten	**ja**	**ja**	**ja**	**ja**	**ja**

2.4.2 Qualifikation des Koordinators

Wenn die BaustellV von einem geeigneten Koordinator spricht, so überlässt sie es zunächst dem Anwender, den Begriff **geeignet** zu definieren. In Umsetzung der EU-Baustellenrichtlinie haben die Mitgliedstaaten diese Eignung unterschiedlich definiert und auch unterschiedliche Verfahren installiert, um die Eignung herzustellen bzw. zu überprüfen. In Deutschland wurde hierzu vom ASGB die RAB 30 (2003) als Konkretisierung herausgegeben. Einleitend heißt es dort: *„Für die Wahrnehmung dieser Aufgaben müssen Koordinatoren über Kenntnisse und Erfahrungen im Baufach und zum Arbeitsschutz im Baubereich verfügen. Sie müssen außerdem Kenntnisse über spezielle, einem Koordinator obliegende Tätigkeiten, Aufgaben und Verpflichtungen haben.“*

Gefragt sind also

- baufachliche Kenntnisse,
- arbeitsschutzfachliche Kenntnisse,
- spezielle Koordinatorenkenntnisse und
- Berufserfahrung.

Neben der Qualifikation hängt der Erfolg des Koordinators auch wesentlich von seiner Persönlichkeit, Sozialkompetenz und Kommunikationsfähigkeit ab. Darüber hinaus ist es wichtig, dass er genügend Zeit und Mittel hat und wirksam ins Projektteam eingebunden wird. In RAB 30 (2003) ist dies sehr treffend beschrieben:

„Der Koordinator muss bereit und in der Lage sein, sich für Sicherheit und Gesundheitsschutz auf Baustellen aktiv einzusetzen. Er muss die Fähigkeit besitzen, Arbeitsabläufe systematisch, vorausschauend und gewerkeübergreifend zu durchdenken, sich anbahnende Gefährdungen zu erkennen und die gebotenen Koordinierungsmaßnahmen zu treffen. Der Koordinator muss neben diesen Kenntnissen und Fähigkeiten auch über ein hinreichendes Maß an Sozialkompetenz zur Wahrnehmung seiner Aufgaben verfügen. Er muss insbesondere die Fähigkeit zur Arbeit im Team, zur Führung kooperativer Prozesse sowie zur sachdienlichen Kommunikation besitzen. Seine Funktion und Stellung muss so ausgestaltet sein, dass er die erforderliche Akzeptanz anderer Planungs- und Ausführungsbeteiligter erfährt und er sich seiner Aufgabe auch in zeitlicher Hinsicht ausreichend und wirkungsvoll widmen kann“. (RAB 30 Nr. 4 [2003])

Mit Blick auf eine praxisgerechte Lösung haben die Autoren der RAB 30 (2003) ein gestuftes System definiert, das mit steigendem Schwierigkeitsgrad eines Bauvorhabens auch eine höhere Qualifikation des Koordinators fordert.

Hinweis

In den folgenden Unterkapiteln werden die o. g. Aspekte weiter konkretisiert mit dem Ziel, die Mindestqualifikation für die Koordination einer bestimmten Baumaßnahme zusammenzustellen. In der derzeitigen Praxis dient die RAB 30 (2003) als Anleitung für Anbieter und Nachfrager von Koordinationsleistungen sowie für die Lehrgangsträger, die Qualifizierungsmaßnahmen für Koordinatoren anbieten.

2.4.2.1 Baufachliche Kenntnisse

In welchem Umfang der Koordinator baufachliche Kenntnisse besitzen muss, hängt stark von der jeweiligen Koordinationsaufgabe ab. Dieses Wissen ist aber eine Grundbedingung für das Tätigwerden von Koordinatoren.

„Baufachliche Kenntnisse können je nach Art und Umfang des Bauvorhabens, soweit sich daraus Auswirkungen für Sicherheit und Gesundheitsschutz ergeben, in folgenden Bereichen erforderlich sein:

- *Funktionelle, technische und organisatorische Planung von baulichen Anlagen,*
- *Technische Regelwerke,*
- *Standsicherheit von baulichen Anlagen und Hilfsbauwerken,*
- *Baustoffe,*
- *Bauverfahren, Baugeräte,*
- *Bauausführung, Baustelleneinrichtungsplanung, Bauablaufplanung,*
- *Baustellenorganisation,*
- *Technischer Ausbau, Innenausbau und Technische Ausrüstung,*
- *Wartung, Unterhaltung und Erhaltung baulicher Anlagen,*
- *Ausschreibung, Vergabe, Bauvertragsrecht.*

Die Koordinatoren können ihre baufachlichen Kenntnisse in der Regel im Rahmen einer baufachlichen Berufsausbildung als Architekt, Ingenieur, Techniker, Meister oder geprüfter Polier erworben haben.“ (RAB 30, Nr. 4.1 [2003])

Viele Fachleute mit naturwissenschaftlichem Hintergrund oder Ingenieure aus Bereichen außerhalb des Bauwesens ergreifen als Quereinsteiger den Beruf des Koordinators. Obwohl diese Quereinsteiger häufig sehr erfolgreich als Koordinatoren agieren, erfüllen sie nicht die Voraussetzung einer klassischen bautechnischen Ausbildung oder eines Studiums des Bauingenieurwesens oder der Architektur.

Praxistipp

Gerade für Quereinsteiger ist es wichtig, sich die oben genannten Kenntnisse anzueignen, damit sie überhaupt als Koordinatoren tätig werden können.

Im Gegensatz zu den arbeitsschutzfachlichen und den speziellen Koordinatorenkenntnissen gibt es hinsichtlich der baufachlichen Kenntnisse keine standardisierten kompakten Ergänzungslehrgänge, in denen das relevante Wissen vermittelt und anschließend bescheinigt werden kann. Infolgedessen ist es für viele Koordinatoren schwierig, die baufachliche Eignung nachzuweisen. Vor dem Hintergrund, dass Koordinatoren ohne baufachlichen Hintergrund große Projekte koordinieren, erscheint die folgende, in RAB 30 (2003) getroffene Abstufung etwas skurril, indem sie baufachlich qualifizierten Technikern, Meistern und geprüften Polieren, lediglich die Koordination von Planungs- und Baumaßnahmen der Stufe 1, also mit geringen bis mittleren sicherheitstechnischen Anforderungen zugesteht.

„Die in Stufe 1 einzugruppierenden Bauwerke sind gekennzeichnet durch:

- *geringe bis mittlere sicherheitstechnische Anforderungen,*
- *geringe organisatorische Anforderungen,*
- *geringe bauaufgabenspezifischen Anforderungen,*
- *geringe Anzahl Beschäftigter und*
- *geringe Anzahl gleichzeitig auf der Baustelle tätiger Arbeitgeber und Unternehmer ohne Beschäftigte.*

Zu Stufe 1 gehören in der Regel keine Ingenieurbau- und Spezialtiefbaumaßnahmen und keine Baumaßnahmen mit besonders gefährlichen Arbeiten nach Anhang II Nr. 2, 3, 6, 7, 8, 9 und 10 der BaustellV." (RAB 30, Anlage A [2003])

Beispiel

Folgende Bauvorhaben werden beispielhaft für Bauvorhaben der Stufe 1 genannt:

- Ein- und Mehrfamilienhäuser (kein Geschosswohnungsbau)
- Reihen- oder Doppelhäuser
- kleinere Verwaltungs- und Gewerbebauten
- einfache Erschließungsanlagen für Wohn- und Gewerbegebiete.

Alle darüber hinausgehenden Maßnahmen fallen in Stufe 2, die ein Studium der Architektur- oder Ingenieurwissenschaften voraussetzt.

Welche Voraussetzungen Quereinsteiger ohne baufachliche Ausbildung zu erbringen haben und wie sie dann einzustufen sind, sollte bei einer Überarbeitung der RAB 30 (2003) festgelegt werden.

2.4.2.2 Arbeitsschutzfachliche Kenntnisse

„Arbeitsschutzfachliche Kenntnisse umfassen solche zu Sicherheit und Gesundheitsschutz und zum Arbeitsschutzrecht, insbesondere über:

- *Allgemeine Grundsätze des Arbeitsschutzes gemäß § 4 ArbSchG,*
- *Ermittlung und Beurteilung von Gefährdungen auf Baustellen und bei späteren Arbeiten an den baulichen Anlagen,*
- *Organisation des Arbeitsschutzes auf Baustellen.*

Die arbeitsschutzfachlichen Kenntnisse können entweder im Rahmen der beruflichen Ausbildung, durch Fort- oder Weiterbildung oder durch entsprechende berufliche Erfahrungen erworben sein. [...]

Sofern im Zuge der Baumaßnahme besonders gefährliche Arbeiten gemäß Anhang II BaustellV durchgeführt werden, muss der Koordinator auch über Kenntnisse zur Vermeidung solcher Gefährdungen verfügen. Je nach Art und Umfang des Bauvorhabens können zum Schutz des Lebens und der Gesundheit der Beschäftigten auf Baustellen weitere Kenntnisse erforderlich sein, wie zum Beispiel bei speziellen Abbrucharbeiten." (RAB 30, Nr. 4.2 [2003])

Die relevanten arbeitsschutzfachlichen Kenntnisse, die in RAB 30, Anlage B (2003), aufgeführt werden, sind in Tabelle 2.4 zusammengestellt:

Tabelle 2.4: Arbeitsschutzfachliche Kenntnisse in Anlehnung an RAB 30, Anlage B (2003)

1 Arbeitsschutzrecht und Arbeitsschutzsystem

- europarechtliche Anforderungen
- Gliederung des deutschen Arbeitsschutzsystems
- Grundpflichten des Arbeitgebers/Unternehmers
- Arbeitsmedizinische und sicherheitstechnische Betreuung im Baubereich

1.1 Inhalte des Arbeitsschutzgesetzes

- rechtliche Stellung des Arbeitsschutzgesetzes
- Adressaten und ihre Schutzverpflichtungen
- allgemeine Grundsätze nach § 4 ArbSchG
- Beurteilung der Arbeitsbedingungen und zu treffende Schutzmaßnahmen
- Verpflichtung zur Zusammenarbeit mehrerer Arbeitgeber

1.2 Grundzüge der Rechtsverordnungen nach dem ArbSchG

- Baustellenverordnung
- Arbeitsstättenverordnung
- Arbeitsmittelbenutzungsverordnung
- PSA-Benutzungsverordnung
- Lastenhandhabungsverordnung
- Betriebssicherheitsverordnung

1.3 Vorschriften der Unfallversicherungsträger

2 baustellenspezifische Unfall- und Gesundheitsgefährdungen und erforderliche Schutzmaßnahmen

2.1 Maßnahmen zur Sicherheit bei Erd- und Tiefbauarbeiten

- Einflüsse auf die Standsicherheit des Bodens
- Sicherungsanforderungen nach UVV und DIN 4124[1)]
- Gebäudesicherung im Bereich von Ausschachtungen, Gründungen und Unterfangungen (DIN 4123[2)])
- erdverlegte Leitungen und Anlagen

2.2 Gefährdung durch Absturz

- Absturzsicherungen
- Auffangeinrichtungen
- Arten, technische Ausführung und Absturzhöhen
- persönliche Schutzausrüstungen gegen Absturz

2.3 sicherer Einsatz von Gerüsten

- Gerüstarten und Einsatzbedingungen
- Arbeits- und Schutzgerüste (DIN 4420[3)])
- Verantwortlichkeiten bei Aufbau und Nutzung von Gerüsten
- Brauchbarkeitsnachweis

2.4 sicherer Einsatz von Leitern, Fahrgerüsten und Hebebühnen

2.5 Gefährdungen durch Elektrizität

- Schutzmaßnahmen gegen gefährliche Körperströme (Schutz gegen direktes und indirektes Berühren)
- Errichtung, Instandhaltung und Prüfungen elektrischer Anlagen und Betriebsmittel
- Sicherheit und Erkennbarkeit von Stromleitungen

Tabelle 2.4: Fortsetzung

2.6 betrieblicher Brand- und Explosionsschutz
• Grundlagen der Brandentstehung • Umgang mit explosions- und feuergefährlichen Stoffen • Brandschutz- und Sicherheitskennzeichnung • Bekämpfung von Entstehungsbränden
2.7 Gefährdungen durch Gefahrstoffe
• Grundzüge gefahrstoffrechtlicher Vorschriften (ChemG, GefStoffV, TRGS) • Kennzeichnung, Lagerung und Entsorgung • Grenzwerte • Gefahrstoffinformationssysteme
2.8 Maßnahmen zur Sicherheit bei Montagearbeiten
• allgemeine Grundsätze und Montageanweisung • Fertigteiltransport, Lagerung und Lastförderung • Standsicherheit, Zwischenbauzustände und Gefährdungen durch Absturz
2.9 Maßnahmen zur Sicherheit bei Abbruch- und Sanierungsarbeiten
2.10 sicherer Personen- und Fahrzeugverkehr, sichere Baustellentransporte und Lagerung
• Arbeitsplätze und Verkehrswege • Witterungseinflüsse (Winterbauverordnung)
2.11 sicherer Einsatz von Maschinen und Geräten
• Arten und Einsatzbereiche von Maschinen und Geräten • Prüfungen und Prüffristen für technische Arbeitsmittel
2.12 Schutzmaßnahmen bei Lärm und Vibration
3 Einrichtungen der Ersten Hilfe
• Vorsorgemaßnahmen • Rettungskette • Sanitätsräume
4 Tagesunterkünfte, Waschräume, Toiletten und sonstige Einrichtungen
5 Persönliche Schutzausrüstungen
• Bewertung und Auswahl • Bereitstellungs- und Benutzungspflicht
6 Arbeitszeitregelungen
• Rechtliche Regelungen (Arbeitszeitgesetz und tarifliche Regelungen zur Arbeitszeit) • Ausnahmemöglichkeiten für Baubetriebe"
1) DIN 4124 „Baugruben und Gräben – Böschungen, Verbau, Arbeitsraumbreiten" (2012) 2) DIN 4123 „Ausschachtungen, Gründungen und Unterfangungen im Bereich bestehender Gebäude" (2013) 3) DIN 4420 „Arbeits- und Schutzgerüste" (2004–2006)

Die Mindestausbildungszeit für die o. g. arbeitsschutzfachlichen Kenntnisse ist mit 32 Lehreinheiten á 45 Minuten veranschlagt, der Lehrgang nach RAB 30, Anlage B (2003), schließt mit einer Prüfung ab, nach deren Bestehen eine Teilnahmebestätigung ausgestellt wird. Auf diese Weise wird sichergestellt, dass ein Koordinator zumindest über Grundkenntnisse im Arbeitsschutz verfügt. Die große Themenvielfalt belegt, dass in der kurzen Lehrgangszeit viele Themen nur angerissen werden können. Insbesondere bei Baumaßnahmen mit besonderen Gefährdungen kann es erforderlich sein, dass sich der Koordinator erweiterte Kenntnisse aneignet.

Praxistipp

Noch sinnvoller ist eine Ausbildung zur Fachkraft für Arbeitssicherheit nach DGUV Vorschrift 2 (2016) (möglichst mit Baubezug), die so aufgebaut ist, dass sowohl fachliche als auch kommunikative Fähigkeiten über einen längeren Zeitraum intensiv aufgebaut werden.

2.4.2.3 Spezielle Koordinatorenkenntnisse

Neben den baufachlichen und arbeitsschutzfachlichen Kenntnissen wird in der RAB 30 (2003) darauf verwiesen, dass zukünftige Koordinatoren spezielle Koordinatorenkenntnisse zu erbringen haben:

„Die Tätigkeit als Koordinator erfordert spezielle Kenntnisse zur BaustellV über

- *Sinn und Zweck der BaustellV sowie ihre Stellung im Arbeitsschutzsystem,*
- *Anwendungsbereich der BaustellV,*
- *Inhaltliche Anforderungen der BaustellV,*
- *Aufgaben und Pflichten des Koordinators, seine rechtliche Stellung im Verhältnis zum Bauherrn und zu den anderen am Bau Beteiligten,*
- *Zweck und Inhalt der Vorankündigung, des Sicherheits- und Gesundheitsschutzplanes und der Unterlage für spätere Arbeiten an der baulichen Anlage,*
- *Instrumente der Koordinierung.*“ (RAB 30, Nr. 4.3 [2003])

In Anlage C werden diese erforderlichen Kenntnisse konkretisiert und – über die fast wortgleiche Einführung aus der RAB 30 (2003) hinaus – weitere Anforderungen genannt, Tabelle 2.5 zeigt eine Zusammenfassung.

Spezielle Koordinatorenkenntnisse können i. d. R. ebenfalls im Rahmen der beruflichen Ausbildung, durch Fort- oder Weiterbildung oder durch entsprechende berufliche Erfahrungen erworben worden sein.

Anlage D zur RAB 30 (2003) beinhaltet „Empfehlungen für Anforderungen an Lehrgangsträger der Fort- und Weiterbildung von Koordinatoren“, die die arbeitsschutzfachlichen Kenntnisse und/oder speziellen Koordinatorenkenntnisse durch Fort- oder Weiterbildung vermitteln. Der Mindestumfang des Lehrgangs nach RAB 30, Anlage B (2003), wird ebenfalls mit 32 Lehreinheiten á 45 Minuten angegeben.

Tabelle 2.5: Spezielle Koordinatorenkenntnisse in Anlehnung an RAB 30, Anlage C (2003)

2 Koordinierung während der Planung der Ausführung
2.1 Aufgaben des Koordinators
2.2 Sicherheits- und Gesundheitsschutzplan
• Zweck und Inhalt des Sicherheits- und Gesundheitsschutzplanes • Ausarbeitung von Sicherheits- und Gesundheitsschutzplänen für verschiedene Bauaufgaben • Umgang mit Sicherheits- und Gesundheitsschutzplan, Bauzeitenplan, Baustelleneinrichtungsplan, • Baustellenordnung, Baustellenver- und -entsorgungsregelungen
2.3 Unterlage für spätere Arbeiten an der baulichen Anlage
• Zweck und Inhalt der Unterlage • Ausarbeitung der Unterlage für spätere Arbeiten für verschiedene bauliche Anlagen
3 Koordinierung während der Ausführung eines Bauvorhabens
3.1 Aufgaben des Koordinators
3.2 Instrumente für die Tätigkeit des Koordinators und deren Nutzung
• Informationssystem des Koordinators zur Unterrichtung der Arbeitgeber und der Beschäftigten auf der Baustelle • Organisation von Sicherheitsbesprechungen und Baustellenbegehungen • Umgang mit den während der Planung der Ausführung erstellten Plänen und Unterlagen • Hinwirken auf das Umsetzen der Inhalte von Protokollen, Plänen und Konzepten während der Ausführung
3.3 Umgang mit Konfliktsituationen
4 Rechtliche Grundlagen
• die rechtliche Stellung des Koordinators im Verhältnis zum Bauherrn und zu den am Bau Beteiligten • Befugnisse des Koordinators • zivilrechtliche Beziehungen des Koordinators zu allen am Bau Beteiligten (Vertragstypen, Vertragsinhalte) • Berücksichtigung der BaustellV in den vom Bauherrn abzuschließenden Verträgen • einschlägige Grundkenntnisse der VOB • Auswirkungen unzureichender vertraglicher Regelungen und Ausschreibungsmängel, • Grenzen vertraglicher Regelungen (§ 305 ff. BGB) • Verantwortung und Haftung des Koordinators • Sicherheitstechnische und arbeitsmedizinische Betreuung in den ausführenden Unternehmen

Hinweis

Die Kenntnisse und Erfahrungen können als vorhanden angesehen werden, wenn sie durch Zeugnisse, Bescheinigungen oder Referenzen nachgewiesen werden.

2.4.2.4 Berufserfahrung

„Der Koordinator soll in Abhängigkeit von Art und Umfang des Bauvorhabens mindestens 2 Jahre Berufserfahrung in Planung und/oder Ausführung je nach Koordinationsaufgabe haben.“ (RAB 30, Nr. 4.4 [2003]).

Einschlägige Berufserfahrung erhöht die Professionalität und die Sicherheit bei der Erfüllung von Aufgaben, bedingt aber auch, dass das Wissen durch regelmäßige Fortbildung auf dem aktuellen Stand gehalten wird. Sowohl der Bereich des Arbeitsschutzes als auch Bauverfahren und Baustellenorganisation unterliegen einer kontinuierlichen Weiterentwicklung.

Die Erfüllung der o. g. Bedingungen ist Voraussetzung dafür, dass ein Koordinator rechtssicher agieren kann. Die Kenntnisse nach RAB 30, Anlagen B und C, (2003) können relativ schnell erworben werden. Jedoch können die Erlangung der baufachlichen Kenntnisse und die fehlende Berufserfahrung Hürden darstellen, die für Personen mit geringer baufachlicher Vorbildung und/oder fehlender Berufserfahrung den Einstieg in die Koordinatorentätigkeit erschweren.

Praxistipp

Für diesen Personenkreis empfiehlt es sich, zunächst im Team mit erfahrenen Koordinatoren zu arbeiten und auf diesem Weg Defizite mittelfristig abzubauen.

2.4.3 Aufgaben des Koordinators

Die Aufgaben eines Koordinators werden zunächst in der BaustellV festgelegt. Diese ist jedoch knapp gefasst und lässt hinsichtlich der Umsetzung erheblichen Interpretationsspielraum. Als Leitlinien zur Konkretisierung können die RAB 30 (2003) und Heft 15 der AHO-Schriftenreihe herangezogen werden. Letzteres ist zwar eher im Hinblick auf die Honorierung entstanden, in der Praxis wird aber das darin enthaltene Leistungsbild häufig für die Ausschreibung von Leistungen gemäß BaustellV herangezogen. Bindend ist schließlich der Vertrag, der im Einzelfall geschlossen wird. Hier gibt es zahlreiche Musterverträge, die häufig von Auftraggebern an deren organisatorische oder projektspezifische Belange so angepasst wurden, dass darin auch Leistungen enthalten sind, die mit der Erfüllung der BaustellV allenfalls peripher zu tun haben.

Vor dem Hintergrund der vielfältigen Auslegungen der Aufgaben des Koordinators werden im Folgenden diejenigen Aspekte dargestellt, die im Sinne einer guten und rechtssicheren Koordination erforderlich sind. Darüber hinaus wird eine Abgrenzung von denjenigen, die möglicherweise als besondere Leistungen sinnvoll sind, aber über die Grundleistungen hinausgehen, vorgenommen.

Die Grundleistungen des Koordinators werden unter den Zwischenüberschriften, die sich auf den Wortlaut der BaustellV beziehen, erläutert. Für eine mögliche Übertragung dieser Leistungen in ein Leistungsverzeichnis

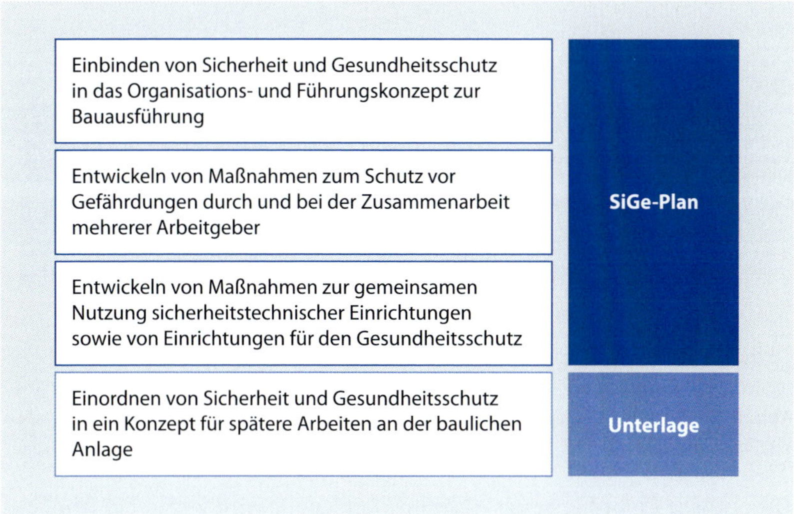

Abb. 2.6: Anforderungen in der Planungsphase

findet sich am Ende der Kapitel 2.4.3.1 und 2.4.3.2 der Aufgabenkatalog, der dazu in der RAB 30 (2003) beschrieben wird.

2.4.3.1 Aufgaben während der Planung der Ausführung

In § 3 Abs. 2 BaustellV sind die Aufgaben des Koordinators folgendermaßen beschrieben:

„Während der Planung der Ausführung des Bauvorhabens hat der Koordinator

1. *die in § 2 Abs. 1 vorgesehenen Maßnahmen zu koordinieren,*
2. *den Sicherheits- und Gesundheitsschutzplan auszuarbeiten oder ausarbeiten zu lassen und*
3. *eine Unterlage mit den erforderlichen, bei möglichen späteren Arbeiten an der baulichen Anlage zu berücksichtigenden Angaben zu Sicherheit und Gesundheitsschutz zusammenzustellen.“*

Die o. g. Ausarbeitung des Sicherheits- und Gesundheitsschutzplanes und die Erstellung der Unterlage für spätere Arbeiten sind Aufgaben, die relativ klar umrissen sind (siehe Abb. 2.6), zumal es in den RAB 31 und 32 (beide [2003])für deren Bearbeitung umfangreiche Hinweise gibt. Etwas schwieriger zu verstehen ist das Koordinieren der in § 2 Abs.1 BaustellV vorgesehenen Maßnahmen zur Berücksichtigung der allgemeinen Grundsätze nach § 4 ArbSchG bei der Einteilung derjenigen Arbeiten, die gleichzeitig oder nacheinander ausgeführt werden sowie bei der Bemessung der Ausführungszeiten. Hier wird vom Koordinator (indirekt) gefordert, dass er bei der Baustelleneinrichtung, der Auswahl der Arbeitsverfahren, bei der Bauzeitenplanung sowie bei der Planung der sicherheitstechnischen Einrichtungen mitwirkt. Das Ergebnis dieses Mitwirkens wird dann für spätere Arbeiten mit einem Sicherheits- und Gesundheitsschutzplan (SiGe-Plan) und in der Unterlage dokumentiert.

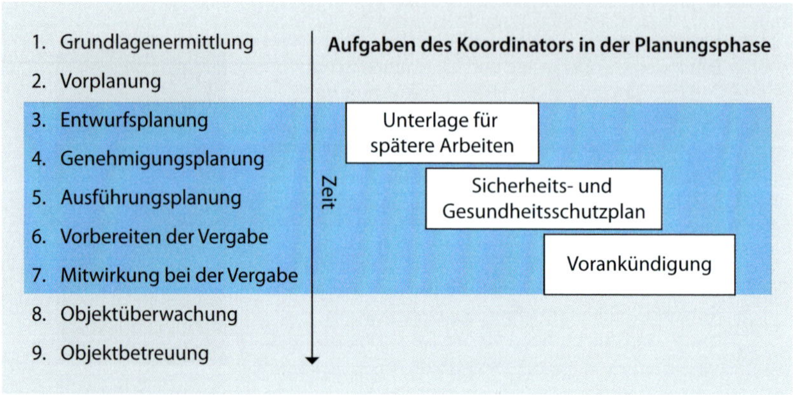

Abb. 2.7: Zeitliche Zuordnung der Aufgaben des Koordinators zu den Leistungsphasen der HOAI

Die zeitliche Einordnung der Ausführungsplanung wird wegen der Ähnlichkeit der Begriffe gelegentlich mit der Ausführungsplanung nach der Honorarordnung für Architekten und Ingenieure (HOAI) gleichgesetzt, dies ist jedoch – zumindest für die Erstellung der Unterlage – zu spät. Die Unterlage für spätere Arbeiten sollte möglichst begleitend zur Entwurfsplanung erstellt werden (siehe Abb. 2.7), um eventuell einzubauende sicherheitstechnische Einrichtungen frühzeitig berücksichtigen zu können. In diesem Zusammenhang sei nochmals darauf hingewiesen, dass die frühzeitige Einbindung des Koordinators in das Planungsteam von großer Bedeutung ist, dessen Fachwissen sollte hinsichtlich des sicheren späteren Betriebs eines Bauwerks in die Entwurfsplanung einfließen.

Zeitlich fällt auch die Vorankündigung nach § 2 Abs. 3 BaustellV in die Planungsphase, zumindest muss sie vor Beginn der Ausführung erfolgen, wenn diese erforderlich ist (siehe Tabelle 2.3).

Auf den Koordinator kommen gemäß BaustellV also folgende Aufgaben zu:

- Ausarbeiten des Sicherheits- und Gesundheitsschutzplanes
- Zusammenstellen der Unterlage
- (Mitwirken bei der) Vorankündigung

Die Erfüllung der Verordnung ist das Mindeste, was der Koordinator leisten muss, insofern sind die o. g. Tätigkeiten als Grundleistungen anzusehen. Im Einzelnen heißt das:

Ausarbeiten des Sicherheits- und Gesundheitsschutzplanes

Ein Sicherheits- und Gesundheitsschutzplan ist immer bei größeren Baustellen und/oder bei gefährlichen Arbeiten gemäß Anlage II BaustellV zu erstellen (siehe Tabelle 2.3). Die RAB 31 (2003) enthält detaillierte Hinweise und eine formale Beschreibung der Vorgehensweise und Vorschläge für die Erstellung eines SiGe-Plans, die im Folgenden zusammengefasst wird (siehe Abb. 2.8). Aufbau und Ausgestaltung des SiGe-Plans bleiben dem Koordinator überlassen. Hinweise für die inhaltliche Gestaltung wurden in einem „Leitfaden für die Ausarbeitung eines Sicherheits- und Gesundheitsplans

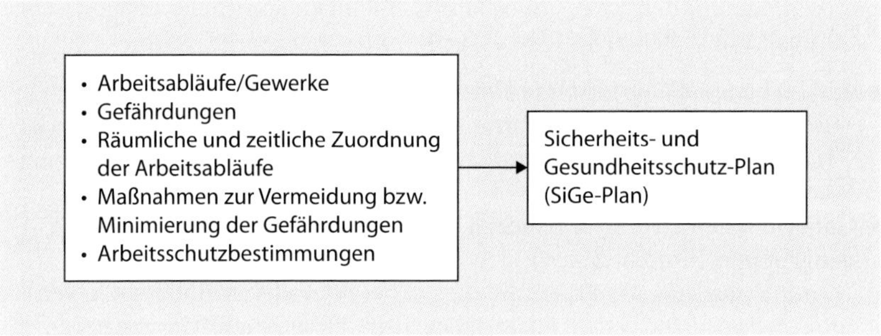

Abb. 2.8: Elemente des SiGe-Plans gemäß RAB 31 (2003)

(SiGe-Plan) nach BaustellV“ (Hellmeister et al., 2012) als Band 4 der Schriftenreihe des VSGK veröffentlicht.

Zunächst analysiert der Koordinator die Planung, um einen Überblick über räumliche und zeitliche Randbedingungen sowie die beteiligten Gewerke zu bekommen. Für jedes Gewerk muss es in Umsetzung des ArbSchG eine Gefährdungsbeurteilung geben. Diese Gefährdungsbeurteilungen sind durch die jeweiligen Arbeitgeber (Auftragnehmer) zu erstellen und müssen auch den Randbedingungen der Baustelle Rechnung tragen. Dabei ist auch die Forderung aus § 3 Abs. 1 BaustellV zu beachten, nach der bei der Planung der Ausführung eines Bauvorhabens – insbesondere bei der Einteilung der Arbeiten, die gleichzeitig oder nacheinander durchgeführt werden sowie bei der Bemessung der Ausführungszeiten für diese Arbeiten – die allgemeinen Grundsätze nach § 4 ArbSchG zu berücksichtigen sind.

Vor der Vergabe der Ausführung stehen die Auftragnehmer/Arbeitgeber noch nicht fest, insofern legen Planer und Koordinatoren die zu beachtenden Arbeitsverfahren fest, für die eine grobe Ermittlung der Gefährdungsfaktoren erfolgen kann. Hieraus entsteht zunächst eine erste Fassung des SiGe-Plans. Mit der Vorbereitung der Vergabe kann dann die projektbezogene Gefährdungsbeurteilung des Unternehmers als weitere Informationsquelle herangezogen werden. Diese dient dem Koordinator als konkretisierende Information, ebenso, wie später umgekehrt der SiGe-Plan dem Unternehmer bei der Berücksichtigung der koordinationsrelevanten Informationen dienen soll. Dabei ist der Koordinator keinesfalls zur inhaltlichen Prüfung oder gar Freigabe von Gefährdungsbeurteilungen verpflichtet. Angaben daraus fließen lediglich als Informationen in die SiGe-Planung ein, ein Feedback des Koordinators an den Unternehmer belässt es in dessen Verantwortung, was er daraus ableitet. Aus den vorliegenden Informationen ermittelt der Koordinator dann die koordinationsrelevanten Tätigkeiten und das mögliche Gefährdungspotenzial, bewertet dieses und leitet – unter Berücksichtigung der Arbeitsschutzbestimmungen – Maßnahmen zur Vermeidung bzw. Minimierung der gegenseitigen Gefährdungen ab. Er dokumentiert das Ergebnis im fortgeschriebenen SiGe-Plan. Damit kann der Unternehmer seine die Gefährdungsbeurteilung um die potenziellen Gefährdungen, die sowohl aus Wechselwirkungen von Aktivitäten der Einzelgewerke als auch aus Wechselwirkungen zwischen Einzelgewerken und Baustellenumfeld entstehen können, ergänzen.

Für die weitere inhaltliche Ausgestaltung sollten entsprechend dem aktuellen Kenntnisstand in den SiGe-Plan aufgenommen werden:

- vorgesehene bzw. beauftragte Unternehmer (Regelung Zuständigkeiten)
  - **während der Planung:** Nennung der Ausschreibungseinheit (Gewerk)
  - **nach Beauftragung:** namentliche Benennung, Regelung der Zuständigkeiten
- Gefährdungen Dritter (z. B. durch die Baumaßnahme betroffene Personengruppen/Einrichtungen)
- Termine (festlegen und dokumentieren bei besonderen Abhängigkeiten)
- Informations- und Arbeitsmaterialien zum Arbeits- und Gesundheitsschutz (z. B. Bausteine BG Bau)
- Verweis auf mitgeltende Unterlagen (z. B. Leistungsverzeichnisse, Ausführungspläne, Baustellenordnung, Notfallplan, Betriebsanweisungen, Montageanweisungen), Ausschreibungstexte

Die zeitliche Zuordnung der Maßnahmen ist erfahrungsgemäß schwer handhabbar, weil Bauzeitenpläne in der Planungsphase kaum fertiggestellt und später auch häufig geändert werden. Eine Aufnahme der Termine aus dem Bauzeitenplan in den SiGe-Plan würde bedeuten, dass der SiGe-Plan mit jeder Terminänderung seine Aktualität verliert. In der Praxis hat es sich bewährt, den Bauzeitenplan als mitgeltendes Dokument zum SiGe-Plan zu führen und bei Terminänderungen zunächst zu prüfen, ob diese hinsichtlich des SiGe-Plans als Instrument der Koordination relevant sind. Erst dann, wenn Änderungen der Bedingungen zu neuen oder anderen Gefährdungen führen, ist eine Anpassung des SiGe-Plans erforderlich.

Mit dem Planungsfortschritt sowie durch Aktualisierung der Auftragnehmerangaben wird der Sicherheits- und Gesundheitsschutz-Plan aktualisiert.

Hinweis

> Der Koordinator wirkt darauf hin, dass die Ergebnisse der SiGe-Planung in die Ausschreibungen sowie in die Vergabe- und Bauvertragsunterlagen einfließen.

Zusammenstellen der Unterlage

Gemäß § 3 Abs. 2 Nr. 3 BaustellV hat der Koordinator während der Planung der Ausführung des Bauvorhabens eine „*Unterlage mit den erforderlichen, bei möglichen späteren Arbeiten an der baulichen Anlage zu berücksichtigenden Angaben zu Sicherheit und Gesundheitsschutz*“ (im Folgenden Unterlage genannt) zusammenzustellen. Hinweise für die Erstellung der Unterlage gibt die RAB 32 (2003), dort heißt es in Nr. 1 einleitend

„Mit der Unterlage schafft der Bauherr/Koordinator eine Voraussetzung für die sicherheits- und gesundheitsgerechte Gestaltung der späteren Arbeiten und damit auch für eine langfristig wirtschaftliche Nutzung und Instandhaltung der baulichen Anlage.“

In Nr. 3 der RAB 32 (2003) werden die zu erwartenden Wartungs-, Inspektions- und Instandsetzungstätigkeiten, die ab Beginn der Nutzungsphase eines Bauwerks anfallen, beschrieben. Sie werden in der Planungsphase zu einer Arbeitshilfe für die sichere Durchführung dieser Arbeiten – ggf. unter Beachtung der Systematik der DIN 31051 „Grundlagen der Instandhaltung" (2019), der DIN 4426 „Einrichtungen zur Instandhaltung baulicher Anlagen – Sicherheitstechnische Anforderungen an Arbeitsplätze und Verkehrswege – Planung und Ausführung" (2017) sowie der ZTV BEA-StB „Zusätzliche Technische Vertragsbedingungen und Richtlinien für die Bauliche Erhaltung von Verkehrsflächenbefestigungen – Asphaltbauweisen" (2009) zusammengestellt.

Zusammenstellen bedeutet hier, dass der Koordinator nicht selbst plant, sondern Informationen anderer, an der Planung Beteiligten, so zusammenstellt, dass sie für die Ausführung der späteren Arbeiten gezielt abgerufen werden können. Die Unterlage muss gemäß RAB 32 Nr. 4.2.1 (2003) mindestens Angaben enthalten zu:

- Teil der baulichen Anlage,
- Art der Arbeit,
- potenziellen Gefahren,
- Informationen zu Sicherheit und Gesundheitsschutz.

Um die weitere Planung oder spätere Ausführung der Arbeiten zu erleichtern, kann die Unterlage kann nach RAB 32, Nr. 4.2.2 (2003), zusätzlich weitere Angaben enthalten, wie z. B.

- Häufigkeit der wiederkehrenden Arbeiten,
- Hinweise auf Pläne, denen Ausführung und Lage der sicherheitstechnischen Einrichtungen entnommen werden können,
- Hinweise und Bemerkungen zum Aufbewahrungsort sicherheitstechnischer Einrichtungen, zu Zugängen und Anfahrtsmöglichkeiten, zur Standsicherheit der zu verwendenden sicherheitstechnischen Einrichtungen oder zur Betriebssicherheit der baulichen Anlage während Inspektionen und Wartungsarbeiten.

Erläuternd heißt es zu den Mindestangaben weiter:

„Teile der baulichen Anlage können im Hochbau zum Beispiel Dach, Fassade, Aufzug oder Außenanlage, im Brückenbau zum Beispiel Überbau, Unterbauten, Ausstattung und Leitungen sein. Die vorhersehbaren, insbesondere regelmäßig wiederkehrenden Arbeiten mit den damit verbundenen Gefahren sind in der Unterlage aufzuführen. Gefahren können z. B. durch Absturz entstehen. Arbeiten mit gleichartigen Gefahren und identischen Schutzmaßnahmen können zusammengefasst werden. Bei den Angaben zu Sicherheit und Gesundheitsschutz sind neben sicherheitstechnischen Einrichtungen gegebenenfalls auch organisatorische Maßnahmen und Maßnahmen zum Gesundheitsschutz zu nennen. Diese Maßnahmen und Einrichtungen müssen plausibel und realisierbar sein." (RAB 32, Nr. 4.2.1 [2003])

Für die Tätigkeit des Koordinators bedeutet dies, dass er Gefahren erkennen und geeignete (Schutz-)Maßnahmen vorschlagen muss, die dann in die weitere Planung einfließen. Dabei gehören Ausführungsplanung sowie Ausschreibung, Vergabe und Ausführungsbegleitung der ausgewählten Maßnahmen nicht zu den Aufgaben des Koordinators, wenngleich er hier beratend mitwirken kann.

Hinsichtlich der Form der Unterlage gibt es keine Vorgaben. Im Einzelfall muss entschieden werden, welche Form der Informationsbereitstellung im Sinne der Verfügbarkeit für die sichere Ausführung der späteren Arbeiten am besten geeignet ist. Die Kopplung der Informationen an Programme des Facility Managements kann hierfür ebenso eine Möglichkeit sein, wie die Hinterlegung von Daten und bauteilbezogenen Hinweisen im Rahmen des Building Information Modeling (BIM) (siehe Kapitel 2.5).

Mit der Unterlage kann also ein langfristiger Nutzen aus der Leistung des Koordinators beginnend in der Planungsphase gezogen werden.

Voraussetzung dafür ist aber, dass der Koordinator frühzeitig beauftragt, in das Planungsteam eingebunden und mit den erforderlichen Informationen versorgt wird. In der Praxis wird die Bedeutung der Unterlage häufig verkannt und gelegentlich sogar (fahrlässig) aus dem Pflichtenheft des Koordinators gestrichen. Die Bereitstellung eines angemessenen Budgets für die Erstellung der Unterlage ist – nicht zuletzt aus wirtschaftlichen Gründen – eine gute Investition in die Zukunft.

Vorankündigung

Jedes größere Bauvorhaben ist gemäß § 3 Abs. 2 BaustellV der zuständigen Arbeitsschutzbehörde mindestens 14 Tage vor Beginn unter Berücksichtigung der Angaben aus Anhang I zur BaustellV anzukündigen. Ein Muster-Formblatt der BAuA für die Vorankündigung steht zum Download zur Verfügung (siehe Kapitel 6.5.3).

Die Erstellung der Vorankündigung ist im Regelfall Aufgabe des Bauherrn oder des gemäß § 4 BaustellV beauftragten Dritten. Als Dienstleister kann auch der Koordinator dies vorbereiten, das Dokument sollte aber vom Veranlasser der Baumaßnahme – also vom Bauherrn oder dem von ihm beauftragten Dritten – unterschrieben und an die zuständige Behörde gesendet werden (Adressen der staatlichen Arbeitsschutzbehörden siehe Kapitel 6.5.3).

Aufgabenkatalog während der Planung der Ausführung

In Nr. 3.1 der RAB 30 (2003) werden die folgenden Aufgaben aus § 3 Abs. 2 der BaustellV abgeleitet:

„– *Koordinierung der Maßnahmen aus den allgemeinen Grundsätzen nach § 4 Arbeitsschutzgesetz bei der Planung der Ausführung.*
– *Feststellen sicherheits- und gesundheitsschutzrelevanter Wechselwirkungen zwischen den Arbeiten der einzelnen Gewerke auf der Baustelle und anderen betrieblichen Tätigkeiten oder Einflüssen auf oder in der Nähe der Baustelle.*
– *Aufzeigen von Möglichkeiten zur Vermeidung von Sicherheits- und Gesundheitsrisiken.*

– *Sicherheits- und Gesundheitsschutzplan ausarbeiten oder ausarbeiten lassen und an den Planungsprozess anpassen, soweit dies erforderlich ist.*
– *Beraten bei der Planung der Baustelleneinrichtung.*
– *Gegebenenfalls Erstellen einer Baustellenordnung.*
– *Beraten bei der Planung bleibender sicherheitstechnischer Einrichtungen für mögliche spätere Arbeiten an der baulichen Anlage und Zusammenstellen der Unterlage mit den erforderlichen Angaben für die sichere und gesundheitsgerechte Durchführung dieser Arbeiten.*
– *Hinwirken auf das Berücksichtigen von Leistungen zu Sicherheit und Gesundheitsschutz in Ausschreibungen, Vergabe- und Bauvertragsunterlagen; gegebenenfalls Mitwirken bei der Prüfung der Angebote und der Vergabe.*
– *Beraten bei der Terminplanung, insbesondere bei der Abstimmung von Bauausführungszeiten, um Gefahren, die durch ein zeitliches Nebeneinander hervorgerufen werden können, zu vermeiden.*
– *Gegebenenfalls Mitwirken beim Erstellen der Vorankündigung und deren Übermittlung an die nach Landesrecht zuständige Behörde."*

Obwohl es bei einigen Begriffen durchaus Interpretationsspielräume gibt, entspricht der o. g. Aufgabenkatalog weitgehend einer praxisgerechten Umsetzung der BaustellV und hat Eingang in verschiedene Vertragsmuster für die Bestellung von Koordinatoren gefunden. Die Leistungen, die mit „Gegebenenfalls" beginnen, sind dabei als besondere Leistungen anzusehen, die über die Grundanforderung der BaustellV hinausgehen, aber im Sinne einer effizienten Koordination sinnvoll sein können. Weitere Aufgaben, die in der Planungsphase als besondere (zusätzlich zu vergütende) Leistungen angesiedelt werden können, sind in Heft 15 der AHO-Fachkommission (S. 4 f.) gelistet:

„– *Analyse mehrerer Vor- und Entwurfsplanungen*
– *Kostenanalysen zu Lösungsmöglichkeiten*
– *Ausschreiben von Sicherheitseinrichtungen*
– *Angebotsüberprüfungen in sicherheitstechnischer Hinsicht (Funktionalausschreibung, Alternativangebote, Sondervorschläge)*
– *Erstellen des Baustelleneinrichtungsplans*
– *Erstellen des Flucht- und Rettungswegekonzepts beim Bauen im Bestand*
– *Erstellen von Verkehrslenkungsplänen*
– *Einholen von straßenverkehrsrechtlichen Anordnungen*
– *Konzeptentwicklung und Organisation für Security*
– *Erstellung von Gefährdungsbeurteilungen*".

Sollten mehrere Koordinatoren beauftragt sein, kommt als weitere Leistung die gegenseitige Abstimmung der Koordinatoren hinzu. Diese ist insbesondere dann notwendig, wenn benachbarte Bauvorhaben von verschiedenen Koordinatoren betreut werden oder nach der Planung ein personeller Wechsel bei der Koordination vollzogen wird.

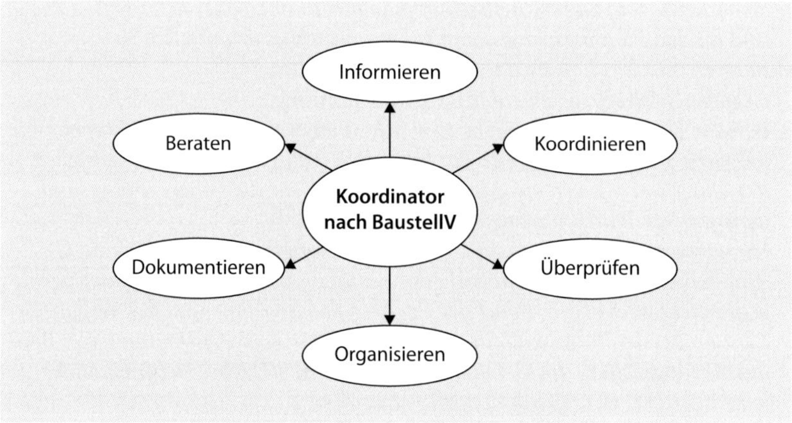

Abb. 2.9: Tätigkeiten des Koordinators in der Ausführungsphase

2.4.3.2 Aufgaben während der Ausführung des Bauvorhabens

In § 3 Abs. 3 legt die BaustellV die Koordinierungsleistungen wie folgt fest (siehe Abb. 2.9):

„*Während der Ausführung des Bauvorhabens hat der Koordinator*

1. *die Anwendung der allgemeinen Grundsätze nach § 4 des Arbeitsschutzgesetzes zu koordinieren,*
2. *darauf zu achten, dass die Arbeitgeber und die Unternehmer ohne Beschäftigte ihre Pflichten nach dieser Verordnung erfüllen,*
3. *den Sicherheits- und Gesundheitsschutzplan bei erheblichen Änderungen in der Ausführung des Bauvorhabens anzupassen oder anpassen zu lassen,*
4. *die Zusammenarbeit der Arbeitgeber zu organisieren und*
5. *die Überwachung der ordnungsgemäßen Anwendung der Arbeitsverfahren durch die Arbeitgeber zu koordinieren.*“

Hinweis

In der Ausführungsphase werden die Vorarbeiten aus der Planungsphase umgesetzt, also das, was vorher in der Theorie untersucht, vorabgestimmt und im Sicherheits- und Gesundheitsschutzplan dokumentiert wurde.

Das Anforderungsprofil des Koordinators in der Ausführungsphase ist breit gefächert.

Als Instrumente für die Koordination in der Ausführung können zum Einsatz kommen:

- SiGe-Plan
- Koordinationsgespräch
- Einweisung
- Baustellenordnung
- Checklisten
- Protokolle inkl. Fotodokumentation
- Unternehmererklärungen zum Arbeitsschutz
- Teilnehmerlisten (für Besprechungen, Einweisungen)

1. Die Arbeit ist so zu gestalten, dass eine Gefährdung für das Leben und Gesundheit möglichst vermieden und die verbleibende Gefährdung möglichst gering gehalten wird.
2. Gefahren sind an ihrer Quelle zu bekämpfen.
3. Bei den Maßnahmen sind der Stand von Technik, Arbeitsmedizin und Hygiene sowie sonstige gesicherte arbeitswissenschaftliche Erkenntnisse zu berücksichtigen.
4. Maßnahmen sind mit dem Ziel zu planen, Technik, Arbeitsorganisation, sonstige Arbeitsbedingungen und Einfluss der Umwelt auf den Arbeitsplatz sachgerecht zu verknüpfen.
5. Individuelle Schutzmaßnahmen sind nachrangig zu anderen Maßnahmen.
6. Spezielle Gefahren für besonders schutzbedürftige Beschäftigtengruppen sind zu berücksichtigen.
7. Den Beschäftigten sind geeignete Anweisungen zu erteilen.
8. Mittelbar oder unmittelbar geschlechtsspezifisch wirkende Regelungen sind nur zulässig, wenn dies aus biologischen Gründen zwingend geboten ist.

Abb. 2.10: Allgemeine Grundsätze nach § 4 ArbSchG

Koordinieren der Anwendung der allgemeinen Grundsätze nach § 4 des Arbeitsschutzgesetzes

Die Anwendung der allgemeinen Grundsätze des § 4 ArbSchG hat der Koordinator bei der Planung sowie bei der Ausführung zu beachten bzw. zu koordinieren (siehe Abb. 2.10). Da sich das Arbeitsschutzgesetz an die Arbeitgeber richtet und damit die hier enthaltenen Regelungen für die meisten am Bau beteiligten ohnehin verbindlich sind, geht es für den Koordinator an dieser Stelle darum, die Unternehmer ohne Beschäftigte einzubinden und kollektive Maßnahmen, die zur Realisierung der allgemeinen Grundsätze nach § 4 ArbSchG zu ergreifen sind, mit den beteiligten Unternehmen abzustimmen (vgl. hierzu auch RAB 33 [2004]).

Darauf achten, dass die Arbeitgeber und die Unternehmer ohne Beschäftigte ihre Pflichten nach BaustellV erfüllen

Die Regelungen der BaustellV entbinden die Arbeitgeber/Unternehmer nicht von ihren Aufgaben im Arbeitsschutz, sondern verlangen zusätzlich, bei der Umsetzung der BaustellV mitzuwirken. In § 5 BaustellV werden einige Pflichten wiederholt, die auch in anderen Vorschriften (Angaben in Klammern) bereits geregelt sind und auf deren Einhaltung der Koordinator achten soll. Dazu gehören

- Instandhaltung der Arbeitsmittel (siehe auch BetrSichV),
- Vorkehrungen zur Lagerung und Entsorgung der Arbeitsstoffe und Abfälle, insbesondere der Gefahrstoffe (siehe auch GefStoffV),
- Anpassung der Ausführungszeiten für die Arbeiten unter Berücksichtigung der Gegebenheiten auf der Baustelle,
- Zusammenarbeit zwischen Arbeitgebern und Unternehmern ohne Beschäftigte (siehe auch ArbSchG und DGUV Vorschrift 1 [2013]),

- Maßnahmen hinsichtlich Wechselwirkungen, die sich aus dem Zusammentreffen von Arbeiten auf der Baustelle und anderen betrieblichen Tätigkeiten auf dem Gelände oder in dessen Nähe ergeben,
- Berücksichtigung von Hinweisen des Koordinators und des Sicherheits- und Gesundheitsschutzplans,
- Informieren (Unterweisen) der Beschäftigten über die sie betreffenden Schutzmaßnahmen in verständlicher Form und Sprache (siehe auch ArbSchG, DGUV Vorschrift 1 [2013]).

In § 6 BaustellV wird klargestellt, dass die o. g. Pflichten auch auf Unternehmer ohne Beschäftigte und Arbeitgeber, die selbst tätig werden, zutreffen.

Der Koordinator wirkt somit darauf hin, dass die in der Sicherheits- und Gesundheitsschutzplanung dokumentierten Maßnahmen umgesetzt werden. Des Weiteren muss er bei seinen Baustellenbegehungen darauf achten, dass die beteiligten Unternehmen ihren aus der Baustellenverordnung resultierenden Verpflichtungen nachkommen. Hierbei kann er aber i. d. R. nur stichprobenhafte Überprüfungen durchführen. Die Wirksamkeit der Kontrollen hängt auch von der Häufigkeit ab, mit der der Koordinator Begehungen der Baustelle durchführt.

Anpassen des Sicherheits- und Gesundheitsschutzplanes

Gemäß BaustellV muss der SiGe-Plan bei erheblichen Änderungen angepasst werden. Dies ist dann der Fall, wenn erhebliche Planungs-, Leistungs-, Bauzeit- oder Bauablauf-Änderungen auftreten. Diese Anpassungen können einen erheblichen Mehraufwand bewirken, der mit der Neuerstellung des SiGe-Plans vergleichbar ist. Aus diesem Grund sollte auch vertraglich unbedingt zwischen Anpassung und Fortschreibung unterschieden werden.

> **Praxistipp**
>
> Bei der Fortschreibung des SiGe-Plans werden nachträglich bekannt gewordene Ausführungsdetails, Zuständigkeiten und koordinationsrelevante Abstimmungsergebnisse eingepflegt. Diese Fortschreibung kann auch im Rahmen des Berichtswesens erfolgen.

Organisieren der Zusammenarbeit der Arbeitgeber

Der Koordinator hat Kenntnisse über Abläufe, Gefährdungen und die vereinbarten Schutzmaßnahmen. Auf deren Grundlage soll er darauf hinwirken, dass die Tätigkeiten der ausführenden Firmen, die sich zeitlich, räumlich oder durch Emissionen beeinflussen, so organisiert werden, dass gegenseitige Gefährdungen ausgeschlossen werden oder das Restrisiko minimiert wird. Insbesondere dann, wenn während des Bauablaufs kurzfristig vom SiGe-Plan abgewichen werden muss, sollte der Koordinator eingebunden werden, um die Zusammenarbeit zu organisieren.

Hinweis

Der Koordinator wirkt bei örtlichen und/oder zeitlichen Überschneidungen des Einsatzes von Unternehmen auf der Baustelle u. a. darauf hin, dass

- die Arbeitsschutzmaßnahmen der einzelnen Unternehmen aufeinander abgestimmt sind,
- für gemeinsam genutzte (Sicherheits-) Einrichtungen der ordnungsgemäße Zustand nachgewiesen wird,
- Gefahrenstellen abgesichert oder mindestens gekennzeichnet sind,
- Wechselwirkungen zu betrieblichen Tätigkeiten auf dem Gelände berücksichtigt werden und
- der Sicherheits- und Gesundheitsschutzplan beachtet wird.

Koordinieren der Überwachung der ordnungsgemäßen Anwendung der Arbeitsverfahren durch die Arbeitgeber

Von einer ordnungsgemäßen Anwendung der Arbeitsverfahren durch die Arbeitgeber kann ausgegangen werden, wenn die Grundsätze des Arbeitsschutzes eingehalten werden, d. h. Gefährdungsbeurteilungen durchgeführt, geeignete Arbeitsmittel und unterwiesenes Personal eingesetzt und die weiteren Anforderungen nach § 5 BaustellV umgesetzt sind. Die Überwachung dieser Arbeitsverfahren obliegt in erster Linie den Arbeitgebern/Unternehmen oder den von ihnen beauftragten Fachkundigen. Wenn nun der Koordinator die ausführenden Firmen im Hinblick auf die Überwachung der ordnungsgemäßen Anwendung der Arbeitsverfahren koordinieren soll, kann er nur soweit tätig werden, wie er über die erforderliche Sachkunde verfügt. Fehlt ihm die Sachkunde, kann er dieser Verpflichtung ggf. auch durch das Einfordern von Prüfnachweisen oder Stellungnahmen von Sachverständigen nachkommen. Es besteht in keinem Fall eine alleinige Überprüfungspflicht des Koordinators.

Die beiden letzten der zuvor genannten Aufgaben erfüllt der Koordinator zumeist durch regelmäßige Baustellenbesuche. Weder die BaustellV noch andere Regelwerke legen fest, in welchem Umfang und in welcher Regelmäßigkeit er Baustellenbesuche durchführen soll. Es obliegt deshalb dem Koordinator, mit dem Bauherrn abzustimmen, in welcher Intensität die Baustellen betreut werden. Generell anwendbare Erfahrungswerte liegen nicht vor, der angemessene Einsatz hängt von vielen Faktoren ab und die Ernsthaftigkeit, mit der die BaustellV umgesetzt wurde und wird, ist sehr unterschiedlich.

Fazit

In jedem Fall muss der Koordinator in der Lage sein, die oben beschriebenen Grundleistungen so zu erbringen, dass er die Organisation der Zusammenarbeit und die Koordinierung der Überwachung aller auf der Baustelle tätigen Unternehmen sicherstellen kann.

Aufgabenkatalog während der Ausführung nach RAB 30 (2003)

In Nr. 3.2 der RAB 30 (2003) werden die folgenden Aufgaben aus der § 3 Abs. 3 der BaustellV abgeleitet:

„- *Gegebenenfalls Aushängen und Anpassen der Vorankündigung.*
- *Bekannt machen, Anpassen und Fortschreiben des Sicherheits- und Gesundheitsschutzplanes sowie Hinwirken auf seine Einhaltung und auf die Umsetzung der erforderlichen Arbeitsschutzmaßnahmen durch die beteiligten Unternehmen.*
- *Information und eingehende Erläuterung der Maßnahmen für Sicherheit und Gesundheitsschutz gegenüber allen Auftragnehmern (einschließlich der Nachunternehmer und der Unternehmer ohne Beschäftigte).*
- *Organisieren des Zusammenwirkens der bauausführenden Unternehmen hinsichtlich Sicherheit und Gesundheitsschutz zum Beispiel durch Sicherheitsbesprechungen und -begehungen mit Dokumentation und Auswerten der Ergebnisse.*
- *Koordinieren der Überwachung der ordnungsgemäßen Anwendung der Arbeitsverfahren durch die Arbeitgeber zum Beispiel durch Einfordern von Nachweisen.*
- *Hinwirken auf die Einhaltung einer Baustellenordnung und eines Baustelleneinrichtungsplanes (soweit diese vorhanden sind) hinsichtlich der Vermeidung gegenseitiger Gefährdungen.*
- *Berücksichtigung sicherheits- und gesundheitsschutzrelevanter Wechselwirkungen zwischen Arbeiten auf der Baustelle und anderen betrieblichen Tätigkeiten oder Einflüssen auf oder in der Nähe der Baustelle.*
- *Koordinieren der Anwendung der allgemeinen Grundsätze nach § 4 Arbeitsschutzgesetz.“*

Die o. g. Texte finden sich häufig so oder in abgewandelter Form in Ausschreibungen und Verträgen über Koordinationsleistungen wieder.

2.4.4 Weisungsbefugnis

Die Aufgaben des Koordinators, die sich aus der BaustellV ergeben werden in Kapitel 2.4.3 beschrieben. In der RAB 30 (2003) heißt es einleitend *„Der Koordinator hat im Rahmen seiner in § 3 BaustellV genannten Aufgaben den Bauherrn und die sonstigen am Bau Beteiligten bei ihrer Zusammenarbeit hinsichtlich der Einbindung von Sicherheit und [...] zu unterstützen. Er hat mit seiner Tätigkeit dazu beizutragen, das Bauvorhaben, den Bauablauf und die späteren Arbeiten an der baulichen Anlage zu jeder Zeit sicher zu gestalten.“* (RAB 30, Nr. 1 [2003])

Wie diese Aufgaben wirksam umgesetzt werden, bleibt dabei zunächst offen. Die in der RAB gewählten Begriffe „unterstützen“ und „dazu beitragen, dass“ deuten darauf hin, dass der Koordinator eher eine beratende Funktion und nicht die Umsetzungsverantwortung innehat. Der Begriff **Weisungsbefugnis** wird weder in der BaustellV noch in der RAB genannt. Offenbar besteht in der Praxis aber der Bedarf, die vorhandenen Regelungen gelegentlich um eine Weisungsbefugnis zu erweitern. Es ist daher zu klären, welches Ziel eine Weisungsbefugnis hat, welche Auswirkungen sie hat und welche Voraussetzungen zur ihrer Umsetzung erforderlich sind.

„Ist der Bauherr in eigener Person Koordinator, stellt sich die Frage der Weisungsbefugnis nicht, denn er hat als Auftraggeber eine Sonderstellung. Ist der Bauleiter nach Bauordnung Koordinator, so kann er auf dieser Rechtsgrundlage in seiner Überwachungsfunktion Weisungen erteilen.“ (Voigt, 2017)

Hinweis

> Grundsätzlich steht bei **Gefahr im Verzug** dem Koordinator wie auch jedem anderen Sachkundigen ein Weisungsrecht zur Abwendung der Gefahr zu.

2.4.4.1 Ziele der Weisungsbefugnis

Jeder Bauherr wird sich hüten, eine Baumaßnahme ohne Planung und ohne Genehmigung zu realisieren. Die Tatsache, dass die Tätigkeit des Koordinators bislang keinen Eingang in das Bauordnungs- und Bauplanungsrecht gefunden hat, führt häufig dazu, dass die BaustellV nicht mit derselben Ernsthaftigkeit umgesetzt wird, wie z. B. die Bauordnung oder Brandschutzbestimmungen. Demzufolge ist die Funktion des Koordinators als fachlich Beteiligter nicht ausreichend anerkannt. Insbesondere Bauherren mit einem ausgeprägten Bewusstsein für Arbeitsschutz und Baustellensicherheit ist daran gelegen, die Position des Koordinators zu stärken, indem sie ihn in das Projektteam einbinden und mit Kompetenzen ausstatten, die einen sicheren Bauablauf nachhaltig fördern. Dabei erhält der Koordinator die Befugnis, im Auftrag des Bauherrn auch kurzfristig und ohne Rücksprache Maßnahmen zu veranlassen, die er im Sinne einer wirksamen Koordination für erforderlich hält. Auch wenn eine vollkommene Pflichtenübertragung vom Bauherrn auf den Koordinator nicht möglich ist, so kann doch auf diese Weise ein erheblicher Teil der Verantwortung auf den Koordinator übergehen.

Hinweis

> Mögliche Ziele einer weitergehenden Weisungsbefugnis können also sein:
>
> - Stärkung der Position des Koordinators durch zusätzliche Befugnisse
> - Kürzere Entscheidungswege bei der Realisierung von Schutzmaßnahmen
> - Übertragung von Verantwortlichkeiten des Bauherrn auf den Koordinator

2.4.4.2 Auswirkungen der Weisungsbefugnis

Eine Übertragung zusätzlicher Befugnisse auf den Koordinator bedeutet beispielsweise, dass er ohne weitere Abstimmung Sicherheitseinrichtungen auf Kosten des Bauherrn anordnen kann. Wenn Sicherheitsmängel auf der Baustelle auftreten oder gegen den SiGe-Plan oder die Baustellenverordnung verstoßen wird, ist der weisungsbefugte Koordinator berechtigt, die Auftragnehmer bzw. deren Mitarbeiter auf der Baustelle anzuweisen, Maßnahmen zur Mängelbeseitigung durchzuführen. Das heißt, dass der Koordinator in die Arbeitsschutzorganisation der eingesetzten Auftragnehmer eingreifen kann, indem er Maßnahmen veranlasst, für die üblicherweise der Unternehmer zuständig ist. Dies kann so weit gehen, dass Arbeiten untersagt oder Personen der Baustelle verwiesen werden. Die Kompetenz des Koordinators ist an dieser Stelle mit jener des Bauleiters nach der Landesbauordnung vergleichbar. Dies wiederum bedeutet, dass seine ständige Anwesenheit auf der Baustelle erforderlich ist, wenn koordinationsrelevante Tätigkeiten ausgeführt werden. Darüber hinaus muss eine enge Abstimmung mit der (ebenfalls weisungsbefugten) Bauleitung erfolgen.

Zusammenfassend hat die Übertragung der Weisungsbefugnis an den Koordinator folgende Auswirkungen:

- konsequente und zeitnahe Verfolgung der Mängelbeseitigung
- Recht des Koordinators, in die Arbeitsschutzorganisation der Unternehmer einzugreifen
- Sanktionsmöglichkeiten
- hohe Baustellenpräsenz des Koordinators
- Überschneidung mit Bauleitungsaufgaben

2.4.4.3 Voraussetzungen für die Übernahme der Weisungsbefugnis

Die Ausstattung des Koordinators mit Weisungsbefugnis führt mit großer Wahrscheinlichkeit dazu, dass die Koordination effizient durchgeführt und ein hohes Arbeitsschutzniveau auf der Baustelle realisiert werden kann. Damit ist aber untrennbar verbunden, dass der Koordinator die Bauausführung intensiv begleitet. Mit Koordinationsaufträgen, die wöchentliche oder noch seltenere Baustellentermine vorsehen, ist eine Koordination mit Weisungsbefugnis nicht leistbar.

Der so erweiterte Koordinationsauftrag geht verantwortungsmäßig auch über die Forderungen der BaustellV an den Koordinator hinaus. Insofern sollte der Koordinator vor der Übernahme der Weisungsbefugnis prüfen, ob diese weiterreichende Leistung auch von seiner Berufs-/Betriebshaftpflichtversicherung abgedeckt ist. Dies gilt auch für andere **Besondere Leistungen**, die fachlich über die Forderungen der RAB 30 (2003) hinausgehen.

Eine vertragliche Vereinbarung ist in jedem Fall erforderlich, wenn Weisungsbefugnis auf den Koordinator übertragen werden soll. Um wirksam agieren zu können, benötigt der Koordinator ein Budget bzw. eine Befugnis, um auf Kosten des Bauherrn Maßnahmen umsetzen zu können, die er angewiesen hat. Ist dieses Budget nicht oder nicht ausreichend verfügbar, kann Weisungsbefugnis nur eingeschränkt übernommen und wahrgenommen werden. Derartige Einschränkungen sind dann ebenfalls im Vertrag – zusammen mit einer Benennung der weiteren Verantwortlichkeit – festzulegen.

Praxistipp

Vor der Übernahme von Weisungsbefugnis ist seitens des Koordinators zu prüfen, ob folgende Voraussetzungen erfüllt sind:

- Der erweiterte Auftrag ermöglicht den größeren zeitlichen Einsatz auf der Baustelle/im Rahmen seiner Tätigkeit.
- Die Versicherung deckt die erweiterte Leistung im Haftungsfall.
- Die Weisungsbefugnis ist vertraglich geregelt einschließlich etwaiger Einzelbefugnisse.
- Die Aufgaben des Koordinators sind von den Bauleitungsaufgaben abgegrenzt.
- Die Kostenübernahme durch den Bauherrn für Maßnahmen, die der Koordinator veranlasst ist geregelt.

Wenn die o. g. Voraussetzungen nicht alle erfüllt sind, ist von einer Übernahme der Weisungsbefugnis abzuraten (siehe hierzu auch Kapitel 5.1.2).

Nach Auffassung des Autors ist eine Weisungsbefugnis in den meisten Fällen ohnehin entbehrlich, weil

- der Koordinator im Gefahrfall auch ohne vertragliche Verpflichtungen Weisungen erteilen muss,
- die Mitwirkungspflicht der Auftragnehmer bei der Umsetzung der BaustellV besteht und die Beseitigung von Sicherheitsmängeln am Arbeitsplatz originäre Aufgabe der Arbeitgeber ist,
- auch der Bauleiter nach den Landesbauordnungen auf das gefahrlose Ineinandergreifen der Arbeiten der Unternehmer und auf die Einhaltung der Arbeitsschutzbestimmungen zu achten hat und
- der Vorgesetzte – selbst bei erteilter Weisungsbefugnis – für die Mitarbeiter verantwortlich bleibt.

Es stehen üblicherweise ausreichende Strukturen zur Verfügung, um eine effiziente Koordination durchzuführen – vorausgesetzt, die Kommunikation mit den Projektbeteiligten funktioniert und alle kommen ihren originären Verpflichtungen nach.

Beispiel

Eine Alternative zur Erteilung einer Weisungsbefugnis könnte der Einsatz des Koordinators als nach § 4 BaustellV beauftragter Dritter sein.

2.4.5 Beauftragter Dritter

Wenn ein Bauvorhaben geplant wird, gibt es zahlreiche Vorschriften, die der Bauherr nicht kennt – vor allem dann, wenn er selbst nicht über die Fachkunde verfügt.

Hier kann er beispielsweise einen Projektsteuerer einsetzen, der ihn bei der Auswahl von (Fach-)Planern und der späteren Vergabe der Bauausführung unterstützt oder er lässt sein Vorhaben über einen Generalübernehmer/Bauträger realisieren.

Als Veranlasser der Maßnahme trägt er u. a. auch die Verantwortung dafür, dass die Vorgaben der BaustellV erfüllt werden. Dementsprechend muss er muss sicherstellen, dass ein oder mehrere fachkundige, erfahrene, leistungsfähige und zuverlässige Koordinatoren bestellt werden, die die in Kapitel 2.4.3 genannten Leistungen in Planung und Koordinierung durchführen. Ist der Bauherr hierzu nicht willens oder nicht in der Lage, kann er nach § 4 BaustellV einen Dritten beauftragen, diese Maßnahmen in eigener Verantwortung zu treffen.

In RAB 10, Nr. 22 (2003), wird dazu bei den Definitionen ausgeführt:

„Dritter im Sinne von § 4 BaustellV ist eine Person, die kraft Vereinbarung Maßnahmen des Bauherren gem. §§ 2, 3 Abs. 1 Satz 1 BaustellV eigenverantwortlich übernimmt. Dritter in diesem Sinne kann eine natürliche (z. B. ein Architekt, Ingenieur oder Bauunternehmer) oder eine juristische Person (z. B. ein Planungsbüro als GmbH) sein. Die Beauftragung muss rechtzeitig und sollte schriftlich erfolgen. Die Beauftragung kann sich auf einen Teil der vorgenannten Maßnahmen beziehen. In diesem Fall ist der Bauherr verpflichtet, die verbleibenden Maßnahmen selbst zu treffen. Je nach Umfang der Beauftragung ist er dann von seinen Pflichten nach § 2 und § 3 Abs. 1 Satz 1 befreit. Nicht zulässig ist damit die nachträgliche pauschale Übertragung aller Pflichten des Bauherrn."

Die Beauftragung sollte zusätzlich die (haftungs-)rechtlichen, fachlichen und kaufmännischen Aspekte regeln. Die so beauftragten Dritten treten hiermit dann weitestgehend an die Stelle des Bauherrn, stellen selbst einen geeigneten Koordinator oder beauftragen ein Fachbüro bzw. einen freiberuflichen Koordinator damit, die Aufgaben gemäß §§ 2 und 3 BaustellV zu übernehmen.

Beauftragte Dritte können zum Beispiel sein:

- Projektsteuerungsbüros,
- Ingenieurbüros,
- Architekturbüros,
- freiberufliche Koordinatoren,
- Generalübernehmer,
- Unternehmen, die mit der Errichtung einer baulichen Anlage oder Teilen davon beauftragt wurden.

Bei kleineren und mittleren Bauvorhaben bieten sich als Dritte die mit der Planung und der Bauleitung Beauftragten an, die Aufsichtsverantwortung verbleibt in diesem Fall immer beim Bauherrn. Dies bedeutet konkret, dass sich der Bauherr vergewissern muss, ob die dem Dritten übertragenen Verpflichtungen ordnungsgemäß erfüllt werden, z. B. durch eine entsprechende Rückmeldung bzw. Einbindung in das Berichtswesen des Koordinators.

Bei der Übertragung der Funktion des beauftragten Dritten sollte immer sichergestellt sein, dass dieser die Interessen des Bauherrn im Sinne der BaustellV erfüllt. Je mehr der Dritte in die Bauausführung eingebunden ist, desto größer ist die Gefahr, dass die übernommene Bauherrnpflicht durch ablauftechnische oder unternehmerische Interessen überlagert wird. Selbst wenn der Dritte für die eigentliche SiGe-Planung und Koordination einen **unabhängigen** Koordinator einsetzt, besteht die Gefahr, dass durch die finanzielle Abhängigkeit nicht die optimale Leistung erbracht wird. Vermutlich würde ein Generalunternehmer ungern einen Koordinator auch noch dafür bezahlen, dass er – selbst aus Sicherheitsgründen – Arbeiten auf der Baustelle untersagt. Aus diesem Grund empfiehlt sich ein direktes Vertragsverhältnis zwischen dem Bauherrn und dem Auftragnehmer, der die Koordination selbst ausführt. Der Dritte kann dabei die Auswahl des Koordinators fachlich und vergabetechnisch unterstützen.

2.4.6 Vertragsgestaltung

Darüber, ob die Leistungen nach BaustellV als Werkvertrag oder als Dienstvertrag einzuordnen sind, gibt es unterschiedliche Auffassungen (siehe hierzu auch Kapitel 5.2.1.1).

In den vorherigen Kapiteln wurden rechtliche Anforderungen, mögliche weitere Leistungen und Verantwortlichkeiten beschrieben, die schließlich projektbezogen zu regeln sind. Als Hilfe hierfür haben sowohl Bauherrnorganisationen als auch Ingenieurvertretungen Vertragsmuster herausgegeben, die für die Beauftragung von (möglichen) Leistungen des Koordinators herangezogen werden können. Die Vertragsmuster sind unterschiedlich aufgebaut und es soll hier keine Bewertung über die Eignung der einzelnen Vorlagen erfolgen, zumal keine vollständige Recherche durchgeführt werden konnte.

Inhaltlich umfassen die Musterverträge von Auftraggeberorganisationen und von Ingenieurkammern bzw. angeschlossenen Instituten überwiegend folgende Inhalte:

- Vertragsgegenstand
- Termine und Fristen
- Leistungen des Koordinators
- Mitwirkung des Bauherrn
- Weisungsbefugnis
- Haftung
- Vergütung

Vertragsmuster sollten nie unkritisch übernommen werden, vielmehr muss der Verwender stets prüfen, ob dieses Muster auf das konkrete Projekt und seine spezifischen Interessen passt. Aus diesem Grund wird an dieser Stelle kein weiteres Vertragsmuster angeboten, sondern Bauherr und Koordinator sollen zu eigener Reflektion hierüber angeregt werden.

Der Vertragsgestaltung ist i. d. R. eine Ausschreibung bzw. ein Angebot für die Koordinatorenleistung vorgeschaltet. Dabei gibt es in der Praxis eine große Bandbreite, die von **1 Stück Koordinator** bis zu umfangreichen Handbüchern der Leistungsbeschreibung reicht. Ein Arbeitskreis im VSGK befasst sich damit, eine praxisgerechte Ausschreibungshilfe zu erstellen.

Für die Vertragsgestaltung wurde eine „Checkliste Koordinatorenvertrag" (vgl. Tabelle 2.6) zusammengestellt, die 3 Tabellenblätter mit den folgenden Kapiteln enthält:

I. Aufgaben des Bauherrn
- Angaben zu Bauvorhaben
- Mitwirkungspflicht des Bauherrn
- Bereitzustellende Unterlagen

II. Aufgaben des Koordinators
- Befugnisse, Qualifikation und Haftung des Koordinators
- Leistungen des Koordinators bei der Planung der Ausführung
- Leistungen des Koordinators bei der Ausführung

III. Vergütung
- Festlegungen über Honorare und Zahlungen
- Honorarrechner nach AHO Heft 15

Tabelle 2.6: Checkliste Koordinatorenvertrag

I.	**Aufgaben des Bauherrn**	
Check	**Information**	**Angaben**
	1. Angaben zum Bauvorhaben	
	Name/Bezeichnung des Projekts	
	Adresse	
	Art des Bauvorhabens	
	Bauen im Bestand? [j/n]	
	Sanierungsmaßnahmen/Schadstoffe erwartet? [j/n]	
	veranschlagte Dauer des Bauvorhabens [Monate]	
	Beginn des Einsatzes in der Planungsphase [Datum]	
	geplanter Beginn der Ausführung [Datum]	
	geplantes Ende der Ausführung [Datum]	
	planmäßige Unterbrechung der Ausführung [Monate]	
	veranschlagte Bauzeit [Monate] *– Eingabe für Honorarrechner erforderlich –*	0
	anrechenbare Kosten nach DIN 276 (KGr 200 bis 500) netto [€] *– Eingabe für Honorarrechner erforderlich –*	0
	erwartete Anzahl der Auftragnehmer (einschließlich Nachunternehmer) in der Bauausführung	
	erwartete Anzahl der auf der Baustelle tätigen Personen	
	Festlegung zur Vertragslaufzeit	
	Festlegung zum Turnus der Baustellenbegehungen	
	Festlegung zur Teilnahme an Planungs- und Baubesprechungen	
	…	

Tabelle 2.6: Fortsetzung

I.	**Aufgaben des Bauherrn**	
Check	**Information**	**Angaben**
	2. Mitwirkungspflicht des Bauherrn	
	Der Bauherr verpflichtet seine Planer bei der Planung der Ausführung seines Bauvorhabens, insbesondere bei der Einteilung der Arbeiten, die gleichzeitig oder nacheinander durchgeführt werden, und bei der Bemessung der Ausführungszeiten für diese Arbeiten, die Allgemeinen Grundsätze nach § 4 Ziffer 1 bis 5 ArbSchG zu berücksichtigen (§ 2 Abs. 1 BaustellV).	
	Der Bauherr übermittelt der zuständigen Behörde die Vorankündigung (§ 2 Abs. 2 BaustellV).	
	Der Bauherr sorgt dafür, dass alle am Bau Beteiligten und seine eigenen Mitarbeiter, die für die Baustelle zuständig sind, über die Bestellung und die Leistungen des Koordinators unterrichtet sind, mit dem Koordinator zusammenzuarbeiten, und ihn unterstützen.	
	Der Bauherr als Auftraggeber vereinbart in den Verträgen mit seinen Auftragnehmern, dass die Hinweise des Koordinators und der SiGe-Plan von den Auftragnehmern zu berücksichtigen sind (§ 5 Abs. 1 Nr. 5 BaustellV).	
	Der Bauherr verpflichtet seine Auftragnehmer, dass diese ihre eigenen Planungen, Konzepte, Anweisungen, Ergebnisse der Arbeitsvorbereitung, projektbezogene Gefährdungsbeurteilung und sonstigen erforderlichen Dokumente für die Ausführung der Arbeiten im Baustellenbetrieb für die Belange des Arbeits- und Gesundheitsschutzes rechtzeitig vor Beginn der Arbeiten bereithalten und auf Nachfrage vorlegen. Dies ist die Voraussetzung für eine präventive Tätigkeit des Koordinators.	
	Der Bauherr verpflichtet seine Vertreter, die in den Niederschriften des Auftragnehmers angeregten Optimierungsmaßnahmen hinsichtlich des Baubetriebes zu prüfen und ggf. eine wirtschaftliche Behebung zeitnah zu veranlassen.	
	Der Bauherr sichert zu, dass dem Koordinator die Pläne und Leistungsverzeichnisse, der Bauablaufplan sowie die Angaben über die am Bau Beteiligten bereitgehalten werden.	
	3. Bereitstellung von Unterlagen auf Veranlassung des Bauherrn	
	Entwurfspläne	
	Ausführungspläne	
	Gutachten	
	Leistungsbeschreibung und Leistungsverzeichnisse	
	Bauablaufplan	
	Baustelleneinrichtungsplan	
	Unternehmerliste nach Gewerken mit Angabe der verantwortlichen Personen	
	Protokolle der Bauoberleitung, Projektsteuerung und Bauüberwachung	
	ggf. Ergebnisse der vorangegangen SiGe-Planung	
	ggf. zu beachtende betriebliche Regelungen	
	...	

Tabelle 2.6: Fortsetzung

II.	Aufgaben des Koordinators					
Check	**Teilleistung**	**gemäß BaustellV oder RAB30**	**Grundleistung**	**Besondere Leistung**		
				Grundleistung im Bedarfsfall	**Zusatzleistung**	**Zusatzhonorar (netto)** *– bei Vergütung berücksichtigen –*
	1. Befugnisse, Qualifikation und Haftung des Koordinators					
	Übernahme der Funktion des Beauftragten Dritten (nach § 4 BaustellV)	o			×	
	Übernahme der Weisungsbefugnis in einem festzulegenden Umfang	o			×	
	Nachweis der Qualifikation des eingesetzten Personals für die Koordination	o	×			
	Nachweis der Haftpflichtversicherung mit festzulegenden Deckungssummen für relevante Schadensarten					
	2. Leistungen der Koordinators bei der Planung der Ausführung					
	Koordinierung der Maßnahmen aus den allgemeinen Grundsätzen nach § 4 Arbeitsschutzgesetz bei der Planung der Ausführung	o	×			
	Feststellen sicherheits- und gesundheitsschutzrelevanter Wechselwirkungen zwischen den Arbeiten der einzelnen Gewerke auf der Baustelle und anderen betrieblichen Tätigkeiten oder Einflüssen auf oder in der Nähe der Baustelle	o	×			
	Aufzeigen von Möglichkeiten zur Vermeidung von Sicherheits- und Gesundheitsrisiken	o	×			
	Sicherheits- und Gesundheitsschutzplan ausarbeiten oder ausarbeiten lassen	o	×			
	Sicherheits- und Gesundheitsschutzplan an den Planungsprozess anpassen, soweit dies erforderlich ist	o		×		
	Beraten bei der Planung der Baustelleneinrichtung	o	×			
	Gegebenenfalls Erstellen einer Baustellenordnung	o		×		
	Beraten bei der Planung bleibender sicherheitstechnischer Einrichtungen für mögliche spätere Arbeiten an der baulichen Anlage und Zusammenstellen der Unterlage mit den erforderlichen Angaben für die sichere und gesundheitsgefährdend Durchführung dieser Arbeiten	o	×			
	Hinwirken auf das Berücksichtigen von Leistungen zu Sicherheit und Gesundheitsschutz in Ausschreibungen, Vergabe- und Bauvertragsunterlagen; gegebenenfalls Mitwirken bei der Prüfung der Angebote und der Vergabe	o	×			
	Beraten bei der Terminplanung, insbesondere bei der Abstimmung von Bauausführungszeiten, um Gefahren, die durch ein zeitliches Nebeneinander hervorgerufen werden können, zu vermeiden	o	×			
	ggf. Mitwirken beim Erstellen der Vorankündigung und deren Übermittlung an die nach Landesrecht zuständige Behörde	o		×		

Tabelle 2.6: Fortsetzung

II.	**Aufgaben des Koordinators**					
Check	**Teilleistung**	**gemäß BaustellV oder RAB30**	**Grundleistung**	**Besondere Leistung**		
				Grundleistung im Bedarfsfall	**Zusatzleistung**	**Zusatzhonorar (netto)** *– bei Vergütung berücksichtigen –*
	Analysieren der Vorplanung oder mehrerer Entwurfsplanungen und Feststellen von arbeitssicherheits- und gesundheitsschutzrelevanter Wechselwirkungen zwischen den Arbeiten der einzelnen Gewerke auf der Baustelle und anderen betrieblichen Tätigkeiten oder Einflüssen in der Nähe der Baustelle			×		
	Abstimmen beim Vorhandensein mehrerer Koordinatoren			×		
	Anpassen der Unterlage bei erheblichen Planungsänderungen			×		
	Erstellen eines Baustelleneinrichtungsplanes				×	
	Mitwirkung bei Erstellung der Baubeschreibung und Vergabeunterlagen				×	
	Mitwirken bei der Prüfung der Angebote und der Vergabe				×	
	Entwickeln von Konzepten und Organisieren von Maßnahmen zu Sicherheitsfragen im Sinne von Security				×	
	Beraten bei oder Erstellen von Verkehrslenkungsplänen				×	
	Überprüfen von Angeboten in sicherheitstechnischer Hinsicht (z. B. bei Funktionalausschreibung, Alternativangeboten oder Sondervorschlägen)				×	
	Kostenanalysen zu technischen oder organisatorischen Maßnahmen für Arbeitssicherheit und Gesundheitsschutz				×	
	Beraten bei oder Erstellung einer Brandschutz-, Flucht- und Rettungswege-Planung und/oder Rettungskonzept für die Ausführung der Arbeiten				×	
	3. Leistungen des Koordinators bei der Ausführung					
	ggf. Aushängen und Anpassen der Vorankündigung	o		×		
	Bekannt machen, Anpassen und Fortschreiben des Sicherheits- und Gesundheitsschutzplanes sowie Hinwirken auf seine Einhaltung und auf die Umsetzung der erforderlichen Arbeitsschutzmaßnahmen durch die beteiligten Unternehmen	o	×			
	Information und eingehende Erläuterung der Maßnahmen für Sicherheit und Gesundheitsschutz gegenüber allen Auftragnehmern (einschließlich der Nachunternehmer und der Unternehmer ohne Beschäftigte)	o	×			
	Organisieren des Zusammenwirkens der bauausführenden Unternehmen hinsichtlich Sicherheit und Gesundheitsschutz z. B. durch Sicherheitsbesprechungen und -begehungen (in einem festzulegenden Turnus) mit Dokumentation und Auswerten der Ergebnisse	o	×			
	Koordinieren der Überwachung der ordnungsgemäßen Anwendung der Arbeitsverfahren durch die Arbeitgeber z. B. durch Einfordern von Nachweisen	o	×			

Tabelle 2.6: Fortsetzung

II.	**Aufgaben des Koordinators**					
Check	**Teilleistung**	**gemäß BaustellV oder RAB30**	**Grundleistung**	**Besondere Leistung**		
				Grundleistung im Bedarfsfall	**Zusatzleistung**	**Zusatzhonorar (netto)** *– bei Vergütung berücksichtigen –*
	Hinwirken auf die Einhaltung einer Baustellenordnung und eines Baustelleneinrichtungsplans (soweit diese vorhanden sind) hinsichtlich der Vermeidung gegenseitiger Gefährdungen	o		×		
	Berücksichtigung sicherheits- und gesundheitsschutzrelevanter Wechselwirkungen zwischen Arbeiten auf der Baustelle und anderen betrieblichen Tätigkeiten oder Einflüssen auf oder in der Nähe der Baustelle	o	×			
	Koordinieren der Anwendung der allgemeinen Grundsätze nach § 4 Arbeitsschutzgesetz	o	×			
	bei getrennten Auftragnehmern für Planungs- und Ausführungsphase: Sichten und Einarbeiten in den SiGe-Plan und die Unterlagen aus der Planungsphase			×		
	Einteilung der Arbeiten/Vorgabe Arbeitsabläufe				×	
	Erfassen verbauter Materialien und eingesetzte Substanzen sowie deren aktuellen Verarbeitungs-, Entsorgungs- und Warnhinweisen z. B. in Unterlage für spätere Arbeiten				×	
	Mitwirken bei formalen Arbeitsfreigaben				×	
	regelmäßige Teilnahme an allgemeinen Bau-/Projektbesprechungen				×	
	Anpassen des Sicherheits- und Gesundheitsschutzplans bei erheblichen Änderungen der Planung, des Bauverfahrens oder Bauablaufs			×		
	zusätzliche Koordinationsleistung bei Planungsänderungen, erheblichen Störungen des Bauablaufes oder Bauzeitenverlängerung			×		
	Anpassen der Unterlage bei Abweichung der Ausführung vom Planungsstand der Unterlage				×	

Legende:
o = rechtliche Grundlage
× = zugeordnet

Leistungen, in BaustellV bzw. RAB 30 aufgeführt, sind mit „o" gekennzeichnet

Leistungen, die als Grundleistung durch den Koordinator zu erbringen sind, wenn er beauftragt wird (mit „×" gekennzeichnet)

Bedarfsleistungen, die als Grundleistung durch den Koordinator zu erbringen sind, wenn die Projektbedingungen es erfordern (mit „×" gekennzeichnet)

Leistungen, die über das Leistungsbild des Koordinators hinaus gehen, die aber fachlich durch den SiGeKo (über Zusatzauftrag) bearbeitet werden können (mit „×" gekennzeichnet)

Ergebnis der Kostenermittlung für Besondere Leistungen	
Honorar Bedarfsleistungen	0
Honorar Zusatzleistungen	0

Tabelle 2.6: Fortsetzung

III.	**Vergütung**		
Check	**Position/Einheit**		**Honorar**
	1. Festlegungen über Honorare und Zahlungen		
	Honorar für die Planungsphase [€], evtl. aufgeschlüsselt nach • Beratungsleistungen • Unterlage • SiGe-Plan		
	Honorar für die Ausführungsphase [€]		
	Honorar für Bedarfsleistungen [€]		
	Honorar für Zusatzleistungen [€]		
	Zuschlag für Umbau oder Sanierungsmaßnahmen [%]		
	Honorar auf Zeitnachweis [h*Verrechnungssatz]		
	Zuschläge zum Honorar auf Zeitnachweis [%]		
	Nebenkosten prozentual oder pauschal		
	Umsatzsteuer		
	Termine für Teil- oder Abschlagszahlungen		
	Schlusszahlung		
	Zahlungsziel (Frist, evtl. Skonto)		
	Weitere Zahlungsbedingungen		
	Vergütungsregelung für Bauzeitverlängerung		
	Vergütungsregelung für zusätzliche Leistungen		
	Vergütungsregelung bei vorzeitiger Beendigung des Vertrags		
	2. Honorarrechner nach AHO 2011, Heft 15		
	Randbedingungen aus Projektangaben des Bauherrn		
	Bauzeit [Monate]		0
	anrechenbare Kosten nach DIN 276 (KGr 200 bis 500) netto [€]		0
	Honorarberechnung		
1	Honorar für die Planungsphase [€]		0
2	Honorar für die Ausführungsphase [€]		
3	**Grundhonorar nach Berechnungsformel**		
4	Zuschlag für Umbau oder Sanierungsmaßnahmen [%]	0	
5	Honorar für Bedarfsleistungen [€]		0
6	Honorar für Zusatzleistungen [€]		0
7	Nebenkosten (bezogen auf 3, 5, 6)	0	
8	Sonstiges		0
	Gesamthonorar (netto) [€]		
	Umsatzsteuer	0,19	
	Gesamthonorar (brutto) [€]		

Ein zentrales Thema bei der Vertragsgestaltung ist die Beschreibung der Leistungen des Koordinators einerseits und die Festlegung der Mitwirkung des Bauherrn andererseits. Die meisten Vertragsmuster sind bei der Beschreibung der Aufgaben des Koordinators an die RAB 30 (2003) angelehnt und teilweise noch erweitert worden. Die dort genannten Aufgaben müssen allerdings hinsichtlich ihrer Verbindlichkeit und der vergütungstechnischen Einstufung unterschieden werden in:

- Grundleistung
- Bedarfsleistung (wird zur Grundleistung, wenn bestimmte Umstände zutreffen)
- Besondere Leistung

Zweck der Checkliste zum Koordinatorenvertrag ist es, zu prüfen, ob die Eingangsparameter und Randbedingungen vollständig erfasst, die erforderlichen Leistungen bedarfsgerecht festgelegt und in eine praktikable Vergütungsregelung überführt werden. Hierfür sind in den o. g. Kapiteln Anforderungen, Fragen und Checkpunkte hinterlegt, die bei der Angebotseinholung und der Vergabe von Leistungen nach BaustellV zu beachten sind.

Fazit

Die eigentliche Ausgestaltung des Vertrags sollte in jedem Fall mit Unterstützung von Fachleuten im Vertragsrecht erfolgen.

2.4.7 Versicherung

Bei jeder Tätigkeit können aus unterschiedlichen Gründen Schäden auftreten, für die Unternehmen bzw. Personen verantwortlich gemacht werden. Wenn die Verantwortlichkeit gegeben ist oder festgestellt wird, muss der Verursacher den Schaden begleichen. Dabei können Ansprüche entstehen, die zu einer unmittelbaren Zahlungsunfähigkeit des Schadensverursachers führen. Um dieses Risiko zu begrenzen, bieten Versicherungen (im Sinne einer Solidargemeinschaft) ihren Versicherungsnehmern – beitragszahlenden Unternehmen oder Personen – die Übernahme der Schadensbegleichung an. Die Höhe der Beiträge richtet sich nach dem Umsatz und dem Risiko und wird zusammen mit der Beschreibung der versicherten Tätigkeiten, einem eventuellen Selbstbehalt und einer Aussage, in welchem Umfang/in welcher Häufigkeit die Versicherung eintritt, vertraglich festgelegt.

Das Haftungsrisiko für Koordinatoren ist aufgrund der überwiegend beratenden Funktion und wegen der ebenfalls geltenden Pflichten der Arbeitgeber relativ gering. Mit der Übernahme von Weisungsbefugnis (siehe Kapitel 2.4.4) oder der Beauftragung gemäß § 4 BaustellV (siehe Kapitel 2.4.5) nehmen Verantwortung und Haftungsrisiko zu. Deshalb ist vor Abschluss der Verträge zu prüfen, ob für die (erweiterte) Tätigkeit auch Versicherungsschutz besteht.

Neben der Risikoeinstufung und dem Umsatz sind die Deckungssummen im Versicherungsfall maßgebend für die Bemessung der Beiträge. Als Praxisfälle, in denen Koordinatoren haften, sind praktisch nur Unfälle mit Personenschäden relevant. Da diese hohe Folgekosten haben können, sollten die Deckungssummen für Schäden im Bereich von Millionen Euro ausgelegt sein. Das Haftungsrisiko für Sach- und Vermögensschäden ist im Gegensatz dazu äußerst gering.

Sowohl die Einstufungen der Versicherer als auch Ausschreibungen und Vertragsmuster – selbst jene aus den „RBBau – Richtlinien für die Durchführung von Bauaufgaben des Bundes" (2019) – tragen der o. g. Risikoverteilung kaum Rechnung und verlangen hohe Deckungssummen für Sach- und Vermögensschäden. Dadurch werden für die Anbieter häufig (zumindest objektbezogene) Anpassungen der Deckungssummen erforderlich, die durch erhöhte Prämien zur Verteuerung der Koordinationsleistung führen, ohne dass ein Mehrwert entsteht. Die Gründe für diesen Umstand dürften in der Unkenntnis der Ausschreibenden liegen, die vorhandene Vertragsmuster aus anderen Ingenieurleistungen bisweilen ungeprüft auf die Tätigkeiten des Koordinators übertragen. Hinzu kommt, dass Versicherungen aufgrund der Marktsituation mit monopolistischen Zügen dies ausnutzen können.

Die Versicherung von Dienstleistungen im Arbeitsschutz, zu der auch die Planung und Koordination nach BaustellV gehört, wurde in den vergangenen Jahren von vielen Versicherern aus dem Portfolio genommen, sodass – (Stand bei Redaktionsschluss nach Recherche des Autors) – aktuell nur eine Versicherungsgesellschaft diese Versicherung anbietet. Anders sieht es bei Versicherungen für Architektur- und Ingenieurbüros aus, bei denen die Koordination nach BaustellV nur ein Teil des Geschäftes ist. Wenn jene Büros eine Haftpflichtversicherung für Leistungen in der Bauleitung abschließen, die aufgrund des höheren Risikos auch teurer ist, wird bei einigen Gesellschaften die Leistung des Koordinators sogar beitragsfrei mitversichert.

Aus den o. g. Umständen lassen sich mehrere Beobachtungen ableiten:

- Für die reine Koordinatorenleistung besteht im Vergleich zur Bauleitung kein hohes Haftungsrisiko.
- Es fehlt (aber) eine zutreffende Risikobewertung.
- Die Versicherung von Koordinatorenleistungen ist ein Randgeschäft, das für Versicherer nicht interessant ist.
- Die daraus entstandene Marktsituation führt zur unnötigen Verteuerung von Koordinationsleistungen.

Fazit

Versicherungen sind wichtig, damit die Versicherten beruhigt ihre Arbeit erledigen können und deren Auftraggeber nicht für aufgetretene Schäden aufkommen müssen, die sie nicht zu verantworten haben. Die o. g. Ausführungen zeigen aber, dass es hinsichtlich der Versicherungen von Dienstleistungen im Arbeitsschutz noch Handlungsbedarf bezüglich der Effizienz und der Transparenz gibt.

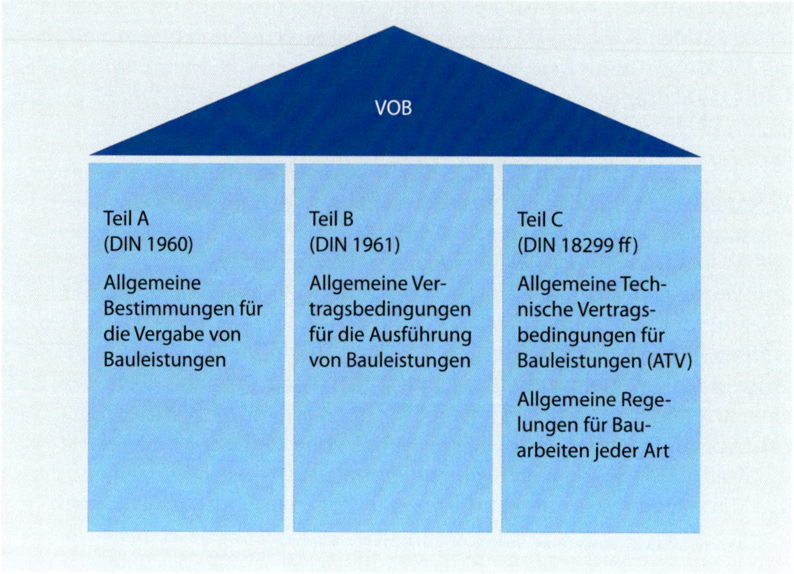

Abb. 2.11: Teile der Vergabe- und Vertragsordnung für Bauleistungen

2.4.8 Vergabe- und Vertragsordnungen

Die Vergabeverordnung (VgV) regelt für öffentliche Auftraggeber in den Abschnitten 1 und 2 die Vergabe von Bauleistungen. Diese wird dann im Weiteren durch die Vergabe- und Vertragsordnung für Bauleistungen (VOB) umgesetzt. Der Koordinator sollte deren Anwendungsbereich und die wesentlichen Einzelregelungen kennen.

Die Koordinatorenleistung selbst kann unter Abschnitt 6 der VgV als besondere Ingenieurleistung eingeordnet werden. Inhaltlich findet darin die – bis 2016 bei Überschreitung der EU-Schwellenwerte geltende Vergabeordnung für freiberufliche Leistungen (VOF) – Berücksichtigung.

Die zulässigen Verfahrensarten im unterschwelligen Bereich für die Vergabe von Liefer- und Dienstleistungsaufträgen und deren Ablauf regelt die Unterschwellenvergabeordnung (UVgO). Anwendung findet diese jedoch erst durch die Allgemeinen Verwaltungsvorschriften zu § 55 der Bundeshaushaltsordnung bzw. durch Umsetzung in den landesrechtlichen Regelungen. Als solche benennt § 8 UVgO die öffentliche Ausschreibung, die beschränkte Ausschreibung (mit und ohne Teilnahmewettbewerb) und die Verhandlungsvergabe (mit und ohne Teilnahmewettbewerb).

Als weiteres Instrument sei hier die Vergabe- und Vertragsordnung für Leistungen (VOL) genannt, die generell für Lieferleistungen gilt. Daher ist sie in Sinne dieses Praxis-Handbuchs von untergeordneter Bedeutung und wird hier nicht weiter ausgeführt.

Die VOB ist Rechtsgrundlage für die Ausschreibung und Vergabe von Bauleistungen. Verpflichtend anzuwenden ist sie von öffentlichen Auftraggebern. Da sie aber auch gleichzeitig als Norm die allgemein anerkannten Regeln der Technik beschreibt, gilt die VOB – und hier vor allem die Normen der VOB/C „VOB Vergabe- und Vertragsordnung für Bauleistungen – Teil C: Allgemeine Technische Vertragsbedingungen für Bauleistungen“ (2019) – als Standardwerk für das Bauwesen in Deutschland.

Hinweis

> Für die Koordination nach BaustellV ist es wichtig, dass bereits bei Ausschreibung und Vergabe festgelegt wird, welche Leistungen von den (auch im Arbeitsschutz) fachkundigen, leistungsfähigen und zuverlässigen Auftragnehmern zu erbringen sind.

Besonders relevant sind innerhalb der Teile der VOB (siehe Abb. 2.11) die nachfolgend aufgeführten Bestimmungen.

Ausschreibung – VOB/A

Bereits in der Ausschreibung wird der Grundstein dafür gelegt, dass Bieter in die Lage versetzt werden, auch die Anforderungen von Sicherheit und Gesundheitsschutz zu berücksichtigen.

- *„Bauleistungen werden im Wettbewerb und im Wege transparenter Verfahren vergeben. […]“* (§ 2 Abs. 1 Nr. 1 VOB/A)
- *„Bauleistungen werden an fachkundige, leistungsfähige und zuverlässige Unternehmer zu angemessenen Preisen vergeben.“* (§ 2 Abs. 3 VOB/A)
- *„Die Leistung ist eindeutig und so erschöpfend zu beschreiben, dass alle Unternehmen die Beschreibung im gleichen Sinne verstehen müssen […].“* (§ 7 Abs. 1 Nr. 1 VOB/A)
- *„Um eine einwandfreie Preisermittlung zu ermöglichen, sind alle sie beeinflussenden Umstände festzustellen und in den Verdingungsunterlagen anzugeben.“* (§ 7 Abs. 1 Nr. 2 VOB/A)
- *„Dem Auftragnehmer darf kein ungewöhnliches Wagnis aufgebürdet werden […].“* (§ 7 Abs. 1 Nr. 3 VOB/A)
- *„Die für die Ausführung der Leistung wesentlichen Verhältnisse der Baustelle, […] sind so zu beschreiben, dass das Unternehmen ihre Auswirkungen […] hinreichend beurteilen kann.“* (§ 7 Abs. 1 Nr. 6 VOB/A)

Vergabe – VOB/B

Bei der Vergabe werden grundlegende sicherheits- und .koordinationsrelevante Bedingungen festgelegt, die beauftragte Unternehmen anwenden müssen bzw. können.

- *„Der Auftraggeber hat für die Aufrechterhaltung der allgemeinen Ordnung auf der Baustelle zu sorgen und das Zusammenwirken der verschiedenen Unternehmer zu regeln. […]“* (§ 4 Abs. 1 Nr. 1 VOB/B)

- *„Der Auftraggeber ist befugt, [...] Anordnungen zu treffen, die zur vertragsgemäßen Ausführung der Leistung notwendig sind. [...]"* (§ 4 Abs. 1 Nr. 3 VOB/B)
- *„Er* [Der Auftragnehmer, JF] *ist für die Erfüllung der gesetzlichen, behördlichen und berufsgenossenschaftlichen Verpflichtungen gegenüber seinen Arbeitnehmern allein verantwortlich. [...]"* (§ 4 Abs. 2 Nr. 2 VOB/B)
- *„Hat der Auftragnehmer Bedenken gegen die vorgesehene Art der Ausführung (auch wegen der Sicherung gegen Unfallgefahren), [...] so hat er sie dem Auftraggeber unverzüglich – möglichst schon vor Beginn der Arbeiten – schriftlich mitzuteilen; [...]."* (§ 4 Abs. 3 VOB/B)

Ausführung – VOB/C

Für die SiGe-Planung und die spätere Koordination ist von Bedeutung, wie und zu welchen Bedingungen die folgenden Nebenleistungen Berücksichtigung finden:

- Einrichten und Räumen der Baustelle
- Vorhalten der Baustelleneinrichtung
- **Schutz- und Sicherungsmaßnahmen** nach den Unfallverhütungsvorschriften (außer besondere Maßnahmen für Arbeiten in kontaminierten Bereichen)
- Beleuchten, Beheizen und Reinigen der Aufenthalts- und Sanitärräume für die Beschäftigten des Auftragnehmers
- Heranbringen von Wasser und Energie zu den Verwendungsstellen
- Befördern aller Stoffe und Bauteile von den Lagerstellen auf der Baustelle zur Verwendungsstelle
- Abfallbeseitigung und Baustellenreinigung (auftragsbezogen)

Hinweis

Da für die Nebenleistungen kein Anspruch auf separate Vergütung besteht, diese aber sehr wohl Kosten verursachen, die von den Auftragnehmern eingepreist werden müssen, lohnt sich bei der Vertragsgestaltung ein Blick darauf, wie vom Bauherrn entsprechende Maßnahmen zur Verfügung gestellt werden können, die von verschiedenen Gewerken gemeinsam genutzt werden. Dadurch kann die Baustellenorganisation insgesamt verbessert werden, und ersparte Nebenkosten tragen zu einer Reduzierung der Gesamtkosten bei.

2.5 Building Information Modeling (BIM)

Thomas Dudek

Der Informationsaustausch und die Kommunikation zwischen den Projektbeteiligten in der Bauwirtschaft entwickelten sich – ähnlich denen der stationären Industrie – seit Ende der 1980er Jahre zu einer schnellen und von Änderungen geprägten Form. Digitale Technologien verändern das Leben. Die Nutzung mobiler Kommunikationsgeräte bringt es mit sich, dass die Menschen heute in so gut wie allen Bereichen professioneller und privater Interaktion online sein wollen und müssen. Das Internet und die Kommunikation per E-Mail sind für die meisten unserer Geschäftsvorgänge zu einem unersetzlichen Werkzeug geworden. Digitale Technologien verändern die Art wie Menschen einkaufen, Bankgeschäfte tätigen, Urlaub buchen, ihre Meinungen kundtun oder mit Freunden und Geschäftspartnern kommunizieren und Verabredungen treffen.

Durch die Kommunikation per E-Mail, die Verwendung von Mobiltelefonen und webbasierten Projektplattformen ist der Informations- und Datenaustausch einfacher und schneller geworden. Die fortschreitende Digitalisierung im Bauwesen ermöglicht allen Projektbeteiligten einen unmittelbaren Zugang zu allen Informationen über ein Bauwerk. So kann eine Datendurchgängigkeit ohne Medienbrüche bei unternehmensinternen und -übergreifenden Prozessen realisiert werden. Ein Baustein der Digitalisierung in der Bauwirtschaft ist die Methode des Building Information Modeling (BIM).

Das wesentliche Ziel der BIM-Methode ist die strukturierte digitale Erfassung aller zu einem Projekt gehörenden Daten über standardisierte Datenaustauschschnittstellen, um hiermit eine **digitale Bauakte** über den gesamten Lebenszyklus des Projekts anzufertigen. Mit der Methode des Building Information Modeling wird – nach einer umfangreichen Projektvorbereitung und mit Hilfe eines definierten Projektmanagements – ein aussagekräftiges digitales Bauwerksdatenmodell (BWDM) erstellt. Dieses Datenmodell beinhaltet geometrische und nicht-geometrische Daten des Projekts und wird zusammen mit den zum Projekt gehörigen digitalen Dokumenten zentral in einer gemeinsamen Datenumgebung verwaltet.

Das Managementsystem und die mit ihm verknüpften Datenbanken liefern u. a. alle Informationen für den präventiven Arbeitsschutz sowohl in der Planungs- und Ausführungsphase als auch über die Bauphase hinaus während der gesamten Nutzungsdauer, bis hin zum Rückbau des Bauwerks. Diese Informationen können gleichzeitig die Grundlage für ein umfassendes Arbeitsschutzmanagementsystem (AMS) bilden bzw. in das AMS der Projektbeteiligen eingebunden werden.

Wenn also durch die Nutzung der Methode des Building Information Modeling alle am Bauwerk tätigen Akteure (während des gesamten Lebenszyklus) zeitgleich auf ein digitales Gebäudemodell zugreifen können und ein ständiger Abgleich der IST-Daten mit dem Modell durchgeführt wird, werden Medienbrüche vermieden und Informationen (z. B. für die Erstellung einer Gefährdungsbeurteilung) jederzeit, aktuell und ortsunabhängig zur Verfügung gestellt.

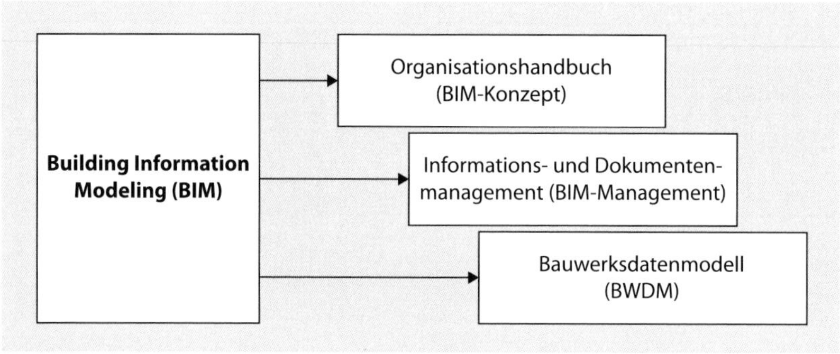

Abb. 2.12: Aufbau Building Information Modeling

Das digitale Management aller Bauwerksdaten in einer gemeinsamen Datenumgebung birgt aus Sicht des Verfassers ein großes Potenzial zu einer erheblichen Optimierung des präventiven Arbeitsschutzes im gesamten Lebenszyklus eines Gebäudes. Im Folgenden soll ein Überblick für die Idee des Building Information Modeling und die Integration des Koordinators nach BaustellV in den BIM-Prozess vorgestellt und erläutert werden. Eine umfassende und vertiefende Betrachtung der gesamten BIM-Methode und der Integration des Koordinators in den BIM-Prozess würde jedoch den Rahmen dieses Kapitels sprengen, hierzu wird auf die entsprechende, weiterführende Literatur verwiesen (Dudek, 2020; Hausknecht/Liebich, 2016; Borrmann et al., 2018; Baldwin, 2019).

2.5.1 Methode BIM

Um die Integration des Koordinators nach BaustellV in den BIM-Prozess darzustellen, muss die Methode selbst zunächst definiert und erläutert werden.

Durch die derzeit noch fehlende Normung und Regulierung im Bereich des Building Information Modeling existieren zahlreiche Interpretationen dieser Methode. Eine Analyse der verschiedenen national und international gängigen Definitionen ergibt folgende Punkte, die BIM charakterisieren:

- BIM bezeichnet einen Teilaspekt der Digitalisierung im Bauwesen und beschreibt die strukturierte Erfassung aller zu einem Projekt gehörigen Daten in digitaler Form über standardisierte Datenaustauschschnittstellen (BIM ist keine Software!).
- BIM steht für eine kollaborative, digitale und partnerschaftliche Zusammenarbeit aller am Bauprojekt Beteiligten.
- Mit der Methode BIM wird der gesamte Lebenszyklus eines Bauwerks, von der Planung bis zu dessen Rückbau, betrachtet.
- Zentrales Element in einem BIM-Prozess ist ein digitales Datenmodell.
- Für die Prozesse und Schnittstellen sind klar definierte Vorgaben und Konventionen aufzustellen und einzuhalten.

Um diese Vorgaben zu erfüllen, kann die Umsetzung der BIM-Methode in 3 Bereiche unterteilt werden (siehe Abb. 2.12):

- Im Vorfeld und zu Beginn eines Projekts müssen Ziele, Verfahrensweisen, Konventionen sowie Rollen und Verantwortlichkeiten festgelegt werden:
  → **Organisationshandbuch (BIM-Konzept).**
- Für den gesamten Lebenszyklus eines Bauprojekts – von der Planung über die Realisierung und Nutzung bis hin zu dessen Rückbau – muss das Informationsmanagement geplant und geregelt werden:
  → **Informations- und Dokumentenmanagement (BIM-Management).**
- Das Projekt ist anhand eines Datenmodells und ggf. einer verknüpften Datenbank abzubilden. Das Datenmodell dient als gemeinsame Arbeitsgrundlage:
  → **Bauwerksdatenmodell (BWDM).**

Entscheidend für ein optimales Zusammenspiel aller 3 Bereiche ist dabei die aktive Vernetzung und kollaborative Zusammenarbeit aller Projektbeteiligten.

2.5.1.1 BIM-Konzept

Um ein Projekt nach der Methode des Building Information Modeling durchzuführen, bedarf es – gerade im Hinblick auf die Zusammenarbeit verschiedener Projektbeteiligter – einiger Überlegungen sowohl **vor** dem eigentlichen Projektstart als auch in der Anfangsphase des Projekts. Wesentliches Kriterium für den Einsatz des Building Information Modeling sind die Mehrwerte, die sich durch die Anwendung dieser Methode ergeben sollen. Die BIM-Methodik anzuwenden, allein „um BIM zu machen", ohne dabei Mehrwerte zu generieren, wäre zweifelsfrei nicht der richtige Ansatz. Für die erfolgreiche Bearbeitung eines Projekts müssen daher z. B. Ziele definiert und Strategien für deren Umsetzung festgelegt werden. Weiterhin ist zur Konkretisierung der jeweiligen Rollen der einzelnen Projektbeteiligten eine Stakeholderanalyse durchzuführen und Festlegungen bezüglich deren Zusammenarbeit zu treffen. Im Zuge der Erstellung des BIM-Konzepts sind die Auftraggeber-Informations-Anforderungen (AIA) und der BIM-Abwicklungsplan (BAP) zu entwickeln.

Für den Koordinator nach BaustellV bedeutet dies, dass er durch die Umsetzung der Vorgaben des BIM-Konzepts frühzeitig in das Projekt eingebunden wird. Idealerweise ist er bereits aus arbeitsschutzfachlicher Sicht beratend bei der Formulierung der BIM-Ziele beteiligt und kann so von Beginn an steuernd einwirken. Durch die oben erwähnte Definition und Festlegung der Rollen und die neue Art der Projektabwicklung bietet sich dem Koordinator die Chance, seine Rolle neu zu definieren und seinen Tätigkeitsbereich im Sinne einer Verbesserung des Sicherheits- und Gesundheitsschutzes zu erweitern. Bei der Erstellung der verschiedenen Fachmodelle könnte z. B. die Erweiterung des Tätigkeitsfeldes von einer rein beratenden zu einer zunehmend planerischen Tätigkeit von großem Nutzen für den präventiven Arbeitsschutz sein. Um auch sprachlich eine Abgrenzung zu der bisherigen Koordinatorentätigkeit vorzunehmen wird vom Autor empfohlen, den Koordinator nach BaustellV im BIM-Prozess als **Fachplaner Arbeitsschutz (FAS)** zu bezeichnen.

Diese neue Bezeichnung verstärkt die Bedeutung seiner Leistungen in der Planungsphase und damit die des präventiven Arbeitsschutzes. Da der Koordinator bisher häufig lediglich als **Kontrolleur auf der Baustelle** wahrgenommen wird, bietet sich hiermit für ihn die Chance, seine Planungsleistungen stärker in den Fokus zu rücken. Zusätzlich gewinnt der Koordinator durch die Einordnung als **Fachplaner** an Bedeutung, da er – auch in der Bezeichnung – der Stellung den weiteren Fachplanern (Fachplaner Architektur (FAR), Fachplaner Statik (FST), Fachplaner Brandschutz (FBS) etc.) gleichgesetzt wird. Mögliche Rollen, die der Koordinator, resp. der Fachplaner Arbeitsschutz, in einem BIM-Prozess einnehmen kann und deren Ausgestaltungen, werden z. B. im Band 7 der Schriftenreihe des VSGK e. V. (Dudek, 2020) beschrieben.

2.5.1.2 BIM-Management

Nachdem im BIM-Konzept die wesentlichen Verfahrensangaben und technischen Vorgaben für das Projekt festgelegt wurden, geht es im BIM-Management darum, diese mittels eines Projektmanagementsystems in die Planung einfließen zu lassen.

Prozesslandkarten und Ablaufdiagramme stellen ein unverzichtbares Mittel für die Umsetzung der BIM-Methodik dar. Ablaufpläne und Dokumentenmanagementsysteme machen – neben der Strukturierung der gewonnenen Daten – die Realisierung weiterer Ziele möglich. Der zweite Bereich des Building Information Modeling beschäftigt sich also mit dem Management der in dem Projekt gewonnenen Informationen. Dabei geht es um den Austausch der Informationen, deren Aufzeichnung, Versionskennzeichnung und Organisation für alle am Projekt Beteiligten unter Berücksichtigung der jeweiligen Arbeitsumgebung.

Das BIM-Management schließt somit direkt an das BIM-Konzept an bzw. geht teilweise mit der Konzeptionierung zeitlich einher. Dokumente, die im BIM-Konzept erstellt werden, sind im Zuge des Informationsmanagements zu verwalten, zu aktualisieren und zu ergänzen. Das BIM-Management umfasst den gesamten Lebenszyklus eines Bauwerks, beginnend mit der Projektierungs- bzw. Planungsphase, über die Bau- und Nutzungsphase inkl. Instandhaltungs- oder Modernisierungsmaßnahmen bis hin zu dessen Rückbau.

Projektmanagementsysteme sind keine neue Erfindung – neu ist lediglich das digitale Miteinander in strukturierten Prozessen innerhalb der gesamten BIM-Methode. Wesentliche Ziele sind – neben der partnerschaftlichen Zusammenarbeit aller Projektbeteiligten – das Vermeiden von Medienbrüchen und das Zurverfügungstellen aktueller projektrelevanter Informationen für die jeweils betroffenen Projektpartner. Diese Anforderungen lassen sich nur realisieren, wenn im Zuge der Bearbeitung des Projekts eine webbasierte Datenplattform zur gemeinsamen Nutzung geschaffen wird. Diese zentrale Plattform, das Common Data Environment (CDE), ist auf der IT-Seite entscheidend für eine erfolgreiche Projektabwicklung. Das CDE (auch virtueller Projektraum, Projektkommunikationssystem oder Projektplattform genannt) ist die zentrale Datenquelle, in der alle grafischen und nicht-grafischen Informationen zum Projekt gesammelt und verwaltet werden. Das CDE verbindet alle Projektteilnehmer und begleitet den gesamten Lebenszyklus eines Bauwerks.

Innerhalb des CDE erhalten Projektbeteiligte über ein im BIM-Konzept festzulegendes Rechtekonzept Zugriff auf Daten entsprechend ihrer vertraglichen Vereinbarungen. Offene Dateiformate – wie das IFC-Format (Industry Foundation Classes) für Bauwerksdatenmodelle oder das BCF-Format (BIM Collaboration Format) für den Informationsaustausch – ermöglichen den Einsatz unterschiedlicher Anwendungsprogramme bei den Projektbeteiligten.

Für den Koordinator bedeutet das z. B., dass über die Prozesslandschaften definiert ist, wann und von wem ihm welche Informationen, in welchem Format zur Verfügung gestellt werden und wann er welche Informationen für wen zur Verfügung stellen muss. Entsprechende Prozessschritte werden im Vorfeld definiert und deren Einhaltung über Ablaufroutinen in der Software sichergestellt. Mit Hilfe eines Data-Analytic-Verfahrens ist es zudem möglich, die einzelnen Prozessschritte zu steuern und zu überwachen. Damit wird u. a. gewährleistet, dass arbeitsschutzrelevante Planungsergänzungen bereits bei der Erstellung der Leistungsverzeichnisse berücksichtigt werden, um nachträgliche Modelländerungen und Mehrkosten zu vermeiden.

2.5.1.3 Bauwerksdatenmodell

Eine wesentliche Änderung zur herkömmlichen Arbeitsweise bei der Projektabwicklung mithilfe der Methode BIM ist die Verwendung eines BWDM. Hierbei wird das zu planende Objekt mithilfe einer geeigneten Software als digitales Modell abgebildet. Die Planungsmethode folgt dem Grundsatz: **Erst digital und dann real bauen.**

Ein BWDM besteht aus dreidimensional modellierten Komponenten, die in dem Modell zusammengefügt und in Abhängigkeit zueinander gebracht werden. Im Unterschied zu einem reinen 3D-Modell können die Komponenten in einem BWDM jedoch zusätzlich zu ihrer Darstellung parametriert und attribuiert werden, d. h., sie können mit zusätzlichen Daten (z. B. Abmessungen, Preis, Gewicht etc.) oder Abhängigkeiten (Bauteil A hat stets den gleichen Abstand zu Bauteil B, die Wandoberkante ist gleich der Deckenunterkante etc.) versehen werden. Durch das Zusammenfügen einzelner parametrischer Komponenten und das Vergeben von Attributen an die verschiedenen Bauteile ist das BWDM eine Sammlung geometrischer und nicht-geometrischer Daten. Es ist somit eine Datenbank mit geometrischen und nicht geometrischen Datensätzen. Die Eigenschaften, die den einzelnen Komponenten zugeordnet werden, lassen sich aufgrund ihrer Strukturierung als Datenbankelemente auswerten, filtern oder für Berechnungen nutzen.

So ist es z. B. möglich, sich in einem Modell lediglich die tragenden Wände, die Fenster oder sämtliche Teile einer Lüftungsanlage anzeigen zu lassen. Weiterhin lassen sich Informationen zu einem bestimmten Zweck aus dem Bauwerksdatenmodell generieren - z. B. welche Änderungen seit dem letzten Planungsstand durchgeführt wurden. Das Bauwerksdatenmodell erlaubt zudem Analysen und Simulationen von Modellinformationen, z. B. für Berechnungen der Tragwerksplanung, Sonnenstandanalysen oder Energiesimulationen.

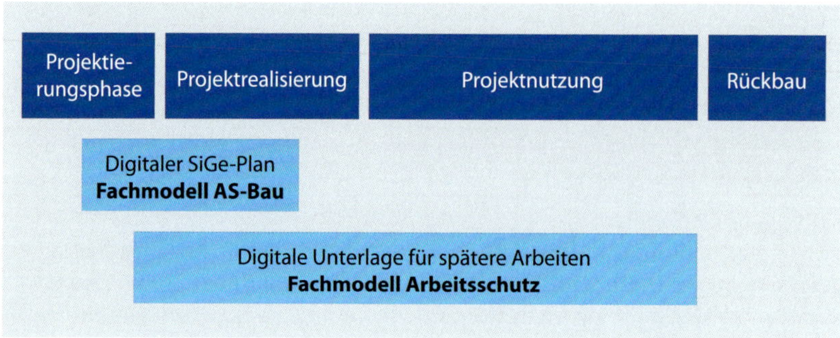

Abb. 2.13: Fachmodelle Arbeitsschutz im Lebenszyklus eines Bauwerks

Die Datenstruktur des BWDM wird mithilfe der Modellierungssoftware innerhalb der Modelldatei angelegt. Die Struktur kann daraufhin durch die Verknüpfung des Modells mit einer externen Datenbank in diese übernommen werden. Jedes Element des BWDM erhält eine von der Software generierte eindeutige Kennung, den sog. GUID (Global Unit Identifier). Dieser GUID ermöglicht die Verknüpfung der einzelnen Elemente des Bauwerkdatenmodells mit einer externen Datenbank.

Digitale BWDM sind die Grundlage für eine modellbasierte Zusammenarbeit. Hierbei entwickeln die jeweiligen Fachplaner eigene spezifische Bauwerksdatenmodelle, die als Fachmodelle bezeichnet werden. Je nach Fachdisziplin haben diese Datenmodelle unterschiedliche Inhalte bezüglich ihrer Bau- und Raumelemente sowie deren nicht-grafischen Informationen, Berechnungen oder Simulationen. Die Fachplaner erstellen die jeweiligen Modelle auf Grundlage der im BIM-Konzept festgelegten verbindlichen Modellierungsrichtlinien.

Je nach Fachrichtung der Ersteller der Modelle werden die jeweiligen Fachmodelle in Architekturmodell, TGA-Modell, Tragwerksmodell etc. unterschieden. Die einzelnen Fachmodelle können daraufhin zu einem Koordinationsmodell, bzw. einem Gesamtmodell, zusammengefügt werden.

Die beiden zentralen Dokumente, die der Koordinator nach BaustellV in traditioneller analoger Arbeitsweise zu erstellen hat, sind der SiGe-Plan und die Unterlage. Beide dokumentieren den Arbeitsschutz in unterschiedlichen Phasen im Lebenszyklus eines Bauwerks.

Während der SiGe-Plan die **Planung der Projektrealisierung** beinhaltet, widmet sich die Unterlage der **Planung der Projektnutzung**. Aus diesem Grund empfiehlt der Verfasser, bei der Transformation dieser Dokumente in digitale Ausfertigungen 2 unterschiedliche Fachmodelle zu erstellen (siehe Abb. 2.13).

Das Fachmodell für die Planung der Projektrealisierung ist ein temporäres Modell, das ausschließlich in der Ausführungsphase eines Projekts Verwendung findet. Nach Fertigstellung des Bauwerks hat dieses **Fachmodell Arbeitsschutz-Bau (AS-Bau)** lediglich deskriptiven Charakter im Sinne einer Baustellendokumentation und kann archiviert werden.

Das Fachmodell, das zur Planung der Projektnutzung erstellt wird, hat hingegen eine Bedeutung über die Projektrealisierung hinaus und sollte im Idealfall für den gesamten Lebenszyklus als **Fachmodell Arbeitsschutz** zur Verfügung stehen und fortgeschrieben werden.

Aufgrund der Komplexität der Ausgestaltung der Fachmodelle, der Vielzahl der Möglichkeiten zu deren Erstellung und Verwendung oder der Einbindung von Unternehmerinformationen in das jeweilige Modell, muss an dieser Stelle auf weiterführende Literatur (Dudek, 2020) verwiesen werden.

2.5.2 Vorteile der Digitalisierung

Zahlreiche Forschungsprojekte sowie in der Praxis mit Hilfe des Building Information Modeling durchgeführte Bauprojekte bestätigen die enormen Vorteile, die die Einführung dieser Methode für die Bauwirtschaft darstellt. Die folgende Aufzählung veranschaulicht beispielhaft einige Mehrwerte, die sich besonders für den präventiven Arbeitsschutz durch die Anwendung der BIM-Methode ergeben:

- Durch eine festgelegte Informations- und Dokumentenstruktur ist sichergestellt, dass alle benötigten Unterlagen rechtzeitig vorhanden und allen Projektbeteiligten, entsprechend ihren Verantwortlichkeiten, jederzeit zugänglich sind.
- Durch die definierte Zuweisung von Verantwortlichkeiten und Aufgaben, deren Erfüllungsgrad wiederum automatisiert kontrolliert und geprüft werden kann, können Arbeitsschutzmaßnahmen wirksam umgesetzt werden.
- Die Visualisierung in einem 3D-Modell liefert bereits allein durch ihre Anschaulichkeit ein besseres Projektverständnis.
- Durch Visualisierungen (z. B. von Gefährdungen) können Sprachbarrieren, die für einen großen Teil der Unfälle auf Baustellen verantwortlich sind, überwunden werden.
- Arbeitsabläufe, begrenzte Räume oder Orte mit begrenztem Zugang können direkt im Modell sichtbar gemacht werden.
- Durch Darstellung der Baustelleneinrichtung können sichere Verkehrswege, geeignete Kranstandorte, ausgewiesene Lagerplätze oder sichere Transportwege auf der Baustelle geplant und visualisiert werden.
- Durch verschiedene Simulationen (z. B. Bauablaufplanungen, Betrachtung der Bauzustände unter Beachtung der jahreszeitlichen Veränderungen auf der Baustelle wie z. B. geänderte Lichtverhältnisse etc.) können wichtige Erkenntnisse für den Arbeitsschutz gewonnen werden.

Die komprimierte Vorstellung der BIM-Methode und der Integration des Koordinators in den Prozess des Building Information Modeling hat das enorme Potenzial für die Weiterentwicklung der Koordination nach BaustellV gezeigt. Bei der Verwendung der Methode BIM ändern sich die Tätigkeiten des Koordinators aus fachlicher Sicht gegenüber der traditionellen analogen Arbeitsweise grundsätzlich nicht. Änderungen ergeben sich durch die definierten Regelungen in der Projektierungsphase (BIM-Konzept), in der Art der Informationsbeschaffung und -lieferung (BIM-Management) sowie der Darstellung der Arbeitsergebnisse (Bauwerksdatenmodell). Diese Änderungen wiederum erfordern erhebliche Anpassungen der internen Prozesse in einem Koordinationsbüro. Für den Koordinator bieten sich durch die Integration in den BIM-Prozess allerdings auch enorme Chancen für die Erweiterung seines Tätigkeitsfeldes und zu einer Verbesserung des präventiven Arbeitsschutzes.

Weiterführende Informationen und einen Handlungsleitfaden für die Integration des Koordinators nach BaustellV in den BIM-Prozess enthält der 7. Band der VSGK-Schriftenreihe mit dem Titel „Integration der Koordination nach Baustellenverordnung in den Prozess des Building Information Modeling" (Dudek, 2020).

3 Koordination im Bauvorhaben

Friedhelm Kring

3.1 Koordination in der Planungsphase

Bei den Aufgabenbereichen des Koordinators unterscheidet die BaustellV in § 3 in Koordination während der Planung und Koordination während der Ausführung des Bauvorhabens. Diese Einteilung spiegelt das vorliegende Werk in Kapitel 3.1 und 3.2 wider.

Koordination in der Planung bedeutet, dass die Tätigkeit des Koordinators nicht erst mit Beginn der Bauarbeiten startet, sondern lange vorher ansetzt. Im optimalen Fall wird der Koordinator von Beginn der Planungen in die Koordination einbezogen. Dann können sicherheits- und gesundheitsrelevante Aspekte vorausschauend betrachtet werden und Lösungsansätze bereits in die Bauvertragsunterlagen eingehen. Späteren Änderungen und Ärgernissen wird damit vorgebeugt.

Die BaustellV nennt als zentrale Aufgaben des Koordinators in der Planungsphase:

- die **Koordination** von Schutzmaßnahmen im Hinblick auf Sicherheits- und Gesundheitsgefahren,
- die Ausarbeitung eines **Sicherheits- und Gesundheitsschutzplans** (SiGe-Plan) (siehe Kapitel 3.1.2) und
- die Erstellung einer **Unterlage** für spätere Arbeiten (im Folgenden: Unterlage), die Angaben zu Sicherheit und Gesundheitsschutz bei späteren Arbeiten am Gebäude enthält (siehe Kapitel 3.1.4).

3.1.1 Vorankündigung

Zu den bereits in der Planungsphase eines Bauvorhabens greifenden Pflichten gehört – unter bestimmten Voraussetzungen – das Übermitteln einer Vorankündigung. Diese Pflicht betrifft den Bauherrn, die BaustellV nennt sie in § 2 und nicht etwa unter § 3 „Koordination". Auch wenn der Koordinator den Bauherrn beim Erstellen der Vorankündigung unterstützt oder das Erstellen in Eigenregie übernimmt, wird die Unterlage laut dem Musterdokument in Anlage A der RAB 10 vom Bauherrn oder einem verantwortlichen Dritten unterschrieben.

Mit der Vorankündigung wird ein geplantes Bauvorhaben an die zuständige Behörde gemeldet. Zuständig bezieht sich in diesem Fall nicht auf die Baubehörde, sondern auf die Arbeitsschutzbehörde (siehe Kapitel 2.1.7).

Ob eine Vorankündigung notwendig ist, hat nichts mit der räumlichen Ausdehnung einer Baustelle zu tun. Auch die Größe (Fläche, Höhe, Raumvolumen) des zu errichtenden Gebäudes spielt **keine** Rolle. Entscheidend für die

Notwendigkeit einer Vorankündigung sind gemäß § 2 BaustellV allein die folgenden beiden Kriterien:

- Die voraussichtliche Dauer der Arbeiten beträgt **mehr als 30 Arbeitstage** und auf der Baustelle sind **mehr als 20 Beschäftigte** gleichzeitig tätig.
- Die Arbeiten dauern voraussichtlich **länger als 500 Personentage**.

Die Verordnung verknüpft diese beiden Kriterien durch ein **oder**. Das bedeutet: Sobald nur **eines** der beiden Kriterien erfüllt ist – z. B. bei 21 Beschäftigten –, wird die Vorankündigung zur Pflicht. Somit kann eine Vorankündigung auch bei einem vergleichsweise kleinen Bauvorhaben wie einem Einfamilienhaus notwendig werden.

Beispiel

> Auf einer Baustelle sind 18 Personen an 20 Tagen beschäftigt und 9 Personen an 16 Tagen: $((18 \times 20) + (9 \times 16)) = 504$ Personentage. Damit ist das zweite Kriterium erfüllt. Und ohne Nachtschichten dürfte es auch mit Kriterium 1 eng werden.

Für ein rechtssicheres Erstellen und Übermitteln der Vorankündigung gilt darüber hinaus: Sie muss

- spätestens **2 Wochen** vor Einrichtung der Baustelle übermittelt werden,
- mindestens die **Angaben nach Anhang I BaustellV** enthalten,
- **sichtbar** und wettergeschützt auf der Baustelle **ausgehängt** werden, laut Nr. 10 RAB 10 (2003) muss die Lesbarkeit „*während der Bauarbeiten erhalten*" bleiben,
- **bei erheblichen Änderungen angepasst** werden.

Eine erhebliche Veränderung liegt z. B. vor, wenn der Bauherr wechselt, wenn der Koordinator wechselt, wenn sich die Bauzeit deutlich verkürzt oder verlängert, wenn auf der Baustelle zu Schichtarbeit gewechselt wird usw.

Diese Angaben muss die Vorankündigung einer Baustelle gemäß Anhang 1 der BaustellV enthalten:

- Ort der Baustelle
- Name und Anschrift des Bauherrn
- Art des Bauvorhabens
- Name und Anschrift des anstelle des Bauherrn verantwortlichen Dritten
- Name und Anschrift des Koordinators
- voraussichtlicher Beginn der Arbeiten und ihre Dauer
- die zu erwartende Höchstzahl der Beschäftigten auf der Baustelle
- Zahl der Arbeitgeber und Unternehmer ohne Beschäftigte, die voraussichtlich auf der Baustelle tätig werden
- Angabe der bereits ausgewählten Arbeitgeber und Unternehmer ohne Beschäftigte

Für die Gestaltung der Vorankündigung gibt es keine formalen Vorgaben. Anhang A der RAB 10 (2003) zeigt ein Musterdokument im Format einer A4-Seite, das als Vorlage verwendet werden kann (siehe Abb. 3.1).

An
(für den Arbeitsschutz zuständige Behörde)
– (in der Regel Gewerbeaufsichtsämter/Ämter für Arbeitsschutz)

Vorankündigung
gemäß § 2 der Verordnung über Sicherheit und Gesundheitsschutz auf Baustellen
(Baustellenverordnung – BaustellV)[1]

1. Bezeichnung und Ort der Baustelle: ....
Straße/Nr.: ....
PLZ/Ort: ....

2. Name und Anschrift des Bauherrn:
....
....
....

3. Name und Anschrift des anstelle des Bauherrn verantwortlichen Dritten:
....
....
....

4. Art des Bauvorhabens:
....

5. Koordinator(en) (sofern erforderlich) mit Anschrift und Telefon, ggf. Fax, E-Mail
– für die Planung der Ausführung: ....
– für die Ausführung des Bauvorhabens: ....

6. Voraussichtl. Beginn u. Ende der Arbeiten:
von .... bis ....

7. Voraussichtl. Höchstzahl der gleichzeitig Beschäftigten auf der Baustelle:
....

8. Voraussichtliche Zahl der Arbeitgeber:
....

9. Voraussichtliche Zahl der Arbeitgeber und Unternehmer ohne Beschäftigte:
....

10. Bereits ausgewählte Arbeitgeber und Unternehmer (ohne Beschäftigte):

Lfd. Nr.	Leistung/Gewerk	Name des Unternehmens/Arbeitgebers	Adresse
1.			
2.			
3.			
4.			
5.			
6.			
7.			
8.			
9.			
10.			

(weitere Angaben ggf. als Anlage)

(Ort/Datum) (Name)[2] (Unterschrift)

<u>Verteiler:</u>
1 × zuständige Behörde
1 × Baustellenaushang
1 × Bauherr

1 Eine solche Vorankündigung ist nur erforderlich, wenn entweder die voraussichtliche Dauer der Arbeiten mehr als 30 Arbeitstage beträgt und auf der Baustelle mehr als 20 Beschäftigte gleichzeitig tätig werden, oder wenn der Umfang der Arbeiten voraussichtlich 500 Personentage überschreitet.
2 Name des Bauherrn oder anstelle des Bauherrn verantwortlichen Dritten.

Abb. 3.1: Mustervorlage zur Vorankündigung einer Baustelle gemäß BaustellV (Quelle: Bauch; Bargstädt, 2017, S. 88)

Wenn ein Bauherr trotz vorliegender Notwendigkeit **keine** Vorankündigung **übermittelt**, kann dies als **Ordnungswidrigkeit** geahndet werden. Ebenso ordnungswidrig ist, wenn die Vorankündigung fehlerhaft ist, unvollständig ist oder nicht rechtzeitig übermittelt wurde.

3.1.2 Sicherheits- und Gesundheitsschutzplan (SiGe-Plan)

Die Funktion und Aufgabe des von der BaustellV – unter bestimmten Bedingungen – geforderten **Sicherheits- und Gesundheitsschutzplans** (SiGe-Plan) erschließt sich unmittelbar aus seiner Bezeichnung: Dieses Dokument soll alle für die Sicherheitskoordination erforderlichen geplanten Maßnahmen und Einrichtungen darstellen, die der Sicherheit und dem Gesundheitsschutz der auf einer Baustelle beschäftigten Personen dienen. Dies ist umso wichtiger und sinnvoller, je komplexer ein Bauprojekt ist.

Der SiGe-Plan sollte bereits in der Planungsphase erstellt werden und somit **rechtzeitig** vorliegen. Gemäß RAB 31 Nr. 3.1.2 (2003) sollten die relevanten Inhalte den Unternehmen bereits **bei der Angebotsbearbeitung** zur Verfügung stehen. Da diese Maßnahmen ausgeschrieben werden müssen, ist dies de facto jedoch zu spät. Der SiGePlan sollte zumindest im Entwurf zur Leistungsphase 6 vorliegen, damit für die erforderlichen Sicherheitseinrichtungen kein Nachtrag entsteht. In der Ausführungsphase soll der SiGe-Plan soll zudem auf der Baustelle einsehbar sein, und zwar bereits „*mit Einrichtung der Baustelle*“ (RAB 31, Nr. 3.1.4 [2003]).

Die RAB 31 legt Mindestanforderungen für Form und den Inhalt eines SiGe-Plans fest (siehe Kapitel 3.1.2.3). Diese gehen z. T. über die in der BaustellV formulierten Vorgaben hinaus und ergeben sich letztendlich stets aus den konkret erkannten bzw. auf der jeweiligen Baustelle zu erwartenden Gefährdungen.

3.1.2.1 Gewerkeübergreifende Gefährdungen

Im Fokus des SiGe-Plans stehen

- die gegenseitigen und damit gewerkeübergreifenden Gefährdungen durch z. B. Staub- oder Lärmemissionen oder gemeinsam genutzte Arbeitsmittel und Einrichtungen (siehe Abb. 3.2),
- die Gefährdungen durch die Baustellenumgebung, z. B. die Nähe zu öffentlichen Verkehrswegen oder Hochspannungsleitungen (siehe Abb. 3.2).

Gewerkeübergreifende Gefährdungen sind alle Verletzungs- und Gesundheitsrisiken, die

- vom Ort ihres Auftretens oder ihrer Entstehung auf Arbeitsplätze anderer Gewerke übergreifen,
- unbeteiligte in der Nähe befindliche Personen betreffen, die nicht über die notwendige Schutzausrüstung verfügen,
- mit anderen Gefährdungen von benachbarten Arbeitsplätzen und Tätigkeiten wechselwirken, sich überlagern und ggf. aufschaukeln.

Diese übergreifenden und wechselwirkenden Gefährdungen stehen im Fokus der Aktivitäten des Koordinators. Er muss daher die Besonderheiten der einzelnen Gewerke, Arbeitsverfahren und Arbeitsmittel kennen und mögli-

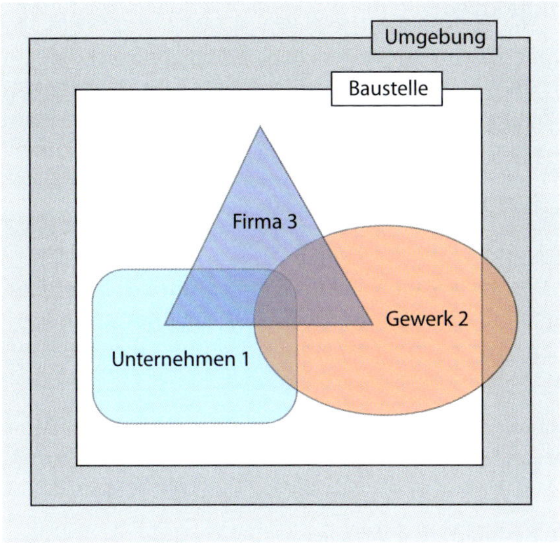

Abb. 3.2: Schematische Darstellung der sicherheitsrelevanten Schnittstellen auf einer Baustelle

che Auswirkungen auf andere Tätigkeiten und auf das Baustellengeschehen vorhersehen können. Seine Zuständigkeit betrifft insbesondere diejenigen Schutzmaßnahmen, die die einzelnen ausführenden Gewerke nicht bzw. nicht allein treffen können. Dabei sind die folgenden Fragen zu klären:

- Welche übergreifenden Gefährdungen sind wo und wann auf der Baustelle zu erwarten?
- Wann werden welche Arbeitsbereiche, Verkehrswege, Gerüste usw. gemeinsam bzw. zur gleichen Zeit genutzt?
- Wie können die Informationen über gegenseitige Gefährdungen rechtzeitig verfügbar gemacht werden?

Typische Fälle für gewerkeübergreifende Gefährdungen sind gesundheitsgefährliche Stäube, Lärm oder Blendungen durch Schweißarbeiten. Im SiGe-Plan wäre dann z. B. zu regeln, ab wann lärmintensive Arbeiten auf welche Weise vorab angemeldet werden.

Gemeinsam genutzte Einrichtungen

Viele technische Einrichtungen einer Baustelle werden von verschiedenen Gewerken und für unterschiedliche Zwecke genutzt. Dazu gehören Gerüste, Bauaufzüge, Krane, die Baustromversorgung, aber auch die Verkehrswege. Diese vielfach genutzten Einrichtungen implizieren damit automatisch auch gewerkeübergreifende Gefährdungen. Ein SiGe-Plan muss z. B. klären, wie ein Gerüst aussehen soll, um später von allen Gewerken problemlos genutzt werden zu können.

Auch die Sicherheitseinrichtungen einer Baustelle, vom Geländer einer Bautreppe bis zu technischen Maßnahmen zum Staubschutz, betreffen stets unterschiedliche bzw. alle ausführenden Unternehmen und Gewerke.

3.1.2.2 Besonders gefährliche Arbeiten

Für die Notwendigkeit, einen SiGe-Plan zu erstellen, gelten zunächst die gleichen Kriterien wie für die Vorankündigung. Das heißt, sobald für eine Baustelle eine Vorankündigung notwendig wird, ist stets auch ein SiGe-Plan zu erstellen. Ein SiGe-Plan kann jedoch **auch ohne Vorankündigung** zur Pflicht werden, wenn auf einer Baustelle, auf der Beschäftigte mehrerer Firmen tätig sind, **besonders gefährliche Arbeiten** durchgeführt werden.

Diese besonders gefährlichen Arbeiten werden in Anhang II der BaustellV genannt. Die Bedingung **Vorankündigung** ist damit eine hinreichende, aber keine notwendige Bedingung für die Pflicht zum SiGe-Plan. Dies stimmt zwar nicht ganz mit den EU-Vorgaben überein und wird unter Juristen kontrovers diskutiert, ist aber in der BaustellV so umgesetzt.

Die folgende Auflistung nennt typische und für Baustellen relevante Gefährlichkeitsmerkmale. Als besonders gefährliche Arbeiten im Sinne der BaustellV gelten:

- Arbeiten, bei denen die Beschäftigten der Gefahr des Versinkens, des Verschüttetwerdens in Baugruben oder in Gräben mit einer Tiefe von mehr als 5 m oder des Absturzes aus einer Höhe von mehr als 7 m ausgesetzt sind,
- Arbeiten, bei denen Beschäftigte ausgesetzt sind gegenüber
  - biologischen Arbeitsstoffen der Risikogruppen 3 oder 4 im Sinne der Biostoffverordnung oder
  - Stoffen oder Gemischen im Sinne der Gefahrstoffverordnung, die eingestuft sind als
    - akut toxisch Kategorie 1 oder 2,
    - krebserzeugend, keimzellmutagen oder reproduktionstoxisch jeweils Kategorie 1A oder 1B,
    - entzündbare Flüssigkeit Kategorie 1 oder 2,
    - explosiv oder Erzeugnis mit Explosivstoff,
  - Arbeiten mit ionisierenden Strahlungen, die die Festlegung von Kontroll- oder Überwachungsbereichen im Sinne des Strahlenschutzgesetzes und der auf dessen Grundlage erlassenen Rechtsverordnungen erfordern,
- Arbeiten in einem geringeren Abstand als 5 m von Hochspannungsleitungen,
- Arbeiten, bei denen die unmittelbare Gefahr des Ertrinkens besteht,
- Brunnenbau, unterirdische Erdarbeiten und Tunnelbau,
- Arbeiten mit Tauchgeräten,
- Arbeiten in Druckluft,
- Arbeiten, bei denen Sprengstoff oder Sprengschnüre eingesetzt werden,
- Aufbau oder Abbau von Massivbauelementen mit mehr als 10 t Einzelgewicht.

Bei den in der Liste genannten Tätigkeiten sind i. d. R. spezifische Arbeitsschutzvorschriften zu beachten wie die GefStoffV, die BioStoffV u. a.

Die hier gezeigte Liste gemäß Anhang II der BaustellV darf nicht als abschließend betrachtet werden. Wenn die Bauleitung und/oder der Koordinator aufgrund der konkreten Bauplanung weitere – hier nicht explizit genannte – Tätigkeiten als besonders gefährlich erachten, dann kann ebenfalls das Erstellen eines SiGe-Plans sinnvoll sein. Stellt sich erst später im Baufortschritt

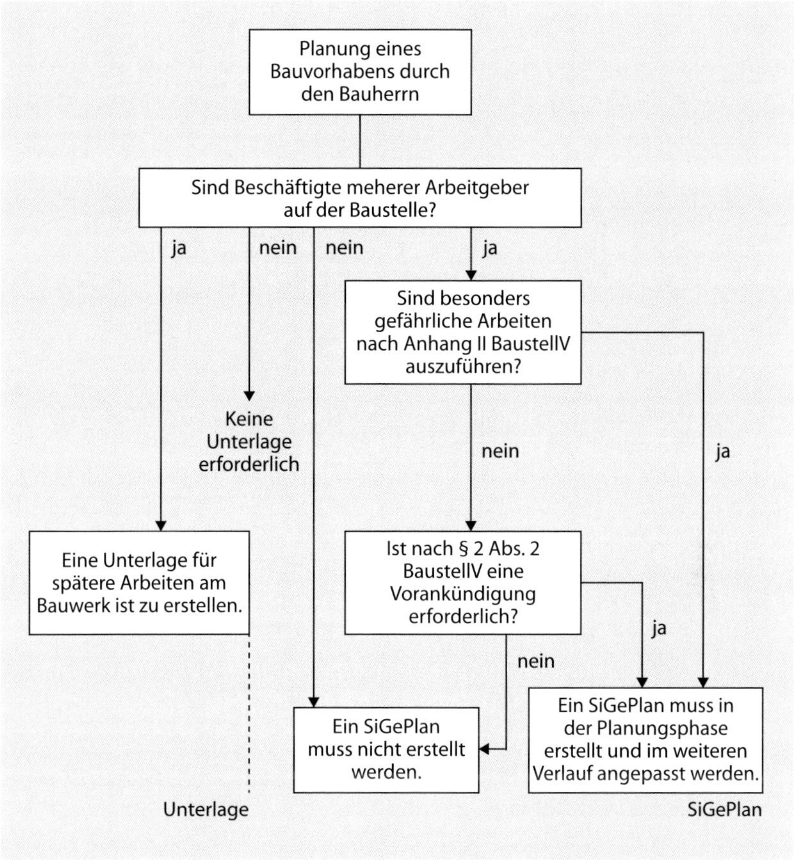

Abb. 3.3: Vorbedingungen und Schritte zum Erstellen von SiGePlan und Unterlage (nach Preißler; Georges, 2002, S. 29)

heraus, dass besonders gefährliche Arbeiten notwendig werden, sollte ein SiGe-Plan **nachgereicht** werden.

In Abb. 3.3 stellt die Planungsschritte für SiGe-Plan und Unterlage unter Einbezug des Aspekts „besonders gefährliche Arbeiten“ grafisch dar.

3.1.2.3 Erforderliche Inhalte

Aus dem SiGe-Plan soll laut BaustellV hervorgehen

- welche **Vorschriften** zum Arbeitsschutz auf der Baustelle gelten,
- welche **sicherheitsrelevanten betrieblichen Tätigkeiten** auf dem Baustellengelände und in dessen Nachbarschaft stattfinden werden,
- wie die Arbeitsabläufe dieser Tätigkeiten **räumlich und zeitlich** zugeordnet sind,
- welche **besonders gefährlichen Tätigkeiten** und Arbeitsabläufe zu erwarten sind,
- welche **Schutzmaßnahmen** für die besonders gefährlichen Tätigkeiten gelten.

Um diesen Anforderungen gerecht zu werden, sollte der Koordinator möglichst frühzeitig den Ort der geplanten Baustelle und dessen unmittelbare Umgebung kennenlernen (siehe Kapitel 3.1.5.1). Er muss den Bauablauf im Kopf haben, die späteren Abläufe auf der Baustelle möglichst realitätsnah mental durchgehen, Besonderheiten und Zusammenhänge erkennen und insbesondere die möglichen gegenseitigen und gewerkeübergreifenden Gefährdungen vorausschauend antizipieren. Denn genau in diesem **präventiven** – im Sinne von vorsorgenden – Ansatz liegt die Bedeutung des SiGe-Plans. Sein Anspruch ist, von vornherein Gefahrensituationen durch geeignete Maßnahmen zu entschärfen, statt **im Nachhinein** Fehler zu kontrollieren und Mängel zu beanstanden.

Gewerkeübergreifende Gefährdungsbeurteilung

Das Vorgehen beim Erstellen des SiGe-Plans ähnelt der klassischen Gefährdungsbeurteilung im Arbeitsschutz: Gefährdungen ermitteln, Risiken bewerten und Schutzmaßnahmen festlegen. Es entspricht einer für die jeweilige Baummaßnahme spezifischen gewerkeübergreifenden Gefährdungsbeurteilung. Der Koordinator kann und sollte daher die Informationen aus den Gefährdungsbeurteilungen der am Bau beteiligten Unternehmen – insbesondere zu den besonders gefährlichen Tätigkeiten – für das Erstellen des SiGe-Plans nutzen.

Die RAB 31 (2003) konkretisiert in Nr. 3.2 die Mindestanforderungen an den SiGe-Plan und nennt die folgenden Inhalte:

- nach Gewerken gegliederte Arbeitsabläufe
- gewerkebezogene Gefährdungen und die daraus ermittelten gewerkeübergreifenden Gefährdungen
- Gefährdungen aufgrund der örtlichen Gegebenheiten der Baustelle wie z. B. Freileitungen oder erdverlegte Leitungen
- Gefährdungen durch Dritte, z. B. Nachbarbaustellen, öffentlichen Verkehr, baustellenunabhängige Aktivitäten des Bauherrn, etwa auf einem Werksgelände
- mögliche Wechselwirkungen zwischen den nach Gewerken gegliederten Arbeitsabläufen, z. B. durch Bauzeitenpläne in Form von Balkendiagrammen oder Weg-Zeit-Diagrammen
- die festgelegten Maßnahmen zum Schutz vor den erkannten Gefährdungen auf Basis der geltenden Arbeitsschutzvorgaben, die ebenfalls genannt sein sollen

Nicht genannt werden müssen im SiGe-Plan die **selbstverständlichen** Maßnahmen, zu denen jeder Arbeitgeber verpflichtet ist – wie Sicherheitsunterweisungen seiner Mitarbeiter, das Bereitstellen von PSA, sichere Arbeitsmittel usw.

Zusätzliche Inhalte

Die RAB 31 (2003) empfiehlt, in den SiGe-Plan weitere Elemente aufzunehmen, z. B.:

- die vorgesehenen bzw. beauftragten Unternehmen mit namentlicher Nennung der Auszuführenden, die für bestimmte Arbeitsschutzmaßnahmen zuständig sind

- mitgeltende Unterlagen wie Pläne, Leistungsverzeichnisse, Ausschreibungstexte
- wichtige Termine, z. B. wann welche mitgeltenden Unterlagen vorliegen sollen, diese Termine können sinnvollerweise auch **relativ** dargestellt werden, d. h. bezogen auf bestimmte Ereignisse wie etwa **nach Abbau des Gerüsts** o. ä.
- die Verkehrsanbindung sowie die Maßnahmen zur Verkehrssicherung
- Informationsmaterialien zu Arbeitssicherheit und Gesundheitsschutz, z. B. von den Berufsgenossenschaften

Zu den ergänzenden Unterlagen eines SiGe-Plans gehören auch Gerüstpläne, Aufstellpläne für Maschinen, die Baustellenordnung und der Baustelleneinrichtungsplan.

Zuständigkeiten

Wesentlich für die Funktion des SiGe-Plans ist, dass Zuständigkeiten für gemeinsam genutzte Einrichtungen und Arbeitsmittel eindeutig geklärt werden. Auch wenn nicht jeder einzelne Punkt für jede Baustelle zutrifft, kann die folgende Tabelle 3.1 als Checkliste genutzt werden.

Tabelle 3.1: Zuordnung von Zuständigkeiten im SiGe-Plan

Zuständigkeit für	Unternehmen/Ansprechpartner
Untergrund, Altlasten, Standsicherheit	
Gerüste, Aufsteige, Treppenturm etc.	
Kran und dessen Schwenkbereiche	
Absturzsicherungen, Auffangnetze usw.	
Container	
Lagerplätze	
Fahrzeuge	
Verkehrswege	
Verwendung von bzw. Schutz vor Gefahrstoffen	
Baustromversorgung und Elektrosicherheit	
Baustellenbeleuchtung	
Schutzdächer/Schutz vor Wind und Regen	
Schutz vor Lärm und Vibrationen	
Mittel und Einrichtungen zur Ersten Hilfe	
Brandschutz und Explosionsschutz	
Alarm- und Notfallplanung, Flucht- und Rettungswege, Sammelplätze	

3.1.2.4 Gestaltung

Formale Vorgaben an Aufbau oder Format des SiGe-Plans gibt es nicht, die Gestaltung bleibt laut RAB 31, Nr. 3.4 (2003) *„dem Bauherrn überlassen"*. Alle seit der Veröffentlichung der BaustellV bisher propagierten Formate wie Balkenpläne, Tabellen, Organigramme usw. haben ihre Stärken und Schwächen.

Grundsätzlich kommt jede zweidimensionale Darstellung eines Bauprojekts – einem vierdimensionalen Geschehen in Raum und Zeit – an Grenzen. Bei komplexen Bauprojekten kann naturgemäß auch der SiGe-Plan komplex werden und große Papierformate annehmen. Der SiGe-Plan kann auch *„die Form eines entsprechend ergänzten Bauablaufplans"* aufweisen (Kohte et al., 2014, S. 550) oder statt eines großformatigen Dokuments aus mehreren einzelnen Dokumenten bestehen (siehe hierzu auch Kapitel 2.5 BIM).

Als Kriterien für einen hochwertigen SiGe-Plan gelten:

- **Verständlichkeit**: Ist der Plan übersichtlich, eindeutig und so detailliert wie nötig?
- **Zugänglichkeit:** Ist der Plan entweder wetterfest ausgehängt oder wird er in einem Raum, z. B. Büro oder Container des Bauleiters, vorgehalten, und ist dieser Standort allen bekannt?
- **Aktualität**: Wird der Plan bei Änderungen in der Bauplanung oder im Baugeschehen kritisch überprüft und ggf. überarbeitet?

Die Akzeptanz eines SiGe-Plans steigt, je besser diese Parameter erfüllt werden.

Entscheidend ist, dass der SiGe-Plan von allen betroffenen Akteuren **gelesen** und verstanden werden kann. Er soll festlegen und nachvollziehbar anzeigen, wie die Schutzmaßnahmen und Sicherheitsvorkehrungen beim Zusammenspiel – Nebeneinander wie Nacheinander – der unterschiedlichen Subunternehmen und Gewerke organisiert und geregelt sind. Es muss z. B. in einer Tabelle klar werden, welche Elemente jeweils in waagerechter und in senkrechter Form zu lesen sind. In Anlage A der RAB 31 (2003) sind weitere Erläuterungen und Anleitungen zum Erstellen zu finden. Spezielle Softwareprodukte können das Erstellen erleichtern (siehe Kapitel 6.5). In Abb. 3.4 erläutert die Zuordnung der Arbeitsschritte zu den Inhalten des SiGe-Plans.

Beim Erstellen des SiGe-Plans werden i. d. R. weitere Unterlagen genutzt und einbezogen wie Lagepläne, Beschreibungen des Bauvorhabens mit den Bauzeitplanungen, Leitungsführungspläne, Gutachten usw. Andere Dokumente, etwa zur Baustelleneinrichtungsplanung, Alarm- oder Fluchtwegpläne hat der Koordinator möglicherweise selbst erstellt. Auch diese werden als mitgeltende Unterlagen dem SiGe-Plan zugeordnet.

3.1.2.5 Rechtliche Bedeutung

Der SiGe-Plan ist aus juristischer Perspektive keineswegs isoliert zu betrachten, quasi als Anhängsel der ansonsten zwischen Bauherr, Architekt, Bauleiter und Bauunternehmen bestehenden Rechtsbeziehungen. E ist – sofern er zu diesem Zeitpunkt vorliegt – als **verbindlicher Teil der Ausschreibung** zu sehen und gehört zu den vertraglichen Beziehungen der an einem Bau beteiligten Unternehmen bzw. wird zum Bestandteil eines Bauvertrags. Diese

Arbeitsschritte	Inhalte des SiGe-Plans
Planung der Ausführung	
Bestandsaufnahme zum Bauvorhaben (Beschreibung, Gutachten, Pläne, Genehmigungen usw.) und Erfassung aller Tätigkeiten (Gewerke) entsprechend der vorgesehenen Bauablaufplanung; ggf. Berücksichtigung anderweitiger betrieblicher Tätigkeiten auf dem Gelände	• Auflistung aller Tätigkeiten (Gewerke) unter Berücksichtigung ihres zeitlichen Ablaufs (ggf. in Anlehnung an den Bauablaufplan, z. B. in Form eines Balkendiagramms)
Festlegung der wesentlichen tätigkeits(gewerks-)spezifischen Maßnahmen (einschließlich der Maßnahmen für besonders gefährliche Arbeiten nach Anhang II BaustellV); Ermittlung der Auswirkungen auf spätere Arbeiten an der baulichen Anlage für die Unterlage nach § 3 Abs. 2 Nr. 3 BaustellV	• erforderliche Maßnahmen, Verweis auf die anzuwendenden Arbeitsschutzbestimmungen • Verweis auf Pläne und Anweisungen
Ermittlung der Beurteilung möglicher gegenseitiger Gefährdungen, die sich aus örtlicher und zeitlicher Nähe ergeben	• Koordinierungsmaßnahmen zur Beseitigung bzw. Minimierung der gegenseitigen Gefährdungen (z. B. Regelungen bei Schweiß- und Montagearbeiten)
Festlegung baustellenspezifischer Maßnahmen (z. B. Erste Hilfe, Rettungsmaßnahmen, Brandschutz, Verkehrs-, Flucht- und Rettungswege) und Koordinierung der erforderlichen (Sicherheits-)Einrichtungen unter Berücksichtigung des Bauablaufs (z. B. Sozialeinrichtungen, Einrichtungen zur ersten Hilfe, Baustromverteilung, Seitenschutz, Gerüste) und ggf. vorliegender Gefährdungsbeurteilungen der beteiligten Unternehmen	• Verweis auf baustellenspezifische Regelungen • Einrichtungen, die zur Verwendung durch mehrere Gewerke geplant sind bzw. gestellt werden • Ausschreibung der gemeinsam genutzten Einrichtungen einschließlich deren Vorhaltung bzw. Überprüfung; Verweis auf entsprechende Position im Leistungsverzeichnis
Ausführung	
Überprüfung der festgelegten Maßnahmen bei erheblichen Änderungen in der Bauausführung während der gesamten Planung der Ausführung sowie der Ausführung des Bauvorhabens	• Fortschreibung durch Anpassung bzw. Änderung der Angaben

Abb. 3.4: Arbeitsschritte und Inhalte des SiGe-Plans (nach Bauch; Bargstädt, 2017, S. 100)

Unternehmen sollten den SiGe-Plan sowie notwendige mitgeltende Dokumente nachweislich und vor Baubeginn erhalten haben. Im optimalen Fall werden die Gefährdungsbeurteilungen der einzelnen auszuführenden Baufirmen eng mit dem SiGe-Plan verknüpft.

Der Koordinator sollte schriftlich festhalten, wann er wen auf welche Weise zum SiGe-Plan informiert und den Plan – z. B. im Rahmen einer Sicherheitsbesprechung – erläutert hat. Dieses Protokollieren dient ihm ggf. als Nachweis, seinen Aufgaben nachgekommen zu sein.

Keinen SiGe-Plan für eine Baustelle zu erstellen, kann eine **Ordnungswidrigkeit** darstellen. Dies hat das OLG Celle mit Beschluss vom 18.09.2013 bestätigt (Az.: 322 SsRs 203/13). Zum Bußgeld von bis zu 5.000 € kommen bei Personen- oder Sachschäden unkalkulierbare Risiken wie Haftung, Schadensersatz, Schmerzensgeld oder Regressforderungen der BG.

Die RAB 31 (2003) weist ausdrücklich darauf hin, dass ein SiGe-Plan nicht automatisch von einer einzigen Person erstellt werden muss. Der Koordinator soll sich ggf. fachkundigen Rat holen. Als geeignete Ansprechpartner und Unterstützer nennt die RAB die Arbeitsschutzbehörden, die Berufsgenossenschaften, die Fachkräfte für Arbeitssicherheit (siehe Kapitel 2.2.2) sowie Sachverständige oder andere Experten.

Hinweis

> **Sachverständiger** ist kein geschützter Begriff. Das Arbeitsschutzrecht nennt den Begriff nur selten, z. B. werden in der BetrSichV Prüfsachverständige als „zur Prüfung befähigte Personen" bezeichnet. In anderen Rechtsdokumenten ist von **sachkundigen** oder von **fachkundigen** Personen die Rede. In jedem Fall handelt es sich um Personen, die der Koordinator zurate ziehen kann.

Der SiGe-Plan in seiner jetzigen Form wird in den letzten Jahren stark diskutiert. Im Gespräch ist eine Reformierung zu einem 2-stufigen Verfahren. Dabei soll ein vor Baubeginn erstellter Rahmen-SiGe-Plan um einen zweiten SiGe-Plan ergänzt werden, der flexibel die Gefährdungsbeurteilungen der einzelnen Gewerke und das akute Baugeschehen einbindet. Konkrete Vereinbarungen dazu waren zu Redaktionsschluss (Oktober 2019) noch nicht abzusehen.

3.1.3 Baustellenordnung

Die Baustellenordnung – nicht zu verwechseln mit der Baustellen**ver**ordnung – ist ein Dokument, mit dem der Bauherr Informationen und Regeln bekannt gibt, die auf „seiner" Baustelle gelten. Eine Baustellenordnung hat den Charakter einer **Hausordnung für die Baustelle**. Sie informiert alle Beteiligten in kompakter Form über Organisation, Abläufe und Zuständigkeiten und hat dadurch eine hohe Relevanz für die Baustellensicherheit. Jeder, der eine Baustelle betritt, wird über die Baustellenordnung informiert, wie er sich auf dieser Baustelle sicherheitsgerecht zu verhalten hat und welche Regelungen gelten. Eine Baustellenordnung bezieht sich daher stets konkret auf die Baustelle, auf der sie aushängt.

Hinweis

> Es kursieren zwar Muster-Baustellenordnungen, die als Vorlage genutzt werden können (siehe Kapitel 6.3). Aber es kann keine universell einsetzbare Baustellenordnung geben, die für jede andere Baustelle einfach kopiert werden könnte. Jede Vorlage muss stets an die konkreten Verhältnisse und Bedingungen der Baustelle vor Ort angepasst werden. Beim Kopieren fremder oder früherer Baustellenordnungen besteht stets die Gefahr, dass Informationen übernommen werden, die im aktuellen Fall gar nicht zutreffen, oder dass Punkte genannt werden, die auf der Baustelle vor Ort anders geregelt werden. Alle unzutreffenden Informationen und überflüssigen Inhalte verwirren den Leser und werten eine Baustellenordnung ab.

Als **mitgeltende Unterlage** wird eine Baustellenordnung i. d. R. dem SiGe-Plan zugeordnet. Im Unterschied zum SiGe-Plan richtet sie sich nicht (allein) an die ausführenden Unternehmen und deren Mitarbeiter, sondern auch an alle anderen Personen, die sich zeitweise auf einer Baustelle aufhalten wie Lieferanten, Besucher oder Wachpersonal. Die Regeln einer aushängenden Baustellenordnung zum sicherheitsgerechten Verhalten auf der Baustelle gelten auch für Bauleiter, Planer, Statiker, Architekten, externe Dienstleister wie Security-Dienstleister usw. und nicht zuletzt für den Koordinator selbst. Formuliert eine Baustellenordnung, dass die Baustelle nur mit Sicherheitsschuhen und mit Schutzhelm betreten werden darf, dann gilt dies ausnahmslos, auch für den Bauherrn und ihn begleitende Personen und ebenso für Mitarbeiter von Behörden oder Berufsgenossenschaften.

Das Erstellen einer Baustellenordnung gehört laut RAB 30 (2003) zu den **Aufgaben des Koordinators.** Zudem soll der Koordinator auf das Einhalten der Baustellenordnung hinwirken. Wie sich dieses Hinwirken in der Praxis gestaltet, bleibt offen. Es ist aber davon auszugehen, dass damit eine gewisse Aufsichtspflicht des Koordinators über die Bauarbeiten i. e. S. hinausgeht und auch sicherheitsrelevante Randaspekte wie Lieferverkehr oder Besucherlenkung betrifft.

Praxistipp

Die Offensive Gutes Bauen hat einen „Leitfaden für die Erstellung einer Baustellenordnung" veröffentlicht (2018; siehe Kapitel 6.5.3). Er geht auf mögliche in der Praxis auftretende Probleme ein und unterstützt beim Erarbeiten baustellenbezogener Lösungen. Dieser Leitfaden kann als (inoffizieller) nationaler Qualitätsstandard für Baustellenordnungen betrachtet werden.

Inhalte der Baustellenordnung

Eine Baustellenordnung soll die unternehmens- und gewerkeübergreifenden Regeln und Vereinbarungen für sichere und störungsfreie Abläufe darstellen. Sie kann und soll nicht über sämtliche Vorgaben zum sicheren und gesundheitsgerechten Arbeiten informieren, die oft nur für bestimmte Tätigkeiten oder Gewerke gelten. Die Herausforderung für den Ersteller ist, bei der Wahl der Inhalte und damit dem Umfang der Baustellenordnung das richtige Maß zu finden im Sinne von „So viel wie nötig, aber so wenig wie möglich".

Auf die folgenden Fragenkomplexe sollte eine Baustellenordnung Antworten geben, denn sie betreffen **jedes** Unternehmen und **jede** Person, die sich auf einer Baustelle aufhalten:

- **Geltungsbereich:** Für wen gilt die Baustellenordnung? Unternehmer, Subunternehmer, Lieferanten, Besucher usw.
- **Räumliche Abgrenzung**: Wie ist die Baustelle oder sind (bei Großbaustellen) die Bauabschnitte räumlich abgegrenzt? Wie ist die Baustelle an das öffentliche Verkehrsnetz angeschlossen? Welche Regeln, Höchstgeschwindigkeiten usw. gelten für den Baustellenverkehr?

- **Zeitliche Abgrenzung**: Wie sind die Bauarbeiten zeitlich definiert, z. B. welche Baustellenbetriebszeiten und Rahmenarbeitszeiten gelten, gibt es feste Zeiten für An- und Abtransporte usw.?
- **Zutrittsregelungen**: Wer hat Zugang zur Baustelle und unter welchen Voraussetzungen? Welche An- und Abmeldepflichten sowie Einweiseregelungen gelten beim Betreten und Verlassen der Baustelle? Welche Personen bzw. Personengruppen benötigen Baustellenausweise? Welche Dokumente (Ausweise, Genehmigungen) müssen auf der Baustelle mitgeführt werden? Wie werden Besucher angekündigt, Führungen bewilligt usw.?
- **PSA-Tragegebote**: Welche Schutzausrüstung muss grundsätzlich und im gesamten Baustellenbereich getragen werden?
- **Alkohol und Zigaretten**: Soll ein grundsätzliches Verbot für **Alkohol** (und andere Drogen) auf der Baustelle gelten? Wo darf geraucht werden und wo nicht?
- **Technische Versorgung**: Wer ist zuständig und Ansprechpartner bei Fragen zur Versorgung mit Wasser, elektrischem Strom, technischen Gasen, Druckluft usw.?
- **Unterkünfte und Aufenthaltsräume**: Wo wird gegessen und getrunken, wo gibt es Möglichkeiten zum Waschen, Umziehen usw.?
- **Brandschutz**: Was gilt für das Verhalten im Brandfall? Wo befinden sich Feuerlöscher, Brandmeldeeinrichtungen sowie Flucht- und Rettungswege, Sammelplätze usw. (bzw. Verweise auf Aushänge oder Brandschutzordnung)? Gibt es einen Brandschutzbeauftragten? Welche Vorgaben gelten bei erhöhter Brandgefahr? Welche Freigabeverfahren sind vor dem Schweißen und anderen Heißarbeiten verpflichtend einzuhalten?
- **Erste Hilfe**: Wie sind Ersthelfer und Betriebssanitäter erreichbar (Telefon, Ort, Anwesenheitszeiten)? Wo befinden sich Sanitätscontainer oder Erste-Hilfe-Räume? Wo gibt es weitere Einrichtungen zur Ersten Hilfe und Rettungsmittel wie z. B. eine kranbare Trage, Rettungsgeschirr usw.
- **Notfall:** Wo befinden sich die Aushänge der Notfallnummern zu Notruf, Feuerwehr, Rettungsdiensten, Rettungsleitstelle, Krankenhaus, D-Arzt usw.?
- **Umweltschutz**: Welche Regelungen gelten für Abfälle, Reststoffe, Bauschutt, Sondermüll usw.? Was gilt für Schmutzwasser, den Umgang mit Niederschlagswasser, die Abwässer von Reinigungsarbeiten usw.?

Dazu können je nach Baustelle weitere Regelungen kommen, etwa zum Fotografieren und Filmen auf der Baustelle oder besondere Vorgaben für Ordnung und Sauberkeit. Auch aus der Nachbarschaft kann es Forderungen und Wünsche geben, die sich in einer Baustellenordnung niederschlagen, z. B. zum Lärmschutz.

Die Baustellenordnung bietet zudem die Möglichkeit, Weisungsbefugnisse des Koordinators (siehe auch Kapitel 2.4.4) zu klären. Ebenfalls deutlich werden sollten die Konsequenzen für denjenigen, der die Vorgaben der Baustellenordnung ignoriert.

Praxistipp

Eine sorgfältig erstellte Baustellenordnung, die alle wichtigen sicherheitsrelevanten Aspekte deutlich anspricht, kann auch als Grundlage für Sicherheitsunterweisungen dienen bzw. zum Einweisen von neuen Mitarbeitern, Subunternehmen, Leiharbeitern usw.

SiGe-Plan in Baustellenordnung integrieren?

Hin und wieder wird diskutiert, ob man nicht den SiGe-Plan in die Baustellenordnung integrieren könne. Das bietet sich auf den ersten Blick an, da es sich um 2 Dokumente handelt, die sich inhaltlich überschneiden und z. T. die gleichen Aspekte thematisieren. Gegen diese Zusammenlegung spricht jedoch ein wichtiges Argument: Die Baustellenordnung ist ein recht starr fixiertes Dokument. Der SiGe-Plan lässt sich viel leichter ergänzen, aktualisieren und bei allen relevanten Änderungen nachführen. Eine Zusammenlegung würde diese Möglichkeit zum schnellen Reagieren und Anpassen unmöglich machen oder zumindest deutlich erschweren. Auch eine umfassende und inhaltlich perfekte Baustellenordnung kann daher niemals den SiGe-Plan ersetzen oder überflüssig machen! Der „Leitfaden für die Erstellung einer Baustellenordnung“ (2018) der Offensive Gutes Bauen empfiehlt, koordinationsrelevante Punkte einer Baustellenordnung als Bestandteil des SiGe-Plans zu kennzeichnen.

3.1.4 Unterlage

Die BaustellV fordert in § 3 das Erstellen einer sog. Unterlage zu den für spätere Arbeiten am Gebäude notwendigen Angaben zu Sicherheit und Gesundheitsschutz. Diese Vorgabe wird in der RAB 32 (2003) konkretisiert. Diese Unterlage für spätere Arbeiten (im Folgenden: Unterlage) geht damit weit über das Planen und Errichten eines Bauwerks hinaus. Die Unterlage wirft – bereits in der Planungsphase – einen Blick in die Zukunft, der den gesamten Lebenszyklus der Immobilie umfasst und bis zum Abbruch reichen kann.

Die Pflicht zum Erstellen der Unterlage ordnet die BaustellV dem Koordinator zu. Er soll schon während der Planung sowie in der Bauphase aktuelle Informationen nutzen, um prospektiv für die Zukunft zu planen, wo wann und unter welchen Bedingungen welche Sicherheitsmaßnahmen notwendig werden. Damit sollen die Aspekte Sicherheit und Gesundheitsschutz in ein zukunftsfähiges Konzept für das gesamte Gebäude eingebunden werden.

Dieser vorausschauende Ansatz ähnelt Vorgaben aus dem Produktsicherheitsrecht. Auch der Hersteller eines technischen Geräts soll bereits in der Planung und Konstruktion Sicherheits- und Gesundheitsaspekte über dessen gesamten Produktlebenszyklus berücksichtigen. Zudem ist er verpflichtet, den Benutzer über eine Betriebsanweisung nicht nur zur sicherheitsgerechten Bedienung, z. B. eines Elektrowerkzeugs oder einer Maschine, zu informieren, sondern auch zu Wartung, Pflege, Austausch von Verschleißteilen, Entsorgung usw. In ähnlicher Weise soll die Unterlage zu einem Gebäude möglicherweise später auftretende Gefährdungen und Gesundheitsrisiken voraussehen und alle notwendigen Informationen – analog einer „Gebäude-Betriebsanweisung“ – zusammenstellen, die später benötigt werden, um diese Gefährdungen zu minimieren.

Genau wie der SiGe-Plan muss auch die Unterlage stets aktuell gehalten und bei Änderungen **angepasst** werden. Dies ist zwar in der BaustellV nicht ausdrücklich erwähnt, die übergeordnete EG-Baustellenrichtlinie sieht jedoch in Artikel 6c ein Anpassen nicht allein des SiGe-Plans, sondern auch der Unterlage *„unter Berücksichtigung des Fortschritts der Arbeiten und eingetretener Änderungen“* explizit vor.

Sind die Bauarbeiten abgeschlossen, und hat sich der Koordinator davon überzeugt, dass alle in der Unterlage vorgesehenen sicherheitstechnischen Einrichtungen vollständig installiert und geprüft wurden, übergibt der Koordinator die Unterlage an den Bauherrn. Dieser sollte die Unterlage aufbewahren und sicherstellen, dass ihre Inhalte bei Arbeiten am Gebäude berücksichtigt werden. Ein späterer Käufer des Gebäudes sollte eine Kopie erhalten, ebenso ein Mieter oder Betreiber, sofern er für die Instandhaltung des Gebäudes zuständig ist.

3.1.4.1 Instandhaltung

Instandhaltung ist in der DIN 31051 „Grundlagen der Instandhaltung“ (2019) definiert als *„Kombination aller technischen und administrativen Maßnahmen sowie Maßnahmen des Managements während des Lebenszyklus einer Betrachtungseinheit zur Erhaltung des funktionsfähigen Zustandes oder Rückführung in diesen, sodass sie die geforderte Funktion erfüllen kann.“* Die damit verbundenen Tätigkeiten und Prozesse können den 4 Bereichen **Wartung, Inspektion, Instandsetzung und Verbesserung** zugeordnet werden. Eine andere Einteilung unterscheidet – gemäß DIN EN 13306 „Instandhaltung – Begriffe der Instandhaltung“ (2018) – die **vorbeugende Instandhaltung** von der **korrektiven Instandhaltung**.

Auch ein Gebäude ist im weitesten Sinne ein technisches Konstrukt, das instandgehalten werden muss. Öffentliche wie private Eigentümer stehen in der Pflicht, dieses Konstrukt stets in einem sicheren Zustand zu erhalten. Die vom Koordinator geforderte Unterlage fokussiert auf die späteren Wartungs- und Instandhaltungsarbeiten während der gesamten Betriebsphase des Gebäudes. Das betrifft insbesondere solche Tätigkeiten, bei denen bereits bekannt oder vorhersehbar ist, dass sie regelmäßig durchgeführt werden.

Die Sicherheitsanforderungen beziehen sich auf sämtliche möglicherweise gefährdeten Personengruppen. Das sind die Eigentümer, Mieter, Besucher und Passanten, aber insbesondere auch Hausmeister, Immobilienverwalteter, Mitarbeiter von Dienstleistern aus dem Facility Management oder Handwerker, die später bestimmte Kontroll-, Wartungs- oder Reparaturaufgaben durchführen.

Die besondere Bedeutung der Unterlage ergibt sich aus der Tatsache, dass Instandhaltungsarbeiten als besonders **unfallträchtig** gelten. Dies hat viele Gründe: Reparaturen werden oft unter Zeitdruck durchgeführt, die ausführenden Personen müssen Gebäudebereiche – wie etwa Dächer oder Aufzugsschächte – betreten, die nicht für einen Zugang vorgesehen sind, Schaltkästen müssen geöffnet werden usw. Das Unfallrisiko wächst, wenn eine Instandhaltungsmaßname organisatorisch oder technisch unzureichend vorbereitet wurde. Die Unterlage dient dazu, spätere Instandhaltungsaufgaben sicherer zu machen und effizienter planen zu können. Eine sorgfältig erstellte Unterlage zeigt zudem spätere mögliche Kostenfallen auf.

3.1.4.2 Erforderliche Angaben

Die BaustellV äußert sich nur recht knapp zu den Inhalten der Unterlage. Sie soll laut § 3 Abs. 2 Nr. 3 die *„erforderlichen, bei möglichen späteren Arbeiten an der baulichen Anlage zu berücksichtigenden Angaben zur Sicherheit und Gesundheitsschutz"* enthalten. Vorgaben zum Aufbau oder zum Umfang der Unterlage gibt es nicht.

Konkreter wird die RAB 32 (2003). Sie schlüsselt die erforderlichen Angaben in Nr. 4.2.1 in 4 Bereiche auf wie folgt:

- **Teil der baulichen Anlage**, z. B. Dach, Fassade, Aufzug usw.
- **Art der Arbeit**, z. B. Prüfung, Reinigung, Austausch von Filtern usw.
- **Gefährdungen** wie Absturz, elektrische Risiken usw.
- **Sicherheits- und Gesundheitsschutz**: sicherheitstechnische Einrichtungen, aber auch organisatorische Maßnahmen

Auch ein Koordinator ist kein Hellseher. Nicht jede Einzelheit der Jahre oder Jahrzehnte später notwendig werdenden Wartungs- und Instandhaltungsprozesse ist voraussehbar. Dazu kommt, dass sich Arbeitsverfahren verändern und der Stand der Technik weiterentwickelt. Dass z. B. inzwischen bestimmte Inspektionsaufgaben an Industriegebäuden von Drohnen übernommen werden, hätte der Koordinator beim Erstellen der Unterlage für diese Gebäude vermutlich kaum voraussehen können. Gleichwohl kann ein großer Teil der später möglicherweise auftretenden Gefährdungen und Gesundheitsrisiken erfasst werden, wenn die folgenden Fragen systematisch abgearbeitet und geklärt werden:

- Welche Arbeiten werden später geplant oder ungeplant in welcher Häufigkeit oder Frequenz im oder am fertigen Gebäude notwendig sein?
- Welche Gefahren und Risiken werden damit verbunden sein?
- Welche Angaben zu Baumaterialien, Statik, Versorgungsleitungen, Gebäudeleittechnik, sicherheitstechnischen Einrichtungen usw. werden für spätere Arbeiten relevant sein?
- Welche Arbeitsverfahren sind vorgesehen und welche Sicherheitsvorkehrungen sollen dabei angewandt werden?
- Für welche technischen Anlagen müssen Zugangsmöglichkeiten bestehen, z. B. um Lüftungsanlagen zu warten, Solaranlagen und Photovoltaikmodulen zu inspizieren usw.
- Kann der Ort der Instandhaltung sicher erreicht werden? Wie steht es z. B. um die Durchtrittsicherheit von Lichtschächten und Lichtkuppeln bei Wartungsarbeiten auf Dächern?
- Welche technischen oder baulichen Maßnahmen sind bereits jetzt zu berücksichtigen, z. B. die Lage von Steigleitern?

- Können die erforderlichen Werkzeuge und Arbeitsmaterialien sicher an den späteren Arbeitsort transportiert werden?
- Müssen Abfälle und Abwässer entsorgt werden, ggf. auch Sondermüll?
- Mit welchen Umgebungsbedingungen ist zu rechnen und wie muss darauf reagiert werden (Temperatur, Wind, Sicht bei Dunkelheit usw.)? Wird z. B. eine zusätzliche Beleuchtung notwendig?
- Werden Anschlüsse für elektrischen Strom, Wasser, Druckluft o. a. notwendig sein?

Hinweis

> Als Grundlage für eine sicherheitstechnisch angemessene Gebäudeplanung gilt die Norm DIN 4426 „Einrichtungen zur Instandhaltung baulicher Anlagen – Sicherheitstechnische Anforderungen an Arbeitsplätze und Verkehrswege – Planung und Ausführung" (2017).

Welche technischen Bereiche, Anlagen und Prozesse beim Erstellen der Unterlage erfasst werden müssen, hängt von der Art der baulichen Anlage und seiner zu erwartenden Nutzung ab. Grundsätzlich sollten die folgenden Gebäudebereiche bzw. -funktionen sollten betrachtet werden:

- Zugänge, Aufstiege, Ausstiege
- Fensterreinigung
- Fassadenreinigung
- Aufzugsanlagen
- Klima- und Lüftungsanlagen
- Rauch- und Wärmeabzugsanlagen (RWA)
- Blitzschutzanlagen
- Schornsteine und ihre Inspektionen durch den Kaminkehrer
- Versorgungseinrichtungen und deren Anschlüsse: Wärme, Strom, Wasser, Gas usw.
- Abwasseranlagen: Entwässerung, Kanalisation, Regenwassertanks, Regenwasserabläufe
- Geothermie-Sonden
- Gebäudeautomation
- Winterdienst
- Besondere Gestaltungselemente („Kunst am Bau"), welche die späteren Instandhaltungsarbeiten erschweren?
- Arbeiten auf dem Grundstück: Grünpflege, Heckenschnitt, Baumschnitt, Zierteiche usw.

In gewerblich genutzten Gebäuden und Industrie kommen weitere Aspekte hinzu wie etwa Förderanlagen, Versorgung mit technischen Gasen, Starkstromversorgung usw.

Gefährliche Dacharbeiten

Ein besonderes Augenmerk sollte den Reinigungs-, Kontroll- und Wartungsarbeiten auf Dächern gelten. Denn dabei kommt es häufig zu schweren und oft tödlichen Absturzunfällen. Vom Erneuern von Dachabdichtungen über das Reinigen von Oberlichtern bis zu Grünpflege und Schneeräumen kann es aus ganz unterschiedlichen Gründen später notwendig werden, dass Per-

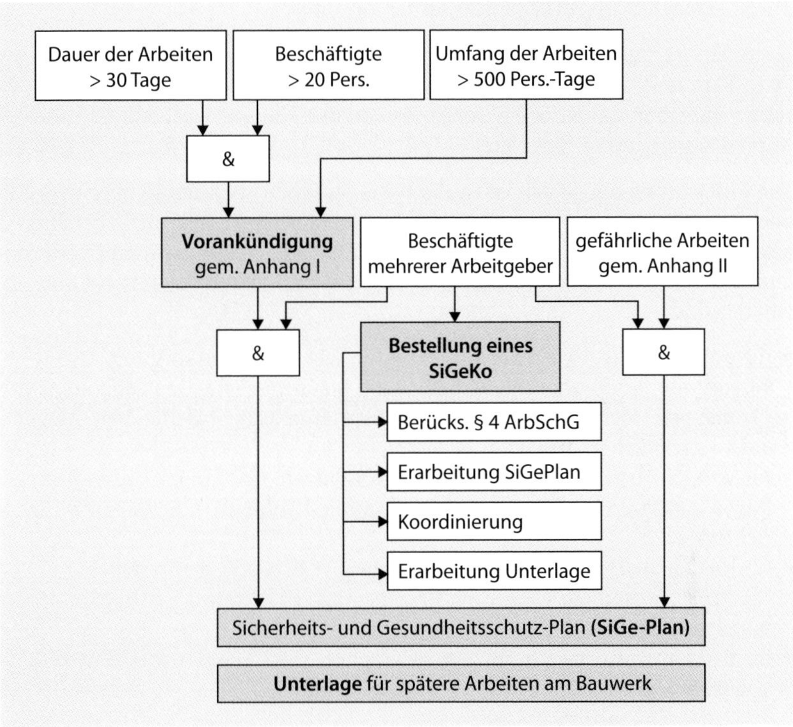

Abb. 3.5: Bezüge zwischen den verschiedenen formalen Anforderungen gemäß BaustellV (nach Bauch; Bargstädt, 2017, S. 89)

sonen sich auf ein Dach begeben. Entscheidend ist, dass dann alle Informationen verlässlich vorliegen, die notwendig sind, um die vorgesehenen Arbeiten sicher durchführen zu können. Das betrifft Angaben zur Begehbarkeit bzw. Durchtrittsicherheit von Lichtschächten, Oberlichtern, Lichtkuppeln usw., aber auch Informationen zu Anschlageinrichtungen, Anschlagsösen Anschlagsicherungen, Anseilsicherungen usw.

Je früher die Unterlage erstellt ist, desto eher ist es möglich, erkannte Schwachstellen noch in den Ausschreibungsunterlagen zu berücksichtigen und z. B. um bestimmte Sicherheitseinrichtungen zu ergänzen. Das ist gerade bei Dächern in aller Regel effizienter und kostengünstiger, als später z. B. ein Absturzsicherungssystem nachzurüsten oder Gerüste aufzubauen.

Hinweis

> Anlage A der RAB 32 (2003) enthält beispielhaft 4 Unterlagen zu unterschiedlichen Bauprojekten. Diese – zwar schon etwa 2 Jahrzehnte alten – Muster können nach wie vor zur Orientierung dienen, wie eine Unterlage aussehen kann. Sie sollten jedoch keinesfalls einfach **übernommen** werden, sondern müssen an die Besonderheiten des jeweilige Bauvorhabens bzw. des späteren Gebäudes konkret angepasst werden.

Die Vorgaben der BaustellV für die Planungsphase in Form eines Ablaufplans werden in Abb. 3.5 veranschaulicht.

3.1.5 Einrichtung und Organisation der Baustelle

Nach den formalen Pflichten in der Planungsphase wie Vorankündigung, SiGe-Plan und Unterlage geht es im folgenden Kapitel um die organisatorischen Aufgaben des Koordinators während der Planung (siehe hierzu auch Kapitel 2.4.3.1) einer Baustelle.

Die Einrichtung der Baustelle ist die Basis für einen späteren sicheren wie auch wirtschaftlichen und effizienten Betrieb der Baustelle. Zur Baustelleneinrichtung zählen Geräte, Maschinen und Gebäude bzw. die damit verbundenen baulichen oder technischen Schritte, die gewerkeübergreifend notwendig sind

- für den späteren Ablauf der **Bauarbeiten** wie Wasserversorgung, Stromversorgung, Verkehrswege, Arbeits- und Schutzgerüste, Baustellenlogistik (Transporte, Hebezeuge, Bauaufzüge, Fördergeräte), Standflächen, Magazine, Lagerflächen, usw.,
- für vorschriftsgemäße **Arbeitsbedingungen** wie Container, Unterkünfte, Büros, sanitäre Einrichtungen, Sozialräume, Umkleiden, Erste-Hilfe-Einrichtungen u. a.,
- für die Baustellen- bzw. **Arbeitssicherheit**, z. B. die Verkehrssicherung, Elektrosicherheit, Beleuchtung, Brandschutz, Flucht und Rettung, Notfallmanagement usw.,
- für den **Umweltschutz**, z. B. Gewässerschutz und fachgerechtes Entsorgen von Abfällen.

Eine Baustelleneinrichtung ist im Hochbau überwiegend stationär und ortsfest. In anderen Fällen wie Straßen-, Tunnel- oder Rohrleitungsbau ist zu beachten, dass die notwendigen Einrichtungen und Installationen ein gewisses Maß an Mobilität aufweisen müssen, um sich mit dem Baufortschritt weiterbewegen zu können.

Grundlage der Baustelleneinrichtungsplanung sind nicht allein die Wünsche und Vorgaben des Bauherrn aus den Plänen, Leistungsverzeichnissen und Vertragsbedingungen. Der Koordinator muss bei der Einrichtung einer Baustelle – neben allen logistischen Anforderungen – auch diverse gesetzliche Vorgaben beachten. Dazu gehören auch Anforderungen aus dem **Arbeitsschutzrecht**, z. B. die Grundsätze gemäß § 4 ArbSchG (siehe Kapitel 2.3), aus der Arbeitsstättenverordnung und der Betriebssicherheitsverordnung.

Die Ergebnisse der Baustelleneinrichtungsplanung fließen – soweit relevant – in den SiGe-Plan (siehe Kapitel 3.1.2) und in die Baustellenordnung (siehe Kapitel 3.1.3) ein.

Baustelleneinrichtungsplan

Eine grafische Darstellung in Form eines Baustelleneinrichtungsplans (BE-Plan) ist nicht zwingend vorgeschrieben, kann die Übersicht jedoch deutlich verbessern. Wichtig ist in diesem Fall, dass die Symbole für die einzelnen Flächen, Gebäude, Geräte usw. selbsterklärend sind oder durch eine Legende nachvollziehbar werden. Mithilfe von BIM-Verfahren (siehe Kapitel 2.5) lässt sich eine Baustelle vorab digital im 3-D-Verfahren virtuell einrichten.

Praxistipp

Die BAuA hat eine **Checkliste zum Planen der Baustelleneinrichtung** veröffentlicht. Sie listet über 12 Seiten alle zu berücksichtigenden Aspekte auf. Es ist genügend Platz vorgesehen, um die einzelnen Fragen mit Angaben zu ergänzen, ob ein Punkt bereits erledigt bzw. bis wann er von wem bearbeitet oder kontrolliert werden muss (siehe Kapitel 6.5.3).

Information

Um seinen Aufgaben nachzukommen, benötigt der Koordinator zahlreiche Informationen. Um einen SiGe-Plan (siehe Kapitel 3.1.2), eine Baustellenordnung (siehe Kapitel 3.1.3) oder einen BE-Plan erstellen zu können, müssen Bauherr und beteiligte Bauunternehmer Angaben liefern

- zu den beteiligten Baufirmen mit ihren Ansprechpartnern, Bauleitern, Fachbauleitern, Aufsichtsführenden, Vorarbeitern usw.,
- zu den beauftragten Subunternehmen mit Ansprechpartnern,
- zu den Fachkräften für Arbeitssicherheit, Sicherheitsbeauftragten, Ersthelfern,
- zum Einsatz von Fahrzeugen, Maschinen, Geräten,
- zu den zu erwartenden Bau-Chemikalien, insbesondere Gefahrstoffen,
- zu den vorgesehenen Arbeitsverfahren und den damit verbundenen Gefährdungen,
- zu Besonderheiten von Mitarbeitern, Arbeitsverfahren oder Ausrüstung, die auch für andere Gewerke sicherheitsrelevant sein könnten, z. B. Schwerhörigkeit, und
- zu spezieller Persönlicher Schutzausrüstung, z. B. PSA gegen Absturz oder Taucherausrüstung.

Arbeitsschutzdokumentation

Auf welche Weise ein Koordinator alle relevanten Informationen sammelt, sortiert, aufbereitet und auswertet, ist ihm freigestellt. Ob in Papierform im A4-Format abgeheftet in einem Aktenordner, ob eingescannt und digitalisiert per PC und Tablet oder ob (wie häufig) in einer Mischform, ist nebensächlich. Entscheidend ist eine klare Struktur. Denn diese Arbeitsschutzdokumentation wächst ab dem ersten Dokument stetig weiter und wird ohne eine gewisse Pflege und Systematik schnell unübersichtlich.

Zur Arbeitsschutzdokumentation gehören auch der SiGe-Plan, die Baustellenordnung und die Unterlage nach RAB 32 (2003). Darüber hinaus sollten – sofern nicht bereits von SiGe-Plan oder Baustellenordnung abgedeckt – die folgenden Dokumente und Informationen vorhanden und jederzeit schnell auffindbar sein:

- Baustellen-Organigramm
- Liste der beteiligten Unternehmen mit aktuellen Kontaktdaten
- Ausschreibungstexte
- Regelungen zur Baustelleneinrichtung, ggf. mit Plan

- gewerkeübergreifende Gefährdungen
- Vorgaben zum Baustellenverkehr
- Brandschutzmaßnahmen
- Protokolle von Begehungen
- Notizen oder Protokolle von Besprechungen und Beratungen
- Betriebsanweisungen
- Unterweisungsnachweise
- Prüfergebnisse, Messberichte
- Unfallmeldungen

3.1.5.1 Baufeldbesichtigung

Ein frühzeitiger Termin am Ort der geplanten Baustelle ist neben den Absprachen mit dem Bauherrn und den Bauplanern eine gute Voraussetzung, um die Baustelleneinrichtung realitätsnah und effizient zu planen. Bei dieser Baufeldbesichtigung werden die Randfaktoren und Umgebungsbedingungen der späteren Baustelle vor Ort erfasst. Dazu gehören insbesondere die Verkehrsanbindung und das Ermitteln darüber, inwiefern Abstimmungen mit den Besitzern von Nachbargrundstücken, von an die Baustelle grenzenden Gebäuden, deren Bewohnern oder Nutzern notwendig werden. Das Anfertigen von Fotos ist als Erinnerung hilfreich, ebenso als Nachweis für den Zustand eines Baugeländes und seiner Umgebung vor Beginn der Bauarbeiten.

Die Baufeldbesichtigung dient auch dazu, zu klären oder sich zu vergewissern, ob später notwendige Infrastrukturen tatsächlich vorhanden sind und genutzt werden können. Das betrifft z. B. Zufahrten und Zugänge, die Versorgung mit Strom, die Wasserversorgung und die Entsorgungsmöglichkeiten für Abwässer.

Darüber hinaus können während eines Vor-Ort-Termins mögliche Besonderheiten frühzeitig erkannt werden. Dabei kann es sich um unerwartete Hindernisse oder Erschwernisse handeln, die rechtzeitig zu klären sind, um Verzögerungen bei den späteren Bauarbeiten vorzubeugen. Zu solchen ungeplanten Randbedingungen gehören z. B.

- bislang nicht bekannte Zufahrtshindernisse für Baufahrzeuge und Lieferanten durch Brücken geringer Durchfahrthöhe oder mit eingeschränkter Belastbarkeit, was Umwege zur Folge haben kann,
- unerwartet auf dem Grundstück gelagerte herrenlose Abfälle, die ein Prüfen auf Schadstoffe und Entsorgungswege nach sich ziehen,
- eine voll Wasser gelaufene Bodensenke oder aufgeweichter Boden, der die Standsicherheit von Kranen und anderen Einrichtungen beeinträchtigt,
- Büsche und Bäume, deren Rodung ggf. mit der Naturschutzbehörde abzuklären ist,
- eine benachbarte Obstplantage, von der wiederholt Schwaden von dort ausgebrachten Pflanzenschutzmitteln herüberwehen.

Das Planen der Baustelleneinrichtung soll möglichst alle Umgebungseinflüsse und potenziellen Störgrößen erkennen und frühzeitig unter den Aspekten sicherer und gesundheitsgerechter Arbeitsbedingungen, Brandschutz und Umweltschutz berücksichtigen. Selbst bei vermeintlichen Kleinigkeiten wie einem vorhandenen Wespennest oder einem Fuchsbau auf dem Baugelände ist es wichtig, die Situation zu klären, um späteren Problemen und Verzögerungen vorzubeugen.

Praxistipp

Die BAuA bietet eine **Checkliste zur Baufeldbesichtigung** zum kostenlosen Download an (siehe Kapitel 6.5.3).

3.1.5.2 Verkehrssicherung

Für Baustellen gilt die Pflicht zur Verkehrssicherung. Der Bauherr überträgt diese Pflicht i. d. R. an den ausführenden Betrieb bzw. das Generalbauunternehmen. Die Pflicht zur Verkehrssicherung bezieht sich nicht nur auf die Bauarbeiter. Sie umfasst auch alle anderen Personen, die eine Baustelle betreten oder sich auf einer Baustelle aufhalten wie Lieferanten oder mithelfende Freunde und Familienangehörige.

Verkehrslenkung

Zur Verkehrssicherung gehört auch die Verkehrslenkung. Die Zu- und Abfahrten einer Baustelle sollten möglichst über Nebenstraßen angebunden werden und Kreuzungen mit Hauptverkehrsachsen oder intensiv genutzten Verkehrswegen vermieden werden. Ist zu erwarten, dass Bereiche des öffentlichen Verkehrs durch Bauarbeiten vorübergehend oder dauerhaft massiv betroffen werden, müssen die zuständigen Behörden frühzeitig kontaktiert werden. Eine **verkehrsrechtliche Anordnung** beschreibt, wie die Baustelle und der Baustellenverkehr ordnungsgemäß vom öffentlichen Verkehrsraum getrennt werden.

Hinweis

> In innerstädtischen Bereichen oder bei Bauarbeiten nahe am fließenden Verkehr kann es mit Lager- und Abstellplätzen eng werden. Wenn es theoretisch möglich wäre, den Bürgersteig, einen Radweg oder Teil einer Straße zu nutzen, kann der Bauherr dies beim zuständigen Straßenverkehrsamt beantragen. Das Amt kann dann in Zusammenarbeit mit der Polizei eine (i. d. R. kostenpflichtige) **Sondernutzungserlaubnis** bewilligen. Dabei ist zu berücksichtigen und ggf. zu vereinbaren, wie eine Baustelle abgesperrt und gekennzeichnet wird, wie Umleitungen verlaufen und ob ggf. der Verkehrsfluss durch weitere Maßnahmen wie z. B. Ampelschaltungen reguliert werden muss.

Auch der Verkehr auf der Baustelle selbst muss vorausschauend betrachtet und abgeschätzt werden. Es ist frühzeitig zu klären, was während der Bauarbeiten auf welche Weise geregelt werden muss, z. B.:

- An welchen Stellen werden welche Elemente zur Verkehrsführung notwendig wie Absperrungen, Leitbaken, Ampelschaltungen?
- Welche Verkehrsschilder und sonstigen Kennzeichnungen werden benötigt?
- Wo müssen Wendemöglichkeiten für Lieferfahrzeuge (Kurvenradien und Wendekreise beachten) geschaffen werden?

- Welche Fahrbahnbreiten, Durchfahrtshöhen und – je nach Untergrund – auch Maximalgewichte müssen die auf der Baustelle eingesetzten Fahrzeuge einhalten?
- Ist mit Schwertransporten und übergroßen Fahrzeugen zu rechnen?
- Welcher Bedarf an Halte- und Entlademöglichkeiten ist zu erwarten?
- Wie viele Parkplätze müssen eingerichtet, gekennzeichnet und das Benutzen geregelt werden?
- Soll die StVO explizit auch für die Baustelle gelten (ggf. in die Baustellenordnung aufnehmen)?
- Wie stellen wird sichergestellt, dass Rettungskräfte, Notarzt, Feuerwehr usw. stets freie Zufahrten vorfinden?

Verkehrssicherung in einem weiteren Sinne umfasst sämtliche Wege und Bewegungen von Personen und Fahrzeugen, auch in der Vertikalen. Daher gelten Verkehrssicherungspflichten z. B. auch für ein Gerüst. Wer ein Gerüst erstellt, muss alle möglichen und zumutbaren Vorkehrungen treffen, um Unfälle und Schäden zu vermeiden (siehe auch Kapitel 3.2.3).

Kinder

Auch die Absicherung einer Baustelle vor neugierigen oder spielenden Kindern gehört zur Verkehrssicherung. Dies wird besonders wichtig bei Bauvorhaben auf dem Gelände oder in unmittelbarer Nachbarschaft zu Kindergärten, Kindertagesstätten, Schulen, Spielplätzen usw. Mit dem alleinigen Aufstellen des bekannten, aber juristisch wenig aussagekräftigen Schilds mit der Aufschrift „Betreten der Baustelle verboten – Eltern haften für Ihre Kinder" ist die Pflicht zur Verkehrssicherung bzw. Absicherung der Baustelle bei Weitem nicht erfüllt. Entscheidend ist, dass Kinder und andere Personen keinen Zugang haben, auch nicht zu abgestellten Fahrzeugen, Maschinen, Werkzeugen oder Materialien.

> **Praxistipp**
>
> Ein Bauzaun mit Gucklöchern oder fensterartigen Öffnungen bietet Schutz und befriedigt gleichzeitig die Neugier von Kindern und Erwachsenen. Mutwilligen Beschädigungen und Verunstaltungen kann vorgebeugt werden, wenn die Zaunflächen von vorneherein – z. B. in Absprache mit Schulen oder Jugendhäusern – zum Sprayen oder Bemalen freigegeben werden – Schauzaun statt Bauzaun.

3.1.5.3 Versorgungseinrichtungen

Jede Baustelle muss zumindest phasenweise mit Energie und Wasser versorgt werden. Dazu kommen kann ein Bedarf für eine Versorgung mit Druckluft, mit Gas oder mit Infrastruktur für die Kommunikation (EDV, Telefonanschluss). Für jeden Fall sind vorab die Versorgungsmöglichkeiten zu klären und die Versorgungswege samt Übergabe- bzw. Anschlussstellen festzulegen.

Elektrizität dient der Baustellenbeleuchtung und dem Antrieb von Maschinen und Elektrogeräten. Eine zuverlässige Stromversorgung muss durch eine angemessen dimensionierte Baustromversorgung sichergestellt werden. Das Anzapfen der Hausinstallationen benachbarter Gebäude ist i. d. R. nicht zulässig. Das Aufstellen und Prüfen von Baustromverteilern ist durch diverse Vorschriften geregelt (mehr dazu in Kapitel 3.2.5), um die Elektrosicherheit auch unter den besonderen Bedingungen auf Baustellen zu gewährleisten.

Die Versorgung mit Wasser kann auf unterschiedliche Weise erfolgen. Oft sind Baugelände zu Beginn der Bauarbeiten bereits an die öffentliche Wasserversorgung angeschlossen. Ist dies nicht der Fall, müssen Alternativen wie Tankfahrzeuge und Wasserfässer organisiert werden. Es empfiehlt sich, frühzeitig nicht nur den Wasserbedarf abzuschätzen, sondern auch die Zahl benötigter Zapfstellen, Wasserhähne, Pumpen, Verteiler, Zwischenzähler usw.

3.1.5.4 Arbeits- und Schutzgerüste

Das Aufstellen von Arbeits- und Schutzgerüsten ist ein Standardverfahren zur Absturzsicherung im Hochbau. Für das Erstellen, Prüfen, Freigeben usw. gelten strenge Vorgaben (siehe Kapitel 3.2.3). Bereits beim Planen der Baustelleneinrichtung ist zu berücksichtigen, welche Stellflächen für Gerüste benötigt werden und inwiefern weitere Gerüstmaterialien gelagert werden müssen. Der Untergrund muss für das Aufstellen eines Gerüstes geeignet sein und auch die Umgebungsfaktoren müssen beachtet werden. Ragt z. B. ein Baum, der bei den Bauarbeiten erhalten bleiben soll, mit Ästen in den Gerüstbereich, dann müssen Sicherheitsmaßnahmen getroffen werden, etwa durch Hochbinden der Äste.

3.1.5.5 Baustellenlogistik und -transporte

Ein steter Nachschub an Materialien ist Grundlage für den Fortschritt jedes Bauprojekts. Zuverlässige und effiziente Transportprozesse auf einer Baustelle sind mitentscheidend für Termintreue und das Einhalten von Kostengrenzen. Vor diesem Hintergrund kann es für den Koordinator eine Herausforderung sein, gleichzeitig auf einem Höchstmaß an Sicherheit bei allen Transportprozessen zu bestehen. Dies betrifft u. a.

- Baufahrzeuge wie Kipper und Radlader
- Krane, auf Baustellen meist Turmdrehkrane
- weitere Hebezeuge wie Winden, Seil- und Kettenzüge
- Bauaufzüge in ihren verschiedenen Varianten wie Schrägaufzug, Schwenkarmaufzug, Vertikalaufzug usw.
- Bandförderanlagen (Förderbänder) für Schüttgut wie Sand oder Kies
- Flurförderfahrzeuge wie Gabelstapler und Hubwagen
- leitungs- und rohrgebundene Systeme wie Betonpumpen

Aufgrund ihrer zentralen Rolle beim Baugeschehen sind das Auswählen von **Kranen** und das Festlegen ihrer Standplätze auch in der Baustellenplanung maßgebliche Entscheidungen. Dabei sind sowohl eine angemessene Dimensionierung (Auslegerlänge, Hakenhöhe, Lastmoment) wie auch die Standsicherheit zu beachten. In hohem Maße sicherheitsrelevant sind die Schwenkbereiche von Drehkranen, die Qualifikationen von Kranführer und Einweiser, geeignete Lastaufnahme- und Anschlagmittel sowie klare Regeln zum Anschlagen von Lasten (siehe auch Kapitel 3.2.10.4).

Die Baustellenlogistik umfasst alle Planungen und Maßnahmen, um einen störungsfreien Fluss von Rohstoffen, Baumaterialien, Gütern und Informationen zu sichern. Das beginnt beim Beschaffen und Bestellen und geht über die Anlieferung und Zwischenlagerung über das eigentliche Baugeschehen bis zur Entsorgung. Jeder einzelne Schritt kann sicherheitsrelevant sein oder werden.

3.1.5.6 Lager und Flächen

Das Festlegen und Zuordnen der oft begrenzten und infolge der Bauarbeiten kleiner werdenden Freiflächen auf einem Baugelände kann zu einem kaum lösbaren Puzzlespiel werden. Denn die Baustelleneinrichtung muss eine Vielzahl von Flächenbedarfen gleichzeitig erfüllen:

- Lagerflächen für Baumaterialien und Arbeitsmittel wie Steine, Mörtel, Gerüste, Dämmstoffe, Schalelemente, Bewehrungen, Fässer, Kanister, Rohre, Fertigteile usw.
- Flächen für Bodenaushub und Schüttgut wie Sand und Kies
- Verkehrsfläche inklusive Zu- und Abfahrten und freier Zufahrten für Feuerwehr und Rettungswagen
- Anlieferzonen und Entladebereiche
- Stellflächen für Unterkünfte, Büros und Sanitäranlagen
- Flächen für Werkstätten oder Freiflächen für Säge- und Zimmerarbeiten, Schneid- oder Biegearbeiten usw.
- Stellflächen für Betonfahrzeuge und Betonpumpe
- Standplätze für weitere technische Einrichtungen wie Baustromverteiler, Silos, Tankanlagen usw.
- Parkplätze für die Lieferfahrzeuge von Handwerkern
- Flächen und Stellplätze für Abfallmulden und Abfallcontainer unter der Vorgabe der sortenreinen Sammlung von Holz, Kunststoff, Metall, Bauschutt usw.

Bei Verbrauchsmaterialien ist der zu erwartende Tagesverbrauch inklusive einer Reservemenge mit den Anlieferungsvolumina in Beziehung zu setzen. Zu klären ist auch, welche Flächen einen Schutz vor Regen oder vor Sonne benötigen. Die Flächenplanung kann zusätzlich erschwert werden, wenn Elemente auf dem Baustellengelände besonders geschützt werden müssen wie Biotope, Bäume, Naturdenkmäler, Brunnen, archäologische Objekte, Feldkreuze o. Ä.

3.1.5.7 Unterkünfte und Sozialräume

Je nach Größe und Dauer einer Baustelle werden Räumlichkeiten notwendig, die für die Zeit der Bauarbeiten als Unterkünfte, Büros (für Bauleitung, Bauüberwachung, Polier usw.), Besprechungsräume, Sozialräume, Umkleiden, Sanitätsräume usw. dienen. Beispielsweise sind Pausenräume vorgeschrieben, wenn ein Arbeitgeber

- gleichzeitig mehr als 4 Mitarbeiter oder
- Mitarbeiter länger als eine Woche oder
- Mitarbeiter, die mehr als 20 Personentage binnen einer Woche arbeiten,

auf der Baustelle einsetzt. Ein Pausenraum kann sich in einem Baustellenwagen, einem Baucontainer oder einem bereits vorhandenen Gebäude befinden.

Für Unterkünfte, Pausenräume, Sanitärräume usw. sind die Vorgaben der Arbeitsstättenverordnung und ihres nachgeschalteten Regelwerks (siehe Kapitel 2.1.3 und Tabelle 2.2) zu beachten. Sie regeln die Mindestanforderungen an Größe, Beleuchtung, Raumtemperatur usw. Auch für die Ausstattung der sanitären Anlagen auf Baustellen wie die Mindestanzahl von Waschbecken, Duschplätzen, Toiletten und Urinalen je nach Anzahl der Beschäftigten sowie deren Reinigungsfrequenz gibt es klare Vorgaben. Relevant sind insbesondere die ASR A4.1 (2013), A4.2 „Pausen- und Bereitschaftsräume“ sowie A4.4 „Unterkünfte“.

3.1.5.8 Erste Hilfe

Auf jeder Baustelle muss ab ihrem Beginn sichergestellt werden, dass bei Unfällen und Verletzungen Erste Hilfe geleistet werden kann. Dazu gehören Verbandkästen mit genormten Inhalten, Ersthelfer und – je nach Baustellengröße – auch Erste-Hilfe-Räume bzw. -container und Betriebssanitäter. Tabelle 3.2 zeigt die Anforderungen gemäß § 26 DGUV Vorschrift 1 (2013) und ASR A4.3 (2010) in der Übersicht.

Tabelle 3.2: Anforderungen an die Organisation der Ersten Hilfe auf Baustellen

ab Anzahl Beschäftigter	kleiner Verbandkasten (DIN 13157)	großer Verbandkasten (DIN 13169)	Ersthelfer	Erste-Hilfe-Raum	Betriebssanitäter
1	1	–	1	–	–
11		1	1	–	–
21 …		1	2 (+ 1 je 10 Beschäftigte)	–	–
51		2	5	ja	–
101		3	10	ja	ja

3.1.5.9 Brandschutz

Auch die notwendigen Brandschutzmaßnahmen und -einrichtungen sind ein Aspekt in der Planung der Baustelleneinrichtung. Maßgebliche Anforderungen, etwa zur Mindestausstattung mit Feuerlöschern, sind in der ASR A2.2 (2018) geregelt. Zu beachten ist dort insbesondere der Abschnitt 8 mit ergänzenden Anforderungen für Baustellen.

Verschärfte Vorgaben gelten bei Tätigkeiten mit erhöhter Brandgefährdung. Dazu gehören z. B. das Schweißen, Brennschneiden und Löten oder das Arbeiten mit Gasbrennern beim Verschweißen von Dachbahnen oder beim Verarbeiten von Bitumen. Bei solchen Heißarbeiten oder Tätigkeiten mit offenen Flammen müssen stets Feuerlöscher mit geeigneten Löschmitteln, d. h. für die entsprechenden Brandklassen, mit mindestens 6 Löscheinheiten unmittelbarer Nähe bereitgehalten werden (mehr in Kapitel 3.2.6).

3.1.5.10 Notfallvorsorge

Zum Notfallmanagement gehören alle Planungen, Schritte und Maßnahmen, die die Folgen kritischer Ereignisse und Störungen für Sicherheit, Gesundheit und Umwelt abwenden oder abmildern sollen. Somit hängt die Notfallvorsorge zwar eng mit dem Brandschutz zusammen, geht aber weit darüber hinaus. Die Baustellenplanung muss auch alle anderen Ereignisse berücksichtigen, die als Notfall eingestuft werden oder die sich zu einem Notfall entwickeln können. Das Notfallmanagement einer Baustelle muss je nach der räumlichen Lage und der jeweiligen Situation vor Ort daher mehrere Aspekte umfassen:

- Brand, Feuer, Rauchentwicklung, Explosionsgefahren
- Stromausfall und damit auch Stillstand und Ausfall von Maschinen, Elektrogeräten, Lüftungen, Ampelsteuerungen, EDV usw., auch Warneinrichtungen
- Unfälle mit Gefahrstoffen, Leckagen, ungewollte freigesetzte Feststoffe, Flüssigkeiten oder Gase
- Naturgewalten wie Sturm, Gewitter, Starkregen, Hagel, Hochwasser, Schnee, Eisglätte

Zu Brandschutz und Notfallvorsorge gehören auch die Maßnahmen zu Flucht und Rettung. Die ansonsten für Arbeitsstätten geltenden Bestimmungen sind auf Baustellen nicht immer in gleicher Weise anwendbar. Die hier maßgebliche ASR A2.3 (2007) erläutert in Abschnitt 10 einige spezielle Vorgaben für Baustellen. Flucht- und Rettungspläne werden oft einer Baustellenordnung (siehe Kapitel 3.1.3) zugeordnet.

Hinweis

> Die ASR A2.3 (2007) zu Fluchtwegen, Notausgängen, Flucht- und Rettungsplänen ist interessanterweise eine der wenigen Stellen im Arbeitsschutzrecht, die den Koordinator nach BaustellV explizit erwähnen. In Abschnitt 10 fordert die ASR, dass sich die Arbeitgeber auf einer Baustelle beim Festlegen von Maßnahmen zur **Gestaltung von Fluchtwegen** untereinander abstimmen sollen. Als habe der ASGB bereits 2013 geahnt, dass dies eher einem Wunschdenken entspricht, hat man hier als Zusatz eingefügt: *„Die Hinweise des nach Baustellenverordnung bestellten Koordinators sind dabei zu berücksichtigen."*

3.1.5.11 Security

Neben der Arbeitssicherheit (engl. „safety") sind auf Baustellen auch weitere Sicherheitsaspekte zu beachten, in denen es um den Schutz vor Diebstahl, Gewalt und Vandalismus geht (engl. „security"). Beim Planen der Baustelle ist dementsprechend zu fragen:

- Welche Regeln sollen für Besucher gelten?
- Muss eine personenbezogene Zugangskontrolle eingerichtet werden?
- Unter welchen Voraussetzungen darf auf der Baustelle fotografiert werden?
- Wo werden welche Abgrenzungen, Absperrungen, Einfriedungen usw. notwendig?
- Müssen die Zufahrten durch abschließbare Tore gesichert werden?

- Welche Materialien und Arbeitsmittel sollen nicht frei lagern, sondern über Nacht in Magazinen oder Containern eingeschlossen werden?
- In welcher Weise und Dimension soll das Baustellengelände nachts beleuchtet werden?
- Ist eine Videoüberwachung sinnvoll?
- Ist eine Überwachung vorgesehen durch Mitarbeiter eines Security-Dienstleisters/Wachdienstes?

Hinweis

Auf Baustellen ist manchmal zu beobachten, dass Arbeitsmittel wie Kreissägen oder Betonmischer über Nacht oder übers Wochenende an einem Kranseil hochgezogen werden. Dies ist zum Schutz vor Diebstahl nachvollziehbar, aber laut DGUV Vorschrift 54 (1997) nicht zulässig. Ein Drehkran muss nach Arbeitsende windfrei gestellt werden, so dass sich der Ausleger bei Sturm drehen kann, um die Kippgefahr zu verringern. Dabei müssen jedoch stets alle Lasten ausgehängt und der Lasthaken hochgezogen sein. Auch eine am Kranseil baumelnde Werkzeugkiste, Leiter o. a. entspricht nicht den Sicherheitsvorgaben.

3.1.5.12 Umweltschutz

Nicht zuletzt müssen beim Planen und Ausführen von Bauarbeiten auch Natur- und Umweltschutz berücksichtigt werden, das betrifft alle Umweltbereiche – Luft, Boden und Wasser. Grundsätzlich ist dabei zu beachten, dass alle auf einer Baustelle anfallenden Abfallstoffe, Materialreste, Verpackungen usw. fachgerecht und vorschriftsgemäß zu entsorgen sind. Die kommunalen Vorgaben zum sortenreinen Sammeln (Papier, Metall, Holz, Verpackungen usw.) müssen eingehalten werden, ebenso wie alle weiteren abfallrechtlichen Vorgaben für Bauschutt, Sondermüll, asbesthaltige Abfälle usw.

Im Besonderen bedeutet dies:

Gewässerschutz: Teiche und Tümpel dürfen nicht einfach zugeschüttet werden, je nach Situationen sind Genehmigungen der Naturschutzbehörde einzuholen. In der Nähe von Flüssen und Bächen und in Wasserschutzgebieten können besondere Auflagen oder Verbote bestehen, etwa zum Lagern von Gefahrstoffen.

Immissionsschutz: Bei den auf Baustellen typischerweise entstehenden Immissionen stehen Dieselabgase und Lärm weit oben. Je nach Umgebung sind Maßnahmen zur Lärmminderung vorzusehen, z. B. bei nächtlichen Arbeiten ausschließlich lärmarme Baumaschinen einzusetzen. Daneben kann es auch durch Gerüche von lösemittelhaltigen Farben, Lacken und Anstrichen zu Belästigungen und Gesundheitsrisiken kommen.

Bodenschutz: Auf dem unbebauten Gelände sind unnötige Bodenverdichtungen grundsätzlich zu vermeiden. Naturböden und Humus sollten so weit wie möglich geschont bleiben.

Ressourcenverbrauch: Beim Nutzen von Energie und Wasser gilt das Gebot der Sparsamkeit und Ressourceneffizienz. Motoren, Antriebe, Lichter usw.

sollten nicht länger eingeschaltet bleiben, als notwendig. Wasserhähne sollten zugedreht werden, sobald die benötigte Wassermenge geflossen ist.

Artenschutz: Nester von brütenden Vögeln, aber auch seltene Insekten, Amphibien (Frösche, Kröten), Reptilien (Schlangen) oder Kleinsäuger (Fledermäuse, Siebenschläfer) können ein Bauvorhaben verzögern oder gefährden. Dies gilt insbesondere dann, wenn es sich um besonders seltene und geschützte Arten handelt. Auch einzeln stehende markante Bäume genießen als Naturdenkmäler manchmal einen besonderen Schutz. Ähnliches kann für seltene Pflanzen gelten wie z. B. einheimische Orchideenarten.

Oft werden Lebensräume und Biotope durch ein Bauprojekt unwiederbringlich zerstört. Manchmal sind Ausgleichsmaßnahmen an anderer Stelle vorgesehen. In wenigen Fällen können bedrohte Arten umgesiedelt werden. Für den Laien ist kaum einschätzbar, welche Bedeutung eine Libelle oder eine Blume auf dem vorgesehenen Baugelände haben. Auch ob die Baustelle im Grünen liegt oder nicht, kann nicht als Hinweis auf Unbedenklichkeit gesehen werden. Denn aufgrund der fortschreitenden Zerstörung von Lebensräumen, Land- und Forstwirtschaft siedeln viele und auch seltene Tier- und Pflanzenarten inzwischen in städtischen Umgebungen.

3.1.5.13 Umgebungsfaktoren

Hinsichtlich der Umgebung eines Bauvorhabens sind im Vorfeld stets 2 Fragen zu stellen, um **beide** Richtungen einer Gefährdung betrachten:

- Sind durch die Baustelle und die Bauarbeiten Gefährdungen für Dritte aus Nachbarschaft und Umgebung zu erwarten?
- Bestehen Gefährdungen oder Gesundheitsrisiken für die auf der Baustelle arbeitenden Personen durch die Umgebung?

Die Handlungshilfe der BAuA zur Baustelleneinrichtung (Blochmann; Mahlstedt, 2014, S. 8) nennt 6 Schutzziele:

„*(1) Schutz Dritter während der Leistungserbringung, z. B. Anlieger, Nachbarn, öffentlichen Verkehrs und Beschäftigter anderer Unternehmen*
(2) Schutz der Beschäftigten vor äußeren Gefahren, z. B. durch öffentlichen Verkehr
(3) Schutz der eigenen Beschäftigten auf der Baustelle vor Gefährdungen im Zuge der Leistungserbringung
(4) Schutz der Sachen Dritter bei der Leistungserbringung
(5) Schutz der eigenen Sachen und des Bauwerkes bei der Leistungserbringung
(6) Schutz der eigenen Sachen und des Bauwerks vor äußeren Gefahren, z. B. Diebstahl oder Vandalismus“

Der Faktor Umgebung der Baustelle kann auf 3 Ebenen betrachtet werden:

Untergrund: Hier geht es um Risiken durch verminderte Tragfähigkeit, durch Grundwasser, durch die geologischen Verhältnisse, aber auch durch Kontaminationen. An Industriestandorten oder im Bereich ehemaliger Müllkippen muss mit Altlasten gerechnet werden. Böden und Flächen können verunreinigt und mit umwelt- oder gesundheitsschädlichen Stoffen belastetet sein. In diesen Fällen ist auch der Aushub mit Chemikalien kontaminiert und muss ggf. als Sondermüll entsorgt werden.

Die Tragfähigkeit des Untergrunds kann beeinträchtigt sein, wenn sich auf dem Gelände Reste früherer Bauten befinden wie Keller, Lager, Brunnenschächte, Kanäle, Bunker usw. Auch besondere geologische Verhältnisse wie Höhlen oder Dolinen sind für die Sicherheit auf der geplanten Baustelle relevant.

Je nach Region können Kampfmittel aus dem Zweiten Weltkrieg im Boden verborgen sein. Werden solche Blindgänger bei Erdarbeiten freigelegt, kann dies zu äußerst gefährlichen Situationen führen. Liegen Hinweise auf derartige Risiken vor, müssen diese im Vorfeld untersucht und geklärt werden. Spezialisierte Fachfirmen helfen, ein Blindgängerrisiko einzuschätzen, z. B. durch Auswertung von Kriegsluftbildern (Adressliste siehe Kapitel 6).

Nachbarschaft: Beim Planen der Baustelleneinrichtung sollte geklärt werden, inwiefern von Nachbargrundstücken Gefährdungen für die Bauarbeiter ausgehen können. Das können Gesundheitsrisiken sein durch unbekannte Abgase, Rauche, Dämpfe usw., z. B. von benachbarten produzierenden Unternehmen, aber auch die Baufälligkeit eines Nachbargebäudes, ein umsturzgefährdeter Baum können ein Risiko darstellen. Solche Risiken müssen vor Beginn der Bauarbeiten beseitigt werden.

Müssen zum Ausführen der Bauarbeiten Nachbargrundstücke begangen oder befahren werden, so sind entsprechende Wegerechte zu beachten. Ist es unvermeidlich, dass ein Nachbargrundstück genutzt werden muss, etwa als Stellfläche für ein Gerüst, ist dies vorab unter den betroffenen Grundstücksbesitzern zu klären (siehe den nachfolgenden Hinweis). Im Hinblick auf die Nachbarschaft einer Baustelle gelten ansonsten die Verkehrssicherungspflichten (siehe Kapitel 3.1.5.2) der Grundstücks- bzw. Immobilieneigentümer.

Hinweis

Beim sog. **Hammerschlag- und Leiterrecht** handelt es sich nicht um einen Begriff aus dem Arbeitsschutzrecht, sondern aus den Nachbarrechtsgesetzen der Bundesländer. Es geht dabei um Duldungsrechte zwischen den Eigentümern bzw. Nutzern benachbarter Grundstücke. Hintergrund ist, dass es bei beengten Bauverhältnissen, etwa bei der Sanierung einzelner Reihenhäuser, unvermeidlich sein kann, während der auszuführenden Arbeiten ein Nachbargrundstück mit zu benutzen. Das Hammerschlags- und Leiterrecht besagt, dass in solchen Fällen ein Grundstückseigentümer hinnehmen muss, dass fremde Personen, z. B. Mitarbeiter von Bauunternehmen, sein Grundstück betreten. Im Einzelfall kann dies so weit gehen, dass auch das Aufstellen einer Leiter, eines Gerüsts, eines Krans oder eines Bauschuttcontainers auf dem eigenen Grundstück geduldet werden muss.

Wichtig aus Sicht der Bauplanung ist, dass der betroffene benachbarte Grundstückbesitzer vorab informiert wird. Die Fristen dafür unterscheiden sich innerhalb der Länder und liegen meist zwischen 2 Wochen und einem Monat. Stellt sich der Nachbar quer und untersagt das Benutzen oder Betreten seines Grundstücks, dürfen weder Bauherr noch Planer noch Koordinator oder sonstige am Bau beteiligten Personen das Grundstück betreten. Der Bauherr hat dann die Möglichkeit, eine Duldung per Gerichtsentscheid zu erzwingen.

Luftraum: Der Luftraum über einem Baugelände ist nicht immer frei von Hindernissen. Besonders gefährlich sind Hochspannungsmasten mit Freileitungen. Hier ist ggf. ein Leitungsschutz anzubringen. In Innenstädten können Werbetafeln oder gespannte Banner den Einsatz von Kranen oder Betonpumpen erschweren. Verläuft der Schwenkbereich eines Krans über ein Nachbargrundstück, müssen ggf. privatrechtliche Genehmigungen eingeholt werden.

3.1.5.14 Besondere Anforderungen

Die Erläuterungen zur Einrichtung und Organisation von Baustellen im vorliegenden Werk beziehen sich auf typische und häufige Bauvorhaben. Dieses Buch deckt damit weit über 95 % aller Bauvorhaben in Deutschland ab. Daneben gibt es Sonderfälle, die weitere Sicherheitsvorkehrungen erfordern. Dazu gehören z. B. Bauvorhaben auf dem Gelände oder in unmittelbarer Nähe großtechnischer Einrichtungen wie Kraftwerken, Umspannwerken, Wasserwerken usw. Besonderheiten kann es auch geben, wenn eine Gesundheitseinrichtung, ein Industrieunternehmen oder ein Verkehrsbetrieb als Bauherr fungieren.

Gesundheitseinrichtungen

Bei Bauvorhaben in der Nähe oder auf dem Gelände von Gesundheitseinrichtungen, Pflegeheimen, Kurbetrieben usw. ist eine besonders hohe Sensibilität hinsichtlich der zu erwartenden Emissionen von Lärm, Stäuben, Lösemittelgerüchen usw. zu erwarten. Die Anforderungen an den Immissionsschutz können erhöht sein und zusätzliche Schutzmaßnahmen erfordern. Sind Kliniken, Arztpraxen, Tierheime oder Versuchstiereinrichtungen unmittelbar von Bauarbeiten betroffen, können Vorgaben für die Hygiene dazu kommen. Ist mit dementen oder geistig verwirrten Personen in unmittelbarer Nähe von Bauarbeiten zu rechnen, werden verschärfte Zugangsbeschränkungen und Zutrittskontrollen notwendig.

Industrie

Wenn Bauarbeiten auf einem Industriegelände bei laufendem Betrieb stattfinden, wird eine enge Absprache mit den Sicherheitsverantwortlichen des Unternehmens notwendig. Denn Bauarbeiten, die gleichzeitig und räumlich nahe zu laufenden betrieblichen Prozessen stattfinden, können zu neuen Gefährdungen für alle Beteiligten führen. Dies gilt insbesondere, wenn die Gefahr besteht, dass explosionsfähige Atmosphären auftreten. Auch können in industriellen Umgebungen Schadstoffe auftreten bzw. austreten, für die in einem Bauunternehmen üblicherweise gar keine geeignete Schutzausrüstung vorhanden ist. Nur eine frühe und enge Absprache mit Sifa, Betriebsarzt, Brandschutzbeauftragten und anderen Fachkräften des Bauherrn kann klären, welche zusätzlichen Schutzmaßnahmen notwendig werden.

Maschinen und Anlagen

Maschinen und Anlagen gehören nicht zu den baulichen Anlagen im Sinne der BaustellV. In vielen Industriezweigen wie petrochemischer Industrie oder Stahlindustrie sind großformatige Instandhaltungsaufgaben jedoch oft mit baulichen Arbeiten verbunden. Das kann etwa beim Austausch von Tanks und Kesseln der Fall sein, beim Einbau von Förderanlagen oder beim Nachrüsten einer Windkraftanlage. Auch wenn die eigentlichen Instandhaltungsarbeiten selbst gar nicht unter BaustellV fallen, sollte der Koordinator die in solchen Situationen bestehenden Gefährdungen für die Bauarbeiter erfassen. Die RAB 10 (2003) fordert in Nr. 3 für den Fall, dass solche Tätigkeiten an Maschinen orts- und zeitgleich zu Bauarbeiten stattfinden, diese Tätigkeiten *„in die Maßnahmen nach der Baustellenverordnung einzubeziehen“*.

Verkehrsunternehmen

Auch bei Bauarbeiten auf Busbahnhöfen, Flugfeldern, Bahnhöfen, Häfen usw. sind frühzeitig gesonderte Absprachen mit dem Bauherrn notwendig. Denn i. d. R. soll das Verkehrsgeschehen möglichst wenig durch die Bauarbeiten beeinträchtigt werden und diese müssen oft bei laufendem Betrieb durchgeführt werden. Gleichzeitig dürfen andererseits die Personen auf der Baustelle keinen Gefährdungen durch die Verkehrsmittel ausgesetzt werden.

Weitere Sonderfälle

Bei Bauprojekten für Banken, Behörden oder andere security-relevante Einrichtungen werden möglicherweise spezielle Anforderungen an die Personalauswahl gestellt usw. Auf dem Gelände von Unternehmen der Pharmazie- oder Lebensmittelbranche muss mit erhöhten Anforderungen an Hygiene, Staubschutz, Einsatz von Gefahrstoffen gerechnet werden usw. Details zu den besonderen Anforderungen an die Arbeit des Koordinators in solchen Fällen würden den Rahmen des vorliegenden Buchs sprengen und müssen davon unabhängig in jedem Einzelfall detailliert geklärt werden.

Praxistipp

Fachliche Beratung: Vom Planen über das Einrichten der Baustelle bis zum Richtfest können immer wieder Fragen auftauchen, die möglichst schnell geklärt werden müssen und wo die Zeit für aufwendige Recherchen fehlt. Bei den BG arbeiten Experten für Sicherheit und Gesundheitsschutz, die in viele Betriebe und auf viele Baustellen kommen. Von dieser geballten Kompetenz und Erfahrung kann jeder Betrieb und auch der Koordinator profitieren. Denn zu den Aufgaben der BG gehört auch das Beraten ihrer Mitgliedsbetriebe.

Speziell für die Baubranche hat die DGUV eine umfassende **Liste von Ansprechpersonen** im Fachbereich Bauwesen zusammengestellt. Sie nennt alphabetisch geordnet von Abbrucharbeiten bis Zweiwegebagger die Kontaktdaten der jeweiligen Ansprechpartner und Präventionsexperten (siehe auch Kapitel 6.7 oder E-Mail-Adresse: fb-bauwesen@bgbau.de).

Die Geschäftsstelle des Fachbereichs Bauwesen ist in der Hildegardstraße 29/30, 10715 Berlin, Tel.: 030 85781-370 oder Fax: 0800 668668838800, https://www.dguv.de/fb-bauwesen/wir-ueber-uns/index.jsp (siehe auch Kapitel 6.5.3).

3.2 Koordination in der Ausführungsphase

Die BaustellV nennt in § 3 Abs. 3 zentrale Aufgaben des Koordinators in der Ausführungsphase eines Bauvorhabens, er muss

- koordinieren, ob die Grundsätze des ArbSchG angewendet werden (siehe Kapitel 2.3),
- kontrollieren, ob Arbeitgeber und Einzelunternehmer ihre Pflichten nach BaustellV erfüllen, die im SiGe-Plan enthaltenen Hinweise beachten und die darin geplanten Schutzmaßnahmen ordnungsgemäß umsetzen,
- aktualisieren, d. h., den Sicherheits- und Gesundheitsschutzplan (SiGe-Plan) und die Unterlage über spätere Arbeiten an der baulichen Anlage an bauliche Änderungen und die aktuellen Baustellenverhältnisse anpassen,
- organisieren, dass die Arbeitgeber (sicher) zusammenarbeiten, sodass die Kooperation von Mitarbeitern verschiedener Arbeitgeber und Gewerke ohne gegenseitige Gefährdung erfolgt,
- koordinieren, dass die Arbeitgeber das ordnungsgemäße Ausführen von Arbeiten kontrollieren.

Interessanterweise soll der Koordinator nach BaustellV laut dem letzten Punkt die Überwachung der Arbeiten durch die Arbeitgeber koordinieren. Somit geht die BaustellV davon aus, dass das Überwachen eine Aufgabe der einzelnen Arbeitgeber ist und diese keineswegs Kontroll- und Überwachungspflichten an den Koordinator abgeben. Auch das OLG Köln stellte 2016 in einem Verfahren zu einem Arbeitsunfall durch eine eingestürzte Baugrube fest, dass Überwachung zu den Aufgaben des bauleitenden Architekten gehört (OLG Köln, Beschluss vom 23.11.2016 –I-3 U 97/16). Diese Überwachungspflicht wird **nicht** automatisch auf einen Koordinator übertragen, auch wenn dieser – zumindest stichprobenartig – das Einhalten von Sicherheitsvorschriften kontrollieren soll:

„*Die Aufgabe des SiGeKo ist daher auf die stichprobenartige Kontrolle der Einhaltung der Arbeitsschutzvorschriften beschränkt.*“ (OLG Köln, Beschluss vom 23.11.2016 –I-3 U 97/16)

Die in der BaustellV vage und allgemein formulierten Aufgaben des Koordinators bringen für die Ausführungsphase zahlreiche Aktivitäten mit sich, z. B.:

- sicherheitsrelevante Aspekte mit allen Beteiligten in Vorbesprechungen vor Beginn der Arbeiten klären, z. B. Arbeitsverfahren, Arbeitsabläufe, Emissionen, Nachweise, Prüfzertifikate, Lagerung und Entsorgung,
- während des Baufortschritts prüfen und stets darauf hinwirken, dass der SiGe-Plan eingehalten bzw. umgesetzt wird,
- Abläufe abstimmen, sodass ein sicheres Zusammenarbeiten der Unternehmen und Gewerke nacheinander und miteinander funktioniert,
- Sicherheitsbegehungen und -besprechungen organisieren,
- bei Terminplanungen beraten und die Abstimmung von Bauausführungszeiten unterstützen,
- Mängel ansprechen,
- bei Gefahren einschreiten (auch ohne Weisungsrechte), Bauherrn informieren, ggf. auch Behörden und zuständige Berufsgenossenschaft einschalten,

- den SiGe-Plan an Veränderungen im Bauablauf oder veränderte Bedingungen anpassen,
- auch die Unterlage ggf. anpassen und ergänzen
- darauf achten, dass auch alle Sub- und Nachunternehmen sowie Einzelunternehmer ohne Beschäftigte über besondere Gefährdungen und die Sicherheitsvorgaben informiert und in das Arbeitsschutzkonzept der Baustelle eingebunden werden.

Im Rahmen seiner Möglichkeiten sollte sich der Koordinator auch dafür einsetzen, dass in Ausschreibungen, Vergabe- und Bauvertragsunterlagen oder auch Beschaffungsprozessen Arbeitsschutzaspekte berücksichtigt werden.

Abgrenzung der Aufgaben

Die Zuständigkeit des Koordinators fokussiert eindeutig auf dem Koordinieren mit präventiver Absicht und weniger auf dem Kontrollieren. Es ist daher **nicht** Aufgabe des Koordinators,

- Gefährdungsbeurteilungen für einzelne Tätigkeiten oder Maschinen durchzuführen,
- vorliegende Gefährdungsbeurteilungen der am Bau beteiligten Firmen zu kontrollieren oder zu bewerten,
- Beschäftigte einer Baufirma in die spezifischen Sicherheitsanforderungen zu ihrer Tätigkeit einzuweisen,
- spezifische Aufgaben der betriebseigenen Sifa zu übernehmen,
- als **Baustellenpolizei** zu agieren, z. B. das Tragen von PSA zu kontrollieren oder ob jeden Tag nach Arbeitsende alle Werkzeuge verstaut sind.

Wenn solche Aufgaben, Pflichten und Verantwortlichkeiten dem Koordinator zufallen sollen, muss dies vertraglich vereinbart werden. In allen anderen Fällen verbleiben sie **beim jeweiligen Arbeitgeber** und werden in keiner Weise abgeschwächt oder ersetzt durch die Vorgaben der BaustellV oder das Agieren eines Koordinators. Der Koordinator ist nicht der Sündenbock für Versäumnisse und Mängel in der internen Organisation des betrieblichen Arbeitsschutzes der am Bau beteiligten Unternehmen. Ein Koordinator kann jedoch auch gleichzeitig Arbeitgeber sein und eigene Mitarbeiter auf einer Baustelle einsetzen. Auf dieser Baustelle muss er selbstverständlich alle Arbeitgeberpflichten für seine Leute erfüllen.

Die Rolle des Koordinators besteht darin, **zusätzlich** zu den Arbeitsschutzaktivitäten der einzelnen ausführenden Unternehmen

- vorausschauend die Arbeitsabläufe gewerkeübergreifend zu durchdenken und vorhersehbare Gefährdungen und Risiken zu erkennen,
- bei Bedenken zu sicherheitsrelevanten Vorgängen ggf. Nachweise einzufordern (siehe RAB 30, Nr. 3.2 [2003]),
- einzugreifen, wenn er feststellt, dass vorliegende Gefährdungsbeurteilungen nicht auf gewerkeübergreifende Gefahren und Risiken eingegangen sind.

Auch bei einem Koordinator, der mit Weisungsrechten ausgestattet ist (was dann vertraglich definiert sein sollte), verbleibt die Verantwortung für den Arbeitsschutz der auf der Baustelle eingesetzten Beschäftigten bei deren Arbeitgebern. Überwachungspflichten haben stets auch der Bauleiter und die

Fachbauleiter. Nach § 56 MBO hat der Bauleiter auf „*den sicheren bautechnischen Betrieb der Baustelle, insbesondere auf das gefahrlose Ineinandergreifen der Arbeiten der Unternehmer*“ zu achten. Die BaustellV und das Bestellen eines Koordinators ersetzen weder die Bestimmungen aus dem Arbeitsschutzrecht noch die Vorgaben der Musterbauordnung.

Arbeitsstättenrecht

Einige Forderungen aus dem Arbeitsschutzrecht, insbesondere der ArbStättV, sind baulicher Natur. Daher müssen bei gewerblichen Bauten schon in der Planungsphase die Anforderungen an die Größe von Arbeitsräumen, die Sichtverbindung ins Freie, das Anlegen von Fluchtwegen usw. berücksichtigt werden. Eine erteilte Baugenehmigung bedeutet nicht automatisch, dass dieser Bau sämtlichen Vorgaben der Arbeitsstättenverordnung entspricht! Dies zu prüfen und sicherzustellen, ist jedoch nicht Aufgabe des Koordinators, sondern der verantwortlichen Planer und Architekten. Die Zuständigkeit des Koordinators betrifft den Arbeitsschutz **während** der Bauarbeiten, nicht die späteren Arbeitsbedingungen in dem erstellten Gebäude (mit Ausnahme der Unterlage, siehe Kapitel 3.1.4).

Besonders zu beachten sind die ergänzenden Hinweise zu Baustellen am Ende der Technischen Regeln für Arbeitsstätten (siehe Kapitel 2.1.3). Diese Hinweise sind verbindlich einzuhalten, dies kann erhebliche Auswirkungen auf die die Baustelleneinrichtung haben.

Zeitaufwand

Der für das Koordinieren auf einer Baustelle notwendige Zeitaufwand ist nirgendwo exakt festgelegt. Es kann daher von einem Koordinator nicht per se verlangt oder erwartet werden, dass er ständig auf der Baustelle anwesend ist. Es kommt ggf. auf die konkreten vertraglichen Vereinbarungen an. Auch die BaustellV macht zum Zeitaufwand keine konkreten Angaben. De facto kann es jedoch – je nach Komplexität des Bauvorhabens – durchaus vorkommen, dass eine ganztägige Betreuung erforderlich wird.

Auch andere Fragen zur Einsatzplanung des Koordinators bleiben offen, etwa, wie häufig Begehungen oder Besprechungen durchzuführen sind. Dies ist aber nicht als Mangel im Vorschriftenwerk zu sehen, sondern vielmehr der Tatsache geschuldet, dass Baustellen vielgestaltig und unterschiedlich sind. Jede starre Regelung, etwa zu Anwesenheitszeiten oder Begehungsfrequenzen, wäre im einen Fall zu lasch, im andern Fall übertrieben streng. Der Gesetzgeber lässt den Beteiligten hier gewisse Freiheiten und stärkt damit ihre **Eigenverantwortung**. Zu empfehlen ist, bestimmte Anwesenheitszeiten auf der Baustelle festzulegen und Begehungen in einem bestimmten Turnus zu vereinbaren. Klare Absprachen sind dabei genauso notwendig, wie ein flexibles Reagieren auf die konkrete Situation.

Abgrenzung zur Planungsphase

Koordinatoren, die nur für die Ausführungsphase beauftragt werden, sind gut beraten, vom Bauherrn alle Leistungen aus der Planungsphase (siehe Kapitel 3.1 bzw. RAB 30 Nr. 3.1 [2003]) abzufordern. Das gilt vor allem für

Planungsleistungen, die unmittelbare Auswirkungen auf die Arbeitsschutzsituation während der Ausführungsphase haben, aber auch für solche, die zu Beginn der Ausführungsphase noch nicht vollständig geplant und/oder vergeben worden sind.

Im Folgenden sind die wichtigsten Sicherheits- und Gesundheitsaspekte auf Baustellen in Unterkapiteln zusammengestellt, deren Reihung sich an der Anlage B der RAB 30 (2003) orientiert (vgl. Kapitel 2.4.2.2). Der Schwerpunkt liegt auf den gewerkeübergreifenden Gefährdungen, auf die der Koordinator in besonderer Weise achten soll. Das vorliegende Werk kann nicht auf alle Details zum sicheren Umgang mit Maschinen, Werkzeugen, Chemikalien für alle Gewerke und alle Tätigkeiten auf einer Baustelle eingehen. Daher wird in den Unterkapiteln auf die jeweiligen Regelwerke verwiesen. Darüber sei an dieser Stelle auf den Ratgeber zur Gefährdungsbeurteilung der BAuA (siehe Link in Kapitel 6) sowie die bewährten „Bausteine" der BG BAU verwiesen (siehe Praxistipp).

Praxistipp

Kostenfreie Information und Beratung: Übersichten zu Gefährdungen und Schutzmaßnahmen auf Baustellen bieten die DGUV Regel 101-601 (2017) und die DGUV Regel 101-602 „Branche Ausbau" (2018) für die **Ausbau**-Gewerke. Sie enthalten in den Anhängen nützliche Musterdokumente, Prüfprotokolle und Checklisten.

Die BG BAU hat unter dem Titel „Sicher arbeiten – gesund bleiben" eine Serie sog. **Bausteine** herausgegeben. Diese praxisnahen Sicherheitshinweise in kompakter Form –unter Arbeitsschützern auf dem Bau auch als „Gelbe Mappe" bekannt – liegen inzwischen auch online, als Web-App, sowie für Smartphones und Tablets vor (siehe Kapitel 6.5.3).

Falls sich weder in den Regelwerken noch in den Bausteinen eine Antwort auf spezifische Fragen findet, bleiben weitere Möglichkeiten, um **Auskunft von Experten** zu erhalten (siehe Kapitel 6.5.3):

- die Ansprechpartner zur Prävention der BG BAU
- der kostenfreie Beratungsservice KomNet, der vom Landesinstitut für Arbeitsgestaltung NRW betrieben wird.

Unabhängig von den nachfolgend genannten Gefährdungen sollte der Koordinator stets darauf achten, dass bei allen Schutzmaßnahmen die **zentralen Grundsätze des Arbeitsschutzrechts** (siehe Kapitel 2.1.8) eingehalten werden:

- Gefahren sind an der Quelle zu bekämpfen.
- Kollektive Schutzmaßnahmen haben Vorrang vor individuellen oder gewerkespezifischen Maßnahmen.
- Es gilt die Rangfolge: Substitution vor technischen vor organisatorischen vor personenbezogenen Schutzmaßnahmen.

Diese Vorgaben werden konkretisiert in der DGUV Vorschrift 38 „Unfallverhütungsvorschrift – Bauarbeiten" (1997) und der RAB 33 (2004).

3.2.1 Sicherheit bei Erd- und Tiefbauarbeiten

Wenn Gruben und Gräben ausgehoben werden müssen, kommt meist schweres Gerät zum Einsatz. Ursache schwerer und manchmal tödlicher Unfälle sind rückwärtsfahrende Erdbaumaschinen, aber auch unzureichend gesicherte Erdwände, die einbrechen und Bauarbeiter verschütten.

3.2.1.1 Erdbaumaschinen

Bagger, Radlader, Planierraupen, Fahrmischer usw. arbeiten mit großen Kräften der beweglichen Teile. Sie sind im Einsatz laut und die Sicht ist für den Fahrer oft eingeschränkt. Diese Kombination erhöht das Risiko, dass Personen in der Nähe von Rädern, Ketten, Schaufeln usw. erfasst werden. Ein Radlader z. B. fährt zu einem großen Teil seiner Einsatzzeit rückwärts. Gleichzeitig können die Hubarme die Sicht im Allgemeinen oder die Sicht auf einen Spiegel verdecken. In Unfallanalysen wird häufig der berüchtigte **tote Winkel** genannt. Denn der Fahrer ist – insbesondere beim Rückwärtsfahren – oft nicht in der Lage, zu erkennen, ob sich Personen im Gefahrenbereich aufhalten.

Die naheliegendste Lösung zum Vermeiden von **Unfällen durch eingeschränkte Sicht** ist daher, die Wahrnehmung des Fahrers bzw. Maschinenbedieners durch technische Einrichtungen zu verbessern. Dazu gehört das Nachrüsten mit Systemen zur Rückraumüberwachung durch Spiegel, Ultraschall- oder Kamera-Monitor-Systeme. Warnsysteme, die lediglich ein akustisches Signal aussenden, wenn sich die Maschine rückwärts bewegt, verbessern **nicht** die Sicht. Auch Einweiser können nur eine kurzzeitige Notlösung sein, zudem sind sie selbst gefährdet.

Technische Sicherheitsmaßnahmen müssen durch organisatorische Maßnahmen ergänzt werden. Dazu gehören das Festlegen von Regeln und das diesbezügliche Unterweisen aller Beteiligten. Diese Regeln könnten z. B. bestimmen, dass der Gefahrenbereich nur betreten werden darf

- nach Kontaktaufnahme mit dem Maschinenführer, z. B. durch fest vereinbarte Handzeichen,
- wenn ein ständiger Sichtkontakt mit dem Maschinenführer gegeben ist,
- wenn Warnkleidung, i. d. R. mindestens eine Warnweste, getragen wird.

Diese Unterweisungen sind nicht Aufgabe des Koordinators, ebenso wenig, wie das Kontrollieren von Prüf- und Wartungsfristen der Maschinen und Fahrzeuge. Aber der Koordinator muss darauf hinweisen und ggf. beim Sicherheitsverantwortlichen des ausführenden Unternehmens vorstellig werden, wenn er unsichere Verhaltensweisen, kritische Situationen oder technische Mängel -etwa beschädigte Hydraulikleitungen – beobachtet. Sobald Mitarbeiter weiterer Unternehmen im Bereich von Erdbauarbeiten arbeiten oder auch nur unterwegs sind, handelt es sich eindeutig um eine gewerkeübergreifende Gefährdung.

Zu **Unfällen beim Ein- und Aussteigen** kann es kommen, weil der Fahrer von der Maschine abspringt, statt die vorgesehenen Tritte und Haltegriffe zu benutzen.

Weitere Sicherheitsregeln beim Einsatz von Erdbaumaschinen:

- Das Mitfahren ist nur erlaubt, wenn die Maschine dafür vorgesehen und mit Sitzplätzen ausgerüstet ist.
- Das Anheben von Personen ist verboten. Ausnahmen sind nur möglich, wenn speziell für die Maschine vorgesehene Arbeitsplattformen genutzt werden.

Anforderungen an den Maschinenführer

Der Führer einer Erdbaumaschine muss volljährig sein, körperlich und geistig fit und als zuverlässig gelten. Er muss befähigt sein, eine Maschine zu führen, z. B. durch eine Ausbildung zum Geprüften Baumaschinenführer oder eine Fortbildung des Maschinenherstellers. Nach Bestehen einer Prüfung erhält er einen **Fahrerausweis.** Darüber hinaus muss er in die Benutzung und Bedienung der konkreten Maschine eingewiesen worden sein.

Erdbaumaschinen, die umstürzen können, müssen mit einer Kabine oder einem Überrollbügel ausgestattet sein. Der Maschinenführer hat die Pflicht, die vorhandenen Sicherheitsgurte zu nutzen. Er muss beim Bewegen seiner Maschine stets seine Fahrspur und den Gefahrenbereich von Auslegern und bewegten Teilen im Auge haben.

Unfälle mit Wechseleinrichtungen

Viele für Erd- und andere Bauarbeiten eingesetzte Maschinen und Fahrzeuge sind als Multifunktionsmodelle ausgeführt. Diverse Anbaugeräte wie Schaufel, Löffel, Gabelzinken, Rohgreifer, Verdichterplatte u. a. ermöglichen es, mit einem einzigen Gerät unterschiedliche Aufgaben zu erfüllen. Sind diese Wechseleinrichtungen nicht korrekt und sicher angekoppelt, können sich Anbauteile lösen, was schon zu schweren Unfällen geführt hat.

Schnellwechseleinrichtungen (SWE) erlauben dem Maschinenführer ein Wechseln ohne zusätzliche Unterstützung. Das vermeidet zwar Gefährdungen für den ansonsten an Wechselvorgängen beteiligten Bauarbeiter, bringt aber neue Risiken mit sich, wenn die Verriegelungsfunktionen nicht sicher und vollständig funktionieren. Die Verriegelungs- und Sicherungsbolzen müssen stets exakt und vollständig greifen. Der Baumaschinenführer sollte die sichere Verriegelung stets durch Belasten des Anbauteils am Boden prüfen.

3.2.1.2 Gräben, Gruben, Böschungen

Personen in einem Graben oder einer Grube können durch nicht ordnungsgemäß ausgeführte Böschungen verschüttet werden. **Ab einer Tiefe von 1,25 m** müssen die Wände von Gräben und Baugruben gesichert werden. Das kann durch ein Abböschen erfolgen oder durch verbauen mit senkrechten Wänden. Details wie Bemessungsregeln, Böschungswinkel und Böschungsarten in Abhängigkeit von den Bodenverhältnissen (bindig oder nicht bindig) usw. regelt die DIN 4124. Ausschachtungen an Gebäuden werden von der DIN 4123 erfasst.

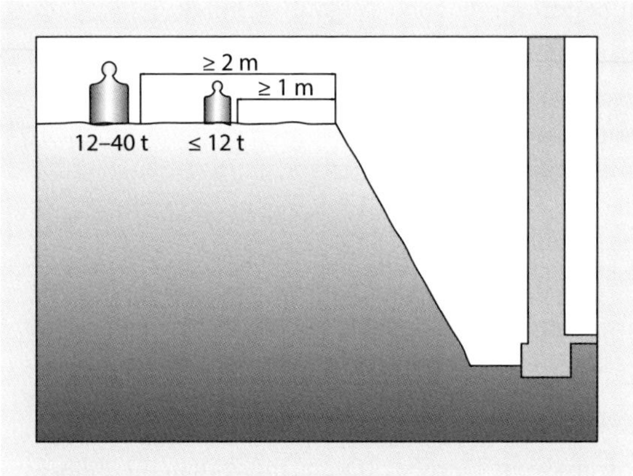

Abb. 3.6: Sicherheitsabstände von Lasten zum Rand von Baugruben (Quelle: Graefe, 2017, S. 88)

Außerhalb eines Grabens oder einer Grube ist die Standsicherheit ein Risikofaktor. Folgende Sicherheitsmaßnahmen sind einzuhalten:

- Für Fahrzeuge und Erdbaumaschinen in der Nähe von nicht verbauten Baugruben und Gräben gelten Sicherheitsabstände von mindestens 1 m bis 12 t und mindestens 2 m ab 12 t (siehe Abb. 3.6).
- Ein Schutzstreifen am Rand von Gräben mit einer Breite von 60 cm sollte für Fahrzeuge gesperrt sein, ebenso für das Ablagern von Material oder Aushub.
- Ab 5 m Tiefe wird ein Fachgutachten (Standsicherheitsnachweis) notwendig.

Zu beachten sind weiterhin das Eindringen von Grundwasser, Erschütterungen durch Verkehr oder benachbarte Bauarbeiten. Nicht fachgerecht durchgeführte Ausschachtungsarbeiten können die Standsicherheit benachbarter Gebäude gefährden.

Neben den bereits genannten Normen sind weitere Details zu Sicherheitsabständen je nach Grabentiefe, Grabenbreite, Geländeneigung und anderen Besonderheiten in den folgenden Arbeitsverfahren der BG BAU („Gelbe Mappe"/Bausteine) zu finden:

- C 467 „Ausschachtungen neben Gebäuden" (2019)
- C 469 „Geböschte Baugruben und Gräben" (2019)

3.2.1.3 Erdleitungen

Die Versorgung von Gebäuden mit Strom, Gas, Wasser und Information erfolgt zu großen Teilen über im Erdboden liegende Transportsysteme. Ein unbeabsichtigtes Beschädigen von erdverlegten Kabeln, Rohren, Leitungen usw. durch einen Bagger führt nicht nur zu Störungen und Verzögerungen, sondern stellt auch ein Unfallrisiko dar. Der Koordinator sollte schon bei der Baufeldbesichtigung (siehe Kapitel 3.1.5.1) das Gelände erkunden und auf Schilder, Schachtdeckel usw., aber auch „geflickte" Untergründe oder Fahrbahnen achten.

Vor dem Beginn von Erdarbeiten müssen alle relevanten Information eingeholt und ggf. Pläne eingesehen werden. Ist in unklaren Situationen mit Erdleitungen zu rechnen, muss deren genaue Lage ggf. durch manuelles Schachten, Suchgrabungen oder mithilfe von Ortungsgeräten ermittelt werden. Baumaschinen dürfen im Bereich von Versorgungsleitungen nur zum Einsatz kommen, wenn eine Gefährdung der Leitungen ausgeschlossen ist. Ist dies nicht der Fall, muss von Hand geschachtet werden.

Relevant für die erforderlichen Schutzmaßnahmen bei Erdarbeiten in der Nähe erdverlegter Kabel und Rohrleitungen ist die DGUV Information 203-017 „Schutzmaßnahmen bei Erdarbeiten in der Nähe erdverlegter Kabel und Rohrleitungen“ (2019).

3.2.1.4 Freileitungen

Befinden sich in unmittelbarer Nähe einer Baustelle elektrische Freileitungen, besteht die Gefahr, dass sie Baggerausleger, Krane oder Betonpumpen berührt werden. Auch ohne einen direkten Kontakt kann es zu einem Spannungsüberschlag kommen. In beiden Fällen besteht akute Lebensgefahr. Diese Risiken sind bereits bei der Baufeldbesichtigung (siehe Kapitel 3.1.5.1) zu erkennen. Sie können auch schon bei den Vorarbeiten bestehen, wenn z. B. Bäume gefällt werden müssen. Auch die Fahrleitungen von Bahnen und Straßenbahnen sind zu beachten.

Die Berufsgenossenschaften geben in Abhängigkeit von der Nennspannung von Freileitungen die in der Tabelle 3.3 genannten Sicherheitsabstände vor.

Tabelle 3.3: Sicherheitsabstände zu Freileitungen

Nennspannung der Freileitung	Sicherheitsabstand zur Freileitung
bis 1000V	1 m
> 1 kV bis 110 kV	3 m
> 110 kV bis 220 KV	4 m
> 220 kV bis 380 kV oder bei unbekannter Nennspannung	5 m

Zu den möglichen Sicherheitsmaßnahmen zählen:

- Den elektrischen Strom abschalten (unbedingt erforderlich, wenn Sicherheitsabstände nicht eingehalten werden können).
- Die Freileitung verlegen oder auf andere Weise gegen ein unbeabsichtigtes Berühren schützen.
- Den Arbeitsbereich von Fahrzeugen und Maschinen, die Arbeitshöhen bzw. die Höhen von Auslegerarmen begrenzen.

Die Maßnahmen sind mit den Betreibern der Leitungsnetze (Stromversorger, Kommune, Deutsche Bahn usw.) abzustimmen. Beim Einschätzen der Gefährdungen und Festlegen der Sicherheitsabstände muss stets auch berücksichtigt werden, dass Freileitungen im **Wind** schwingen und somit ihre Position verändern. Beim Einsatz von Kranen ist höchste Vorsicht geboten, wenn großformatige oder sperrige Lasten bewegt werden oder Lasten dem Wind eine Angriffsfläche bieten.

3.2.1.5 Kampfmittel und Blindgänger

Während des Zweiten Weltkriegs wurden über Deutschland etwa 1,4 Mio. Tonnen Bomben abgeworfen. Laut dem Online-Portal kampfmittelportal.de müssen jedes Jahr rund 5.000 Blindgänger, Granaten, Panzerfäuste usw. geräumt werden: Dabei kommt es im Durchschnitt zu 1 bis 2 Selbstdetonationen.

Besteht der Verdacht auf Kampfmittel im Baugrund, ist höchste Vorsicht geboten. Die Folgen von Korrosion oder Erschütterungen auf einen Blindgänger sind unvorhersehbar. Hier steht der Bauherr in der Verantwortung, geeignete Maßnahmen zum Aufspüren und Beseitigen von Kampfmitteln in die Wege zu leiten. Der Koordinator sollte in diesem Fall bereits in der Baustelleneinrichtungsplanung Kontakte zu Kampfmittelräumdiensten festhalten.

Stoßen die Bauarbeiter – trotz aller genehmigungs- und vergaberechtlichen Vorgaben und Abklärungen im Vorfeld und vorliegender **Kampfmittelfreiheitsbestätigung** – während Erdbauarbeiten auf einen Blindgänger oder ein verdächtiges Objekt, gilt:

- die Arbeiten unverzüglich stoppen,
- alle Personen auffordern, den Gefahrenbereich zu verlassen,
- die Polizei verständigen,
- den gefährdeten Bereich absperren und den Zutritt verhindern,
- sicherstellen, dass sich keine Personen mehr im gefährdeten Bereichs befinden, u. a. durch eine Anwesenheitskontrolle der Bauarbeiter am Sammelplatz.

Alle weiteren Untersuchungen und Erkundungen dürfen nur durch eine Fachfirma vorgenommen werden. Die Bauverantwortlichen müssen Experten der zivilen oder militärischen Kampfmittelbeseitigung hinzuziehen, ggf. auch Fachfirmen für Luftbildauswertung. Die Kampfmittelfreigabe sollte schriftlich dokumentiert werden.

Praxistipp

In Kapitel 6.5.3 des vorliegenden Werks sind Online-Adressen der Kontaktdaten von Fachfirmen für Luftbildauswertung, welche das Blindgängerrisiko anhand von Kriegsluftbildern und historischen Dokumenten einschätzen, sowie zu Fachfirmen für die Kampfmittelbeseitigung zusammengestellt.

Weitere Details zum Vorgehen bei Kampfmitteln auf Baustellen sind zu finden in

- Baufachliche Richtlinien Kampfmittelräumung (BFR KMR) und
- DGUV Information 201-027 „Handlungsanleitung zur Gefährdungsbeurteilung und Festlegung von Schutzmaßnahmen bei der Kampfmittelräumung“ (2007) (siehe Kapitel 6.5.3).

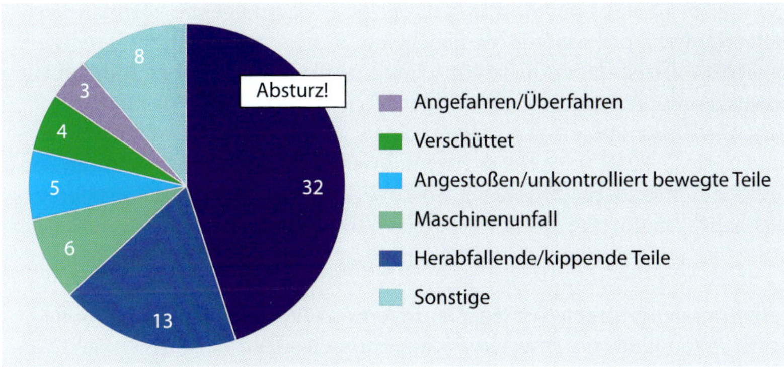

Abb. 3.7: Ursachen der tödlichen Arbeitsunfälle am Bau im Jahr 2018 (nach BG BAU 2019)

3.2.2 Gefährdung durch Absturz

Auf Baustellen ist ein Absturz von Bauarbeitern die häufigste Ursache für tödliche Arbeitsunfälle (siehe Abb. 3.7). Gerade auf dem Bau werden Absturzgefahren häufig unterschätzt. Lebensgefahr besteht bereits bei einer geringen Absturzhöhe. Jeder dritte tödliche Absturzunfall passiert laut einer Studie der BAuA aus einer Höhe **von weniger als 3 m**.

Der Gesetzgeber hat diese Gefahr erkannt und definiert in Anhang 2.1 der ArbStättV: „*Eine Absturzgefahr besteht bei einer Absturzhöhe von mehr als 1 Meter.*" Auch bei einer Absturzhöhe unterhalb von 1 m können Schutzmaßnahmen notwendig werden, wenn z. B. die Gefahr besteht, dass Personen in feste oder flüssige Stoffe auf der darunterliegenden Ebene fallen oder versinken, dies fordert die ArbStättV in Anhang 5.2. Schutzmaßnahmen gegen Absturz sind Pflicht

- bei einer Absturzhöhe von mehr als 1 m an Wandöffnungen, freiliegenden Treppenläufen und -absätzen,
- bei einer Absturzhöhe von mehr als 2 m an allen übrigen Arbeitsplätzen.

Die Sicherheitsverantwortlichen der beteiligten Bauunternehmen müssen in ihren Gefährdungsbeurteilungen ermitteln, wo Absturzrisiken bestehen, diese Risiken bewerten und geeignete Sicherheitsvorkehrungen festlegen. Gerade auf einer Baustelle, auf der sich im Rohbau die Arbeitsumgebung ständig verändert, ist besonderes Augenmerk zu legen auf offene Treppenöffnungen (Treppenlöcher), offene Schächte (z. B. für Aufzüge) sowie ungesicherte Balkone oder Dächer. Im fertigen Rohbau bestehen darüber hinaus Absturzgefahren am Dachrand sowie an allen nicht durchtrittsicheren Dachflächen wie Oberlichtern, Lichtkuppeln und Lichtbändern. Diese Absturzrisiken bestehen stets gewerkeübergreifend.

Maßnahmen zum Schutz vor Absturz

Fakt ist – und dessen sollte sich der Koordinator bewusst sein –, dass es technische Mittel gibt, um hoch gelegene Arbeitsplätze sicher zu erreichen und in der Höhe sicher zu arbeiten. Diese Möglichkeiten und Einrichtungen müssen jedoch konsequent genutzt werden.

Auch für den Schutz vor Absturz gilt die TOP-Rangfolge der Maßnahmen (siehe Kapitel 2.1.8) und die Vorgabe, Gefahren an der Quelle zu beseitigen. Zunächst müssen daher die technischen und organisatorischen Möglichkeiten ausgeschöpft werden wie Geländer oder Abdeckungen. Wenn damit nicht alle Risiken beseitigt werden können, sind sekundäre Auffangeinrichtungen wie Gerüste oder Netze vorgeschrieben. Erst zuletzt soll auf die Persönliche Schutzausrüstung gegen Absturz (PSAgA) – wie Auffangsysteme, Rückhaltesysteme und Positionierungssysteme – zurückgegriffen werden.

Bei den technischen Einrichtungen wird unterschieden in

- **Absturzsicherungen**, die ein Abstürzen von Personen verhindern, wie z. B. Seitenschutzsysteme, temporäre Treppengeländer, Abdeckungen von Bodenöffnungen, mobile Dachrandsicherungen usw., und in
- **Auffangsicherungen**, die abstürzende Personen auffangen wie Schutznetze oder Dachfanggerüste, und somit die Absturzfolgen mildern.

Laut ASR A2.1 (2012) haben Absturzsicherungen Vorrang vor Auffangsicherungen.

Jeder Arbeitsplatz auf einer Baustelle muss über einen sicheren Zugang erreichbar sein. Zu den typischen Schutzmaßnahmen gehören

- Seitenschutz oder Absperrungen bei allen Absturzkanten an Wandöffnungen oder an Vertiefungen in Böden und Decken,
- temporäre Geländer (Seitenschutz) an Treppenläufen und -absätzen, an Laufbrücken usw.,
- unverrückbare Abdeckungen oder Verschlüsse aus durchbruchsicheren Materialien für Bodenöffnungen,
- Absperrungen oder Abdeckungen für alle nicht sicher begehbaren Flächen, auch auf Dächern.

Für sämtliche Arbeiter auf einer Baustelle gilt – unabhängig vom Gewerk und der Aufgabe –, dass mit Arbeiten in der Nähe von Bodenöffnungen, Wandöffnungen usw. erst begonnen werden darf, wenn diese gesichert sind. Ist aus technischen Gründen ein Seitenschutz oder eine Absperrung nicht umsetzbar, dann müssen für Arbeiten an Absturzkanten Auffangeinrichtungen eingerichtet werden.

Aus Sicht des Koordinators ist besonders darauf zu achten, dass nicht einzelne Gewerke aufgrund unklarer Absprache oder Termindruck vorzeitig mit Arbeiten beginnen. Improvisierte individuelle „Lösungen“ sind nicht zulässig. Ob Elektroinstallationen an einem Aufzugsschacht oder Malerarbeiten in Treppenhäusern – alle Arbeiten dürfen nur in einer absturzgesicherten Umgebung und von geeigneten Standorten aus durchgeführt werden.

Wo es Absturzrisiken gibt, besteht immer auch die Gefahr, dass Gegenstände, Baumaterialien, Werkzeuge usw. herunterfallen und Personen verletzen. Auch diese Risiken müssen erkannt und beseitigt werden. Das kann durch Absperrungen und Zugangsbeschränkungen zu gefährdeten Flächen erfolgen. Auch organisatorische Maßnahmen können notwendig werden, um sich gegenseitig gefährdende Arbeiten zeitlich oder räumlich zu trennen. Auch hier ist Aufmerksamkeit des Koordinators gefragt.

PSA gegen Absturz

Zur PSAgA gehören Auffangsysteme, Rückhaltesysteme und Positionierungssysteme sowie die im Zusammenhang damit notwendigen dauerhaften Anschlageinrichtungen zum Befestigen. PSAgA darf im Gegensatz zu anderen PSA-Komponenten **nur mit einer speziellen Ausbildung** verwendet werden. Wer sie einsetzt, muss stets auch einen Schutzhelm mit Kinnriemen tragen.

PSAgA sollte erst dann zum Einsatz kommen,

- wenn eine Gefährdungsbeurteilung zu den Absturzrisiken vorliegt,
- wenn technische Schutzmaßnahmen nicht möglich sind (siehe STOP-Prinzip, Kapitel 2.1.8),
- wenn geeignete Anschlagpunkte vorhanden sind,
- wenn die betreffenden Mitarbeiter zur bestimmungsgemäßen Verwendung der PSAgA unterwiesen wurden,
- wenn ein Rettungskonzept vorliegt, das auch praktische Rettungsübungen umfassen muss, insbesondere zum Risiko eines Hängetraumas.

Zu Absturzgefahren siehe auch Kapitel 3.2.3 (Gerüste), Kapitel 3.2.4.1 (Leitern) und Kapitel 3.2.4.3 (mobile Arbeitsbühnen).

Die wichtigsten Rechtsvorgaben zum Beherrschen von Absturzrisiken sind neben der ArbStättV:

- **ASR A2.1** (2012)
- **TRBS 2121** „Gefährdung von Personen durch Absturz – Allgemeine Anforderungen“ (2018)
- **TRBS 2121, Teil 3** „Gefährdung von Beschäftigten durch Absturz bei der Verwendung von Zugangs- und Positionierungsverfahren unter Zuhilfenahme von Seilen“ (2019)
- **TRBS 2121, Teil 4** „Gefährdung von Beschäftigten durch Absturz – Ausnahmsweises Heben von Beschäftigten mit hierfür nicht vorgesehenen Arbeitsmitteln“ (2019)
- **DGUV Regel 101-011** „Einsatz von Schutznetzen (Sicherheitsnetzen)“ (2016)
- **DGUV Information 201-023** „Einsatz von Seitenschutz und Seitenschutzsystemen sowie Randsicherungen als Schutzvorrichtungen bei Bauarbeiten“ (2018)
- **DGUV Information 201-056** „Planungsgrundlage von Anschlageinrichtungen auf Dächern“ (2015)
- **DGUV Information 201-057** (2015)
- **DGUV Information 203-058** „Schutz gegen Absturz bei Arbeiten an elektrischen Anlagen auf Dächern“ (2010)
- **DGUV Regel 112-198** „Benutzung von persönlichen Schutzausrüstungen gegen Absturz“ (2019)

3.2.3 Sicherer Einsatz von Gerüsten

Gerüste sind ein unverzichtbares Hilfsmittel auf vielen Baustellen, hinsichtlich der Sicherheit werden sie jedoch häufig zur Schwachstelle. Als die Arbeitsschutzverwaltung in Nordrhein-Westfalen in einer Schwerpunktaktion zur Absturzgefährdung binnen 6 Wochen mehr als 400 Baustellen überprüfte, zeigten sich eklatante Versäumnisse und Sicherheitsmängel insbesondere bei Gerüsten.

„Knapp 70 Prozent der Gerüste auf den besichtigten Baustellen wiesen Mängel auf. In knapp zwei Dritteln der Fälle war der Seitenschutz unvollständig und fehlte sogar ganz. In der Hälfte der Fälle war der Wandabstand zu groß und ein Drittel der Gerüste war nicht richtig verankert. Auch Auffangeinrichtungen wie zum Beispiel Netze bei Dacharbeiten waren häufig mangelhaft.“ (Meldung der Arbeitsschutzverwaltung NRW vom 10. Juli 2018)

Die zitierte Meldung spricht für sich und das Ausmaß – nur 3 von 10 Gerüsten mängelfrei (!) – ist angesichts der häufigen schweren und tödlichen Absturzunfälle auf dem Bau (siehe Einleitung) kaum zu fassen. Die Behördenmitarbeiter dieser Aktion in NRW mussten die Gerüste ganz oder teilweise sperren. Ein Weiterarbeiten war erst nach Beseitigung der Mängel möglich.

3.2.3.1 Gerüstsicherheit

Beim Aufstellen und Benutzen von Gerüsten sind technische und organisatorische Vorgaben zu beachten. Alle verwendeten Gerüstbauteile müssen technisch einwandfrei und unbeschädigt sein. Weitere **technische Sicherheitsaspekte** sind:

- Standsicherheit
- stabile Verstrebungen
- ausreichende Zahl von Verankerungen
- Seitenschutz
- ausreichend Belastbarkeit, z. B. wenn Steine oder Ziegel abgestellt werden sollen
- vorgeschriebene Abstände zur Wand
- Beläge müssen vollständig sein und passgenau liegen
- Anschlagpunkte für PSAgA vorhanden
- ggf. Beleuchtung
- Kennzeichnung mit Gerüstersteller, Bauart, Last- und Breitenklasse, Warnhinweisen.

Zu den **organisatorischen Vorgaben** für Gerüste gehören:

- **Fachkunde**: Aufstellen nur mit Fachkräften, nicht mit ungelernten Hilfskräften,
- **Plan**: Auf- und Abbau von Gerüsten nur gemäß einem Plan bzw. Aufbau- oder Montageanweisungen, die i. d. R. der Gerüsthersteller mitliefert,
- **Aufsicht**: Bei allen Auf-, Ab- und Umbauarbeiten an Gerüsten muss eine **befähigte Person** die Aufsicht führen,
- **Abnahme**: Der sichere Zustand muss durch eine befähigte Person geprüft werden,
- **Freigabe**: Kein Betreten und Benutzen eines Gerüstes durch andere Unternehmen vor Fertigstellung und Freigabe.

3.2.3.2 Gerüstprüfung

Nach der Montage und **bevor** Bauarbeiter ein Gerüst erstmals benutzen, muss es durch eine qualifizierte Person auf offensichtliche Mängel geprüft worden sein und darf erst nach Freigabe betreten werden. Nach längerer Nichtbenutzung oder besonderen Ereignissen wie Sturm sollte das Gerüst erneut geprüft werden.

Gerüste müssen arbeitstäglich auf augenscheinliche Mängel kontrolliert werden. Festgestellte Mängel sind unverzüglich zu beheben. Bei Gefährdungen oder auf die Schnelle nicht behebbaren Mängeln darf das Gerüst oder der Gerüstteil nicht weiter benutzt werden.

3.2.3.3 Benutzungsregeln

Alle Benutzer sollten zu den **Regeln für das Benutzen von Gerüsten** unterwiesen sein:

- Zutritt und Verlassen des Gerüsts nur über die dafür vorgesehenen Aufstiege und Wege, jegliches Klettern, Springen oder Herumturnen ist verboten.
- Keine eigenmächtigen Veränderungen oder Reparaturen am Gerüst vornehmen. Auch das Anbringen von Winden oder Schuttrutschen darf nicht ohne vorherige Prüfung und Freigabe erfolgen.
- Gerüstbauteile nicht überladen, Lastklasse beachten.
- Klappen in den Durchstiegsbelägen schließen.
- Fanggerüste von Materialien und Werkzeugen freizuhalten.
- Niemals Gegenstände, Werkzeuge o. Ä. von einem Gerüst herunterwerfen oder herunterfallen lassen.
- Erkannte Beschädigungen, Mängel und Defekte sofort dem Vorgesetzten melden! Bei Gefahr Zugang zum Gerüst unverzüglich sperren!

Der Koordinator sollte ein Auge darauf haben, dass abgenommene und freigegebene Gerüste anschließend nicht von einem anderen Unternehmen eigenmächtig verändert werden. Wenn Gerüstelemente abmontiert werden – etwa weil plötzlich ein Schrägaufzug aufgebaut wird, um Lasten auf ein Dach zu befördern – kann dies die Sicherheit beeinträchtigen. Der Koordinator soll durch eine vorausschauende Planung und Abstimmungen zu notwendigen Transportvorgängen solche Risiken von vorneherein abklären.

Von einem Gerüst können nicht nur Personen herabstürzen. Auch auf Werkzeuge, Baumaterialien, Abfälle usw. wirkt die Schwerkraft, ungesichert können sie herunterfallen und dann andere Personen schwer verletzen. Aus diesem Grund dürfen **keine Arbeiten auf mehreren Gerüstebenen untereinander** zur gleichen Zeit durchgeführt werden.

Weitere Details zum sicherheitsgerechten Benutzen von Gerüsten finden sich in der

- **TRBS 2121, Teil 1** „Gefährdung von Beschäftigten durch Absturz bei der Verwendung von Gerüsten“ (2019) und der
- **DGUV Information 201-011** „Handlungsanleitung für den Umgang mit Arbeits- und Schutzgerüsten“ (2011).

3.2.4 Sicherer Einsatz von Leitern, Fahrgerüsten, Hubarbeitsbühnen

Auch unabhängig von Gerüsten, Bauaufzügen und Kränen müssen bestimmte Tätigkeiten mit einem vertikalen Abstand zum Erdboden oder Fußboden eines Stockwerks ausgeführt werden. Für Mitarbeiter, Materialien und Werkzeuge besteht dann stets eine Absturzgefahr (vgl. Kapitel 3.2.2). Das sichere Benutzen der diversen Arbeitsmittel und technischen Einrichtungen beim Arbeiten auf „hochgelegenen Arbeitsplätzen" – so der Arbeitsschutzjargon – erfordert unbedingt die Kenntnis diverser Sicherheitsregeln.

3.2.4.1 Leitern

Das Risiko, mit einer Leiter zu verunglücken, wird häufig unterschätzt. Fakt ist, dass pro Jahr weit mehr als 20.000 Beschäftige einen Arbeitsunfall mit einer Leiter erleben. Die Opfer leiden unter Prellungen und Knochenbrüchen, einige bleiben querschnittsgelähmt, andere überleben den Unfall nicht. Nur etwa jeder 20ste Unfall mit einer Leiter geht auf einen technischen Defekt an der Leiter zurück. In den meisten anderen Fällen liegt die Ursache im falschen Aufstellen und Benutzen der Leiter.

Sicherheitsregeln zum Benutzen von Leitern

Die möglichen Fehler beginnen beim Auswählen des für die vorgesehene Aufgabe geeigneten Leitertyps. Die diversen Bauformen wie Stehleiter, Anlegeleiter, Teleskopleiter, Podestleiter sind für unterschiedliche Einsatzzwecke und Belastungen vorgesehen. Die wichtigsten Vorgaben zum sicheren Benutzen von Leitern lauten:

- Der Leitertyp muss für die Aufgabe geeignet sein.
- Stufen sind sicherer, Sprossen nur in Ausnahmefällen nutzen.
- Die Leiter vor Benutzung in Augenschein nehmen, bei Defekten oder Mängeln nicht benutzen, sondern aussortieren.
- Leitern nur mit sicherem Stand auf festem Untergrund benutzen.
- Leitern nur mit sicherem Schuhwerk betreten.
- Stehleitern stets vollständig ausklappen und nur benutzen, nachdem die Spreizsicherung eingerastet ist.
- Leitern nicht überlasten.
- Anlegeleitern im Winkel von 65° bis 75° anstellen.
- Stets mit beiden Füßen auf der Leitersprosse stehen.
- Bei einem Leitereinsatz als Zugang zu oder Abgang von hochgelegenen Arbeitsplätzen darf der zu überwindende Höhenunterschied grundsätzlich nicht mehr als 5 m betragen.
- Beschädigte Leitern stets fachgerecht reparieren bzw. reparieren lassen, keine Provisorien.

Leiterarbeiten ab 2 m Höhe dürfen nicht länger als 2 Stunden pro Arbeitsschicht dauern. **Ab 5 m ist das Arbeiten von einer Leiter aus nicht zulässig**. Davon unabhängig sollte vor einem Leitereinsatz stets geprüft werden, ob ein sichereres Arbeitsmittel benutzt werden kann, z. B. eine Hubarbeitsbühne, eine Bautreppe, ein Kleinpodest oder ein Gerüst.

Praxistipp

Der richtige **Anstellwinkel** zum sicheren Aufstellen einer Anlegeleiter lässt sich per Ellenbogenprobe kontrollieren. Eine zu steil gestellt Leiter kann nach hinten wegkippen, eine zu weit von der Wand positionierte Leiter droht wegzurutschen. Da auf dem Bau selten ein Geodreieck o. Ä. zur Hand ist, hilft die folgende Faustregel: Optimal ist der Anstellwinkel, wenn man mit dem Fuß am unteren Leiterholm stehend bei rechtwinklig angehobenem Oberarm die auf Armhöhe befindliche Sprosse gerade noch berührt.

Häufige Fehler beim Benutzen von Leitern

Auf die folgenden Fehler beim Verwenden von Leitern sollte der Koordinator beim Gang über die Baustelle achten:

- Es werden gefährliche Stoffe auf einer Leiter transportiert.
- Arbeiter stehen zu zweit auf einer Leiter.
- Arbeiter beugen sich beim Arbeiten seitlich weit hinaus.
- Leitern werden hinter geschlossenen Türen, Toren oder schlecht einsehbaren Stellen aufgestellt.
- Stehleitern werden als Anlegeleiter benutzt.
- Arbeiter benutzen Stehleitern, um auf eine andere Arbeitsebene überzusteigen.
- Kisten, Fässer, Paletten usw. werden als Leiterersatz benutzt.

Sehr hilfereich bei schwierigen Bodenverhältnissen, Schmutz, Nässe usw. ist spezielles **Leiterzubehör** wie Erdspieße, Leiterschuhe, Holmverlängerungen für Schrägen oder Leitern auf Treppen, Verbreiterungen der Leiterfüße, Fußplatten für das Stellen von Leitern auf Gitterroste usw. Diese Hilfsmittel dienen dem sicheren Stand und sollten konsequent benutzt werden.

Praxistipp

Die BG BAU fördert das Anschaffen spezieller Leitern sowie Leiterzubehör zur Verbesserung der Standsicherheit von Leitern mit finanziellen Zuschüssen. Diese sog. **Arbeitsschutzprämien** umfassen u. a. Stufen-Schiebeleitern, Bautreppen aus wiederverwendbaren Systembauteilen mit Seitenschutz oder Tritte und Kleinpodeste. Auskünfte zu Fördersummen und zur Antragstellung unter Tel. 0231 5431–1007 oder per Email an arbeitsschutzpraemien@bgbau.de (siehe Kapitel 6.5.3).

Weitere Rechtsgrundlagen und Sicherheitshinweise zum Benutzen von Leitern:

- **TRBS 2121, Teil 2** „Gefährdung von Beschäftigten bei der Verwendung von Leitern" (2018)
- **DGUV Information 208-016** „Handlungsanleitung für den Umgang mit Leitern und Tritten" (2007)

3.2.4.2 Fahrgerüste

Fahr- und Rollgerüste nach DIN 4420 sind aufgrund ihrer Mobilität flexibel für viele unterschiedliche Arbeitssituationen geeignet. Sie sind aus Arbeitsschutzsicht dem Arbeiten von einer Leiter vorzuziehen. Dennoch bestehen auch bei diesen Kleingerüsten Unfallgefahren und Verletzungsrisiken. Häufige Sicherheitsmängel sind ungenügende Standsicherheit, ein fehlerhafter Seitenschutz und falsch montierte Verstrebungen. Daher sollten Fahrgerüste nur

- von fachlich geeigneten und unterwiesenen Mitarbeitern (z. B. einer Gerüstbaufirma),
- unter Aufsicht einer fachkundigen Person und
- gemäß der Aufbau- und Verwendungsanleitung des Gerüstherstellers

auf- und abgebaut werden. Ab einer Belaghöhe von 2 m müssen ein dreiteiliger Seitenschutz mit Handlauf, Knieleiste und Fußleiste sowie ein innen liegender Aufstieg angebracht werden.

Prüfung

Vor der Benutzung muss ein Fahrgerüst durch eine befähigte Person geprüft werden. Diese bestätigt mit einem Brauchbarkeitsnachweis, dass das Fahrgerüst mit allen Stahlrohren und Kupplungen oder Systemgerüstbauteilen usw. fachgerecht gemäß den Vorgaben des Gerüstherstellers errichtet wurde.

Zum Prüfumfang gehört auch die Kennzeichnung. Das Fahrgerüst sollte über eine Kennzeichnung verfügen, die den Gerüstersteller, das Datum der Prüfung und die **zulässige Belastung** nennt. Sicherheitsrelevante Informationen und notwendige Warnhinweise müssen erkennbar sein. Auch die Fahrrollen sollten gekennzeichnet sein und über ihre Tragfähigkeit und zulässige Belastung informieren.

Sicherheitsregeln

Um Absturzunfälle an Fahrgerüsten vorzubeugen, gelten folgende Sicherheitsregeln:

- Fahrgerüste stets gegen unbeabsichtigtes Wegrollen sichern.
- Fahrgerüste nur mit Seitenschutz auf allen Ebenen verwenden.
- Zum Vermeiden einer Kippgefahr nur den Innenaufstieg benutzen.
- Versetzen bzw. Verfahren nur, wenn sich keine Personen auf dem Gerüst befinden.
- Fahrgerüste stets längs verfahren, niemals quer.
- Bei allen Arbeiten sowie beim Verfahren darauf achten, dass keine Gegenstände herunterfallen können.
- Das Übersteigen von Fahrgerüsten auf andere Fahrgerüste oder auf Gebäude ist nicht zulässig.
- Hebezeuge dürfen nur angebracht werden, wenn dies laut Herstellerunterlagen explizit vorgesehen ist.

Die **Kippgefahr** wächst mit der Höhe des Fahrgerüsts. Ab bestimmten Standhöhen werden daher technische Erweiterungen notwendig wie Gerüststützen, Ausleger oder das Anbringen von Ballast. Diese Einbauten müssen gemäß den Angaben des Herstellers erfolgen. Bei Starkwind müssen Fahrgerüste ggf. zusätzlich gesichert werden. Auch für Kleingerüste gilt die TRBS 2121 (2018) zur Absturzgefährdung.

3.2.4.3 Hubarbeitsbühnen

Im Gegensatz zu einer reinen Hebebühne, die in einer Kfz-Werkstatt zum Arbeiten an Fahrzeugen genutzt werden, bietet eine Hubarbeitsbühne einen deutlich größeren Aktionsradius. Durch einen Arbeitskorb an schwenkbaren Gelenkarmen und Teleskop-Auslegern sind nicht nur vertikale, sondern auch seitliche und drehende Bewegungen möglich, wie sie gerade auf Baustellen, z. B. für Arbeiten an Fassaden, oft notwendig werden. Mobile Hubarbeitsbühnen sind selbstfahrend oder auf einem Lkw oder Baufahrzeug montiert, sie können bei Bedarf gemietet werden.

Hubarbeitsbühnen sind aus Sicht des Arbeitsschützers in vielen Fällen eine sinnvolle Alternative zum Arbeiten von einer Leiter aus. Gleichzeitig lassen sie sich flexibler einsetzen als Gerüste. Doch es bestehen auch Unfallrisiken. Laut der Unfalldatenbank der International Powered Access Federation (IPAF) – einer Vereinigung von Herstellern, Händlern und Verleihern von Hubarbeitsbühnen – kommen jedes Jahr mehrere Dutzend Menschen beim Einsatz von Hubarbeitsbühnen ums Leben. Häufigste Unfallursachen sind Absturz, Stromschlag, Eingeklemmtwerden zwischen Bühne und der Umgebung sowie das Umkippen der Bühne.

Voraussetzungen für den sicheren Einsatz einer Hubarbeitsbühne:

- Auf- und Abbau nur durch dazu geeignete und dazu unterwiesene Mitarbeiter
- Bedienung nur durch volljährige, körperlich und geistig geeignete Mitarbeiter
- Bedienung nur nach schriftlicher Beauftragung und Einweisung
- Verwendung erst nach Sichtprüfung auf augenscheinliche Mängel
- Verwendung nur auf tragfähigem Untergrund und sicherer Stellfläche
- Verwendung nur mit ausgefahrenen Abstützungen gemäß Betriebsanleitung,
- Verwendung nur unter Einhalten der Lastgrenzen und der zugelassenen Personenzahl
- Verwendung nur, wenn alle Rollen mit einer funktionierenden Brems- und Feststellvorrichtung ausgestattet sind und eine Sicherung gegen unbeabsichtigtes Lösen vorhanden ist
- Verwendung nur, wenn geeignete Anschlagpunkte für PSAgA (Personenrückhaltesysteme) vorhanden sind und für jede Person im Korb ein eigener Anschlagpunkt zur Verfügung steht
- Verwendung nur, wenn die die Notsenkvorrichtung (Notablass) sicher funktioniert

Das Bewegen und Versetzen einer solchen Bühne darf nur langsam erfolgen. Eine Hubarbeitsbühne darf nur versetzt werden, wenn sich darauf keine Personen befinden und keine Gegenstände, die herunterfallen könnten.

Besonders gefürchtet ist beim Arbeiten von Hubarbeitsbühnen der sog. **Peitschen**- oder **Katapulteffekt**. Zu diesem kommt es, wenn der Arbeitskorb in Schwingungen gerät. Ursache kann bereits eine kleine Bodenschwelle oder ein Schlagloch sein. Bereits kleinere ruckartige Bewegungen führen über die Hebewirkung zu einem heftigen Schwanken des Arbeitskorbs. Dabei können ungesicherte Personen herausgeschleudert werden oder an Mauern, Pfeilern etc. eingeklemmt werden.

Praxistipp

Das Unfallrisiko durch fehlende Standsicherheit steigt bei nassem oder weichem Untergrund, bei Sommerhitze auch durch aufgeweichten Asphalt. Ein interaktives Online-Tool der IPAF erleichtert das Berechnen der **notwendigen Abmessungen für die Unterlegplatten** (siehe Kapitel 6.5.3).

Über weitere Details zu Auswahl, Aufbau und Einsatz von Hubarbeitsbühnen informiert die DGUV Information 208-019 „Sicherer Umgang mit fahrbaren Hubarbeitsbühnen" (2013).

3.2.5 Gefährdungen durch Elektrizität

Elektrische Einrichtungen und Betriebsmittel sind auf Baustellen hohen Belastungen ausgesetzt. Zu Schmutz, Feuchte und Vibrationen kommt häufig eine hohe mechanische Beanspruchung, etwa wenn Maschinen über Leitungen fahren. Daher besteht stets das Risiko von Beschädigungen und den damit verbundenen elektrischen Gefahren. Ab etwa 25 mA oder 120 V kann ein Stromschlag für einen Menschen kritisch werden. Auf Baustellen sind Spannungen von 230 V bis 400 V und Stromstärken bis mehr als 60 A üblich.

Bei den Elektrounfällen ist der Anteil der tödlichen Unfälle besonders hoch. Dazu kommen Sekundärunfälle, wenn Mitarbeiter bei Kontakt mit dem elektrischen Strom erschrecken, zurückzucken, während sie z. B. auf einer Leiter stehen. **Jeder zweite tödliche Elektrounfall in der gesamten gewerblichen Wirtschaft ereignet sich auf einer Baustelle.** Häufig gehen diese Unfälle auf eine fehlerhafte und ungeprüfte Baustromversorgung zurück. Da auch Elektrogefahren zu den gewerkeübergreifenden Gefährdungen gehören, sollte der Koordinator – als elektrotechnischer Laie (siehe unten) – daher einige grundlegende Aspekte der Elektrotechnik und der Elektrosicherheit kennen (siehe die folgenden Abschnitte dieses Kapitels).

3.2.5.1 Akteure der Elektrosicherheit

Für die Arbeit des Koordinators hinsichtlich der Elektrosicherheit ist es wichtig, die relevanten Akteure und ihre Zuständigkeiten zu kennen. Denn während zum Einschätzen viele anderer Gefährdungen grundlegende Arbeitsschutzkenntnisse und der gesunde Menschenverstand meist ausreichen, sind Stromgefahren unsichtbar, unhörbar und geruchlos. Das Beherrschen elektrischer Risiken bedarf besonderer Fachkenntnis. Daher sieht der Gesetzgeber verschiedene Akteure vor, die abgestuft gemäß Ihrer Ausbildung bestimmte elektrotechnische Aufgaben übernehmen dürfen.

Elektrofachkraft: Nur eine Elektrofachkraft (EFK) darf elektrische Anlagen und Betriebsmittel errichten, verändern und instand halten. Voraussetzung sind eine fachliche Ausbildung, Berufserfahrung sowie Kenntnis der einschlägigen Bestimmungen wie Normen und Unfallverhütungsvorschriften.

Elektrofachkraft für festgelegte Tätigkeiten (EFKffT): Die Ausbildung zur EFKffT ist eine Zusatzqualifikation für Nicht-Elektriker. Ein Absolvent darf danach festgelegte Tätigkeiten – das sind **bestimmte gleichartige, sich**

wiederholende Arbeiten – gemäß einer vorliegenden Arbeitsanweisung durchführen. Durch diese Regelung wird es z. B. einem Schreiner ermöglicht, beim Einbau einer Küche auch den Elektroherd anzuschließen, ohne dass dafür eigens ein ausgebildeter Elektriker – als EFK – hinzugezogen werden müsste.

Elektrotechnisch unterwiesene Person (EuP) wird man ebenfalls nach einer Weiterbildung. EuP dürfen einfache elektrische Arbeiten wie z. B. wiederholte Prüfaufgaben, in einem bestimmten Umfang übernehmen. Voraussetzung ist jedoch stets die **Leitung und Aufsicht** durch eine EFK.

Alle anderen Personen, auch auf einer Baustelle, gelten als **elektrotechnische Laien**. Das heißt, dass ein beliebiger Mitarbeiter, der nicht unter eine der 3 genannten Gruppen fällt, nicht einmal eine Steckdose austauschen darf. Grundsätzlich muss jedem Mitarbeiter, der mit Elektrik zu tun hat, stets klar sein, welche Zuständigkeit ihm zukommt, welche elektrotechnischen Aufgaben er übernehmen darf und welche Tätigkeiten für ihn tabu sind.

3.2.5.2 Koordinator und Elektrosicherheit

Auch der Koordinator wird in vielen Fällen als elektrotechnischer Laie anzusehen sein, von dem keine umfassende elektrotechnische Fachkompetenz erwartet werden kann. Die RAB 30 (2003) nennt in Anhang B, Nr. 2.5 zwar auch die „Gefährdungen durch Elektrizität“, aber wie detailliert die Kenntnisse des Koordinators dazu sein müssen, ist nicht klar definiert. Der Koordinator ist darauf angewiesen, in Fragen der Elektrosicherheit auf einer Baustelle eng mit den Elektrofachkräften der ausführenden Unternehmen zusammenzuarbeiten. Auch als elektrotechnischer Laie hat er die Aufgabe, in Fragen der Elektrosicherheit für Abstimmung und Kooperation zu sorgen. Seine Aufgabe kann z. B. sein, gemeinsam mit der Elektrofachkraft Zugangs- bzw. Zugriffsregelungen festzulegen. Auf diese Weise kann z. B. klar definiert werden, welche Akteure auf einer Baustelle unter welchen Bedingungen einen Schlüssel zu elektrischen Betriebsräumen erhalten.

Bei größeren Baustellen ist darauf zu achten, dass eine Organisationsstruktur für die Elektrotechnik festgelegt ist. Diese sollte auch Subunternehmen, Fremdfirmen, Leiharbeiter usw. einbinden. Dabei sollte geklärt sein, wer als Anlagenbetreiber – z. B. für die Baustromversorgung – gilt, wer als verantwortliche Elektrofachkraft bestimmt ist und vom wem ggf. Prüfungen, Inspektionen, Wartungen usw. organisiert werden.

Zentrale Vorschrift für die Sicherheit bei elektrischen Anlagen und Betriebsmitteln ist die **DGUV Vorschrift 3** „Unfallverhütungsvorschrift – Elektrische Anlagen und Betriebsmittel“ (1997). Für Baustellen besonders relevant sind:

- DGUV Information 203-004 „Einsatz elektrischer Betriebsmittel bei erhöhter elektrischer Gefährdung“ (2018)
- DGUV Information 203-005 „Auswahl und Betrieb ortsveränderlicher elektrischer Betriebsmittel nach Einsatzbedingungen“ (2012)
- DGUV Information 203-006 (2012)
- DGUV Information 203-032 „Auswahl und Betrieb von Stromerzeugern auf Bau- und Montagestellen“ (2016)
- DGUV Information 203-058 (2010)

Dazu kommen weitere Normen und Richtlinien, z. B. die speziell für Baustellen relevante DIN VDE 0100-704 „Errichten von Niederspannungsanlagen“ (2018) zum Errichten von Niederspannungsanlagen.

3.2.5.3 Elektrische Betriebsmittel und Leitungen

Die Elektrotechnik unterscheidet zwischen **ortsfesten** und **ortsveränderlichen elektrischen Betriebsmitteln**. Ortsfest sind die Elektroinstallationen in Gebäuden, aber i. d. R. auch Schaltschränke oder Transformatoren. Unter ortsveränderliche elektrische Betriebsmittel fallt – vereinfach ausgedrückt – alles, was einen Stecker hat, der an eine Stromversorgung angeschlossen wird und damit eine Mobilität des Geräts und einen Einsatz an unterschiedlichen Orten erlaubt.

Auf jeder Baustelle werden zahlreiche ortsveränderliche elektrische Betriebsmittel eingesetzt. Dazu gehören in erster Linie alle handgeführte Elektrowerkzeuge vom Akkuschrauber bis zum Hochdruckreiniger. Auch Anschlussleitungen, Kabeltrommeln, Mehrfachstecker usw. zählen dazu. Bei größeren Objekten wie Baustellenkreissägen, Schweißgeräten oder Ersatzstromerzeugern wird auch von transportablen elektrischen Arbeitsmitteln gesprochen.

Für all diese Betriebs- und Arbeitsmittel muss beim Einsatz auf Baustellen von einer **hohen mechanischen Beanspruchung** ausgegangen werden. Daher werden Auswahl und Einsatz durch zahlreiche Vorschriften geregelt. Der Koordinator muss diese sowie die zugrunde liegenden Normen nicht in allen Details kennen, aber die grundlegenden Vorgaben sollten ihm vertraut sein, z. B.:

- Handgeführte Elektrowerkzeuge müssen mindestens der Schutzart IP 2X entsprechen.
- Baulampen, Kabeltrommeln und alle anderen elektrischen Betriebsmittel müssen für den Einsatz unter Baustellenbedingungen geeignet sein. Handleuchten müssen z. B. die Schutzart IP 55 erfüllen.
- Leitungen sollten geschützt verlegt oder abgedeckt werden. Kabel und Leitungen über Fahrwegen sind überfahrsicher auszuführen, z. B. durch Gummischlauchleitungen vom Typ H07RN-F oder PU-Leitungen vom Typ H07BQ-F.

Auf Baustellen mit besonders hohen Anforderungen an die Elektrosicherheit – z. B. bei Bauarbeiten innerhalb von Umspannstationen – sollte auch der Koordinator über weitergehende Fachkenntnisse der Elektrosicherheit verfügen, ggf. durch zusätzliche Qualifikationen.

3.2.5.4 Elektrische Einrichtungen

Eine Baustelle benötigt in aller Regel eine eigene Stromversorgung. Es ist nicht zulässig, Baumaschinen an gewöhnliche Haussteckdosen von Nachbargebäuden anzuschließen, denn diese sind i. d. R. nicht dafür ausgelegt. Maßgeblich ist die **DGUV Information 203-006** (2012).

Sie unterscheidet zwischen **Übergabepunkt** und **Anschlusspunkt**. Der früher übliche Begriff „Speisepunkt“ wurde aufgeben. Am Übergabepunkt wird der Strom vom Netz des Energieversorgers in die Baustelle übergeben. Er darf hier i. d. R. noch nicht genutzt werden. Denn an dieser Stelle sind noch keine Einrichtungen zum Personenschutz wirksam. Erst am Anschlusspunkt – und damit **nach** einem **Fehlerstromschutzschalter (RCD, FI-Schalter)** – werden die auf der Baustelle eingesetzten elektrischen Betriebsmittel angeschlossen. Eine weitere unverzichtbare Schutzmaßnahme neben den RCDs ist eine fachgerechte Erdung.

Besondere Anforderungen gelten für frequenzgesteuerte elektrische Betriebsmittel, z. B. für die Antriebe von Kranen, Betonrüttlern oder Seilsägen. Hier ist nicht jeder RCD-Typ zulässig, vielmehr muss es sich um einen **allstromsensitiven RCD vom Typ B oder Typ B+** gemäß DIN VDE 0100-704 handeln, der auch Gleichfehlerströme erfasst. Alle Baustromanlagen mit Steckdosen bis 63 A müssen bis Juni 2020 entsprechend umgerüstet sein.

Werden keine ortsfesten Übergabepunkte installiert, kommen mobile und netzunabhängige Stromerzeuger zum Einsatz. In diesem Fall greift die **DGUV Information 203-032** (2016).

Für kleinere Einsätze eignen sich ortsveränderliche Fehlerstrom-Schutzeinrichtungen mit geschaltetem Schutzleiter (**PRCD-S**). Sie sollten robust ausgeführt und explizit für den gewerblichen Einsatz vorgesehen sein und werden dem Verbraucher vorgeschaltet. Damit kann ein Arbeiter sein Elektrowerkzeug anschließen, ohne dass zuvor die Funktions- und Elektrosicherheit jeder einzelnen Steckdose an jedem neuen Einsatzort überprüft werden müsste. Ein zweiter sicherheitsrelevanter Aspekt ist, dass diese Fehlerstrom-Schutzeinrichtung verhindert, dass sich ein eingeschaltetes Elektrogerät nach einem Stromausfall von selbst wieder einschaltet. Ein PRCD-S beugt dieser sog. Unterspannungsauslösung vor.

3.2.5.5 Elektroprüfungen

Für elektrische Anlagen und Betriebsmittel gilt auf Baustellen – analog zu Arbeitsstätten in Betrieben – eine Prüfpflicht gemäß BetrSichV. Für diese Prüfungen gilt:

- Sie müssen vor der Inbetriebnahme, nach jeder Änderung sowie regelmäßig erfolgen.
- Der Prüfer muss für seine Prüfaufgabe befähigt sein, d. h., mindestens eine elektrotechnische Berufsausbildung abgeschlossen haben oder eine vergleichbare Qualifikation nachweisen können.
- Diese Prüfungen müssen dokumentiert werden. Das Ergebnis von Prüfungen sollte bis zur nächsten Prüfung aufbewahrt werden.

Eine elektrotechnisch unterwiesene Person (EuP) darf nicht selbstständig Prüfungen durchführen, sie darf allenfalls unter der Leitung und der Aufsicht einer befähigten Person (EFK) unterstützende Hilfstätigkeiten bei Prüfungen vornehmen. Die befähigte Person bleibt als Prüfer stets für die Korrektheit und Dokumentation der Elektroprüfungen zuständig.

Prüffristen

Die Prüffristen sind nicht starr vorgegeben, sondern müssen vom Betreiber der elektrisch betriebenen Maschine oder des elektrisch betriebenen Geräts oder Werkzeugs im Rahmen seiner Gefährdungsbeurteilungen festgelegt werden. Der Koordinator sollte wissen, dass für auf Baustellen eingesetzte elektrische Betriebsmittel i. Allg. **erheblich kürzere Fristen** angenommen werden als für vergleichbare Maschinen und Elektrogeräte, die ausschließlich indoor oder unter anderen Bedingungen eingesetzt werden.

Die folgenden Prüfintervalle sind für Baustellen üblich:

- Schutzeinrichtungen mit Fehlerstromschutz in nicht-stationären Anlagen: mindestens einmal im Monat
- ortsveränderliche elektrische Betriebsmittel: alle 3 Monate (bei besonders starker Nutzung oder Beanspruchung kürzer, bis zu wöchentlich oder täglich!)
- ortsveränderliche elektrische Betriebsmittel: **Sichtprüfung** auf offensichtliche Mängel und von außen erkennbare Beschädigungen **vor jeder Benutzung**
- Einwandfreies Funktionieren (Auslösen) eines RCD: **arbeitstäglich**es Betätigen der Prüfeinrichtung durch einen dazu eingewiesenen Mitarbeiter

Aus der Dokumentation der Elektroprüfungen sollte hervorgehen, welche Personen welche Funktionen auf welche Weise mit welchem Ergebnis geprüft haben.

3.2.5.6 Die 5 Sicherheitsregeln der Elektrotechnik

Für Elektroberufe gelten für alle Tätigkeiten mit elektrischer Gefährdungen 5 grundlegende Regeln. Das konsequente Einhalten dieser 5 Sicherheitsregeln beugt Stromunfällen vor:

1. Freischalten!
2. Gegen Wiedereinschalten sichern!
3. Spannungsfreiheit feststellen!
4. Erden und Kurzschließen!
5. Benachbarte, unter Spannung stehende Teile abdecken oder abschranken!

Diese 5 Sicherheitsregeln basieren auf der Norm bzw. Normenreihe DIN VDE 0105 „Betrieb von elektrischen Anlagen“ (2015). Sie sind international anerkannt für alle Tätigkeiten in und an elektrischen Anlagen. Direkt betroffen sind Angehörige der Elektroberufe, aber auch jeder Arbeitsschützer und jeder Koordinator sollte die 5 Sicherheitsregeln der Elektrotechnik und ihre Bedeutung für die Prävention von Elektrounfällen kennen. Ist ein Arbeiten unter Spannung (AuS) unvermeidlich, kommen weitere spezielle Vorgaben hinzu.

3.2.5.7 Richtiges Verhalten bei Elektrounfällen

Bei der Ersten Hilfe nach Stromunfällen gibt es eine Besonderheit von hoher Brisanz. Denn eine Körperdurchströmung ist nicht nur für die akut betroffene Person lebensgefährlich. Auch die Retter und Ersthelfer sind in höchster Gefahr, wenn das Unfallopfer noch unter Strom steht. Auf Baustellen eingesetzte Mitarbeiter sollten unbedingt zu den richtigen Maßnahmen nach einem Stromunfall unterweisen worden sein und die Bedeutung des **Eigenschutzes** kennen.

Zwei Schritte sind nach einem Elektrounfall – neben der Alarmierung, dem Absichern der Unfallstelle usw. – auch auf Baustellen unbedingt zu beachten:

- **Stromzufluss sicher unterbinden**, z. B. Netzstecker ziehen, Sicherung entfernen, Hauptschalter umlegen.
- Ist dies nicht möglich, unter Beachtung des Eigenschutzes das **Unfallopfer vom Stromkreis trennen**, z. B. mit einem nicht-leitenden Gegenstand (Stange aus Kunststoff, Latte aus trockenem Holz), dabei selbst möglichst isoliert stehen, z. B. auf trockenem Karton oder Holzbrett.

Eine weitere Gefahr bei Elektrounfällen ist es, einen **leichten Stromschlag** nicht ernst zu nehmen. Der Koordinator sollte um die Risiken wissen. Wenn jemand auf einer Baustelle „eine gewischt" bekommt, dann ist das kein Anlass für einen Lacher unter den Kollegen, sondern ein Grund, denjenigen **zu einem Arzt** zu bringen. Denn noch Stunden nach einem vermeintlich harmlosen Stromunfall kann es zum gefürchteten Herzkammerflimmern kommen. Ohne unverzügliche lebensrettende Maßnahmen droht dann der plötzliche Herztod.

3.2.6 Brand- und Explosionsschutz

Bei Bauarbeiten – ob Neubau, Umbau oder Sanierung – bestehen i. d. R. erhebliche Brandgefahren. Schaut man gerade bei den spektakulären Bränden – zuletzt das Großfeuer in der Pariser Kathedrale Notre-Dame – genauer hin, stellt sich häufig heraus, dass die Feuer in den meisten Fällen **zur Zeit von Bau- oder Renovierungsarbeiten** stattfanden.

Das Auswerten von Brandstatistiken der Feuerversicherer zeigt, dass Feuer oft im Zusammenhang mit Bauarbeiten, insbesondere bei Heißarbeiten (siehe Kapitel 3.2.6.1) ausbrechen. Eine weitere Risikoquelle für das Entstehen von Bränden ist der elektrische Strom (siehe Kapitel 3.2.5). Etwa jeder dritte Brand in Deutschland geht auf Fehler, Mängel und Defekte im Zusammenhang mit Elektrizität zurück. Unabhängig von der Größe oder Dauer einer Baustelle werden Vorkehrungen und Maßnahmen zum Brandschutz notwendig.

Anforderungen an den Brandschutz auf Baustellen sind auf verschiedenen Rechtsebenen zu finden:

- Bauordnungen der Länder
- ergänzende Anforderungen an Baustellen in der ASR A2.2 (2018)
- DGUV Information 205-001 „Arbeitssicherheit durch vorbeugenden Brandschutz" (2013)
- TRGS 510 „Lagerung von Gefahrstoffen in ortsbeweglichen Behältern" (2013)
- TRGS 800 „Brandschutzmaßnahmen" (2010)
- DGUV Information 205-002 „Brandschutz bei feuergefährlichen Arbeiten" (2010)

Daneben sind die Richtlinien der VdS Schadenverhütung zu beachten.

Brandschutz kann als Teilgebiet des Arbeitsschutzes betrachtet werden. Denn bei einem Feuer auf einer Baustelle sind alle dort arbeitenden Personen gefährdet. Im Fokus des Koordinators steht daher der **Brandschutz während der Bauzeit**.

In der Verantwortung für den Brandschutz stehen der Bauleiter und ggf. Personen, an die Bauherr, Bauleiter oder ausführende Unternehmen Brandschutzaufgaben delegiert haben, daneben aber auch die Sicherheitsverantwortlichen der einzelnen Unternehmen. Der Koordinator sollte darauf hinwirken, dass die Zuständigkeiten für jedes Bauvorhaben eindeutig geregelt werden. Dazu gehören auch Vereinbarungen zu Umfang und Häufigkeit von Brandschutzbegehungen. Zuständigkeiten, Maßnahmen, Arbeitsabläufe usw. sind Bestandteil des SiGe-Plans (siehe Kapitel 3.1.2).

Hinweis

Baulicher Brandschutz und Baustellen-Brandschutz: Der Koordinator ist nicht dafür zuständig, dass die Vorschriften zum baulichen Brandschutz hinsichtlich der späteren Nutzung des Gebäudes eingehalten werden. Es ist nicht seine Aufgabe, zu prüfen, ob Brandabschnitte oder Feuerwiderstandsklassen von Türen ordnungsgemäß festgelegt oder ob Rauch- und Wärmeabzugsanlagen (RWA) korrekt bemessen wurden. Doch sobald durch oder infolge von Aktivitäten während des Bauprozesses – wie Heißarbeiten, Funkenflug usw. – die Brandrisiken steigen, stellt dies eine gewerkeübergreifende Gefährdung dar und der Koordinator ist gefragt.

3.2.6.1 Vorbeugender Brandschutz

Schon die Bauordnungen fordern für Baustellen Maßnahmen zum Brandschutz. Bei diesen Maßnahmen wird unterschieden in einen **vorbeugenden Brandschutz** und einen **abwehrenden Brandschutz**.

Zur Vorbeugung der Entstehung und Ausbreitung von Feuer dienen baulich-technische wie auch organisatorische Maßnahmen, wie sie auch unabhängig von Bauarbeiten als Standard gelten, z. B.:

- Verbote für Feuer, offenes Licht und Rauchen, Letzteres entweder durch ein generelles Rauchverbot oder durch Einrichten von Raucherzonen
- Minimierung von Brandlasten, darunter fallen alle brennbaren Gegenstände und Materialien, auch Abfälle.
- Mindestabstände von brennbaren Abfällen zu Gebäuden und Anlagen und diese Brandlasten möglichst zügig entfernen
- Räumlichkeiten, Lager, Container und Materialien wie etwa Schutzplanen nach Möglichkeit so wählen, dass sie aus nichtbrennbaren oder zumindest schwer entflammbaren Materialien bestehen
- Feuerschutztüren, die Brandabschnitte trennen, möglichst frühzeitig einbauen und nach Einbau schließen und keinesfalls durch Keile oder Steine blockieren.
- strikte Vorgaben zum Lagern von leicht entzündlichen und brennbaren Materialien gemäß deren Kennzeichnungen
- Bei größeren Lagern, in denen z. B. Gase gemeinsam mit Gefahrstoffen und brennbaren Materialien aufbewahrt werden, sind die Zusammenlagerungsverbote sowie die Vorgaben für Getrenntlagerung und die (strengere) Separatlagerung einzuhalten, Details regelt die TRGS 510 (2013).

- Die Baustromversorgung mit allen elektrischen Anlagen, Verteilern, Schaltschränken usw. regelmäßig durch eine Elektrofachkraft prüfen lassen.
- Last, but not least, reduziert ein Mindestmaß an Ordnung und Sauberkeit das Brandrisiko

Die Unsitte des Abflammens und Verbrennens von Baustellenabfällen oder Baumschnitt, Resten gerodeter Bäume usw. sollte unterbleiben und ist i. d. R. schon aus Umweltschutzgründen unzulässig.

Besondere Vorsicht ist auf Baustellen mit provisorischen **Heizungen und Öfen in** der kalten Jahreszeit geboten. Sämtliche wärmeerzeugenden Geräte müssen für ihren Zweck geeignet und geprüft sein und dürfen nur unter den vorgesehenen Sicherheitsmaßnahmen und mit den geeigneten Brennstoffen betrieben werden.

Bei einigen Substanzen, die auch auf Baustellen genutzt werden, besteht die **Gefahr einer Selbstentzündung**. Das betrifft insbesondere Lappen und Tücher aus brennbaren Materialien, die mit Ölen, Fetten oder Lösemitteln (Diesel, Leinöl usw.) verschmutzt sind. Diese Textilstoffe dürfen nach dem Verwenden nicht herumliegen, sondern müssen in Behältern aus nichtbrennbaren Materialien und mit dicht schließendem Deckel brandsicher gesammelt und möglichst zügig fachgerecht entsorgt werden.

Weitere Vorgaben zum baulichen Brandschutz, zum technischen Brandschutz, Rauchabführung u. a. liefert die DGUV Information 205-001 (2013).

Flucht und Rettung

Zum organisatorischen Brandschutz gehören auch die Maßnahmen für Flucht und Rettung:

- Die Kennzeichnung von Fluchtwegen und Notausgängen,
- Unterweisungen zum Brandschutz,
- Räumungsübungen und das
- Festlegen von Sammelplätzen

sollen sicherstellen, dass im Notfall alle Personen schnell und sicher aus der Brandgefahr geleitet werden.

Dabei kann die Dynamik einer Baustelle eine große Herausforderung darstellen. Fluchtwege müssen stets freigehalten werden, auch während die Bauarbeiten ablaufen und auch, wenn aufgrund räumlicher Enge der Platz für Baustoffe, Materialien und Maschinen knapp ist. Fluchtweg-Pläne müssen ggf. immer wieder aktualisiert werden. Bei größeren Baustellen ist es sinnvoll, die Notfall- und Rettungskonzepte mit der lokalen Feuerwehr abzustimmen.

Treppenhäuser, Eingänge, Zufahrten müssen Feuerwehr und Rettungskräften stets einen **schnellen Zugang** ermöglichen. Der Einsatz der Feuerwehren darf nicht durch verstellte Zugänge, elektrische Leitungen, Kabelbrücken o. Ä. erschwert werden. Es sollte stets möglich sein, Leitern an Balkone oder Fenster anzustellen.

Sowohl die Einrichtungen zum Löschen und zur Brandbekämpfung (siehe Kapitel 3.2.6.2) als auch die Organisation der Flucht- und Rettungswege sind Teil der Baustelleneinrichtungsplanung (siehe Kapitel 3.1.5).

Heißarbeiten

Zu den Heißarbeiten oder **feuergefährlichen Arbeiten** zählen manuelle Tätigkeiten, die mit Feuer, Hitze oder Funkenflug verbunden sind wie Gas- und Lichtbogenschweißen, Brennschneidarbeiten, Trennschleifen, Löten und das Verschweißen von Bitumenbahnen auf Dächern, aber auch Trocknen und Auftauarbeiten.

Funkenflug durch das trennende oder schleifende Bearbeiten von Metallen wird nicht selten zur Brandursache. Funken und Schweißperlen können 10 m und weiter fliegen. Entsprechend müssen in einem Sicherheitsbereich zuvor sämtliche brennbaren Materialien entfernt oder andere Maßnahmen ergriffen werden. Schon ein einziger Schweißfunke, der an der falschen Stelle landet, kann einen Brandschaden in mehrstelliger Millionenhöhe verursachen. Feuer- und Heißarbeiten dürfen nur unter festgelegten Sicherheitsvorkehrungen und Verhaltensregeln stattfinden:

- nur durch volljährige, ausgebildete und erfahrene Mitarbeiter,
- eine erfahrene und zuverlässige Person als Aufsichtführenden benennen,
- Löschmittel in ausreichender Menge in unmittelbarer Nähe bereitstellen,
- Arbeitsbereich so freiräumen, dass alle brennbaren Gegenstände entfernt werden, nötigenfalls auch brennbare Verkleidungen und Isolierungen von Rohren oder Behältern abnehmen,
- Öffnungen, Fugen, Ritzen usw. zu Räumen und Stellen mit brennbaren Inhalten mit nicht-brennbaren Materialien abdecken oder abdichten,
- bei Bauteilen und Oberflächen, die sich stark erwärmen, ggf. für eine Kühlung sorgen,
- flüssige Brennstoffe, z. B. für Lötlampen, erst nach Abkühlen des Arbeitsmittels nachfüllen,
- eine Brandwache (Brandposten, Feuerwache) mit der ständigen Aufsicht beauftragen,
- heiße Arbeitsgeräte wie Lötkolben oder Schneidbrenner nur auf dafür vorgesehenen Ablagen ablegen,
- den Arbeitsbereich auf Glutnester und Brandgeruch kontrollieren,
- im Brandfall sofort die Feuerwehr alarmieren.

Von größter Wichtigkeit ist die Fortsetzung der Kontrolle des Arbeitsbereichs nach Ende der Arbeiten. Denn Glutnester können im Verborgenen noch Stunden weiterglimmen. Ein Nachkontrollieren bis zu 24 Stunden – je nach den Umständen im konkreten Fall auch länger – kann angebracht sein.

Erlaubnis- und Freigabeverfahren

Für die Brandprävention bei Feuer- und Heißarbeiten haben sich im Arbeitsschutz organisatorische Maßnahmen bewahrt. Das Grundprinzip basiert auf eindeutigen Vereinbarungen: Wer darf – nach Freigabe durch wen – wo und wann welche Tätigkeiten durchführen. Diese Regeln in Form von Schweißberechtigungen (Schweißerlaubnisschein) sowie Erlaubnis- und

Freigabeverfahren für alle feuergefährlichen Tätigkeiten sollten auch auf Baustellen umgesetzt und dokumentiert werden (SiGe-Plan, Baustellenordnung). Dabei stellt der Erlaubnisschein für Heißarbeiten eine verpflichtend zu beachtende schriftliche Genehmigung dar. Bevor diese Genehmigung nicht vorliegt, darf mit der geplanten feuergefährlichen Tätigkeit nicht begonnen werden.

Praxistipp

Die Deutschen Versicherer (GDV) haben speziell für Baustellen einen Leitfaden für ein umfassendes Schutzkonzept veröffentlicht. Der Schwerpunkt dieser Broschüre liegt auf dem Brandschutz. Ein Erlaubnisschein für feuergefährliche Arbeiten ist als Mustervorlage zu finden (siehe Kapitel 6.5.3).

3.2.6.2 Abwehrender Brandschutz

Der abwehrende Brandschutz soll das schnelle und sichere Retten von Personen sowie das wirksame Löschen eines Brandes ermöglichen. Darunter fallen die folgenden Maßnahmen:

- tragbare Feuerlöscher in ausreichender Zahl und an geeigneten Stellen bereithalten,
- eine regelmäßige Wartung der Feuerlöschgeräte organisieren,
- Alarmierungssysteme installieren: Feuermelder, Brandmeldeanlagen, ggf. Handsirenen usw.,
- für besonders gefährdete Räume ggf. Löschanlagen installieren,
- durch Kontrollen sicherstellen, dass Alarmierungs- und Feuerlöscheinrichtungen jederzeit betriebsbereit sind,
- die Standorte von Alarmierungs- und Löscheinrichtungen kennzeichnen,
- auf einen jederzeit freien Zugang zu Alarmierungs- und Löscheinrichtungen achten.

Feuerlöscher sollten auch für die Unterkünfte und Sozialräume vorhanden sein, insbesondere in der Nähe von Kochstellen und Heizquellen. Die **Anzahl der Feuerlöscher** richtet sich nach der Brandgefahr (gering, mittel oder groß). Bei Baustellen ist in aller Regel **mindestens eine mittlere Brandgefahr** anzunehmen. Werden Feuerarbeiten durchgeführt, ist die Brandgefahr als groß zu bewerten.

Die ausreichende **Versorgung mit Löschwasser** muss sichergestellt sein, Lage und Benutzbarkeit von Hydranten muss bekannt sein. Löschwasserentnahmestellen sind an den Zufahrten zur Baustelle zu kennzeichnen. Wandhydranten und Steigleitungen im Bauwerk sollten so früh wie möglich in Betrieb genommen werden, sodass sie bereits während der Bauarbeiten im Notfall genutzt werden können.

Frühzeitig zu klären ist, wo im Ernstfall **besondere Löschmittel** notwendig werden, etwa bei einem brennenden Teerkocher auf einem Dach. Ebenfalls vorab zu prüfen ist, wo die Gefahr besteht, dass sich ein Brand sehr schnell ausbreiten kann. Das kann gelagerte Materialien wie brennbare Wärmedämmverbundsysteme betreffen, aber z. B. auch die Bespannungen von Gerüsten.

Bei einer **erhöhten Brandgefahr** nach ASR A2.2 (2018) müssen zusätzliche Maßnahmen ergriffen werden, z. B. durch eine größere Anzahl von Feuerlöschern oder weitere Löscheinrichtungen. Die Brandgefahr gilt nicht allein beim Schweißen und anderen Heißarbeiten als erhöht, sondern auch, wenn leicht entflammbare Stoffe oder brennbare Gase vorhanden sind oder wenn damit zu rechnen ist, dass sich ein Feuer schnell ausbreitet.

Eine **Brandschutzordnung** für Baustellen hält die wichtigsten Verhaltensregeln im Brandfall fest. Für Großbaustellen kann das Erstellen von **Feuerwehrplänen** nach DIN 14095 „Feuerwehrpläne für bauliche Anlagen" (2007) von der Baugenehmigungsbehörde gefordert werden.

3.2.6.3 Explosionsschutz

Wenn brennbare Stoffe verarbeitet oder gelagert werden, bestehen stets Explosionsrisiken. Brennbare Stäube, Gase, Dämpfe oder Aerosole stellen auch auf Baustellen eine Explosionsgefahr dar. Sobald sich eine gefährliche **explosionsfähige Atmosphäre** bildet, genügt bei Anwesenheit des Luftsauerstoffs eine Zündquelle, um eine explosionsartige Reaktion auszulösen. Die **Zündquellen** nach DIN EN 1127-1 „Explosionsfähige Atmosphären – Explosionsschutz – Teil 1: Grundlagen und Methodik" (2019) treten auch bei vielen Tätigkeiten auf Baustellen auf wie heiße Oberflächen, offene Flammen, elektrische oder mechanisch erzeugte Funken, statische Elektrizität oder Blitzschlag.

Insbesondere die Risiken für eine **Staubexplosion** werden häufig unterschätzt. Fakt ist, dass jede noch so harmlos wirkende brennbare Substanz in zerkleinerter (staubender) Form hochexplosiv reagieren kann. Sobald sich auf einer Baustelle in geschlossenen oder schlecht belüfteten Bereichen Stäube ablagern, besteht die Gefahr, dass diese beim Aufwirbeln durch Reinigungsarbeiten oder Erschütterungen **explosionsfähige Staub-Luft-Gemische** bilden.

Die exakten Voraussetzungen für das Auslösen einer Explosion hängen von den Eigenschaften des Stoffes ab wie Dispersionsgrad, obere und untere Explosionsgrenzen, Mindestzündenergie, Zündtemperatur usw. Beim gezielten Einsatz von staubenden, gas- oder aerosolförmigen Bau-Chemikalien können diese Angaben dem **Sicherheitsdatenblatt** entnommen werden.

Die Verantwortung für den sicheren Einsatz von Substanzen mit Explosionsrisiken obliegt in erster Linie den ausführenden Unternehmen. Der Koordinator sollte jedoch sämtliche Explosionsrisiken kritisch im Auge behalten, denn diese sind per se gewerkeübergreifend. Kritische Fragen dazu lauten:

- Wo bestehen erhöhte Brand- und Explosionsrisiken, z. B. durch Druckgasbehälter für Flüssiggas, Acetylen oder Sauerstoff?
- Welche explosionsgefährlichen Stoffe werden auf der Baustelle verwendet?

- Wie müssen diese Stoffe mit Explosionsrisiken gelagert werden: Sicherheitsabstände zu Gebäuden, die feuerbeständige Abtrennung des Lagerorts usw.
- Wo können sich Stäube ablagern und wie werden diese sicher und gesundheitsgerecht entfernt?

Praxistipp

Die sog. **Explosionsschutz-Regeln** (EX-RL) sind eine Sammlung von – teilweise seit mehr als 60 Jahren bewährter – explosionsschutzrelevanter technischer Regeln. Sie können im EXINFO-Portal der BG RCI abgerufen werden und informieren umfassend über Sicherheitsregeln und Schutzmaßnahmen (siehe Kapitel 6.5.3).

Sprengstoffe

In seltenen Fällen werden auf Baustellen Sprengstoffe benötigt, wie sie ansonsten z. B. in Steinbrüchen verwendet werden. Solche explosionsgefährlichen Stoffe und das bei deren Einsatz verwendete Sprengzubehör dürfen nur gemäß den Regelungen des **Sprengstoffgesetzes** (SprengG) eingesetzt werden. Es gelten nicht allein Anzeige- und Erlaubnispflichten, sondern auch Vorgaben für die verantwortlichen Personen.

Sprengstoffe dürfen erst nach einer Zusatzqualifikation zum **Sprengberechtigten** (Sprengmeister) verwendet werden. Weitere Details zur Sicherheit bei Sprengarbeiten regelt die SprengTR 310 – Sprengarbeiten (2016).

3.2.7 Gefährdungen durch Gefahrstoffe

Als Gefahrstoffe werden alle Stoffe bezeichnet, bei denen das Risiko besteht, dass sie bei ihrer Herstellung oder beim späteren Verwenden Mensch und/oder Umwelt schädigen können. Für Gefahrstoffe sind daher häufig Grenzwerte definiert, die an Arbeitsplätzen nicht überschritten werden dürfen (siehe TRGS 900 „Arbeitsplatzgrenzwerte“ [2006]). Das Spektrum an Gefahrstoffen ist riesig und darunter sind auch viele Produkte, die wenig gefährlich wirken, weil sie häufig und auch im Alltag benutzt werden wie etwa Reinigungsmittel, Sprays oder Klebstoffe. Rechtsgrundlagen für das Umgehen mit Gefahrstoffen sind das ChemG, die GefStoffV und die Technischen Regeln für Gefahrstoffe (TRGS).

Kriterien

Die Gefährlichkeitskriterien werden in der GefStoffV genannt und unterschieden in

- **physikalische Gefahren** wie explosiv, entzündbar, selbstzersetzlich, selbsterhitzungsfähig, oxidierend oder korrosiv für Metalle sowie
- **Gesundheitsgefahren** wie giftig, ätzend, sensibilisierend, reproduktionstoxisch oder krebsauslösend.

Dazu kommen die **Umweltgefahren**, insbesondere für Gewässer sowie Gefahren für die Ozonschicht.

Aufnahmewege

Gesundheitsgefährliche Substanzen können auf 3 unterschiedlichen Wegen in den menschlichen Organismus geraten:

- **dermal** = durch Kontakt mit Haut
- **inhalativ** = durch Einatmen
- **oral** = durch Verschlucken

Die Wirkung eines Gefahrstoffs kann akut eintreten, z. B. wenn Haut oder Schleimhäute verätzt werden. Hier wird das Risiko – wenn auch zu spät – schnell erkannt. Tückischer sind die schleichenden Wirkungen, z. B. Lungenerkrankungen oder Krebsformen. Solche entwickeln sich über Jahre oder Jahrzehnte, nachdem ein Beschäftigter bei der Arbeit häufig Stäube eingeatmet hat oder auf Schutzhandschuhe beim Umgang mit Reinigungsmitteln verzichtet hat.

Auf Baustellen sind hinsichtlich der Gefahrstoffrisiken 3 Situationen zu unterscheiden: Gefahrstoffe

- können als Bau-Chemikalien oder Bestandteil von Bau-Chemikalien **eingesetzt** und verarbeitet und verbaut werden: Zement, Lacke, Montageschäume, Klebstoffe, Bitumen, Schalöle usw.,
- können durch bestimmte Tätigkeiten auf einer Baustelle **entstehen**: Schweißrauche, Holzstäube, Dieselabgase,
- können durch bestimmte Tätigkeiten aus der Gebäudesubstanz – bei Abbruch- und Sanierungsarbeiten aber auch im Innenausbau von Neubauten – **freigesetzt werden**: mineralische Stäube, Asbest, Holzschutzmittel.

Kennzeichnung

Gefahrstoffe müssen im Handel nach strengen Vorgaben eingestuft und gekennzeichnet werden. Die Kriterien, die verwendeten Symbole usw. wurden in den letzten Jahren zunehmend international vereinheitlicht. Tabelle 3.4 nennt die wichtigsten Regelungen.

H- und P-Sätze

Um die Kennzeichnung von Gefahrstoffen halbwegs übersichtlich zu gestalten, werden einige Informationen codiert angegeben. Dazu gehören die H-Sätze (H für hazard) – auch Gefahrenhinweise genannt – und die P-Sätze (P für precaution) als Sicherheitshinweise. Auf den Großbuchstaben H oder P folgt ein Zifferncode, dem international einheitlich ein Informationstext zugeordnet ist. So steht z. B. P271 für „Nur im Freien oder in gut belüfteten Räumen verwenden" und H225 bedeutet „Flüssigkeit und Dampf leicht entzündbar".

Dieses Kennzeichnungssystem hat die früher üblichen R-Sätze (Gefahrenhinweise) und S-Sätze (Sicherheitsratschläge) abgelöst. Wenn mit Gefahr-

Tabelle 3.4: Wichtige Regelwerke im Gefahrstoff- und Gefahrgutrecht

	Bedeutung der Abkürzung	Geltungsbereich	Regelungsinhalt
ADR	Accord européen relatif au transport international des marchandises Dangereuses par Route	50 Staaten, darunter die komplette EU	internationaler Transport gefährlicher Güter auf der Straße
CLP	Classification, Labelling and Packaging of Chemicals	EU/EWR	Einstufung, Kennzeichnung und Verpackung von Stoffen und Gemischen
GHS	Globally Harmonized System of Classification, Labelling and Packaging of Chemicals	UN	weltweite Einstufung und Kennzeichnung von Chemikalien
REACH	Registration, Evaluation, Authorisation and Restriction of Chemicals	EU/EWR	Registrierung, Bewertung, Zulassung und Beschränkung chemischer Stoffe
RID	Règlement concernant le transport international ferroviaire de marchandises dangereuses,	47 Staaten, darunter die komplette EU	internationaler Transport gefährlicher Güter im Schienenverkehr

stoffen gearbeitet wird, sollten die H- und P-Sätze vorliegen und für die betroffenen Mitarbeiter verfügbar sein.

Praxistipp

Gefahrstoffinformationen: Bei der BAuA sind mehrere Poster kostenlos erhältlich, die ausführlich über die Kennzeichnung von Gefahrstoffen gemäß GHS informieren. An der Wand eines Baustellenbüros zeigen sie auf einen Blick die Gefahren-Piktogramme und die Bedeutungen der der H- und P-Sätze (siehe Kapitel 6.5.3).

Sicherheitsdatenblätter

Für jedes gefahrstoffhaltige Produkt muss ein Sicherheitsdatenblatt (SDB) vorliegen, das gilt auch für Bau-Chemikalien. SDB sind nach einem festen Schema aufgebaut. In den einzelnen Abschnitten informiert der Hersteller bzw. Lieferant den Anwender u. a. zu

- den Risiken und Gefahren beim Verwenden des Produkts,
- den empfohlenen Schutzmaßnahmen, ggf. notwendiger Erster Hilfe,
- den Maßnahmen bei einer unbeabsichtigten Freisetzung, Leckage, Verschütten usw.,
- den Maßnahmen bei der Brandbekämpfung,
- den Anforderungen an eine sichere Lagerung,
- der notwendigen Schutzausrüstung für den Verwender,
- der fachgerechten Entsorgung.

Diese Informationen werden standardisiert in 16 Abschnitten aufgeführt. Die Sicherheitsdatenblätter liefern die Grundlage für das Erstellen von **Betriebsanweisungen** und für das **Unterweisen** der Mitarbeiter zum sicheren und gesundheitsgerechten Umgang mit dem jeweiligen Produkt bzw. Gefahrstoff.

Praxistipp

Sicherheitsdatenblätter: Bestehen Unklarheiten zu Risiko von und Schutz vor einem auf der Baustelle eingesetzten gefahrstoffhaltigen Produkt, ist das SDB zurate zu ziehen. Liegt es nicht vor, sollte es dringend beim Produkthersteller nachgefordert werden. In vielen Fällen sind SDB auch über die Webseiten der Hersteller oder Lieferanten online verfügbar.

Grundregeln

Grundsätzlich gilt: Arbeiten mit Gefahrstoffen dürfen erst begonnen werden, nachdem eine **Gefährdungsbeurteilung** durchgeführt und aus deren Befund geeignete Schutzmaßnahmen abgeleitet und festgelegt wurden. Das gilt zwar prinzipiell auch für alle anderen Gefährdungen, wird aber in § 7 GefStoffV explizit formuliert. Wer diese Gefährdungsbeurteilung nicht durchführt oder sie nicht dokumentiert, begeht eine Ordnungswidrigkeit, die mit einem Bußgeld geahndet werden kann.

Die Gefährdungsbeurteilung muss ermitteln, ob und welche Grenzwerte für die eingesetzten Gefahrstoffe gelten und inwiefern diese beim Verwenden überschritten werden. Zur Gefährdungsbeurteilung gehört auch ein **Gefahrstoffverzeichnis**, in welchem ein Unternehmer die in seinem Betrieb (oder auf einer Baustelle) verwendeten Gefahrstoffe auflistet.

Sobald ein Risiko besteht, dass Mitarbeiter mit Gefahrstoffen in Kontakt kommen, greifen für den Arbeitgeber im Rahmen seiner bzw. als Folge seiner Gefährdungsbeurteilung verschiedene Pflichten. Er muss:

- eine **Substitutionsprüfung** vornehmen und prüfen, ob der Gefahrstoff durch einen weniger gefährlichen Stoff ersetzt (substituiert) werden kann,
- geeignete **Schutzmaßnahmen** nach dem TOP-Prinzip festlegen (siehe Kapitel 2.1.8),
- das **Minimierungsgebot** umsetzen, d. h. die Gefährdung auf ein unvermeidbares Minimum zu reduzieren und die Dauer und das Ausmaß der Exposition begrenzen,
- eine auf den Arbeitsplatz bzw. die Verwendung des Stoffs bezogene **Betriebsanweisung** erstellen,
- seine Mitarbeiter zum sicheren Umgang mit dem Gefahrstoff und den anzuwendenden Schutzmaßnahmen **unterweisen**, dazu gehören auch die persönliche Hygiene und die Ordnung und Sauberkeit am Arbeitsplatz,
- geeignete **PSA** zur Verfügung stellen wie Augenschutz, Atemschutz, Handschutz und Hautschutz,

- den sicheren **Transport** organisieren, z. B. von Gasflaschen oder Chemikalienkanistern von und zur Baustelle,
- eine sichere **Lagerung** der Gefahrstoffe organisieren (Auffangvorrichtungen für Flüssigkeiten, feuerfeste Sicherheitsschränke), an den Arbeitsplätzen selbst darf maximal der Tagesbedarf vorrätig sein,
- ein **Gefahrstoffverzeichnis** erstellen und pflegen,
- dafür sorgen, dass gefahrstoffhaltige Abfälle, Reststoffe, Verpackungsreste usw. ordnungsgemäß **entsorgt** werden und nicht im Restmüll landen.

Eine elementare Sicherheitsregel zum Verhüten von Gesundheitsschäden ist, dass Gefahrstoffe stets in der **Originalverpackung** aufbewahrt werden müssen. Muss eine Bau-Chemikalie zwingend ab- oder umgefüllt werden, müssen alle verwendeten Behältnisse vorschriftsmäßig gekennzeichnet werden. Der Gefahrstofffachhandel und die Hersteller von Etiketten und Sicherheitskennzeichnung bieten Vorlagen zum Kennzeichnen an, die dann aufgeklebt werden müssen. **Es darf auf einer Baustelle keine Behälter mit unbekanntem Inhalt geben.** Absolut tabu ist es, einen Stoff in ein Behältnis (Flasche, Glas o. a.) umzufüllen, das mit einem Getränk oder Lebensmittel verwechselt werden könnte.

Praxistipp

Gefahrstoffinformationen können komplex und kompliziert sein. Die folgenden Online-Datenbanken und Tools bieten hilfreiche Unterstützung, von der Informationsbeschaffung bis zur Dokumentation:

- **GISBAU**: Gefahrstoff-Informationssystem der BG BAU, Datenbank mit Schwerpunkt auf Produkten in Bauwirtschaft und Handwerk
- **WINGIS**, das Gefahrstoffinformationssystem der BG BAU, zum Verwalten von Gefahrstoffverzeichnissen und zum Erstellen von Betriebsanweisungen (in 16 Sprachen)
- **GefKomm-Bau**: Gefahrstoffkommunikation in der Lieferkette der Bauwirtschaft, mit aktuellen Sicherheitsdatenblättern für Bau-Chemikalien
- **Zentrale Expositionsdatenbank (ZED)** der DGUV, in der Betriebe ihre Gefahrstoffdaten selbst eintragen und verwalten können
- **GESTIS**, eine Stoffdatenbank der DGUV mit Formeln, toxikologischen und chemisch-physikalischen Daten, Hinweisen zur Wirkungsweise und Ersten Hilfe u. a.
- **GisChem**, Chemikalien-Informationssystem der BG RCI und der BGHM, zum Erstellen von Betriebsanweisungen anhand von Sicherheitsdatenblättern, mit Gemischrechner zum Einstufen von Stoffgemischen
- **ISi**: Informationssystem für SDB; eine Datenbank, in der Unternehmen ihre Sicherheitsdatenblätter bereitstellen

Speziell für Arbeitsschützer ohne fundierte chemische Kenntnisse hat die BAuA das sog. **Einfache Maßnahmenkonzept Gefahrstoffe (EMKG)** entwickelt, mit dem Gefährdungen ermittelt und Schutzmaßnahmen gefunden werden können (siehe Kapitel 6.5.3).

3.2.7.1 Stäube

Stäube fallen auf den meisten Baustellen an und sie gelten als **typische gewerkeübergreifende Gefährdungen**. Es handelt sich häufig um mineralische Stäube, insbesondere Quarzstäube, aber auch Gipsstäube oder Holzstäube. Auch Keramikfasern, feinste Partikel von Mineralwolle-Dämmstoffen, Asbeststäube und Dieselrußpartikel gelten als gesundheitsgefährliche staubende oder staubähnliche Emissionen.

Der Feinstaub ist umso gefährlicher, je länger er in der Luft verbleibt. Diese Zeitdauer hängt von der Partikelgröße ab. Größere Partikel setzen sich schneller ab, kleinere Teilchen können noch über viele Stunden in der Luft schweben. Als Faustregel gilt: Feinstaub mit Partikeln in der Größenordnung 1 µm hat sich **erst nach rund 7 Stunden** wieder abgesetzt und wird bei der kleinsten Erschütterung oder durch einen Luftzug wieder aufgewirbelt. Nicht entfernter Feinstaub auf einer Baustelle ist damit eine **permanente und gewerkeübergreifende Gesundheitsgefahr**. Diese Gefährdung kann über eine komplette Arbeitsschicht bestehen, ist nicht immer einfach zu erkennen und somit ein Risiko, dessen Bewältigung Koordination verlangt.

Gesundheitsrisiken

Je kleiner die Staubpartikel in der Atemluft sind, desto tiefer können sie in die Lunge eindringen. Die kleinsten Staubteilchen von unter 1 µm (1 µm = 1/1000 mm) gelangen bis in die Alveolen (Lungenbläschen). Diese Staubfraktion wird **A-Staub** für **„alveolengängiger Staub“** genannt.

Die am stärksten gesundheitsrelevante Staubfraktion auf Baustellen ist der Quarzstaub. Denn viele Baumaterialien sind quarzhaltig und der beim Bearbeiten entstehende **Quarzstaub ist krebserzeugend** (siehe TRGS 906 „Verzeichnis krebserzeugender Tätigkeiten oder Verfahren nach § 3 Abs. 2 Nr. 3 GefStoffV“ [2005]). Beim Arbeiten ohne Atemschutz drohen berufsbedingte Erkrankungen wie Silikose, Siliko-Tuberkulose und Lungenkrebs. Pro Jahr werden von der BG BAU rund 100 quarzbedingte Berufserkrankungen genannt. Rund 30 Personen sterben jährlich daran. Seit 2015 gilt für Quarzfeinstaub ein Beurteilungsmaßstab von 50 $\mu g/m^3$ als Grenzwert. Bei vielen Tätigkeiten wie Bohren, Fräsen oder Dosensenken wird – ohne Absaugung – dieser Grenzwert meist überschritten. Schutzmaßnahmen müssen so gestaltet werden, dass dieser Beurteilungsmaßstab eingehalten wird. Bestimmte Ausnahmefälle regelt die TRGS 559 „Mineralischer Staub“ (2010).

Zu wenig bekannt sind auf Baustellen vielfach die Gesundheitsrisiken durch Holzstäube. Diese Stäube reizen nicht nur Augen und Atemwege, viele **Hartholzstäube gelten als krebserzeugend**. Die Stäube der meisten einheimischen Baumarten außer den Nadelhölzern fallen unter die Kategorie 1 mit der höchsten Krebsgefahr. Die TRGS 906 (2005) nennt von Ahorn bis Weißbuche rund 2 Dutzend Holzarten, für deren Stäube eine krebserzeugende Wirkung beim Menschen als gesichert gilt. Da Entstehung von Stäuben beim Bearbeiten von Hölzern (Sägen, Bohren, Feilen usw.) kaum zu vermeiden ist, sind Schutzmaßnahmen unverzichtbar. Durch Holzstaub bedingte Krebserkrankungen können als Berufskrankheiten anerkannt werden.

Der Allgemeine Staubgrenzwert

Die Konzentration von Stäuben in der Atemluft auf Baustellen ändert sich ständig. Gemäß der TRGS 900 (2005) ist die Exposition der Beschäftigten als Schichtmittelwert bei einer täglichen Arbeitszeit von 8 Stunden und einer 5-Tage-Woche abzuschätzen. Seit 2019 gilt ein neuer verschärfter Allgemeiner Staubgrenzwert (ASGW) für die A-Fraktion (siehe Tabelle 3.5).

Tabelle 3.5: Allgemeine Staubgrenzwerte gemäß TRGS 900 (2005)

Staubfraktion	Definition	ASGW
einatembarer Staub (E-Fraktion)	Partikel > 10 µm	10 mg/m³
Alveolengängiger Staub (A-Fraktion)	Partikel < 10 µm	1,25 mg/m³

Staubemissionen auf Baustellen

Auf Baustellen bestehen Staubbelastungen aus unterschiedlichen Quellen wie vom Wind aufgewirbelte feine Schmutzpartikel oder Dieselruß von Fahrzeugen und Maschinen. Die größten Staubbelastungen entstehen meist im und durch den Innenausbau, z. B. bei Bohr- und Fräsarbeiten, Meißeln, Stemmen mit dem Kombihammer, Dosensenken ohne Absaugung usw. aber auch bei Reinigungsarbeiten. Die Belastungen sind teils erheblich. Laut Messungen der BG BAU kann der A-Staub in der Atemluft bereits durch Bohren in Beton **7 mg/m³** betragen und z. B. bei Schleifarbeiten im Trockenbau auf knapp **29 mg/m³** ansteigen.

Das bedeutet: **Ohne wirksame Schutzmaßnahmen wird der Grenzwert für A-Staub von 1,25 mg/m³ bei vielen Arbeiten auf Baustellen deutlich überschritten**. Ohne Schritte zur Staubvermeidung kann bereits das Bohren eines einzigen Loches in einer Wand dazu führen, dass alle Arbeiter in diesem Arbeitsbereich für den Rest des Tages Atemschutz tragen müssten. Eine halbe Stunde lang zu bohren kann laut BG BAU bis zu 5 kg Staub erzeugen.

Das **Minimieren von Staubbelastungen** kann über 3 Ansatzpunkte erfolgen:

- staubarme Materialien verwenden
- staubarme Techniken einsetzen
- Ausbreitung von Stäuben verhindern

Beim Wählen konkreter Maßnahmen muss die STOP-Rangfolge (siehe Kapitel 2.1.8) beachtet werden. Tabelle 3.6 zeigt einige Beispiele für typische Schutzmaßnahmen.

Tabelle 3.6: Maßnahmen zum Schutz vor Stäuben gemäß STOP-Rangfolge

Substitution	staubarme Produkte einsetzen, z. B. staubarme Mörtel
	Einwegkartons statt Sackware verwenden
	Staubärmere Verfahren wählen, z. B. Granulate oder Fertigmassen verwenden statt Pulver anzumischen
	Nass- oder Feuchtbearbeitungssysteme vorziehen, z. B. Nass- statt Trockenschneiden von Pflaster und Stein
Technische Maßnahmen	Luftreiniger und Vorabscheider einsetzen
	mit Staubschutzwänden das Ausbreiten eingrenzen
	Stauberfassungssysteme an Gerät und Maschine nutzen
	Bei Werkzeugen wie Mauernutfräsen, Schlitzfräsen, Trennschleifer, Kombihammer usw. nur geprüfte Systeme mit Stauberfassung nutzen
	Werkzeuge nur mit dem passenden Zubehör (z. B. Staubhaube), abgestimmt auf den Untergrund und nur gemeinsam mit Bau-Entstaubern einsetzen.
	Absaugbohrer/Hohlbohrer einsetzen, z. B. beim Bohren in Beton, auch beim Meißeln usw. stets absaugen
	Stäube durch Befeuchten niederschlagen, z. B. beim Abbruch
	Arbeitsräume gut lüften und regelmäßig reinigen
Organisatorische Maßnahmen	Stäube stets ab- bzw. aufsaugen oder nass aufwischen. Trocken kehren per Besen ist nicht zulässig, ebenso wenig, das **Reinigen** staubiger Arbeitsbereiche mit Druckluft.
	staubende Arbeitsbereiche abtrennen
	die Arbeitsabläufe gemeinsam mit anderen Gewerken so aufeinander abstimmen, dass alle Beteiligten möglichst staubarm arbeiten können
	Betriebsanweisungen für staubende Tätigkeiten erstellen
	Beschäftigte zum staubarmen Arbeiten, Einsatz der Geräte usw. unterweisen
	den Beschäftigten arbeitsmedizinische Vorsorge anbieten
	Geschwindigkeitsbegrenzungen für Fahrzeuge auf staubenden Baustraßen festlegen
Persönliche Schutzausrüstung	Atemschutz mit mindestens Partikelfilter P2 oder einer partikelfiltrierenden Halbmaske
	Augenschutz

Sofern ein Substituieren staubender Produkte oder Verfahren nicht möglich oder nicht zumutbar ist, sollte das Ziel stets sein, jeglichen anfallenden Staub **möglichst schnell dort zu entfernen, wo er entsteht.** Jedes vermeidbare Ausbreiten von Staub sollte verhindert werden. Diesem Ziel dienen spezielle Zubehörteile für auf Baustellen eingesetzte Maschinen und Geräte (siehe Abb. 3.8). Sind solche **Direktabsaugungen** nicht möglich oder praktikabel, sind Bau-Entstauber häufig das Mittel der Wahl.

Abb. 3.8: Aktiver Staubschutz: Trockenschleifer für Decken und Wände mit ergonomischer Verlängerung, im Hintergrund ein Luftreiniger (Quelle: obs/Berufsgenossenschaft der Bauwirtschaft/Dominik Buschardt)

Bau-Entstauber

Entstauber werden zum Reinigen staubbelasteter Arbeitsbereiche verwendet. Sie können z. T. aber auch den Staub an Maschinen und Geräten direkt absaugen. Bau-Entstauber sollten die **Staubklasse M** erfüllen, um auch für quarzhaltige Stäube geeignet zu sein.

Kriterien bei der Wahl eines solchen Geräts sind auswaschbare Filter, robuste Rollen zum leichten Bewegen und eine Behältergröße von mindestens 20 l. Bewährt haben sich Plastik-Entsorgungssäcke oder Vliesfiltertüten in Kombination mit einer automatischen Filterabreinigung. Papierfilter sind weniger geeignet, wenn auch feuchtes Material aufgenommen wird. Für staubende Arbeiten mit Schimmelpilzen oder Asbest kommen Geräte der **Staubklasse H** zum Einsatz.

Praxistipp

Für Bau-Entstauber zahlt die BG BAU Zuschüsse. **Finanzielle Unterstützung** gibt es auch für andere Anschaffungen zum staubarmen Arbeiten wie Luftreiniger oder Werkzeuge wie Abbruchhämmer, Bohrer oder Fuchsschwanzsägen, die mit einer Absaugeinrichtung ausgestattet sind (siehe Kapitel 6.5.3).

Wirksamkeitsprüfung

Zu einer vollständigen Gefährdungsbeurteilung gehört auch, die Wirksamkeit der getroffenen Maßnahmen zu überprüfen und das Schutzkonzept ggf. zu überarbeiten. Diese **Wirksamkeitskontrolle** liegt zwar in der Pflicht des jeweiligen Arbeitgebers, berührt aber bei Stäuben aufgrund der übergreifenden Gesundheitsbelastungen unmittelbar den Aufgabenbereich des Koordinators.

Bei einer extremen Staubbelastung müssen die das Stauben verursachenden Tätigkeiten nötigenfalls auch unterbrochen werden. Der Koordinator sollte dann darauf hinwirken, dass eine **auf die konkrete Baustelle und Situation bezogene Gefährdungsbeurteilung** vorgenommen bzw. überprüft wird und daraus konkrete Maßnahmen abgeleitet werden. Werden die ASGW nicht eingehalten, muss der Arbeitgeber zudem für die davon betroffenen Mitarbeiter eine **arbeitsmedizinische Pflichtvorsorge** (siehe Kapitel 2.1.8) veranlassen.

Praxistipp

- Unter dem Titel „Staub war gestern" hat das BMAS eine Broschüre veröffentlicht, die beispielhafte Lösungen für staubarmes Arbeiten beim Bauen vorstellt.
- Branchenlösungen und Handlungsanleitungen liefern Materialien des Aktionsprogramms „Staubminimierung beim Bauen" u. a. für Abbruch und Rückbau, Straßenbau, Steinmetzarbeiten, Estrich- und Fliesenleger und einige weitere Gewerke.
- Für das Elektrohandwerk liegt eine Branchenregelung „Staub bei Elektroinstallationsarbeiten" vor.
- Die BG BAU zeigt Beispiele guter Praxis und Beispiele schlechter Praxis für „Staub-Expositionen bei Arbeiten in der Bauwirtschaft" (siehe Kapitel 6.5.3).

Weitere Details zu Staubgefährdungen und geeigneten Schutzmaßnahmen sind in den folgenden Regelwerken zu finden:

- TRGS 553 „Holzstaub" (2008)
- TRGS 558 „Tätigkeiten mit Hochtemperaturwolle" (2010)
- TRGS 559 (2010)
- DGUV Regel 109-002 (2004)
- DGUV Information 209-044 „Holzstaub" (2019)
- DGUV Information 213-031 „Tätigkeiten mit Mineralwolle-Dämmstoffen (Glaswolle, Steinwolle)" (2019)
- BG BAU „Umgang mit Mineralwolle-Dämmstoffen (Glaswolle, Steinwolle). Handlungsanleitung"

3.2.7.2 Asbest

Materialien aus der „Wunderfaser" Asbest hatten ihr Hoch in den 1970er Jahren. Aufgrund vieler günstiger Eigenschaften wie Festigkeit, Chemikalienresistenz und Hitzebeständigkeit waren Asbestfasern auch in vielen Baustoffen enthalten. Nachdem die massiven Gesundheitsrisiken erkannt wurden, ist Asbest chemikalienrechtlich heute als **krebserzeugender Stoff** eingestuft. Es ist erwiesen, dass eingeatmete Feinstäube von Asbestfasern Lungenkrebs und andere Erkrankungen auslösen, 4 dieser Krankheiten sind in Deutschland als Berufskrankheiten anerkannt.

Asbest führt die Liste der Todesursachen bei den Berufskrankheiten an. Bis 2012 wurden mehr als 73.000 asbestbedingte Berufskrankheiten anerkannt und mehr als 26.000 Todesfälle infolge beruflich bedingter Asbestexposition anerkannt (Nationales Asbest-Profil Deutschland, 2015, S. 34; 44). Besonders tückisch bei Asbestbelastungen ist die lange Latenzzeit: Obwohl der Asbestverbrauch seit Anfang der 90er Jahre stark und inzwischen auf null zurückgegangen ist, bleibt die Zahl der Neuerkrankten durch Asbestexposition mit rund 3.500 Betroffenen pro Jahr auf hohem Niveau.

Asbestverbot

Das Herstellen und das Verwenden von Asbest sind in Deutschland seit 1993 verboten. Asbest darf nicht mehr eingebaut, allenfalls ausgebaut werden. Auch alle Tätigkeiten, bei denen Asbestfasern freigesetzt werden können, sind (zunächst, siehe unten) unzulässig. Daher ist es z. B. untersagt, auf Dächern mit Asbestzement Solaranlagen zu montieren.

Von besonderer Problematik sind jedoch die Altlasten. Denn in allen in Gebäuden, die **bis 1993** errichtet wurden, muss bei Sanierung, Umbau, Rückbau oder Abbruch immer mit dem Auftreten von Asbest gerechnet werden. Asbest kann in vielen Bauelementen und Materialien enthalten sein und dies ist nicht immer auf den ersten Blick zu erkennen. Asbest kann u. a. enthalten sein in:

- Fassaden- und Dachverkleidungen (Eternit-Wellplatten u. a.)
- Fußbodenbelägen, Beschichtungen, Fliesenklebern und Dichtungsmassen
- Brandschutz-Verkleidungen, Brandschutzklappen
- Rohren für Lüftung und Abwässer (Asbestzement)
- Zwischendecken, Dämmstoffen und Dämmplatten
- Anstrichstoffen, Klebestoffen, Putzen, Kitten, Mörteln und Spachtelmassen
- Füllstoffen und Isolationsmaterialien zur Wärmedämmung an Heizungsanlagen, Öfen und Industrieöfen

Die Asbestanteile liegen meist gebunden vor. Beim Bearbeiten wie Schleifen, Stemmen, Bohren usw. werden sie jedoch freigesetzt und geraten in die **Atemluft**. Schon durch das Anbohren oder Anschleifen einer Wand können Asbestfasern freigesetzt und in der Umgebung verwirbelt werden. Dieses hohe Gesundheitsrisiko betrifft somit viele Tätigkeiten wie Bohren, Schleifen, Stemmen, Dosensenken usw. und unterschiedliche Gewerke wie Elektriker, Maler, Fliesen- und Bodenleger, Sanitär- und Heizung usw. Asbestgefahren sind daher eine typische **gewerkeübergreifende Gefährdung von höchster gesundheitlicher Brisanz.**

Ausnahmeregelungen

Da sämtliche potenziell asbestbelastete Gebäude nicht – analog zur Reaktorruine von Tschernobyl – in eine Schutzhülle eingegossen werden können, hat der Gesetzgeber Ausnahmeregelungen (siehe Anhang II GefStoffV) für Asbestverbote vorgesehen. Diese sind jedoch mit **strengen Vorgaben an**

Schutz und Sicherheit verbunden. Tätigkeiten können verboten sein oder nur unter besonderen Beschränkungen erlaubt sein. Von besonderer Relevanz für den Umgang mit Asbest auf Baustellen sind die folgenden Vorgaben:

- § 16 GefStoffV und § 16 Abs. 2 Anhang II GefStoffV
- TRGS 517 „Tätigkeiten mit potenziell asbesthaltigen mineralischen Rohstoffen und daraus hergestellten Gemischen und Erzeugnissen" (2013)
- TRGS 519 „Asbest: Abbruch-, Sanierungs- oder Instandhaltungsarbeiten" (2014)
- TRGS 521 „Abbruch-, Sanierungs- und. Instandhaltungsarbeiten mit alter Mineralwolle" (2008)
- DGUV Information 201-012 „Verfahren mit geringer Exposition gegenüber Asbest bei Abbruch-,Sanierungs- und Instandhaltungsarbeiten" (2000)

Praxistipp

Der Länderausschuss für Arbeitsschutz und Sicherheitstechnik hat seine **„Leitlinien zur Gefahrstoffverordnung"** (LV 45) im Jahr 2018 um einen Abschnitt zu Asbest ergänzt. Hier werden viele häufig gestellte Fragen zum Umgang mit Asbest, zu Anzeigepflichten, Sachkundenachweis usw. beantwortet und auch die Ausnahmeregelungen nach GefStoffV präzisiert (siehe Kapitel 6.5.3).

Schutzvorgaben

Trotz des Asbestverbots sind Arbeiten an asbestbelasteten Gebäuden nicht vermeidbar. Dabei muss der Arbeitgeber seine Beschäftigten vor einer Kontamination mit Asbest wirksam schützen. Ziel muss zudem sein, anfallende asbesthaltige Stoffe und Bauabfälle zu trennen und ordnungsgemäß zu entsorgen. Auf diese Weise soll Asbest schrittweise und langfristig aus der Bausubstanz und den Stoffströmen der Bauwirtschaft ausgeschleust werden.

Die wichtigsten Vorgaben für alle **Abbruch-, Sanierungs- und Instandhaltungsarbeiten** (ASI-Arbeiten) mit Asbestrisiken lauten:

- Der Arbeitgeber muss sich **vor dem Beginn** von ASI-Arbeiten über Asbestrisiken informieren.
- Der Arbeitgeber muss in seiner Gefährdungsbeurteilung ermitteln, wo und in welcher Form Asbest vorliegt, ob er schwach oder stark gebunden ist usw. und daraus geeignete **Schutzmaßnahmen** ableiten, auch zur Atemschutz-PSA.
- ASI-Arbeiten mit Asbestgefahr dürfen nur von geeigneten und von der Arbeitsschutzbehörde **zugelassenen Fachbetrieben** vorgenommen werden.
- Arbeiten mit Asbest müssen mindestens 7 Tage vor Arbeitsbeginn der zuständigen Behörde und der zuständigen BG **mitgeteilt** werden.
- Alle Beschäftigte, die bei Tätigkeiten mit Asbestexposition eingesetzt werden, müssen zuvor zu den besonderen Gesundheitsrisiken und den festgelegten Schutzmaßnahmen **unterwiesen** werden.
- Für alle an Arbeiten mit Asbestgefahr beteiligten Mitarbeiter besteht arbeitsmedizinische **Pflichtvorsorge**.

Gemäß TRGS 519 (2014) ist für Tätigkeiten mit Asbestrisiken ein **Arbeitsplan** zu erstellen. Der SiGe-Plan sollte dann im Abschnitt Asbest auf diesen Arbeitsplan verweisen. Es muss frühzeitig geklärt und festgelegt werden, wer welche Tätigkeiten an asbestbelasteten Bauteilen auf welche Weise durchführen darf.

Die TRGS 519 (2014) konkretisiert im Abschnitt 2.7 die Voraussetzungen für Personen, die Asbestarbeiten koordinieren und beaufsichtigen. Für diese **Asbest-Sachkunde** besteht seit 2013 eine Fortbildungspflicht. Die zuvor unbegrenzte Gültigkeit von Sachkundenachweisen ist seitdem auf 6 Jahre begrenzt.

Bei Arbeiten mit Asbest dürfen nur baumustergeprüfte Sauger der Staubklasse H eingesetzt werden, die den Anforderungen aus Anhang 7 der TRGS 519 (2014) entsprechen. Diese **Asbestsauger** dürfen dann **allein bei Asbest-Arbeiten** zum Einsatz kommen und nicht für weitere Aufgaben eingesetzt werden.

Arbeitsverfahren geringer Exposition

In einigen Fällen sieht die TRGS 519 (2014) Erleichterungen bei den Schutzmaßnahmen vor, z. B. wenn es sich um Arbeiten mit geringer Exposition der Beschäftigten handelt. Dies trifft zu, wenn die Asbestfaserkonzentration am Arbeitsplatz unterhalb von 10.000 Fasern/m^3 liegt. In diesen Fällen können sog. geprüfte Arbeitsverfahren geringer Exposition genutzt werden.

Praxistipp

Die im Zusammenhang mit Asbest geprüften, als emissionsarm empfohlenen und von den Unfallversicherern anerkannten Arbeitsverfahren werden in der DGUV Information 201-012 (2000) aufgelistet, z. B. zum

- Abschleifen asbesthaltiger Klebstoffe
- Entfernen asbesthaltiger Estriche
- Bohren durch Asbestzementplatten, etwa beim Einbauen von RLT-Anlagen

Dieses Dokument wird immer wieder aktualisiert und um neue Arbeitsmethoden ergänzt. Mit Stand August 2018 sind rund 60 Arbeitsverfahren nachzulesen. Aktuellste Ergänzungen werden online veröffentlicht (siehe Kapitel 6.5.3).

Asbest-Entsorgung

Alle asbesthaltigen Baumaterialien wie etwa Dach- oder Wandplatten müssen stets getrennt gesammelt und ordnungsgemäß **entsorgt** werden. Eine Wiederverwendung oder Wiederverwertung ist nicht zulässig.

Bei allen Arbeiten muss darauf geachtet werden, möglichst wenig Fasern freizusetzen. Das bedeutet, dass asbesthaltige Platten weder zersägt, noch zertrümmert und schon gar nicht einfach vom Dach geworfen werden dürfen. Es ist unbedingt zu empfehlen, sich spätestens in heiklen oder unklaren Fällen von einem Fachmann beraten zu lassen. Der beauftragte Entsorger sollte für die Abfuhr von Asbest zertifiziert sein.

3.2.7.3 Gase

Das Verwenden von Gasen auf Baustellen ist mit unterschiedlichen Gefahren verbunden. Auch Gase, die bei Verbrennungsprozessen entstehen oder die – etwa in abwassertechnischen Anlagen – naturgemäß vorhanden sind, können ein Risiko bei Bauarbeiten darstellen. Gase sind auf unterschiedliche Art und Weise gefährlich:

- Gase können **hochgiftig** sein und bereits in niedrigen Konzentrationen eine Lebensgefahr darstellen, z. B. Kohlenmonoxid, Chlor oder Schwefelwasserstoff.
- Gase können in geschlossenen oder schlecht belüfteten Arbeitsumgebungen den **Sauerstoff der Atemluft verdrängen**.
- Gase stellen ein **Explosionsrisiko** dar, sobald sie – wie etwa Methan, Propan oder Butan – zündfähig und brennbar sind (siehe Kapitel 3.2.6.3).
- Tiefkalt verflüssigte Gase (Flüssigstickstoff) können bei Kontakt Erfrierungen verursachen.

Druckgasflaschen

Auf Baustellen werden Gase meist in Form von Druckgasflaschen verwendet. Propan-Butan-Gemische dienen zum Heizen und Trocknen, etwa für Handbrenner, Gaslötkolben, Bitumenkocher oder Bauheizgeräte. Acetylen wird beim Schweißen und Schneiden von Stahl eingesetzt. Beim Umgang mit Druckgasflaschen sind Sicherheitsvorgaben zu beachten, u. a.:

- Sicherer Transport, d. h. im oder auf dem Fahrzeug befestigen, beim Transport im Fahrzeuginneren eine ausreichende Belüftung sicherstellen.
- Am Einsatzort sicher aufstellen und gegen Umfallen sichern.
- Vor Arbeitsbeginn prüfen, ob sämtliche Schläuche, Armaturen und Sicherheitseinrichtungen wie Flammenrückschlagsicherungen, Schlauchbruchsicherung, Leckgassicherung usw. mängelfrei sind.
- Flüssiggasanlagen samt allen Leitungen, Druckreglern, Schlauchbruchsicherungen usw. regelmäßig auf ihren betriebssicheren Zustand überprüfen.
- Mitarbeiter zum Benutzen der Gase und zum sicheren Flaschenwechsel unterweisen: **Achtung:** Bei einigen Gasen wird der Druckregler nach DIN 4811 „Flüssiggas-Druckregelgeräte und Sicherheitseinrichtungen – Anforderungen“ (2017) mit einem **Linksgewinde** angeschlossen, um Verwechslungen vorzubeugen.
- Für eine sichere Lagerung sorgen, d. h. aufrecht stehend, schattig und gesichert. Auf keinen Fall dürfen Gasflaschen in Durchgängen, Treppenhäusern oder Kellerräumen stehen oder in Fluchtwegen zum Hindernis werden.

Faulgase

Zu beachten sind stets die physikalisch-chemischen Eigenschaften von Gasen. So können z. B. Faulgase aufgrund des hohen Anteils an Kohlendioxid besonders tückisch wirken, da sie schwerer als Luft sind und sich in tiefer gelegenen Arbeitsbereichen (Gräben, Kellern, Bodensenken usw.) **ansammeln**. Überall, wo organische Stoffe vorhanden sind (oder vorhanden waren), muss mit dieser Gefahr gerechnet werden, etwa in Güllegruben, Kanalisationen, Silos usw. Für das Arbeiten in solchen Bereichen gelten strenge Sicherheitsvorgaben wie

- Gefahrenbereiche erst nach Freimessen betreten,
- Gaswarngeräte benutzen,
- Sicherungsposten außerhalb der Gefahrenzone einrichten.

Für den sicheren Umgang mit Gasen – auch auf Baustellen – sind die folgenden Rechtsdokumente relevant:

- TRGS 407 „Tätigkeiten mit Gasen – Gefährdungsbeurteilung" (2016)
- TRGS 510 (2013)
- TRBS 3145 „Ortsbewegliche Druckgasbehälter – Füllen, Bereithalten, innerbetriebliche Beförderung, Entleeren" (2016)
- DGUV Vorschrift 79 „Unfallverhütungsvorschrift – Verwendung von Flüssiggas" (1997)

3.2.7.4 Bau-Chemikalien

Hautgefährdung

Lange Zeit waren **Chromverbindungen im Zement** die häufigste Ursache für Hauterkrankungen von Bauarbeitern. Als sog. Maurerkrätze wird eine Chromatallergie bezeichnet, die allergische Kontaktekzeme hervorruft. Aufgrund seit 2005 europaweit geltender Grenzwerte für Chromate in Zement ist dieses Erkrankungsrisiko deutlich zurückgegangen. Heute sind es vor allem 2 Stoffgruppen, die auf Baustellen als gesundheitsschädlich gelten, wenn die Haut ungeschützten Kontakt hat:

Epoxidharze, die häufig im Innenausbau, etwa beim Fliesenlegen, verwendet werden, lösen starke Allergien aus. Die Gefahr besteht beim Bearbeiten im feuchten Zustand. Nach Aushärten sind die Substanzen ungefährlich.

Isocyanate wirken nicht nur allergisierend, sondern können auch Krebs erzeugen. Sie sind u. a. in Montageschäumen, in Härtern für Gießharze und Zwei-Komponenten-Vergussmassen enthalten. Seit 2010 gelten strengere Abgaberegeln für Baumärkte.

Anleitungen zum sicheren Arbeiten mit diesen Substanzen bieten die folgenden Dokumente:

- DGUV Regel 113-013 „Tätigkeiten mit Epoxidharzen" (2006)
- Praxisleitfaden für den Umgang mit Epoxidharzen der BG BAU

Daneben werden auf Baustelle viele weitere Stoffe eingesetzt, die die Haut schädigen können wie Schalöle, Kraftstoffe, Lacke usw. (zu den Maßnahmen zum Handschutz und Hautschutz siehe Kapitel 3.2.13).

Lagerung

Das sichere Lagern von Bau-Chemikalien muss nicht nur die Arbeitsschutzanforderungen aus dem Gefahrstoffrecht erfüllen, sondern auch die Vorgaben aus dem Umweltrecht. Werden z. B. mobile Tankstellen länger als 6 Monate am gleichen Ort betrieben, greifen die Regelungen der Verordnung über Anlagen zum Umgang mit wassergefährdenden Stoffen (AwSV).

Als Lagerung gilt eine **Bereitstellung**, die länger als 24 Stunden dauert oder über den Folgetag hinaus. Kurzum: Alles, was nicht an einem Tag oder in einer Schicht verarbeitet wird, gilt als gelagert und muss den höheren Anforderungen für eine sichere Lagerung entsprechen. Ausgenommen sind Gefahrstoffe, die in kleineren Mengen vorgehalten werden, weil sie nicht täglich, aber doch regelmäßig benötigt werden. Das können z. B. Farben sein, Sprays oder Klebstoffe.

Die BG BAU unterscheidet die folgenden 5 Lagersituationen bzw. Lagerarten:

- Lagerung im Freien
- mobile Werkstatt-/Magazincontainer
- mobile Gefahrstoffcontainer
- Nutzung von Einrichtungen des Gebäudes
- Bauhof auf dem Betriebsgelände

Je nach Gefährdungsgrad, Gefährdungsart und Gefahrstoffmenge müssen spezifische Vorgaben für das Lagern beachtet werden. So müssen z. B. Behälter mit wassergefährdenden Stoffen in einer **Auffangwanne** stehen. Andere Produkte wie z. B. chromathaltige Holzschutzmittel müssen unter Verschluss gelagert und vor unbefugtem Zugriff geschützt werden. Für bestimmte Kombinationen von Gefahrstoffen wie etwa Gase und entzündbare Flüssigkeiten gelten **Zusammenlagerungsverbote**. Regelungen zum Lagern im Detail sind in den Sicherheitsdatenblättern zu finden. Darüber hinaus liefern die folgenden Dokumente Vorgaben und Hinweise zum sicheren Lagern:

- Verordnung über Anlagen zum Umgang mit wassergefährdenden Stoffen (AwSV)
- TRGS 510 (2013)

Gefahrstoff-Kommunikation in der Lieferkette der Bauwirtschaft

Die Anforderung an rechtskonforme Sicherheitsdatenblätter sind – u. a. durch die Vorgaben der europäischen REACH-Verordnung – mehr und mehr gestiegen. SDB mussten überarbeitet werden, wurden komplexer und unübersichtlicher. In Verbindung mit der Aufbewahrungspflicht von 10 Jahren für jede Version – und zwar sowohl für den Hersteller wie auch für Fachhändler, Lieferanten und die verwendenden Betriebe – führte dies zu einem riesigen Verwaltungsaufwand.

Um Anwendern und Arbeitsschützern das Prozedere zu erleichtern, haben sich Hersteller, Händler, Arbeitgeber, Gewerkschaften und Berufsgenossenschaften 2013 auf eine gemeinsame Branchenlösung geeinigt. Diese **Gefahrstoff-Kommunikation in der Lieferkette** basiert auf einer zentralen Datenbank. In diesem Datenpool werden alle rechtlich notwendigen SDB für gefahrstoffhaltige Baustoffe gesammelt, die Aufbewahrungsfrist für die einzelnen Akteure in der Lieferkette entfällt.

Als Grundlage dient GISBAU, das Gefahrstoffinformationssystem der BG BAU. Hersteller senden alle neuen Gefahrstoffdaten oder geänderte SDB an den Datenpool. Die BG BAU sorgt dafür, dass die Gefahrstoffdaten mit den GISBAU-Informationen verknüpft werden und auf GefKomm-Bau (www.gefkomm-bau.de) sowie in der kostenfreien WINGIS-Software zur Verfügung stehen (siehe Kapitel 6.5.3). Rund 400 Hersteller von Bau-Chemikalien,

2.500 Baustoff-Fachhändler und gut eine halbe Millionen Betriebe der Bauwirtschaft profitieren von dieser Lösung. Für Sicherheitsverantwortliche von Bauunternehmen ist darüber hinaus von Vorteil, dass sich nun direkt aus den SDB heraus Betriebsanleitungen erstellen lassen (wingisonline.de). Diese Online-Lösung entbindet die einzelnen Gewerke jedoch **nicht** von ihrer Pflicht, ihren Mitarbeitern die jeweils geltenden Sicherheitsdatenblätter zugänglich zu machen.

Für den Transport von Gefahrstoffen in größeren Mengen per Lkw, Bahn oder Schiff gelten sehr komplexe Regelwerke. Für kleinere Transporte zu und von einer Baustelle entfallen durch die sog. **Kleinmengenregelung** (siehe den folgenden Praxistipp) einige dieser Anforderungen, etwa an die Beförderungspapiere und die besondere Qualifikation des Fahrers (ADR-Schein). Gleichwohl müssen Sicherheitsregeln beachtet werden, z. B. zur Ladungssicherung oder zu Rauchverboten bei Ladearbeiten.

Praxistipp

Die Broschüre **„Gefahrstoffe am Bau – Handlungshilfen für Unternehmer und Führungskräfte“** (2016) informiert nicht allein zum sicherheitsgerechten Umgang mit gefährlichen Substanzen auf Baustellen. Sie bietet auch

- eine Übersicht der wichtigsten Gefahrstoffkennzeichnungen,
- eine Mustervorlage für ein Gefahrstoffverzeichnis für Baustellen,
- Entwürfe für häufig auf Baustellen benötigte Betriebsanweisungen sowie
- Rechenbeispiele für die Kleinmengenregelung beim Transport von Gefahrgütern von und zur Baustelle.

3.2.7.5 Abfall und Entsorgung

Ob Bau, Sanierung oder Rückbau, stets fallen Baustellenabfälle an und oft in großem Umfang. Diese Bauteile und Materialien haben das Ende ihrer Nutzungsdauer erreicht, wurden aber oft mit viel Energie und wertvollen Ressourcen hergestellt. Ziel eines Abfallmanagements ist, durch getrennte Sammlung der verschiedenen Materialien das **Weiternutzen**, die stoffliche **Verwertung** (z. B. zur Energiegewinnung) oder das **Wiederverwerten** (Recyceln) von Rohstoffen zu erleichtern. Dies gilt insbesondere für Holz, Glas, Metalle, Kunststoffe oder Gipsbaustoffe.

Entscheidend ist, ab dem Beginn eines Bauprojekts – also bereits bei der Baustellenplanung und -einrichtung – einen ordnungsgemäßen und nachhaltigen Umgang mit Abfällen und Reststoffen zu organisieren. Was einmal als Mischfraktion in einem Container landet, lässt sich oft kaum mehr trennen und verwerten.

Gefährliche Abfälle

Problematischer ist das Entsorgen von Gefahrstoffen, z. B. Gebinderesten von Bau-Chemikalien, Altölen, Holzschutzmitteln oder teerhaltigen Baustoffen. Auch Bauelemente aus alter Mineralwolle sind gefährlicher Abfall.

Die Entsorgungswege für solche Gefahrstoffabfälle müssen mit den zuständigen regionalen Behörden geklärt werden, z. B. der Gewerbeabfallberatung einer Kommune oder dem Amt für Abfallwirtschaft eines Landkreises. Für gefährliche Abfälle müssen geregelte Nachweisverfahren eingehalten werden. Zur Entsorgung von Asbest siehe Kapitel 3.2.7.2, zu Kontaminationen und Altlasten siehe auch das Kapitel 3.2.9.

Biologische Gefährdungen

Bei Bauarbeiten in Klärwerken und anderen abwassertechnischen Anlagen bestehen biologische Gefährdungen. Beschäftigte können in Kontakt mit Fäkalien und Krankheitserregern kommen. Ohne entsprechenden Schutz von Haut, Händen, Augen, ggf. auch Atmung usw. drohen Hauterkrankungen, Allergien, Infektionen oder Vergiftungen.

Praxistipp

Das Regelwerk für Gefahrstoffe ist komplex und in ständiger Überarbeitung. Die BAuA bietet sämtliche aktuellen TRGS in einer gezippten Datei zum kostenfreien Download an (siehe Kapitel 6.5.3).

3.2.8 Maßnahmen zur Sicherheit bei Montagearbeiten

Beim Errichten eines Bauwerks sind in beinahe allen Phasen – vom Aufbau des Gerüsts über das Installieren von Fassadenverkleidungen bis zum Installieren von Blitzschutz- oder Solaranlagen – diverse Tätigkeiten notwendig, die im weitesten Sinne als Montagearbeiten gelten. Der Begriff Montage ist auf Baustellen weiter gefasst als die bei Laien übliche Vorstellung, mittelgroße Metallteile zusammenzubauen. Er umfasst auch diverse Trockenbauarbeiten und insbesondere das Einbauen (Montieren) von Bodenbelägen, Treppen, Fenstern, Geländern, Wintergärten usw. Bei all diesen Tätigkeiten können sich gewerkeübergreifende Risiken ergeben, etwa wenn Bauteile herunterfallen oder wenn Unklarheiten bestehen, wo welche Teile – etwa ein Geländer – bereits sicher befestigt sind und wo noch nicht.

Zu den grundlegenden Verhaltensregeln für sichere Montagearbeiten gehören:

- Arbeiten nur mit vorliegendem Montagekonzept beginnen,
- einzig sichere Zugänge und sichere Standorte benutzen, das Arbeiten von Anstellleitern nach Möglichkeit vermeiden,
- die vorgeschriebene Schutzausrüstung, insbesondere Fußschutz und Kopfschutz, benutzen,
- schwere Bauteile gegen Wegrutschen, Wegrollen und Umkippen sichern, z. B. nach Anlieferung mit einem Kran,
- Arbeitsschutz über Betriebsanweisungen und Montageanweisungen sowie baustellen- und projektspezifische Unterweisungen organisatorisch umsetzen,

- bei Arbeiten in der Höhe, etwa der Holzbau- oder Stahlbau-Montage, stets die Vorgaben zur Absturzsicherung (siehe Kapitel 3.2.2) umsetzen und geeignete Anschlagpunkte benutzen. Dies gilt auch für den Einbau von Fenstern,
- Hebezeuge und andere Arbeitsmittel nur im einwandfreien Zustand einsetzen.

Zum Einsatz von Kranen und Anschlagen von Lasten siehe Kapitel 3.2.10. Weitere Details zu den Sicherheitsmaßnahmen bei Montagearbeiten sind in den folgenden Dokumenten zu finden:

- DGUV Information 201-054 „Dach-, Zimmer- und Holzbauarbeiten" (2015)
- DGUV Information 201-055 „Feuerfest-, Turm- und Schornsteinbau" (2016)
- DGUV Information 209-003 „Metallbau-Montagearbeiten" (2019)

Schweißarbeiten

Im Zusammenhang mit Montageaufgaben können auch Schweißarbeiten anfallen. Dabei bestehen vielfältige Gesundheitsrisiken durch Rauche, Gase, elektromagnetische Felder, UV-Strahlung beim Lichtbogenschweißen, Heben schwerer Lasten, elektrischen Strom usw. Insbesondere die entstehenden und als krebserregend geltenden **Schweißrauche** sowie die beim Lichtbogenschweißen entstehende karzinogene **UV-Strahlung** dürfen als gewerkeübergreifend angesehen werden. Wer an Schweißarbeiten beteiligt ist, trägt ein bis zu zehnfach höheres Risiko für die Entstehung von Augenmelanomen (Tumore des Auges). Doch Schweißarbeiten können auch bei **in der Nähe arbeitenden Mitarbeitern anderer Gewerke** zu Blendungen und anderen Gesundheitsschäden führen.

Für Schweißarbeiten relevante Vorgaben an Arbeitssicherheit und Gesundheitsschutz finden sich in diesen Rechtstexten:

- TRGS 528 „Schweißtechnische Arbeiten" (2009)
- DGUV Information 209-010 „Lichtbogenschweißen" (2017)
- DGUV Information 209-011 „Gasschweißen" (2018)
- DGUV Information 209-016 „Schadstoffe beim Schweißen und bei verwandten Verfahren" (2012)

3.2.9 Maßnahmen zur Sicherheit bei Abbruch- und Sanierung

Abbrucharbeiten werden aus gutem Grund schon in der RAB 30 Nr. 4.2 (2003) als Beispiel für **besonders gefährliche Arbeiten** genannt, bei denen „zum Schutz des Lebens und der Gesundheit der Beschäftigten auf Baustellen weitere Kenntnisse erforderlich sein" können. Die Vielfalt mechanischer, thermischer, hydrodynamischer oder chemischer Verfahren zum Abtragen, Demontieren, Schlagen, Hämmern, Abgreifen, Einschlagen, Einreißen, Press- und Scherschneiden, Eindrücken, Bohren, Sägen, Sprengen usw. erfordern nicht allein Fachkenntnisse, sondern auch eine individuelle Betrachtung jeder einzelnen Situation vor Ort.

Zu den Gefährdungen durch schweres Gerät und herabstürzende Bauteile kommen die Gesundheitsrisiken durch bei Abbrucharbeiten freigesetzte Gefahrstoffe und Biostoffe. Ein ausführendes Unternehmen darf Arbeiten mit solchen Kontaminationsrisiken gar nicht erst beginnen, solange die Risiken nicht erfasst, bewertet, Schutzvorkehrungen getroffen und Maßnahmen festgelegt wurden (siehe unten).

3.2.9.1 Altlasten und Gefahrstoffe

In jedem Gebäude lauern Altlasten, die bei Abbruch und Rückbau freigesetzt werden und Mensch und/oder Umwelt schädigen können. Vor Beginn der Arbeiten sollte dem Koordinator daher eine schriftliche Bestätigung vorgelegt werden, dass das Bauwerk frei von Schadstoffen ist. Zu Bauschadstoffen gehören u. a.:

- PCB-haltige Fugenmassen und Anstriche
- teer- und pechhaltige Materialien (Kleber, Teerkork, Dachpappe)
- Asbest (siehe Kapitel 3.2.7.2)
- Künstliche Mineralfasern (KMF), z. B. in Dämmstoffen
- Polyzyklische aromatische Kohlenwasserstoffe (PAK), z. B. in Abdichtungen
- Polychlorierte Biphenyle (PCB), z. B. in Fensterdichtungen
- Schwermetalle wie Chromate und Blei, z. B. bei Abbruch von Anlagen der Galvanik

Holzbauteile können mit Holzschutzmitteln behandelt sein. Als gesundheitsgefährlich gelten insbesondere die sog. chlororganischen Holzschutzmittel, deren Einsatz inzwischen weitgehend verboten ist wie DDT, Pentachlorphenol oder Hexachlorcyclohexan (Lindan).

Die DGUV Regel 101-004 (2006) legt fest, wie Gefahrstoffe und Biostoffe erkundet, ermittelt und dokumentiert und wie betroffene Arbeitsplätze überwacht werden sollen.

3.2.9.2 Biostoffe

Potenziell gesundheitsschädliche **Biostoffe** bei Abbrucharbeiten sind Schimmelpilze, Taubenkot oder der Dreck von Ratten und Mäusen. Bei Verdacht kann eine Beprobung und Analyse durch ein biochemisches Labor erfolgen. Eine aufwendige mikrobiologische Analytik auf infektiöse Keine ist eher selten notwendig. Bei Abbrucharbeiten im Zusammenhang mit Abwasseranlagen, Krankenhäusern, Mülldeponien oder Anlagen zur Tierkörperverwertung, bei denen mit Infektionsrisiken zu rechnen ist, kann dies jedoch erforderlich werden.

Dass Tauben- oder Mäusekot vor Beginn der Abrissarbeiten entfernt wird, ist in der Praxis eher selten. Ist dies erforderlich, sind jedoch die Arbeitgeber der an Abrissarbeiten beteiligten Mitarbeiter für geeignete Schutzmaßnahmen (Binden von Staub durch Befeuchtung, Atemschutz usw.) verantwortlich. Darauf sollte der Koordinator ggf. hinweisen. Über die hier zutreffenden Risiken informieren die

- DGUV Information 201-028 „Handlungsanleitung Gesundheitsgefährdungen durch biologische Arbeitsstoffe bei der Gebäudesanierung“ (2006) und die
- DGUV Information 201-031 „Handlungsanleitung zur Gefährdungsbeurteilung nach Biostoffverordnung (BioStoffV) – Gesundheitsgefährdungen durch Taubenkot“ (2006).

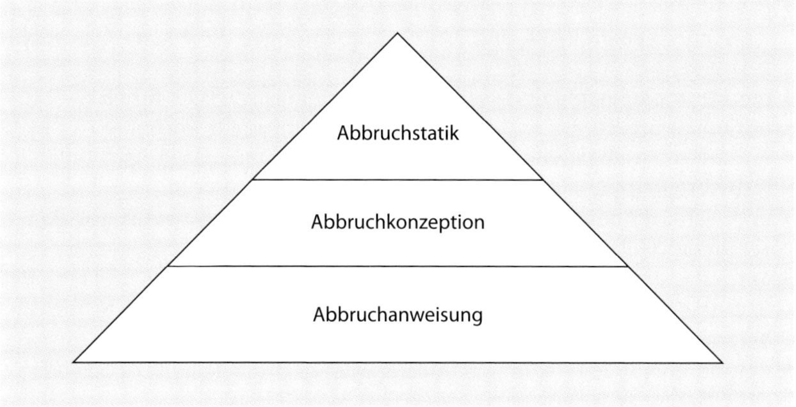

Abb. 3.9: Abbruchprojekte in 3 Stufen nach einer Handzeichnung von Burkhard Krüger

Grundsätzlich sollte ein Bauwerk vor Beginn von Abbrucharbeiten frei von Schadstoffen sein. Denn das Abbrechen ist zu weiten Teilen ein eher unkontrollierter Vorgang, der keine Schadstoffe freisetzen sollte. Im optimalen Fall liegt dem Koordinator eine schriftliche Bestätigung der Schadstofffreiheit vor.

3.2.9.3 Stäube

Das bei Abbrucharbeiten kaum vermeidbare Entstehen von **Staubemissionen** sollte möglichst schon am Ort seiner Entstehung vermindert werden. Stäube sind nicht nur eine Gesundheitsbelastung und damit arbeitsschutzrelevant (vergleiche Kapitel 3.2.7.1), sondern Staubvermeidung ist auch ein Gebot des Umweltschutzes. Gemäß § 22 BImSchG müssen schädliche Umwelteinwirkungen verhindert werden bzw. auf ein Mindestmaß beschränkt werden. Zu den in Kapitel 3.2.7.1 bereits genannten Schutzmaßnahmen kommen bei Abbrucharbeiten insbesondere staubbindende Methoden wie Wasservernebelung und Befeuchtung zum Einsatz. Schuttrutschen sollten nach Möglichkeit abgedichtet sein. Alle Arbeitsbereiche sind zeitnah – möglichst bald nach der Entstehung des Staubs – zu reinigen, dabei ist das **Kehrverbot** zu beachten.

3.2.9.4 Schutzmaßnahmen

Jeder Abbruch ist in 3 Stufen fachgerecht zu begleiten, wie die Abb. 3.9 veranschaulicht.

Beim Einsatz von Großgeräten, in allen schwierigen Fällen oder solchen, die mit einer erhöhten Gefährdung für die beteiligten Mitarbeiter oder die Umgebung verbunden sind, darf der Abbruch nur nach einer schriftlichen **Abbruchanweisung** des verantwortlichen Unternehmers erfolgen. Zu den weiteren Sicherheitsregeln bei Abbrucharbeiten gehören:

- Erst nach sorgfältiger Planung (Abbruchkonzeption) inklusive einer Gefährdungsbeurteilung, aus der konkrete Maßnahmen zum Vermeiden von Staubemissionen abgeleitet werden,
- nur von erfahrenen Personen, die dazu fachlich geeignet sind,

- nur mit dem erforderlichen Wissen zu Statik, Konstruktion, Lage und Zustand aller Versorgungs- und Entsorgungsleitungen für Wasser, Gas, Elektrik usw.,
- nur mit abgesperrten und gespülten Versorgungsleitungen für Gas,
- nur mit gesicherten bzw. deaktivierten Zuleitungen für Wasser,
- nur mit spannungsfrei geschalteten Stromanschlüssen, Leitungen und Hausverteilern,
- nur nach Erkundigungen zu möglichen Belastungen (Asbest, Taubenkot, Schimmel, Gefahrstoffe),
- nur mit geeigneten Maschinen und Werkzeugen wie Baggern und anderen Baumaschinen mit angebauten Abbruchgeräten, Sägen, Fräsen, Schneidbrennern, Pulverlanzen, Hochdruckwasserstrahlern usw.,
- nur mit geeigneten Methoden und Arbeitsverfahren gemäß vorliegenden Arbeitsanweisungen,
- nur nach Klären und Umsetzen der Sicherheitsmaßnahmen, Sicherheitsabstände zu Nachbargebäuden, Zutrittsbeschränkungen und Absperrungen,
- nur nach Freigabe durch die Bauleitung

darf ein Abbruch erfolgen.

Vor einem **manuellen Abbruch** müssen die Öffnungen demontierter Fall- und Steigleitungen der Haustechnik abgedeckt werden. Ein **maschineller Abbruch** darf erst beginnen, nachdem sämtliche Personen bis auf den Maschinenführer den Arbeitsbereich verlassen haben. Die Positionen von Baggern, Kranen und schwerem Gerät müssen standsicher sein und ohne die Gefahr eines seitlichen Wegrutschens.

Weitere Schutzmaßnahmen können ja nach konkretem Fall sein:

- Gerüste, Rollgerüste und Schutznetze bei Dächern, Außenwänden, vorspringenden (auskragenden) Gebäudeteilen anbringen und immer dann, wenn die Gefahr besteht, dass Abbruchgut unkontrolliert herunterfällt.
- Die erforderliche PSA festlegen, z. B. Sicherheitsschuhe, Handschuhe, Kopfschutz, Atemschutz, bei Arbeiten über Kopf oder Spritzwasserbildung auch Augenschutz usw.
- Bei Arbeiten mit Absturzgefahr PSAgA benutzen.
- Bei Abbruch-Baustellen am Wasser mit der Gefahr des Ertrinkens das Tragen von Schwimmwesten anordnen.
- Mitarbeiter – aber auch die Umgebung – vor Lärm und Erschütterungen (Vibrationen) schützen.
- Bei verkehrsnahen Abbruchvorhaben vorab eine ggf. erforderliche Verkehrslenkung mit den zuständigen Behörden klären.
- Auflasten einsetzen bei der Gefahr, dass ein Untergeschoss durch Grundwasser unkontrolliert aufschwimmt.
- Abbruch durch Sprengen nur in Ausnahmefällen unter strengen Voraussetzungen und Sicherheitsvorgaben (vergleiche Kapitel 3.2.6.3)
- Abbruchmaterial kontinuierlich abräumen, z. B. wenn es auf Geschossdecken landet, die überlastet werden könnten.
- Abbruchmaterial nach Möglichkeit schon auf der Baustelle für ein späteres Entsorgen und Recyceln trennen.

Für Hinweise zum Verhalten bei Verdacht auf Kampfstoffe oder beim Auffinden von Blindgängern siehe Kapitel 3.2.1.5.

In der **TRGS 524 (2010)**, Nr. 3.2, wird zur Vorerkundung explizit auf die BaustellV verwiesen, das kommt im Arbeitsschutzrecht eher selten vor. Das in dieser Technischen Regel vorgestellte Vorgehen mit einer Planungsphase und einer Ausführungsphase erinnert an die Vorgaben der BaustellV. Die TRGS 524 (2010) sieht vor, einen **Arbeits- und Sicherheitsplan** zu erstellen. Dieser Plan soll die zu erwartenden Belastungen durch Kontaminationen benennen und geeignete Schutzmaßnahmen festlegen.

Auch für Abbrucharbeiten, die mit Kontaminationen durch Gefahrstoffe oder Biostoffe verbunden sind, gelten diese Vorgaben. Dies impliziert, dass der Bauherr bereits **vor der Ausschreibung** die zu erwartenden Gefährdungen ermittelt, sodass die Schutzmaßnahmen bereits in die Angebotserstellung und Auftragsvergabe einfließen. Dieser Arbeits- und Sicherheitsplan ist jedoch speziell auf den Umgang mit Kontaminationen bezogen. Er ist weder identisch mit noch abgedeckt durch den SiGe-Plan nach BaustellV (siehe Kapitel 3.1.2).

Der Koordinator sollte vorab alle kritischen Aspekte hinterfragen, z. B.:

- Welche gefahrstoffhaltigen Bauteile werden ganz oder teilweise zurückgebaut?
- Welche am Bau beteiligten Firmen und Gewerke betrifft dies?
- Wer führt eine Gefährdungsbeurteilung vor Ort durch?
- Welche Arbeiten und Vorgänge erfordern welche Schutzmaßnahmen?
- Welche Schutzmaßnahmen oder Sicherheitsregeln, z. B. Zugangsbeschränkungen, betreffen auch andere Tätigkeiten und Gewerke?
- Auf welche Weise werden welche Abfallfraktionen entsorgt, und wer ist dafür zuständig?
- Welche Gefahrstoffe verbleiben wie lange auf der Baustelle?

Praxistipp

Aufgrund der vielfältigen Arbeitsverfahren und Gefährdungen ist eine vollumfängliche Darstellung aller Schutzvorkehrungen kaum möglich. Zu den gängigen Methoden kommen zudem diverse Sonderverfahren wie etwa der Einsatz einer Sauerstofflanze, die wiederum ihrerseits spezielle Schutzmaßnahmen erforderlich machen. Einen guten Überblick bietet die DGUV Regel 101-603 „Branche Abbruch und Rückbau" (2019) als **Branchenregel für Abbruch und Rückbau.**

3.2.10 Sicherer Personen- und Fahrzeugverkehr, sichere Baustellentransporte und Lagerung

Bauarbeiten sind zwangsläufig mit zahlreichen Transportprozessen verbunden. Maschinen, Materialien und Menschen müssen von der und zu der Baustelle gebracht, Abfälle und nicht mehr benötigte Arbeitsmittel weggeschafft werden. Dazu kommen die täglichen Transportvorgänge innerhalb der Baustelle selbst durch Kräne, Bauaufzüge, Betonpumpen, Schuttrutschen usw. (siehe Kapitel 3.1.5.5).

3.2.10.1 Fahrzeuge

Die auf einer Baustelle eingesetzten Fahrzeuge müssen arbeitssicher sein. Auch eine regelmäßige Hauptuntersuchung (TÜV) entbindet den Unternehmer nicht von seiner Pflicht, seine Fahrzeuge als Betriebsmittel regelmäßig nach der BetrSichV prüfen zu lassen. Dies liegt außerhalb der Zuständigkeit des Koordinators. Bei erkennbar deutlichen Sicherheitsmängeln wie abgefahrenen Reifenprofilen, defekter Beleuchtung oder abgebrochenen Seitenspiegeln sollte er die Verantwortlichen jedoch darauf hinweisen.

Im Fokus des Koordinators stehen die mit dem Fahrzeugverkehr auf einer Baustelle verbundenen gegenseitigen Risiken und Unfallgefahren. Nachfolgend dazu einige Checkfragen:

- Sind die Baustellenzufahrten gut einsehbar, sowohl von der Baustelle als auch aus Sicht der ankommenden Fahrer?
- Verlaufen die Fahrwege und die Fußwege auf der Baustelle weitestmöglich getrennt?
- Ist die Baustelle so eingerichtet, dass ein Rückwärtsfahren so weit wie möglich vermieden wird?
- Sind die Fahrwege so festgelegt, dass auch Betonmischfahrzeuge, Tankfahrzeuge, Müllsammelfahrzeuge, Abholer mobiler Sanitärsysteme und ähnliche Akteure stets sicher rangieren können?
- Ist es möglich, getrennte Zu- und Ausfahrten für ankommende und abgehende Transporte festzulegen, die von vorneherein das gefährlichere Wenden und Rückwärtsfahren unnötig machen?
- Sind die Baustellenzufahrten und -abfahrten ausreichend beleuchtet?
- Sind die Räume für Entladearbeiten ausreichend bemessen, sodass Staus – insbesondere Rückstaus in den öffentlichen Straßenverkehr – vorgebeugt wird?
- Gibt es ausreichend und sichere Haltestellen und Parkzonen, auch Stellflächen für wartende Lieferfahrzeuge?
- Werden bei allen Baustraßen die Gesamtgewichte sowie die Radlasten der über die Baustelle rollenden Fahrzeuge inkl. Beladung berücksichtigt, z. B. hinsichtlich der Gefahr des Einbrechens von Baugruben, des bei Regen möglicherweise matschigen Untergrunds usw.?
- Ist beim Entladen von Fahrzeugen per Kran mit Schwenkbereich über Fußwege außerhalb der Baustelle eine Überdachung angebracht?

Eine Gefahr für die Baustellenumgebung besteht durch stark verschmutzte oder überladene Fahrzeuge, wenn diese auf öffentlichen Verkehrswegen Erde, Kies, Steine usw. verlieren und somit andere Verkehrsteilnehmer gefährden. In diesen Fällen sollten Reinigungsmöglichkeiten vorhanden sein, etwa zum Waschen von Reifen.

Zur Unfallgefahr bei Erdbaumaschinen siehe Kapitel 3.2.1.1, zum Lärm von Fahrzeugen siehe Kapitel 3.2.12.

3.2.10.2 Dieselabgase

Die Abgase vieler auf Baustellen eingesetzter Fahrzeugen und Maschinen sind gesundheitsschädlich. Die Emissionen von Dieselmotoren (DME) aus **Dieselrußpartikeln** und **Kohlenmonoxid** (CO) gelten als krebserregend. Das gilt für Bagger und Radlader genauso wie für z. B. Betonglättmaschinen oder Rüttelplatten. Besonders hoch wird die Gesundheitsbelastung für den Maschinenbediener und Personen in der Nähe, wenn solche Maschinen in ganz oder teilweise geschlossenen Räumen eingesetzt werden.

Ohne Katalysatoren, Dieselpartikelfilter oder andere emissionsmindernde Maßnahmen wie Abgasabführungs- und -nachbehandlungssysteme können die von solchen Maschinen erzeugten Kohlenmonoxid-Konzentrationen in Innenbereichen ein Mehrfaches des Arbeitsplatzgrenzwertes (AGW) der TRGS 900 (2006) von 35 mg/m^3 erreichen. Selbst beim Einsatz im Freien kann unter ungünstigen Bedingungen bei geringem Luftaustausch der Grenzwert überschritten werden. Der Grenzwert für Dieselrußpartikel liegt bei 0,05 mg/m^3.

Die TRGS 554 „Abgase von Dieselmotoren" (2019) konkretisiert die Gefährdungen durch Dieselabgase bei Bauarbeiten und fordert vom Arbeitgeber:

- Informationen zur Belastung (Höhe und Dauer der Emissionen) zu ermitteln,
- die DME im Gefahrstoffverzeichnis aufzulisten,
- im Rahmen der Gefährdungsbeurteilung die Arbeitsbedingungen, Arbeitsverfahren und Arbeitsmittel zu berücksichtigen,
- Gefährdungen für Dritte zu berücksichtigen,
- Schutzmaßnahmen anzuordnen und festzulegen, wie die Wirksamkeit der Schutzmaßnahmen geprüft werden soll.

Neu in der verschärften Fassung der TRGS 554 vom Februar 2019 ist zudem, dass der Arbeitgeber ein Verzeichnis der exponierten Beschäftigten führen muss, und zwar nicht nur, wenn Grenzwerte überschritten werden, sondern auch, wenn *„keine ausreichende Information über die Höhe einer möglichen Exposition vorliegt"*.

Für die Schutzmaßnahmen gilt die STOP-Rangfolge (siehe Kapitel 2.3), hier beispielhaft für die Dieselabgasproblematik erläutert:

- **Substitution**: einen Dieselantrieb durch emissionsfreie oder -ärmere Antriebstechniken ersetzen. Beim Anschaffen neuer Fahrzeuge und Maschinen muss stets der aktuelle Stand der Technik berücksichtigt werden.
- **Technische** Maßnahmen, z. B. die Emissionen minimieren durch Nachrüstung von Motoren mit Dieselpartikelfiltern (DPF), nur genormte Kraftstoffe verwenden, abgasbelastete Arbeitsbereiche baulich oder lufttechnisch von anderen Arbeitsbereichen trennen, Abgasabsaugungen mit Unterdruck einsetzen
- **Organisatorische** Maßnahmen, z. B. Arbeitsbereiche abgrenzen und kennzeichnen, Zutrittsverbote, Rauchverbote, zusätzliche Arbeitspausen, Waschgelegenheiten, Betriebsanweisungen
- **Persönliche** Schutzausrüstung, insbesondere Atemschutz, wird notwendig, wenn nicht nachgewiesen werden kann, dass die AGW eingehalten werden.

In Gräben, Baugruben usw. und allen ganz oder teilweise geschlossenen Bereichen sind emissionsarme bzw. Maschinen mit Dieselpartikelfiltern einzusetzen. Das bedeutet, dass z. B. in Hallenbaustellen lediglich noch emissionsgeminderte Fahrzeuge und Maschinen eingesetzt werden dürfen, sobald das Dach vorhanden ist.

3.2.10.3 Baustellen und Straßenverkehr

Im Grenzbereich zwischen Baustellen und fließendem Verkehr besteht verständlicherweise eine erhöhte gegenseitige Gefährdung zwischen den Personen, Tätigkeiten und Arbeitsmitteln der Baustelle und den Verkehrsteilnehmern. Schmale Fahrbahnen, ein hohes Verkehrsaufkommen und schlechte Sicht, etwa durch Regen oder Nebel, erhöhen diese Risiken.

Die **ASR A5.2** (2018) konkretisiert die Anforderungen der ArbStättV für Arbeitsplätze und Verkehrswege im Grenzbereich zum öffentlichen Verkehr. Diese technische Regel gilt neben und zusätzlich zu den verkehrsrechtlichen (nicht auf den Arbeitsschutz bezogenen) Vorgaben, z. B. gemäß den „Richtlinien für die Sicherung von Arbeitsstellen an Straßen (RSA)“ (1995) und den „Zusätzlichen Technischen Vertragsbedingungen und Richtlinien für Sicherungsarbeiten an Arbeitsstellen an Straßen“ (ZTV-SA).

Zu den wesentlichen Sicherheitsmaßnahmen gehören:

- Verkehrsführungen frühzeitig planen, ggf. Vollsperrungen und Umleitungen oder Überleitungen auf andere Fahrbahnen/Gegenfahrbahn mit den zuständigen Behörden absprechen,
- ausreichend bemessene Arbeitsräume sicherstellen, Mindestbreiten von Arbeitsplätzen und Bewegungsflächen beachten,
- Sicherheitsabstände zum fließenden Verkehr bezogen auf die zulässigen Höchstgeschwindigkeiten festlegen,
- transportable Schutzeinrichtungen zur Verkehrsleitung nutzen wie Baken und Leitkegel sowie Fahrzeugrückhaltesysteme,
- Arbeiten in verkehrsärmere Phasen verlegen,
- sichere Baustellenzugänge einrichten.

Zum Einsatz von Fahrzeug-Rückhaltesystemen liegen Empfehlungen der Bundesanstalt für Straßenwesen vor (siehe Kapitel 6.5.3).

Vom Koordinator ist hier ein vorausschauendes Planen und ggf. eine Abstimmung mit den zuständigen Straßenverkehrsbehörden gefordert. Die besondere Herausforderung liegt darin, den Arbeitsschutz, den Gesundheitsschutz und die Verkehrssicherheit gemeinsam zu betrachten und Lösungen zu finden, die allen Anforderungen gerecht werden.

3.2.10.4 Krane

Krananlagen sind auf den meisten typischen Baustellen kaum wegzudenken. Aufgrund der guten Erkennbarkeit schon aus weiter Entfernung gilt der Kran als Symbol einer Baustelle schlechthin. Für die technische Sicherheit des Krans, die notwendigen Prüfungen usw. ist dessen Betreiber zuständig. Daneben stellen Kranarbeiten stets eine Gefährdung über den gesamten Schwenkbereich dar. Die Unfallgefahr durch herunterfallende Lasten betrifft immer auch andere Gewerke und sollte daher im Fokus des Koordinators stehen.

Abschnitt 2 in Anhang 1 der BetrSichV befasst sich mit den besonderen „Vorschriften für die Verwendung von Arbeitsmitteln zum Heben von Lasten". Diese werden durch weitere Vorschriften wie die DGUV Vorschrift 52 „Unfallverhütungsvorschrift – Krane" (2000) ergänzt und konkretisiert. Es gilt:

- Krane müssen vor der ersten Inbetriebnahme geprüft werden, dann mindestens einmal jährlich sowie nach allen Änderungen, neuen Aufstellungen, Umrüstungen usw.
- Krane dürfen allein von dafür geeigneten, dazu qualifizierten und damit vom Unternehmer beauftragten Personen bedient werden (Details siehe DGUV Information 209-012 „Kranführer" [2012]).
- Die Sicherheitseinrichtungen wie Bremsen, Notendhalteinrichtungen und Lastmomentbegrenzer müssen funktionieren.
- Alle Lastaufnahmemittel und Lastaufnahmeeinrichtungen müssen für die jeweilige Verwendung geeignet sein und auf die richtige Art und Weise genutzt werden.
- Die höchstzulässige Belastung ist stets zu beachten.
- Krane dürfen mit der Last keine Personen befördern.
- Krane dürfen Lasten niemals schleifen oder schrägziehen.
- Der Aufenthalt von Personen unter schwebenden Lasten ist verboten.
- Bei kritischen Windgeschwindigkeiten (siehe die jeweilige Betriebsanleitung des Krans) ist der Kranbetrieb einzustellen.

Die Ergebnisse von Kranprüfungen gemäß BetrSichV müssen in einem **Kran-Prüfbuch** oder **Kran-Kontrollbuch** festgehalten werden. Dieses Prüfbuch muss den Aufsichtsbeamten einer Behörde auf Verlangen vorgelegt werden. Auch dem Koordinator wird die Einsicht nicht verweigert werden dürfen.

Praxistipp

Der DGUV Grundsatz 309-009 „Kran-Kontrollbuch" (2017) dient dazu, Prüfungen, Kontrollen und den sicheren Betrieb eines Krans zu dokumentieren und ist kostenlos bei der BG BAU erhältlich.

Sind auf einer Baustelle mehrere Krananlagen unterschiedlicher Unternehmen aktiv, werden **Kranvorfahrts-Regelungen** notwendig. Solche Vorfahrtsregelungen in Abstimmung mit den verschiedenen Unternehmen festzulegen, gehört zu den Aufgaben des Koordinators.

Lastaufnahme- und Anschlagmittel

Für den Lastentransport per Kran werden diverse Anbauteile und Hilfsmittel verwendet. Dazu gehören:

- **Anschlagmittel** wie Ketten, Seile, Rundschlingen, Hebebänder sowie lösbare Verbindungselemente wie Schäkel usw. sowie
- **Lastaufnahmemittel** wie Haken, Fassgreifer, Magnete, Palettengabeln, Vakuumheber usw.

Die Anschlagmittel bzw. Lastaufnahmemittel werden an fest mit dem Kran verbundenen **Tragmitteln** wie Hubseilen oder Haken befestigt. Die Anschlag- und Lastaufnahmemittel müssen sicher sein, d. h. sie

- müssen von einer dazu befähigten Person geprüft worden sein,
- müssen gekennzeichnet sein mit der zulässigen Tragfähigkeit usw.,
- dürfen nicht zufällig ausgewählt werden, sondern müssen sorgfältig für die anzuhebende Last ausgewählt werden,
- dürfen allein von dazu unterwiesenen Anschlägern eingesetzt werden,
- müssen bei Ablegereife sofort ausgetauscht werden.

Unfallquellen

Fehler beim Bedienen eines Krans oder beim Anschlagen von Lasten führen fast immer auch zu Gefährdungen weiterer Personen. Schon allein aus diesem Grund ist Kranbetrieb auch ein Thema für den Koordinator. Typische Fehler sind ein nicht sachgemäßes Anschlagen, z. B.:

- Mörtelwannen zweckentfremden zum Transportieren von Werkzeugen oder Eisenteilen (Bewehrungseisen, Schalanker etc.),
- Gitterboxen überladen,
- Gitterboxen mit schmalen Gegenständen beladen, die durch die Gitter rutschen können,
- ungeeignete Lastaufnahmemittel für Bewehrungseisen und metallene Kleinteile verwenden,
- Transportgut auf Paletten ist nicht ausreichend gesichert, kann umkippen, sich lösen, herausrutschen usw.,
- ungeeignete oder nicht ausreichend belastbare Anschlagmittel.

Entscheidend für sichere Transporte per Kran ist auch die Verständigung zwischen Kranführer und Anschläger. Die gängigen **Handzeichen** für Anheben, Absenken, Langsam, Stop usw. sind in Anhang 2 der ASR A1.3 (2013) abgebildet. Die **DGUV Information 209-013 „Anschläger“ (2012)** geht auf diesen Punkt sowie die Aufgaben des Anschlägers und das sichere Verwenden der verschiedenen Anschlagmittel ausführlich ein.

Die **DGUV Information 209-061** „Gebrauch von Hebebändern und Rundschlingen aus Chemiefasern“ (2013) informiert zur Verwendung unterschiedlicher Anschlagmittel aus industriell hergestellten textilen Fasern. Die **DGUV Information 209-021** „Belastungstabellen für Anschlagmittel aus Rundstahlketten, Stahldrahtseilen, Rundschlingen, Chemiefaserhebebändern, Chemiefaserseilen, Naturfaserseilen“ (2018), zeigt in tabellarischen Übersichten die Tragfähigkeiten der verschiedenen Anschlagmittel in Abhängigkeit der relevanten Faktoren wie Dicke, Neigungswinkel, Einzel- oder Doppelstrang usw.

Alle für Kranarbeiten im weitesten Sinne eingesetzten Arbeitsmittel müssen für den Kranbetrieb zugelassen sein, auch Schuttmulden, Gitterboxen oder Mörtelwannen usw. Ist das Anheben einer Last nicht explizit vorgesehen, darf die Last nicht angehoben werden (siehe Beispiel).

Beispiel

Wenn ein Bagger eine Rüttelplatte in einen Graben setzen soll, dann ist das nur zulässig, wenn der Bagger

- laut seiner Betriebsanleitung explizit für einen solchen Hebezeugbetrieb vorgesehen und
- entsprechend ausgerüstet ist (Anschlagmöglichkeiten, Anschlagmittel usw.).

Nur weil etwas funktioniert im Sinne von „Kette drum, hochheben, fertig", bedeutet es noch lange nicht, dass dieser Vorgang erlaubt ist und dass er sicher ist!

3.2.10.5 Aufzüge

Aufzüge werden auf Baustellen in verschiedenen Bauformen zum Materialtransport als Anstellaufzüge oder Schwenkarmaufzüge eingesetzt. Es sind die – auch für andere Arbeitsmittel geltenden – Vorgaben zu beachten wie Montage und Verwendung nur gemäß den Herstellerangaben, Prüfpflichten, Wartung und Reparaturen nur durch fachkundige Personen usw.

Besonders risikoreich ist das Auf- und Abbauen von Baustellenaufzügen. Darüber hinaus bestehen Absturzrisiken an den oberen Entnahmestellen, bei falscher Beladung zudem die Gefahr, dass Gegenstände beim Transportieren herunterfallen.

Auf Großbaustellen kommen zudem **Personenaufzüge** zum Einsatz. Zu berücksichtigen sind die die Vorgaben der DGUV Regel 101-005 „Hochziehbare Personenaufnahmemittel" (2015). Über die spezifischen Schutzmaßnahmen bei den unterschiedlichen Aufzugstypen informieren die Bausteine der BG BAU (siehe Kapitel 6.5.3): B 141 für Schwenkarmaufzüge, B 143 für Anstellaufzüge und B 145 für Bauaufzüge mit Personenbeförderung.

Für mastgeführte Kletterbühnen mit einer Plattform zum senkrechen Befördern von Personen ist die DGUV Information 201-026 „Auswahl und Einsatz von Transportbühnen bei Bauarbeiten" (2002) zu beachten.

3.2.11 Sicherer Einsatz von Maschinen und Geräten

Die genaue Definition einer Maschine findet sich in der EU-Maschinenrichtlinie. Diese ist jedoch eher für den Maschinenhersteller relevant. Für den Koordinator ist wichtig zu wissen, dass Maschinen Betriebsmittel im Sinne der BetrSichV sind. Sämtliche sich daraus ergebenden Pflichten an einen sicheren Einsatz, Prüfungen, Unterweisungen der Maschinenbediener usw. gelten genauso auch für alle Maschinen, die auf Baustellen eingesetzt werden.

Unter Maschinen fallen im Maschinensicherheitsrecht und im Arbeitsschutz nicht allein die von Laien als Maschine angesehenen technischen Gerätschaften im Meter-Bereich wie Waschmaschinen oder Geschirrspülmaschinen. Die auf Baustellen eingesetzten Maschinen umfassen

- handgeführte Maschinen wie Bohrmaschinen, Winkelschleifer oder Presslufthämmer,
- ortsfeste oder mobile Einrichtungen wie Kreissägen, Betonmischer oder Rüttler,

- Fördereinrichtungen wie Förderbänder oder pneumatische Förderpumpen,
- Fahrzeuge wie Raupen, Fahrmischer oder Gabelstapler.

Vereinfacht ausgedrückt gelten alle technischen Einrichtungen, die mit einem Antrieb versehen sind, als Maschinen, vom Akkuschrauber bis zum Turmdrehkran. Die folgenden grundlegenden Ausführungen zum sicheren Betrieb gelten für alle Maschinentypen.

3.2.11.1 Gefährdungen

Die Verletzungsgefahren und Gesundheitsrisiken durch und beim Einsatz von Maschinen sind vielfältig. Je nach Maschinentyp und Verwendung besteht eine Gefährdung durch

- sich bewegende Teile wie Messer, Bohrer, Schleifscheiben, Ketten, Keilriemen usw.,
- heiße Oberflächen von Antrieben, heiße Dämpfe oder Abgase,
- Emissionen von Stäuben, Lärm und Abgasen,
- Eingequetscht- oder Überrolltwerden von schweren Fahrzeugen,
- Erfasst- und Eingezogenwerden von Mischanlagen, Trommeln, Häckselwerken, Mähwerken usw.,
- elektrische Gefährdungen,
- Kontakt mit Ölen und Schmiermitteln.

Praxistipp

Besonders gefährlich ist bei vielen Maschinentypen ein unerwartetes Anlaufen oder ein ungesichertes Nachlaufen sich bewegender Teile. Eine Grundregel für das Arbeiten mit handgeführten Maschinen lautet daher: Das zu bearbeitende Werkstück fixieren und die Maschine mit beiden Händen fassen und bewegen. Nie umgekehrt vorgehen!

3.2.11.2 Maschinensicherheit

Bei der Maschinensicherheit wird zwischen den Pflichten des Herstellers und den Pflichten des Betreibers der Maschine unterschieden. Der Maschinenhersteller ist in der Pflicht,

- eine Maschine so zu konstruieren, dass bei Ihrem Einsatz die für die Maschine zutreffenden und in europäischen Richtlinien und Normen festgelegten Anforderungen an Sicherheit und Gesundheitsschutz erfüllt werden,
- diese Übereinstimmung (Konformität) mit den Sicherheitsvorgaben durch eine eigene Risikobewertung zu prüfen, deren Ergebnis in einer **Konformitätserklärung** festzuhalten und an der Maschine durch Anbringen des **CE-Zeichens** zu bestätigen,
- den späteren Maschinenbediener durch eine **Betriebsanleitung** und ggf. weitere Dokumente zum Verwendungszweck sowie zum sicheren Bedienen zu informieren,
- ein **Typenschild** anzubringen, das über Hersteller, Baujahr, Modell, Leistungsdaten, Schutzarten usw. informiert.

Für jede auf einer Baustelle in Deutschland eingesetzte Maschine muss eine **Bedienungsanleitung in deutscher Sprache** vorliegen. Ihre Inhalte müssen den Vorgaben der Maschinenrichtlinie und dem Produktsicherheitsgesetz entsprechen. Die Bedienungsanleitung enthält u. a. Angaben

- zum Verwendungszweck der Maschine,
- zu ihren Einsatzgrenzen, z. B. ob indoor oder outdoor, Temperaturbereiche usw.,
- zu den Restgefahren und Schutzmaßnahmen,
- zu Pflege und Wartung,
- zu zugelassenem Zubehör und Anbauteilen.

Die Betriebsanleitung enthält auch Warnhinweise und ggf. Angaben zum Wählen einer geeigneten Schutzausrüstung des Maschinenbedieners.

Praxistipp

Betriebsanleitung: Wenn zum sicheren Einsatz einer Maschine unterschiedliche Meinungen aufeinanderprallen, kann dem Koordinator ein Blick in die Bedienungsanleitung weiterhelfen. Widerspricht der Einsatz vor Ort den hier genannten Bedingungen, ist das Betreiben der Maschine nicht zulässig. Ist eine Betriebsanleitung nicht (mehr) auffindbar, ist dies ein Versäumnis des Maschinenbetreibers, der beim Hersteller nach Ersatz fragen sollte.

3.2.11.3 Betreiberpflichten

Wird eine Maschine nach Herstellung, Lieferung, ggf. Installation usw. von einem Unternehmen eingesetzt, wird das Unternehmen zum Betreiber der Maschine und ist ab diesem Zeitpunkt für den sicheren Einsatz der Maschine verantwortlich. Das bedeutet, der Arbeitgeber muss dafür sorgen, dass

- eine Maschine nur so verwendet wird, wie es der Hersteller vorgesehen hat,
- die Angaben in der Betriebsanleitung beachtet werden,
- einzig explizit zugelassenes Zubehör verwendet wird, z. B. nur zugelassene Trennscheiben bei einem Winkelschleifer,
- dass bei Verletzungsgefahren und Gesundheitsrisiken eine Betriebsanweisung für den Einsatz der Maschine erstellt wird (für Maschinen i. d. R. in Blau, siehe Abb. 2.3).
- sämtliche Bediener der Maschine auf Grundlage der Betriebsanleitung und Betriebsanweisung unterwiesen werden,
- die Maschinenbediener in das Benutzen eingewiesen werden, **bevor** sie eine Maschine zum ersten Mal benutzen.

Der Koordinator sollte unmissverständlich darauf hinweisen, wenn diese Vorgaben nicht in ausreichender Weise umgesetzt werden.

Praxistipp

Die BG RCI stellt für das Handwerk einige häufig benötigte Musterbetriebsanweisungen für Maschinen und Handwerkzeuge zur Verfügung (siehe Kapitel 6.5.3).

3.2.11.4 Befähigungen, Befugnisse und Beauftragungen

Aufgrund eines höheren Gefährdungsgrads dürfen viele Maschinentypen nicht ohne Weiteres von beliebigen Personen bedient werden. Für besonders verantwortungsvolle Tätigkeiten, von denen eine teils erhebliche Gefährdung ausgehen kann – und dazu gehören viele Maschinen auf Baustellen (!) – besteht somit eine **eingeschränkte Benutzungserlaubnis**. Das bedeutet, nur wer seine Befähigung durch eine entsprechende Qualifikation nachweisen kann, darf diese Maschine bedienen.

In den Regelwerken werden zahlreiche entsprechende Anforderungen an Befähigungen, Qualifizierungen und Ausbildungen gestellt. Auf Baustellen betrifft dies z. B. den Kranschein, den Staplerschein, den Schweißerschein oder den Erdbaumaschinen-Führerschein.

Für den Koordinator wichtig zu wissen ist, dass diese personenbezogenen Einschränkungen zum Bedienen einer Maschine rechtlich bindend sind. Das heißt, das Benutzen einer solchen Maschine ohne Befähigungsnachweis auch **nur mal kurz**, etwa weil der Maschinenführer gerade Pause macht, die Maschine aber benötigt wird, ist **nicht** zulässig.

In aller Regel sind mit einer Qualifizierungsvorgabe für eine Maschine oder ein Fahrzeug weitere Auflagen für den Maschinenbediener bzw. Fahrzeugführer verbunden, er muss:

- mindestens 18 Jahre alt,
- geistig und körperlich fit,
- als zuverlässig geltend und
- vom Arbeitgeber beauftragt

sein.

Die für das Bedienen von Maschinen auf Baustellen relevanten Informationen sind in den folgenden Rechtsdokumenten nachzulesen:

- „Verordnung über die Prüfung zum anerkannten Abschluss Geprüfter Baumaschinenführer"
- DGUV Regel 100-500 „Betreiben von Arbeitsmitteln" (2017)
- DGUV Vorschrift 52 (2000)
- DGUV Vorschrift 68 „Unfallverhütungsvorschrift – Flurförderzeuge" (1997)
- DGUV Vorschrift 70 „Unfallverhütungsvorschrift – Fahrzeuge" (2000)
- DGUV Information 209-012 (2012)
- DGUV Information 213-020 „Auswahl und Qualifizierung von Betonpumpenmaschinisten" (2006)
- DGUV Grundsatz 308-001 „Ausbildung und Beauftragung der Fahrer von Flurförderzeugen mit Fahrersitz und Fahrerstand" (2007)

- DGUV Grundsatz 308-008 „Ausbildung und Beauftragung der Bediener von Hubarbeitsbühnen" (2010)
- DGUV Grundsatz 309-003 „Auswahl, Unterweisung und Befähigungsnachweis von Kranführern" (2013)

3.2.11.5 Prüfungen

Maschinen unterliegen Verschleiß, gerade auf Baustellen sind die Belastungen oft hoch. Daher legen die BetrSichV und andere Rechtsdokumente Prüfpflichten fest. Zu unterscheiden sind:

- **Prüfung vor erstmaliger Inbetriebnahme,**
- **wiederkehrende Prüfungen**, deren Prüffristen und Prüfumfänge in einer Gefährdungsbeurteilung zu ermitteln sind,
- **Sichtprüfungen**, die täglich vor Arbeitsbeginn den ordnungsgemäßen Zustand per Augenschein kontrollieren.

Die Prüfungen von Maschinen sind zu dokumentieren. Aus der Dokumentation sollte auch das Datum der nächsten vorgesehenen Prüfung hervorgehen. Bewährt hat sich – analog zur HU-Plakette auf den Heck-Nummernschildern von Kfz – an der Maschine eine Prüfplakette anzubringen, die über das nächste Prüfdatum informiert. Diese Plaketten sind für einige Maschinen (z. B. Krane oder mobile Tankcontainer für Diesel) verpflichtend, für andere Maschinen jedoch nicht. Entscheidend ist in jedem Fall nicht die Plakette, sondern dass die Prüfungen ordnungsgemäß und fachkundig durchgeführt wurden.

Hinweis

> Anzunehmen wäre, dass für die Prüfaufkleber von Baumaschinen ein ähnlicher einheitlicher **Farbcode** gelten würde wie für die Prüfplaketten von Kfz. Dies ist jedoch nicht der Fall. Es gibt für die hier verwendeten Jahresfarben keine festen Vorgaben, jeder Etikettenhersteller darf sein eigenes Farbschema verwenden. Eine vermeintlich falsche Farbe des Prüfklebers einer Maschine sollte den Koordinator nicht dazu verleiten, vorschnell Prüfungen anzumahnen. Gerade wenn Unternehmen Maschinen zukaufen, kann die Farbcodierung innerhalb eines Betriebs uneinheitlich sein, auch wenn dies grundsätzlich vermieden werden sollte.

Vorgaben für die Prüfung von Maschinen und Geräten finden sich in den folgenden Technischen Regeln:

- TRBS 1201 „Prüfungen und Kontrollen von Arbeitsmitteln und überwachungsbedürftigen Anlagen" (2019)
- TRBS 1203 „Zur Prüfung befähigte Personen" (2019)

3.2.11.6 Manipulation von Schutzeinrichtungen

Eine der häufigsten Ursachen für oft schwere und manchmal tödliche Verletzungen im Umgang mit Maschinen ist das Manipulieren der vom Hersteller vorgesehenen Einrichtungen für Schutz und Sicherheit. Laut Studien der Berufsgenossenschaften sind in Deutschland bei bis zu etwa jeder dritten Maschine Schutzeinrichtungen unzulässigerweise verändert worden.

Unterschieden werden bei Maschinen **trennende Schutzeinrichtungen** wie Gehäuse, Schutzgitter und Verkleidungen von **nicht-trennenden Schutzeinrichtungen** wie Lichtschranken, Näherungssensoren oder Zweihandschaltungen. Dazu kommen bei den meisten Maschinentypen Einrichtungen, die im Notfall das **sofortige Stillsetzen** einer gefahrenbringenden Bewegung ermöglichen sollen wie Not-Aus-Knöpfe, Not-Halt-Schalter oder Reißleinen.

Sobald der Bediener einer Maschine einen Vorteil darin sieht (Bequemlichkeit oder Zeitersparnis), ohne eine Schutzeinrichtung zu arbeiten, wächst die Versuchung, diese auszutricksen. Die Kontrolleure der Berufsgenossenschaften können in dieser Hinsicht von einer großen Kreativität berichten. Da werden Abdeckungen abmontiert, Sensoren überklebt, Positionsschalter von Schutztüren festgeklemmt oder Lichtschranken überbrückt. Der Koordinator sollte 2 Dinge dazu wissen:

- Jegliches Unwirksammachen einer Schutzeinrichtung ist unzulässig und darf von den verantwortlichen Vorgesetzten nicht geduldet werden!
- Wird eine Sicherheitsfunktion einer Maschine außer Kraft gesetzt, demontiert, umgangen oder in irgendeiner Weise ausgetrickst, so erlischt die Genehmigung zum Verwenden der Maschine!

Das Manipulationsverbot umfasst nicht allein Maschinen. Auch jegliches Aushebeln oder Überbrücken von Sicherheits- und Alarmeinrichtungen ist unzulässig.

Praxistipp

Auch wenn es nicht im primären Zuständigkeitsbereich des Koordinators liegt, ist dieser gut beraten, **Manipulationen an Schutzeinrichtungen** von Maschinen und technischen Einrichtungen auf seiner Baustelle zu beachten. Denn Schutzeinrichtungen sind kein Selbstzweck, sondern vom Hersteller bewusst geplant und gezielt vorgesehen, um Verletzungsgefahren zu minimieren. Das Unwirksammachen dieser Schutzfunktionen steigert massiv das Unfallrisiko.

Die folgenden Beobachtungen können ein Hinweis auf Manipulationen oder Manipulationsversuche sein:

- In der Nähe sicherheitsrelevanter Einrichtungen liegen grundlos Kabelbinder, Klebebänder, Schnüre oder Drähten.
- Sicherheitsschrauben oder Niete sind aufgebohrt und durch einfacher zu lösende Verbindungen ersetzt.
- Die Einsatzstellen von (normalerweise nicht zu bewegenden) Schutzbügeln weisen Kratzer und Lackschäden an unerklärlichen Stellen auf.
- Gegenstücke für Positionsschalter liegen herum.
- Auf Verkleidungen von Maschinen und Anlagen befinden sich Abdrücke von Händen oder Füßen, für die es keine Erklärung gibt.
- Spezialwerkzeuge, die nur für Wartungszwecke und den Zugang zum Inneren von Maschinen notwendig sind, befinden sich nicht am dafür vorgesehenen Platz.

Auch wenn Schutzeinrichtungen außergewöhnlich häufig gewartet werden müssen, z. B. wenn Positionsschalter beschädigt sind, kann dies auf Manipulationsversuche hindeuten.

3.2.12 Schutzmaßnahmen bei Lärm und Vibration

Die auf den ersten Blick – im Vergleich zu Motorsägen oder Gefahrstoffen – harmlos wirkenden Gesundheitsgefährdungen durch Lärm und Vibrationen sind so bedeutsam, dass ihnen der Gesetzgeber eine eigene **Lärm- und Vibrations-Arbeitsschutzverordnung** gewidmet hat. Deren Vorgaben sowie die Konkretisierungen durch das nachgeschaltete Regelwerk (TRLV) gelten auch auf Baustellen.

3.2.12.1 Lärm

Lärm ist als unerwünschter Schall eine typische gegenseitige oder gewerkeübergreifende Gefährdung. Denn der durch Maschinen oder Werkzeuge erzeugte Schall breitet sich in alle Richtungen aus. Gerade in der Bauwirtschaft ist die Lärmbelastung im Vergleich zu anderen Branchen hoch. Schwere Fahrzeuge, Kreissägen, Betonmischer, Rüttler, Bohr-, Schleif- und Trennarbeiten und viele andere Tätigkeiten erzeugen eine zwar schwankende, aber oft dauerhaft bestehende Lärmbelastung.

Aus den folgenden Gründen ist das Vorgehen gegen Lärmbelastungen für Arbeitsschützer wie auch den Koordinator eine zwar bisweilen undankbare, dennoch aber enorm wichtige Aufgabe:

- Menschen können ihr Ohr nicht wie das Auge aktiv verschließen, auch fehlt ein dem Lidschlussreflex vergleichbarer Abwehrmechanismus. Daher kann ein Schutz des Gehörs allein von **außen** erfolgen.
- Gehörschäden durch hohe Lärmpegel sind unheilbar. Die Haarzellen des Innenohrs werden sehr schnell **irreversibel** geschädigt.
- Lärm verursacht nicht zwangsläufig Schmerzen. Er kann bereits schädigend wirken, lange **bevor** der Lärmpegel schmerzt, und ohne dass der Betroffene dies anhand von Symptomen erkennt.
- Lärmschäden wirken langfristig. Einschränkungen des Hörvermögens machen sich oft erst **Jahre oder Jahrzehnte** nach einer erhöhten Lärmbelastung bemerkbar.
- Lärm gilt als krankmachender Umweltfaktor, der weit **über Gehörschäden hinaus** den menschlichen Körper belastet. Lärm löst Stressreaktionen aus und kann sich negativ auf Kreislauf, Immunsystem und auch die Psyche auswirken.

Als Maßeinheit für den Lärm wird der Schalldruckpegel in der Einheit dB(A) bzw. dB(C) (Dezibel) verwendet. Ab etwa 80 dB(A) beginnt eine Gefährdung des Ohrs, ab 90 dB drohen chronischen Hörschäden. Typische Schalldruckpegel auf Baustellen liegt oft deutlich darüber, etwa 95 bis 110 dB(A) für einen Abbruchhammer oder 105 bis 110 dB(A) beim Arbeiten mit der Rüttelplatte. Dazu kann der Lärm durch die Umgebung der Baustelle kommen, etwa durch Straßenverkehr oder beim Bauen in Gewerbegebieten oder die Lärmemissionen durch baustellennahe Maschinen und Anlagen auf einem Betriebsgelände.

Der Gesetzgeber hat für Lärmschutzmaßnahmen Grenzwerte wie folgt festgelegt.

Untere Auslösegrenze: Ab einer über 8 Stunden gemittelten Tagesexposition von **80 dB(A)** oder einem Spitzenschalldruck von **135 dB(C)** muss der Arbeitgeber

- seine Mitarbeiter zu den Gesundheitsgefahren durch Lärm und Maßnahmen zum Schutz des Gehörs unterweisen,
- seinen Mitarbeitern Gehörschutz-PSA zur Verfügung stellen,
- eine arbeitsmedizinische Beratung und Angebotsvorsorge organisieren.

Obere Auslösegrenze: Ab einer über 8 Stunden gemittelten Tagesexposition von mehr als **85 dB(A)** oder einem Spitzenschalldruck von mehr als **137 dB(C)** muss der Arbeitgeber

- das Benutzen von Gehörschutz-PSA anordnen und diese Tragepflicht umsetzen,
- eine arbeitsmedizinische Pflichtvorsorge organisieren,
- betroffene Arbeitsbereiche als Lärmbereiche kennzeichnen und nach Möglichkeit abgrenzen,
- ein Programm zur Lärmminderung erstellen.

Damit muss auch auf Baustellen Gehörschutz ab 80 dB(A) angeboten und ab 85 dB(A) das Benutzen angeordnet werden (zu Gehörschutz-PSA siehe Kapitel 3.2.14.3).

Hinweis

> Beim Beurteilen von Lärmbelastungen ist zu beachten, dass die Einheit Dezibel auf einer **logarithmischen Skala** angegeben wird. Daraus folgt, dass eine Zunahme von etwa 3 dB – z. B. von 88 auf 91 dB – einer Verdopplung der Lärmbelastung für die betroffenen Personen entspricht. Entsprechend umgerechnet ergibt sich beispielsweise, dass der obere Auslösewert (8 Stunden > 85 dB(A)) bei 94 dB(A) schon nach 1 Stunde und bei 112 dB(A) bereits nach 1 Minute (!) überschritten wird.

Für die Schutzmaßnahmen vor Lärm gilt es, den Lärm möglichst an der Quelle zu vermeiden (siehe Kapitel 2.1.8). Dazu dienen lärmarme Fahrzeuge, lärmreduzierte Maschinen, z. B. Steinsägen, die mit Wasser betrieben werden, und lärmgeminderte Zubehör- bzw. Verbrauchsteile wie z. B. geschlitzte Sägeblätter. Besonders laute Tätigkeiten sollten zeitlich und räumlich von anderen Arbeiten entkoppelt werden. So könnte auf einer Baustelle z. B. eine lärmintensive Kreissäge in einen Randbereich so positioniert werden, dass möglichst wenige Arbeiter (aber auch keine Nachbarn) mehr als notwendig belastet werden.

Konkrete Anleitung zum Beurteilen von Gefährdungen durch Lärm und das Wählen geeigneter Lärmschutzmaßnahmen finden sich in der ASR A3.7 (2018). Für diese Technische Regel „Lärm" hat die BAuA abweichende bzw. ergänzende Anforderungen für Baustellen angekündigt. Deren Details waren zu Redaktionsschluss noch nicht veröffentlicht:

Nachbarschaft

Bei Lärmemissionen geht es nicht allein um die auf der Baustelle arbeitenden Menschen. Lärm wirkt auch über die Baustellengrenzen hinaus in die **Nachbarschaft.** Gemäß § 22 Bundes-Immissionsschutzgesetz (BImSchG) müssen

- schädliche Umwelteinwirkungen verhindert werden, wenn dies nach dem Stand der Technik möglich ist, und
- unvermeidbare schädliche Umwelteinwirkungen auf ein Mindestmaß beschränkt werden.

Weitere Vorgaben regelt eine bundesweite „Allgemeine Verwaltungsvorschrift zum Schutz gegen Baulärm“ (AVV Baulärm).

In **Wohngebieten** dürfen laute Geräte und Maschinen an Sonn- und Feiertagen nicht betrieben werden, an Werktagen lediglich von 7 bis 20 Uhr. Müssen geräuschintensive Bautätigkeiten aus zwingenden Gründen zu den besonders geschützten Zeiten (am Wochenende oder in der Nacht) durchgeführt werden, sind die Vorgaben der „Geräte- und Maschinenlärmschutzverordnung“ (32. BImSchV) zu beachten. In besonders lärmsensitiven Umgebungen kann es angebracht sein, vorab eine **Baulärmprognose** erstellen zu lassen.

3.2.12.2 Vibrationen

Vibrationen gehen von vielen Baumaschinen aus, betreffen jedoch oft nur den Maschinenbediener. Arbeitsmediziner unterscheiden

- **Ganzkörpervibrationen** (GKV), z. B. auf dem Fahrersitz einer Erdbaumaschine oder eines Gabelstaplers auf holprigem Gelände, und
- **Hand-Arm-Vibrationen** (HAV) durch in der Hand gehaltene Maschinen und Elektrowerkzeuge wie Bohrhämmer oder Handkreissägen.

Während Ganzkörperschwingungen eher Skelett und Wirbelsäule belasten, können Vibrationen im Hand- und Armbereich zu Durchblutungsstörungen, Gelenk- und Nervenschäden führen, u. a. der sog. Weißfingerkrankheit.

Die auf die Umgebung wirkenden Vibrationen dürften im Normalfall nicht so stark sein, dass sie gesundheitlich für benachbart arbeitende Mitarbeiter anderer Gewerke relevant werden. Dies trifft eher für den Lärm zu, aber nicht für Vibrationen. Daher ist das Thema Vibrationen i. d. R. für den Koordinator weniger relevant als das Thema Lärm. Tauchen dennoch Fragen auf, sind die TRLV zurate zu ziehen.

3.2.13 Weitere Arbeitsschutzaspekte

Im folgenden Abschnitt geht es um einige weitere Unfallrisiken und Gesundheitsgefährdungen auf Baustellen, die durch die Kapitel 3.2.1 bis 3.2.12 nicht erfasst oder nur am Rande gestreift wurden.

Stolpern, Rutschen, Stürzen

Verletzungen durch Stolpern, Rutschen oder Stürzen stehen in den Unfallstatistiken der Berufsgenossenschaften regelmäßig weit oben. Die Unfallversicherer fassen diese Unfalltypen unter den sog. **SRS-Unfällen** zusammen. In Bauberufen ist das Risiko, bei der Arbeit zu stolpern, zu rutschen oder zu stürzen, höher als in anderen Branchen.

Zur Prävention von SRS-Unfällen sind potenzielle Unfallstellen zu erfassen und die Unfallrisiken durch geeignete Maßnahmen zu entschärfen, z. B.

- Stolperstellen, die sich durch Vertiefungen und Bodenunebenheiten ergeben, vermeiden, ggf. ausgleichen,
- abschüssige Wege und geneigte Trittflächen mit gefährlichen Schrägen vermeiden und ggf. mit Warnhinweisen kennzeichnen,
- das Reinigen rutschgefährdeter Untergründe organisieren, insbesondere bei Nässe,
- Materialien, die das Rutschen fördern – wie Sand oder feinen Splitt – zügig entfernen,
- in den kalten Monaten einen Winterdienst zum Räumen von Schnee und Entfernen von Eisglätte organisieren,
- eine ausreichende Beleuchtung von Wegen, Zugängen, Auf- und Abstiegen usw. sicherstellen.

Beim Einsatz von Elektrowerkzeugen, Kabeltrommeln usw. entstehen leicht Stolperfallen durch herumliegende Kabel. Auch darauf sollte der Koordinator bei Begehungen achten.

Zur **Beleuchtung** sind in der ASR A3.4 (2011) einige spezielle Anforderungen für Baustellen genannt. So muss die Beleuchtungsstärke mindestens betragen:

- 200 lx bei „feinen" Tätigkeiten wie anspruchsvollen Montagen, Oberflächenbehandlungen, Verbinden von Tragwerkselementen usw.
- 100 lx bei „normalen" Tätigkeiten wie Beton- und Maurerarbeiten, Montagen, Schalungen usw.
- 50 lx bei „groben" Aufgaben wie Erdarbeiten, Transporten, Verlegen von Rohren usw.
- 20 lx auf Verkehrswegen und für die allgemeine Baustellenbeleuchtung

Hautschutz

Nicht nur einige Bau-Chemikalien wie Epoxidharze oder Isocyanate (siehe Kapitel 3.2.7.4), sondern auch viele Reinigungsmittel belasten die Haut. Verschärft wird dieses Risiko durch nasse Hände beim Arbeiten im feuchten Milieu. Auch Schmutz und raue Oberflächen greifen die Haut zusätzlich an, ebenso Hitze und Kälte.

Zum Hautschutz dienen alle Maßnahmen, die einen Kontakt der Haut mit der belastenden Umgebung vermeiden, z. B. durch

- Tragen von geeigneten Schutz- oder Chemikalienschutzhandschuhen
- Mischen von Komponenten in Mehrkammerbeuteln oder Mischpistolen
- Nutzen von Mitteln zu Schutz, Reinigung und Pflege der Haut
- Unterweisungen zum Anwenden von Hautschutzmitteln anhand eines Hautschutzplans

Als **Feuchtarbeit** wird im Arbeitsschutz das ungeschützte Arbeiten mit flüssigen Stoffen oder mit wasserdichten Handschuhen über regelmäßig mehr als 2 Stunden bezeichnet. Dabei besteht trotz getragener Schutzhandschuhe bzw. erst durch getragene Schutzhandschuhe ein Gesundheitsrisiko, wenn sich Wärme und Feuchte im Inneren des Handschuhs stauen. Für solche Fälle wird das häufigere Wechseln der Handschuhe und das Tragen von Unterziehhandschuhen aus Baumwolle empfohlen.

Hautschutzmittel zählen im weiteren Sinne zur PSA. Das bedeutet, der Arbeitgeber muss sie seinen Beschäftigten zur Verfügung stellen. Näheres regelt die DGUV Information 212-017 „Auswahl, Bereitstellung und Benutzung von beruflichen Hautmitteln" (2019).

Erste Hilfe

Auf Baustellen müssen – wie an allen anderen Arbeitsplätzen – Mittel zu Ersten Hilfe zur Verfügung stehen. Neben den obligatorischen Verbandkästen umfasst Erste Hilfe auch das Organisieren von Meldeeinrichtungen, Rettungstransportmitteln und Rettungsgeräten. Details regelt die ASR A4.3 (2010). Danach sind für Baustellen mindestens folgende Erste-Hilfe-Mittel bereitzustellen:

- bei 1 bis 10 Beschäftigten: 1 kleiner Verbandkasten (Inhalt gemäß DIN 13157 „Erste-Hilfe-Material – Verbandkasten C" [2009])
- bei 11 bis 50 Beschäftigten: 1 großer Verbandkasten (Inhalt gemäß DIN 13169 „Erste-Hilfe-Material – Verbandkasten E" [2009])
- bei 51 bis 100 Beschäftigten: 2 große Verbandkasten
- für je 50 weitere Beschäftigte: je 1 weiterer großer Verbandkasten-zusätzlich

Ab dem 51.-ten Beschäftigten muss auf Baustellen ein **Erste-Hilfe-Raum** eingerichtet werden, bei mehr als 100 Beschäftigen ein Defibrillator vorgehalten werden. Hierzu kann bei der Bei der BG Bau kann ein entsprechender Antrag auf Förderung gestellt werden (Link siehe Kapitel 6). Erste-Hilfe-Container müssen so platziert sein, dass sie zur Erstversorgung von verletzten oder erkrankten Arbeitern schnell erreichbar sind und auch der Weitertransport gewährleistet ist. Dazu gehört auch, dass die Zufahrten und Rettungswege für Notarzt und Rettungssanitäter freigehalten werden. Die Erste-Hilfe-Einrichtungen sind durch eine entsprechende Beschilderung zu kennzeichnen (siehe folgenden Abschnitt).

Hinweis

> Die BG BAU fördert die Anschaffung eines Defibrillators (AED – Automatisierter Externer Defibrillator) für Großbaustellen. Die Antragstellung ist möglich für Großbaustellen ab 100 Beschäftigte bzw. für Baustellen mit besonderen elektrischen Gefährdungen oder besonderen Rettungssituationen, z. B. Tunnel (siehe Kapitel 6.5.3).

Abb. 3.10: Europaweit einheitlich: Sicherheitskennzeichnung an einem Bauzaun

Sicherheitskennzeichnung

Das Arbeitsschutzrecht fordert, dass Gefahrenstellen, Flucht- und Rettungswege sowie Rettungseinrichtungen deutlich sichtbar gekennzeichnet werden. Diese Sicherheitskennzeichnungen gemäß ASR A1.3 (2013) beruhen auf der DIN EN ISO 7010 „Graphische Symbole - Sicherheitsfarben und Sicherheitszeichen - Registrierte Sicherheitszeichen" (2012). Somit soll eine europaweit einheitliche Kennzeichnung erreicht werden.

Aus Sicht des Koordinators ist wichtig, dass Kennzeichnungen so angebracht sind, dass sie stets gut erkennbar sind. Hinter einem Baustoffstapel oder an einer Stelle, wo meist Lieferfahrzeuge den Blick verdecken, kann ein Warnhinweis oder ein Gebotszeichen kaum wahrgenommen werden. Vielfach werden die für eine gesamte Baustelle geltenden Sicherheitskennzeichnungen außen an Bauzäunen und Absperrungen deutlich sichtbar aufgehängt (siehe Abb. 3.10).

Die ASR A1.3 (2013) unterscheidet verschiedene Arten der Sicherheitskennzeichnung. Die Gestaltung mit Farben und geometrischen Formen erfolgt nach einem festen Schema, siehe Tabelle 3.7.

Die wichtigsten Sicherheitskennzeichnungen für Baustellen sind in Kapitel 6.1 abgebildet.

Tabelle 3.7: Kategorien von Sicherheitszeichen nach ASR A1.3 (2013)

Kategorie	Gestaltung				Beispiel
	Form	Rand	Vordergrund	Hintergrund	
Verbotszeichen	rund	Rot	Schwarz	Weiß	
Warnzeichen	dreieckig	Schwarz	Schwarz	Gelb	
Gebotszeichen	rund	ohne	Weiß	Blau	
Rettungszeichen	quadratisch	ohne	Weiß	Grün	
Brandschutzzeichen	quadratisch	ohne	Weiß	Rot	

Ergonomie

Ergonomie ist die Wissenschaft von der menschengerechten Gestaltung von Arbeit. Sie befasst sich damit, wie die Arbeit besser an die Fähigkeiten und Eigenschaften des Menschen angepasst werden kann. Typische ergonomische Aspekte im Arbeitsschutz sind die geeigneten Arbeitshöhen für Tische und die optimalen Einstellungen von Bürostühlen. Doch auch an Arbeitsplätzen auf Baustellen spielen ergonomische Faktoren eine große Rolle, z. B.

- beim **Bewegen von Lasten** per Hand durch Heben, Halten, Tragen, Schieben usw.,
- beim Arbeiten in **räumlicher Enge,**
- bei Tätigkeiten in **Zwangshaltungen**, z. B über Schulterhöhe, über Kopfhöhe, im Knien, im Hocken usw.,
- wenn eine Tätigkeit wiederholt immer gleiche **(monotone) Bewegungsfolgen** verlangt oder per se eine stets mehr oder weniger gleiche Körperhaltung verlangt, dazu gehört auch andauerndes Sitzen auf Bagger oder Raupe.

Viele der in Arbeitsstätten gängigen Verhaltensregeln für ein ergonomiefreundliches Arbeiten sollten auch auf Baustellen umgesetzt werden, z. B.:

- Stets das am besten geeignete Arbeitsmittel wählen.
- Das Arbeiten in Zwangshaltungen und dauerhaft monotone Tätigkeiten vermeiden oder durch Abwechseln bzw. Zuordnen von Mitarbeitern und Tätigkeiten so organisieren, dass nicht Einzelne übermäßig belastet werden.
- Schwere oder sperrige Gegenstände wie etwa Leitern zu zweit transportieren, statt sich allein übermäßig zu belasten.
- Für belastende Transportaufgaben geeignete Hilfsmittel wählen wie Schubkarre, Sackkarre, Rollwagen, Treppensteiger, Gabelhubwagen, Hebehilfen usw.

Ergonomisch hochwertige Arbeitsmittel beugen Verspannungen, schnellem Ermüden und Muskel- und Skeletterkrankungen (MSE) vor. Die richtigen Techniken zum Anheben oder manuellen Transportieren von Lasten können eingeübt werden. Auch kurze Ausgleichsübungen zwischendurch entlasten und entspannen den Muskel-Skelett-Apparat, sind allerdings auf Baustellen noch selten zu beobachten.

Arbeitszeiten

Die maximal zulässigen Arbeitsdauern pro Tag werden im **Arbeitszeitgesetz** (ArbZG) festgelegt. Dieses Gesetz bestimmt auch

- die Dauer der Ruhepausen,
- die Ruhezeiten bis zum nächsten Arbeitsbeginn,
- die Vorgaben und Ausnahmeregelungen für ein Arbeiten an Wochenenden, Sonn- und Feiertagen sowie
- die Bestimmungen für Nacht- und Schichtarbeit.

Abweichende Regelungen für jugendliche Beschäftigte unter 18 regelt das **JArbSchG**. Auch für schwangere und stillende Frauen gelten Einschränkungen, etwa bei Nachtarbeit oder dem Arbeiten an Sonn- und Feiertagen. Die Details sind im **MuSchG** zu finden.

Hygiene

Das Thema Hygiene hat auf Baustellen eine deutlich geringere Brisanz als etwa im Gesundheitswesen, der Pharma- oder der Lebensmittelbranche. Gleichwohl können auch auf Baustellen Hygienemängel zu Gesundheitsrisiken führen. Hygiene betrifft die persönliche Sauberkeit von Haut und Kleidung, darüber hinaus aber auch die Sauberkeit und Ordnung in Räumlichkeiten wie etwa Baucontainern.

Die Mindeststandards für Sanitäranlagen, Pausenräume, Unterkünfte usw. sind in den ASR geregelt. Diese enthalten z. T. spezifische Ergänzungen für Baustellen. So müssen z. B. Pausenräume auf Baustellen die Möglichkeit bieten, dass sich Arbeiter umziehen können und dass sie Arbeits- und Straßenkleidung getrennt voneinander aufbewahren (**ASR A4.2**). Die für Baustellen erforderliche Anzahl von Toiletten, Urinalen, Wasch- und Duschplätzen wird in der **ASR A4.1** (2013) festgelegt.

Über die in den ASR genannten Vorgaben hinaus können auf Baustellen je nach Situation weitere Regelungen notwendig werden, etwa zum Händewaschen vor Betreten von Containern, in denen gegessen und getrunken wird. Auch die Reinigung von Toiletten, Waschräumen und anderen Räumen oder Containern muss verbindlich organisiert sein.

Wetter und Klima

Die Witterung mit all ihren Begleiterscheinungen wie Kälte, Hitze, Regen, Sturm, Schnee, Glatteis usw. ist auf Baustellen naturgemäß viel deutlicher zu spüren als in anderen Berufen. Einige Wetterbedingungen können ein Arbeiten unmöglich machen (z. B. Kranarbeiten bei Sturm) oder das Arbeiten deutlich erschweren. In Deutschland gibt es zwar tarifliche „Schlechtwetter-Regelungen" für ein Saison-Kurzarbeitergeld, diese Schlechtwetterzeit vom 1. Dezember bis 31. März ist jedoch im Arbeitsschutzrecht unbekannt.

Neben den Vorgaben der ArbStättV und der ASR gibt es keine universell gültigen Kriterien für ein Arbeitsverbot wie etwa eine bestimmte Neuschneehöhe oder eine bestimmte Außentemperatur für ein „Hitzefrei". Das bedeutet, dass in extremen Wetterlagen – und unabhängig von der Jahreszeit – jeweils im Einzelfall geprüft werden muss, ob und welche Arbeiten auf der Baustelle ohne witterungsbedingte Gesundheitsgefährdung möglich sind.

Sommer, Sonne und UV-Strahlung

In der Baubranche finden naturgemäß viele Arbeiten unter freiem Himmel statt. Die Arbeiter sind im Sommer oft über viele Stunden hohen Temperaturen und intensiver Sonneneinstrahlung ausgesetzt. Die Zahl hitzebedingter Erkrankungen auf Baustellen ist seit 2017 stark angestiegen: Nach 3 meldepflichtigen Arbeitsunfällen aufgrund von Hitzschlag und Sonnenstich im Jahr 2017 meldete die BG BAU für 2018 bereits 12 Fälle und rechnet mit einem weiteren Anstieg für 2019.

Bauarbeiter sind überdies hohen Expositionen natürlicher UV-Strahlung ausgesetzt. Der Eigenschutz der Haut reicht nicht aus, um dieser Belastung standzuhalten. Der **weiße Hautkrebs** ist die am häufigsten angezeigte Berufskrankheit in der Bauwirtschaft.

Der Arbeitgeber ist verpflichtet, zum Schutz seiner Beschäftigten Maßnahmen nach dem STOP-Prinzip (siehe Kapitel 2.1.8) umzusetzen. Zu den technischen Schutzmaßnahmen gehören:

- durch baulich-technische Maßnahmen wie Sonnensegel usw. für Beschattung zu sorgen,
- mithilfe von Ventilatoren für Kühlung zu sorgen,
- die Kabinen von Baufahrzeugen nach Möglichkeit mit Klimatisierung auszustatten.

Danach folgen organisatorischen Schutzmaßnahmen wie

- Arbeiten im Tagesverlauf zeitlich geschickt organisieren, sodass Aufenthalt in der prallen Sonne vermieden wird, z. B. durch Verlegen von Außenarbeiten in kühlere und weniger UV-intensive Zeiten morgens oder abends
- ausreichende Trinkpausen ermöglichen und jederzeit Trinkwasser bereitstellen

Last, but not least, sollte jede Person, die sich auf einer Baustelle nicht nur kurzzeitig in der Sonne aufhält, geeignete **Schutzausrüstung** benutzen:

- textiler UV-Schutz plus Kopfbedeckung,
- ggf. spezielle PSA wie Kühlwesten,
- Sonnenschutzmittel für alle Körperteile, bei denen die Haut ungeschützt ist: Gesicht, Arme, Ohren usw.

Seit 2019 gilt für die arbeitsmedizinische Vorsorge: Bereits ab 1 Stunde Aufenthalt im Freien gilt dies als Anlass für **Angebotsvorsorge** hinsichtlich UV-Belastungen.

Die DGUV Information 203-085 „Arbeiten unter der Sonne" (2016) liefert weitere Informationen für ein gesundheitsgerechtes Arbeiten trotz Sonne. Unter anderem werden hier auch die notwendigen **Erste-Hilfe-Maßnahmen bei einem Hitzschlag** erläutert.

Praxistipp

Die BG BAU hat gemeinsam mit Hautkrebsexperten der Deutschen Krebshilfe einen Selbsttest zum Thema Hautkrebs entwickelt: Damit kann jeder online sein individuelles Gefährdungspotenzial einschätzen (siehe Kapitel 6.5.3).

Winter, Eis und Kälte

In der kalten Jahreszeit kann es durch Kälte, Schneefall und Eisglätte zu Gefährdungen kommen. Neben einer angemessen Arbeitskleidung und ggf. PSA zum Schutz vor Kälte muss der Winterdienst organisiert werden, um Sturzunfällen vorzubeugen. Um der Gefahr einer Unterkühlung vorzubeugen, sollten längere Aufwärmpausen vorgesehen werden, wenn Tätigkeiten bei tiefen Temperaturen einen längeren Aufenthalt im Freien erfordern. Darüber hinaus kann die Brandgefahr steigen, wenn zu verwendende Stoffe und Materialien zunächst aufgetaut werden müssen.

Security

Security, der Schutz vor Diebstahl und Vandalismus, ist im Gegensatz zur Safety (= Arbeitssicherheit) keine primäre Aufgabe des Koordinators. Security-Aspekte können auf Baustellen aber (arbeits-)sicherheitsrelevant werden. Für die Baustellensicherheit im Sinne von Security müssen technische Lösungen und organisatorische Aspekte ineinandergreifen, z. B.

- Sicherung des **Geländes** durch Einzäunung, Beleuchtung, Überwachung durch einen Sicherheitsdienst, Videoüberwachung, Alarmanlage mit Bewegungsmelder
- Sicherung von **Maschinen** und Fahrzeugen durch Verwaltung von Schlüsseln sowie Nutzung von Wegfahrsperren, Lenkradkrallen, Schalthebelsperren usw.

- Sicherung von **Werkzeugen** und **Materialien**, z. B. in Büro- und Materialcontainern durch Vorhängeschlösser, einbruchhemmende Türen, Sicherheitsbeschläge, arretierbare Rollläden, Alarmanlage, Einbruchmeldeanlagen, ggf. besondere Sicherheitsmaßnahmen für Freilager

Unbedingt empfehlenswert sind klare Regelungen beispielsweise darüber, welche (hochwertigen) Geräte und Werkzeuge stets im abgeschlossenen Bauwagen oder Container aufbewahrt werden müssen und nie herumliegen oder herumstehen dürfen. Dazu können Vorgaben der Sachversicherer ausführender Unternehmen kommen.

Hinweis

Insbesondere an Wochenenden ist oft zu beobachten, dass Baumaschinen wie Kreissägen oder Materialkisten zum Schutz vor Diebstahl an einem Kranseil in luftiger Höhe schweben. Dies ist nicht zulässig, auch eine berechtigte Sorge vor Diebstahl berechtigt nicht zu dieser Maßnahme! Die DGUV Vorschrift 53 „Unfallverhütungsvorschrift – Krane“ (2001) fordert in § 30 Abs. 6 vom Kranführer dafür zu sorgen, dass „*vor dem Verlassen des Steuerstandes Lasten, Anschlag- oder Lastaufnahmemittel ausgehängt und der Lasthaken hochgezogen*“ sind. In einem Nachsatz wird zudem explizit erläutert: „*Lasten sind z. B. Kreissägen, Leitern, Werkzeugkisten.*“ Hintergrund dieses Verbots ist die Gefahr, dass ein Kran sich im Wind dreht und eine Last dadurch unkontrolliert außerhalb der Baustelle und über Personen schweben könnte.

Der Trend in Sachen Security auf Baustellen geht zu neuen Technologien wie Geofencing. Dabei wird die Baustelle virtuell (digital) mit GPS-Trackern eingezäunt. Das System meldet, sobald ein gekennzeichnetes Arbeitsmittel den festgelegten Bereich verlässt. In einem anderen Ansatz werden Geräte und Werkzeuge vernetzt, eine Technik, die als Internet der Dinge bekannt ist. Somit kann digital erfasst werden, ob bei Arbeitsende sämtliche Werkzeuge wieder am Platz sind, etwa in einem Container oder Schrank.

Für den Koordinator ist wichtig zu wissen, dass auch die Mitarbeiter von **Wachdiensten und Security-Dienstleistern**, die auf einer Baustelle kontrollierende und überwachende Tätigkeiten ausführen, als Beschäftigte auf Baustellen im Sinne der BaustellV gelten. Auch mögliche gegenseitige Gefährdungen mit deren Tätigkeiten und den bauausführenden Firmen gehören zum Aufgabenbereich des Koordinators. Wer „ausschließlich kontrollierende und/oder koordinierende Tätigkeiten“ ausführt, fällt jedoch laut RAB 10 Nr. 12 (2003) nicht unter das Kriterium „Tätigwerden von Beschäftigten mehrerer Arbeitgeber“. Das heißt aus Sicht des Bauherrn, dass allein durch das Beauftragen eines Sicherheitsdienstleisters noch nicht automatisch die Kriterien für das Bestellen eines Koordinators greifen.

Alkohol und Drogen

Der Bauarbeiter mit der Flasche Bier in der Hand war lange ein Klischeebild der Baubranche. Doch die Zeiten haben sich geändert und längst hat auch die Bauwirtschaft die Gefahren durch Alkohol am Arbeitsplatz erkannt.

Bereits ab 0,3 Promille – das entspricht etwa einer Flasche Bier mit 0,5 l verschlechtert sich das Sehvermögen und Konzentration und Reaktionsfähigkeit lassen nach. Je nach Tätigkeit und Gefährdungslage kann sich dies fatal auswirken. Experten gehen davon aus, dass bei etwa **3 von 10 tödlich verlaufenden Arbeitsunfällen** Alkohol im Spiel war.

In vielen Unternehmen besteht daher aus guten Gründen ein striktes Alkoholverbot, auch für bzw. auf Baustellen. Das Arbeitsschutzrecht kennt jedoch weder ein absolutes Alkoholverbot noch bestimmte Promillegrenzen für Branchen oder Tätigkeiten. Die Verantwortung für diesbezügliche Regelungen liegt beim Arbeitnehmer. Der Koordinator ist aufgefordert, sich für eindeutige Vereinbarungen einzusetzen, die für die gesamte Baustelle gelten. Diese Regelungen sollten auch den Konsum legaler und illegaler Drogen, Suchtmittel und berauschender Substanzen umfassen.

Eindeutiger wird die Rechtslage, wenn ein Mitarbeiter erkennbar betrunken ist. Denn die DGUV Vorschrift 1 (2013) fordert in § 7 Abs. 2: *„Der Unternehmer darf Versicherte, die erkennbar nicht in der Lage sind, eine Arbeit ohne Gefahr für sich oder andere auszuführen, mit dieser Arbeit nicht beschäftigen.“* Einem angetrunkenen Mitarbeiter muss demnach das Arbeiten untersagt werden. Er sollte jedoch nicht einfach nach Hause geschickt werden, denn auch im angetrunkenen Zustand eines Mitarbeiters gilt die **Fürsorgepflicht** seines Arbeitgebers. Torkelt ein angetrunkener und seines Arbeitsplatzes auf der Baustelle verwiesener Mitarbeiter auf dem Weg nach Hause vor ein Auto, droht seinem Arbeitgeber wie seinem Vorgesetzten eine strafrechtliche Verfolgung wegen fahrlässiger Körperverletzung.

Umgekehrt sollte jedem Bauarbeiter klar sein, welche Folgen Alkoholkonsum bei der Arbeit haben kann. Neben der Gefährdung für sich und die Kollegen riskiert derjenige, dass er nach einem Arbeitsunfall seinen Unfallversicherungsschutz verliert, die BG Regressansprüche stellt und er bei einem Ausfall keinen Anspruch auf Lohnfortzahlung hat.

Kaum vom Koordinator zu kontrollieren, dennoch potenziell sicherheitsrelevant ist die Einnahme von **Medikamenten**. Denn etwa jedes fünfte zugelassene Arzneimittel kann die Fahrtüchtigkeit beeinträchtigen. Darunter sind Antidepressiva, Schmerzmittel und Schlafmittel, aber auch Mittel gegen Husten oder Schnupfen. Wenn ein Beipackzettel bzw. eine Gebrauchsinformation eines Medikaments eine solche Angabe macht, betrifft dies in gleicher Weise auch die Fähigkeit zum Bedienen von Maschinen (Krane, Baufahrzeuge) oder das Überwachen von Anlagen und andere gefährdungsrelevante Tätigkeiten. Wenn Mitarbeiter diese Mittel einnehmen, müssen deren Arbeitgeber sie nach Absprache mit dem Betriebsarzt ggf. vorübergehend anderweitig einsetzen.

Psychische Belastungen

Psychische Belastungen kommen von außen auf einem Menschen zu, treffen ihn aber nicht körperlich, sondern rufen Reaktionen im Denken, Fühlen, Wahrnehmen oder Erinnern hervor. Wie sehr diese Belastungen – oder genauer: Fehlbelastungen – einen Menschen psychisch beanspruchen und ab wann sie zu einer Erkrankung werden, ist individuell unterschiedlich.

Eine zu große oder eine Fehlbeanspruchung hat jedoch nicht nur psychische, sondern in aller Regel auch körperliche Konsequenzen. Schlafstörungen, Verdauungsbeschwerden, Nervosität und das ganze Spektrum der sog. psychosomatischen Erkrankungen können auftreten.

Die Arbeitsfaktoren, die psychische Belastungen hervorrufen, können grob wie folgt eingeteilt werden:

- Inhalt und Intensität der Arbeit: Über- oder Unterforderung, Monotonie, Stress
- Organisation der Arbeit: Arbeitszeiten, Überstunden, Schichtpläne, Termindruck
- Soziale Beziehungen: Verhältnis zu Kollegen und Vorgesetzten, fehlende Wertschätzung, schlechtes Teamwork, Konflikte, Mobbing

Der Arbeitsmedizinisch-Sicherheitstechnische Dienst der BG BAU hat 2017 zufällig ausgewählte Unternehmer und Beschäftigte aller Bauberufe anonym zu psychischen Belastungen in ihrem Arbeitsalltag befragt. Mehr als 6 von 10 Befragten klagten über **Zeit- und Termindruck**, die viel zitierte sog. Arbeitsverdichtung. Danach folgten die Faktoren **Überforderung, fehlende Anerkennung, Monotonie und schlechtes Teamwork** (Wahl-Wachendorf; Imhof, 2018). Insgesamt jedoch zeigen die bisherigen Untersuchungen, dass psychisch bedingte Erkrankungen in der Bauwirtschaft eine geringere Rolle spielen als in anderen Branchen.

Infos zu psychischen Fehlbelastungen

Für den Koordinator sind psychische Belastungen auf der Baustelle ein nicht ganz einfaches Thema. Aber bei problematischer Stimmung mit Beleidigungen oder gar Gewalt, erkennbarem Mobbing oder anderen Fehlbelastungen ist Wegschauen der falsche Weg. Es gibt zu dem Thema eine Fülle von Informationsmaterialien, Broschüren, Erklärfilme usw. Einen guten und auch für Laien verständlichen Einstieg bieten:

- psyGA, das Portal für psychische Gesundheit am Arbeitsplatz
- eine Anleitung zum Umgang mit Stress und psychischen Belastungen der EU-OSHA
- die Informationsmaterialien der BG BAU zu psychischen Belastungen (siehe Kapitel 6.5.3)

3.2.14 Persönliche Schutzausrüstung

Grundsätzlich gilt für alle Unternehmen und auch auf Baustellen: Der Arbeitgeber muss

- seinen Beschäftigten notwendige Persönliche Schutzausrüstung (PSA) zur Verfügung stellen,
- die Kosten für die PSA übernehmen,
- die Pflege und Wartung der PSA organisieren.

Das **P** in PSA ist ernst zu nehmen, d. h., Schutzausrüstung sollte i. d. R. **persönlich** zur Verfügung gestellt werden, sodass jeder Mitarbeiter seine eigene PSA-Ausrüstung verwendet. Es gibt jedoch Ausnahmen: So können etwa Warnwesten, Chemikalienschutzanzüge oder schwerer Atemschutz (umluftunabhängige Atemschutzgeräte) auch von mehreren Beschäftigten benutzt werden.

Zum Bereitstellen von PSA, Arbeits- und Schutzkleidung gehört auch, dass die Beschäftigten auf einer Baustelle die Möglichkeit haben, **durchnässte Kleidung zu wechseln**.

Für Beschäftigte gilt, dass sie die ihnen zur Verfügung gestellte PSA laut § 15 Abs. 2 ArbSchG bestimmungsgemäß verwenden müssen. PSA-Tragegebote des Arbeitgebers sind daher keine gut gemeinten Vorschläge, sondern als **verbindliche Anweisungen** zu verstehen. Jeder sollte wissen, dass ein Ignorieren nicht nur das Unfallrisiko für sich – und oft auch für die Kollegen (!) – erhöht, sondern arbeitsrechtliche Folgen haben kann.

3.2.14.1 PSA-Kategorien

Persönliche Schutzausrüstung wird gemäß PSA-Verordnung (2016/425/EU) in 3 Kategorien eingeteilt:

- PSA der **Kategorie I** schützt vor oberflächlichen Verletzungen, darunter fallen z. B. Gartenhandschuhe oder Arbeitsschürzen.
- Unter **Kategorie II** fällt der größte Teil der in Industrie, Handwerk, Gewerbe und auch auf Baustellen verwendeten PSA-Komponenten wie Schutzhelme, Sicherheitsschuhe, Augenschutz usw.
- **Kategorie III** schützt vor tödlichen Gefährdungen oder solchen, deren Auswirkungen irreversibel sind. Dazu gehört PSA gegen Absturz oder schwerer Atemschutz, aber auch PSA zum Schutz vor Baustellenlärm (siehe Kapitel 3.2.14).

Oft müssen mehrere PSA-Komponenten gleichzeitig getragen werden, auf Baustellen typischerweise mindestens ein Helm und Sicherheitsschuhe. Durch das Tragen, Verwenden oder Kombinieren von PSA-Komponenten darf jedoch **keine zusätzliche Gefährdung** entstehen. Wenn ein Gehörschutz z. B. dazu führen würde, dass in der konkreten Arbeitssituation wichtige Warnsignale, hupende Fahrzeuge, akustische Rückfahrwarner usw. nicht mehr wahrgenommen werden würden, müssen andere Lösungen gefunden werden.

3.2.14.2 PSA-Kennzeichnung

Genau wie private Kleidungsstücke sind auch die Teile einer Schutzausrüstung mit einem Etikett, einer Prägung oder einer anderen Art der Kennzeichnung versehen. Diese Kennzeichnung informiert nicht nur über den Hersteller, das Herstellungsjahr, Modell, Größe, Handelsname usw., sondern auch über die Schutzfunktionen, Leistungsstufen und die diesen zugrunde liegenden Normen. Um eine solche Informationsfülle überhaupt abbilden zu können, werden je nach PSA-Typ verschiedene Codes, Symbole und Kennbuchstaben verwendet. Beschaffer wie auch Anwender von PSA müssen diese Symbolik verstehen und die Abkürzungen entschlüsseln können, um stets diejenige PSA auszuwählen, deren Schutzwirkungen und Einsatzbereiche optional auf die jeweilige Gefährdung abgestimmt sind.

Beim Auswählen von PSA gilt grundsätzlich:

- Nur PSA verwenden, die gemäß ihrer Kennzeichnung und ggf. weiterer Produktinformationen des Herstellers eine ausreichende und sichere Schutzwirkung für die vorgesehene Aufgabe erzielt.
- Nur PSA mit CE-Kennzeichnung verwenden. Dieses Zeichen besagt, dass die PSA EU-weit einheitliche Schutz-Standards erfüllt. PSA ohne CE-Kennzeichnung darf in der EU nicht verkauft werden.
- Die PSA muss dem Träger **individuell passen**. Nur bei einer guten Passung und einem Tragekomfort, der nicht unangenehmer als nötig ist, wird auch die Trageakzeptanz hoch sein.
- Die **Einsatzgrenzen** der PSA müssen stets sorgsam beachtet werden. Gerade ein vermeintlicher Schutz kann zu einem sorglosen Agieren verleiten und damit die Verletzungsrisiken deutlich erhöhen (z. B. wenn Chemikalienschutzhandschuhe zu lange getragen werden).
- Aufbewahrung, Reinigung, Pflege usw. sollten gemäß den Vorgaben des Herstellers erfolgen.

Prüf- und Qualitätssiegel sind freiwillig und ihre Aussagekraft nicht immer sicher einschätzbar. Als verlässlich gelten das **GS**-Zeichen und das **DGUV TEST**-Zeichen.

Wichtige Vorgaben zum Verwenden der verschiedenen PSA-Komponenten finden sich im berufsgenossenschaftlichen Regelwerk:

- DGUV Regel 112-189 „Benutzung von Schutzkleidung“ (2007)
- DGUV Regel 112-190 „Benutzung von Atemschutzgeräten“ (2011)
- DGUV Regel 112-991 „Benutzung von Fuß- und Knieschutz“ (2007)
- DGUV Regel 112-192 „Benutzung von Augen- und Gesichtsschutz“ (2006)
- DGUV Regel 112-193 „Benutzung von Kopfschutz“ (2008)
- DGUV Regel 112-194 „Benutzung von Gehörschutz“ (2011)
- DGUV Regel 112-195 „Benutzung von Schutzhandschuhen“ (2007)
- DGUV Regel 112-198 (2019)

3.2.14.3 PSA-Komponenten

Kopfschutz

Einen Schutzhelm zu tragen, sollte auf jeder Baustelle selbstverständlich sein. Die Verletzungsgefahren mit ungeschütztem Kopf sind offensichtlich. Präventionsexperten raten zu Modellen mit **Vier-Punkt-Kinnriemen**. Solche Helme sollten insbesondere stets dann gewählt werden, wenn der Kopf beim Arbeiten in eine Kopfüber-Position geraten kann. Dies ist bereits der Fall, wenn sich der Träger tief herunterbeugen muss, um z. B. eine Last aufzunehmen.

Der typische Baustellenhelm besteht aus **thermoplastischen** Kunststoffen. Helme aus duroplastischen Materialien werden eher in der Stahl- und Chemieindustrie eingesetzt. Anstoßkappen sind eine leichtere Kopfschutzvariante mit stark eingeschränktem Schutz und für Baustellen i. d. R. unzureichend.

Hinweis

Bedeutung der Helmfarben

Die Farbe des Helms ist nirgendwo fest vorgeschrieben. Bauunternehmen können somit sämtliche Mitarbeiter mit einem Helm in den Unternehmensfarben ausstatten. Unabhängig davon haben sich einige Gepflogenheiten durchgesetzt. So tragen die Maurer und Bauarbeiter i. e. S. oft gelbe Helme, Schlosser grüne Helme, Elektriker rote Helme usw., während die Helmfarbe Weiß für Besucher und Bauleiter vorgesehen sind. Die Farben können somit Gewerke und Ränge kennzeichnen. Eine solche Farbzuordnung ist durchaus sinnvoll im Sinne eines schnellen Überblicks, beruht jedoch stets auf freiwilligen Vereinbarungen.

Gehörschutz

Bei PSA zum Schutz des Gehörs sind 3 Bauarten zu unterscheiden:

- **Ohrstöpsel**, als Einmal- und Wegwerfartikel aus Schaumstoff oder zum häufigeren Gebrauch aus Kunststoffen mit Lamellen, geeignet für das Tragen trotz Brille oder Schutzbrille, sinnvoll bei länger andauernder Lärmbelastung, auch für Tinnitus-Patienten
- **Kapselgehörschützer** (**Mickey-Mäuse**), bei eher kurzzeitigen oder wechselnden Lärmbelastungen, wenn ein Gehörschutz häufig an- und abgelegt werden muss oder wenn Gehörschutzstöpsel nicht vertragen werden (z. B. zu Entzündungen im Gehörgang führen)
- **Otoplastiken**, das sind individuell dem Gehörgang des Trägers angepasste Kunststoffstopfen mit hohem Tragekomfort und bester Schutzwirkung, empfohlen für bereits lärmgeschädigte Personen oder wenn Stöpsel nicht vertragen werden

Atemschutz

Atemschutz-PSA hat die Aufgabe, das Eindringen unerwünschter Stoffe über Nase und Mund zu verhindern. **Partikelfilter** schützen vor partikulären Stoffen wie Stäuben, **Gasfilter** vor gasförmigen Substanzen, **Kombinationsfilter** vereinen die Schutzwirkungen. Vollmasken umschließen das gesamte Gesicht, Halbmasken nur Mund und Nase. Die Produktpalette ist groß und reicht von der einfachen Wegwerf-Halbmaske bis zu Atemschutzfiltergeräten mit externer Luftversorgung („schwerer" Atemschutz).

Augenschutz

Schutzbrillen bieten je nach Material und Modell Schutz vor Stäuben, Splittern, ätzenden Flüssigkeiten, Hitze oder Strahlung. Sie werden in verschiedenen optischen Klassen, Filterschutzstufen und mit speziellen Beschichtungen, etwa für Kratzfestigkeit oder Chemikalienbeständigkeit, angeboten. Darüber hinaus gibt es viele spezielle Modelle für besondere Einsatzbereiche wie z. B. **Schweißerschutzbrillen**. Müssen auch weitere Teile des Gesichts geschützt werden, kommen **Visiere** oder **Gesichtsschutzschilder** zum Einsatz.

Handschutz

Bei Schutzhandschuhen gibt es eine riesige Modellpalette aus unterschiedlichen Materialien mit unterschiedlichen Schutzeigenschaften. Ein Handschuh kann vor Stichen und Schnitten schützen, vor Chemikalien, vor Hitze, Kälte, Stromschlägen oder Bakterien. Selbst innerhalb des Schutztyps muss differenziert werden. So schützt ein Chemikalienschutzhandschuh jeweils **nur vor bestimmten Stoffgruppen**, die über Kennbuchstaben angegeben werden. Zu beachten sind auch die Angaben zur Beständigkeit des Handschuhs und der maximalen Tragedauer, denn die Schutzwirkung kann mit der Zeit nachlassen.

Bei Handschuhen zum Schutz vor mechanischen Verletzungen steht ein Ziffercode für dessen Eigenschaften hinsichtlich Abriebfestigkeit, Schnittfestigkeit, Reißfestigkeit und Stichfestigkeit. Gerade bei Handschuhen ist es daher unbedingt erforderlich, anhand der Kennzeichnung das am besten geeignete Modell zu wählen. Bei Überkopfarbeiten sind **Stulpenhandschuhe** zu empfehlen, denn sie verhindern, dass Flüssigkeiten und Schmutz unter die Ärmel geraten.

Körperschutz

PSA, die nicht auf ein spezifisches Körperteil bezogen ist, sondern ihren Träger mehr oder weniger großflächig schützt, wird als Körperschutz bezeichnet. Darunter fallen Jacken, Hosen, Overalls, aber auch Schürzen, Laborkittel oder Ganzkörper-Schutzanzüge. Neben den auch auf Baustellen getragenen strapazierfähigen Arbeitshosen usw. gibt es viele spezielle Modelle für besondere Anforderungen wie Schutzkleidung für Schweißer, Kleidung für Elektriker zum Schutz vor Störlichtbögen oder **Schnittschutzhosen** für das Arbeiten mit der Motorsäge.

Fußschutz

Fußschutz-PSA muss oft viele Anforderungen gleichzeitig erfüllen. Sie soll nicht nur den Fuß stabilisieren und vor Umknicken schützen, sondern auch vor herabfallenden Gegenständen, vor dem Eindringen von spitzen Gegenständen beim Drauftreten, vor Nässe oder Chemikalien. Den leichtesten Schutz bieten Berufsschuhe (Kürzel O), Schutzschuhe (P) verfügen bereits über eine Zehenkappe, die bei Sicherheitsschuhen (S) doppelt belastbar ist.

Mindeststandard auf Baustellen sind **Sicherheitsschuhe der Kategorie S2** aufwärts. Zehenschutzkappe, Rutschhemmung und eine gewisse Wasserfestigkeit sind dabei Standard, bei Kategorie S3 kommt eine erhöhte Durchtrittsicherheit hinzu. Spezielle Modelle bieten zusätzliche Schutzeigenschaften wie Kälteisolierung, Beständigkeit gegen Kraftstoffe oder elektrische Isolierung. Bei Arbeiten im Knien wie Estricharbeiten oder Fliesenlegen sollte die die Belastung von Muskeln und Bändern stets durch **Knieschutz** (Knieschoner) abgemildert werden.

Warnkleidung

Für Warnkleidung werden fluoreszierende Materialien verwendet, die das das eintreffende Licht zurückwerfen. Diese indirekte Schutzwirkung dient zur besseren Erkennbarkeit des Trägers, z. B. bei Arbeiten nahe dem fließenden Verkehr, beim Einweisen von Fahrzeugen, in der Nähe von Baumaschinen usw.

Der Koordinator sollte wissen, dass **PSA-Tragegebote für alle Personen gelten**, die eine Baustelle oder einen mit einem entsprechenden Gebotszeichen gekennzeichneten Bereich betreten. Wo Gefährdungen bestehen und PSA-Pflichten festgelegt wurden, sieht das Arbeitsschutzrecht keine Ausnahmen vor, weder für den Bauherrn, noch für Bauleiter, Architekten, Aufsichtsbeamte oder für Besucher wie etwa potenzielle Käufer und Mieter einer im Bau befindlichen Immobilie. Auf Baustellen, wo solche **betriebsfremden** Personen zu erwarten sind, sollten stets mindestens Schutzhelme in ausreichender Zahl zur Verfügung stehen.

Hinweis

Last, but not least sollte ein Koordinator bei allem Engagement für Sicherheit und Gesundheitsschutz auf seiner Baustelle auch an sich selbst denken, konsequent PSA tragen und mit gutem Beispiel voran gehen. Die VGB – Unfallversicherer für viele Koordinatoren – bietet überdies spezielle Praxis-Checks, die sich zum einen an Architekten, zum anderen an Ingenieurbüros richten. Die Checkfragen dienen dem Selbst-Test und geben Hinweise zum Umgang mit der eigenen Arbeitsbelastung und für eine effiziente Arbeitsorganisation (siehe Kapitel 6.5.3).

4 Honorare

F. Josef Follmann

Die Vergütung bestimmter Architekten- und Ingenieurleistungen sind in der Honorarordnung für Architekten und Ingenieure (HOAI) geregelt. Obwohl die sie im europäischen Kontext einen schweren Stand hat – wie die Entscheidung des EuGH vom (EuGH, Urteil vom 04.07.2019 – C-377/17) zeigt – wird die HOAI weiterhin von Bedeutung sein. Allerdings müssen die Regelungen zu den Mindest- und Höchstsätzen der HOAI überarbeitet werden.

„Insbesondere die Leistungsbilder und die Regelungen zur Ermittlung des Honorars haben sich als wertvolles Gerüst und Grundlage für das Planen und Bauen in Deutschland über mehr als 40 Jahre hinweg etabliert und bieten einen rechtssicheren Rahmen für Auftraggeber und Auftragnehmer" (Pressemitteilung des Ausschusses der Verbände und Kammern der Ingenieure und Architekten für die Honorarordnung e. V. (AHO) vom 04.07.2019).

Sachlich nicht von der HOAI erfasst sind einige Tätigkeitsfelder, Planungs- und Überwachungsleistungen sowie gutachterliche Leistungen, die unmittelbar mit dem Bauen zu tun haben und meist von Ingenieuren ausgeführt werden. Dazu zählen auch die Tätigkeiten nach BaustellV, die teilweise auch als „arbeitsschutzrechtliche Tätigkeiten" angesehen werden. Für derartige Leistungen außerhalb des Geltungsbereichs der HOAI haben Fachkommissionen des AHO Leistungsbilder und Honorarmodelle erarbeitet, die als Hefte in der „Grünen Schriftenreihe" veröffentlicht werden und in der Praxis große Beachtung finden.

Während die HOAI das verbindliche Preisrecht für die von ihr erfassten Leistungsbilder darstellt, kommt für die Honorierung der Tätigkeiten in den darin nicht enthaltenen Leistungsbildern der § 632 BGB zur Anwendung. Darin heißt es: *„Ist die Höhe der Vergütung nicht bestimmt, so ist [...] die übliche Vergütung als vereinbart anzusehen."* (§ 632 Abs. 2 BGB). Es bleibt die Frage offen, was als **übliche Vergütung** anzusehen ist.

4.1 Methoden zur Honorierung

Nach Inkrafttreten der BaustellV haben verschiedene Verbände und Kammern wie z. B. die Architektenkammer Nordrhein-Westfalen, die Ingenieurkammer Baden-Württemberg, Bau- Atelier, BVKSG e. V. eigene Modelle entwickelt, um die Vergütung zu ermitteln. Die unterschiedlichen Initiativen wurden ab dem Jahr 2001 in einer Fachkommission des AHO zusammengeführt, die dann eine Praxishilfe zur Honorarermittlung veröffentlicht hat.

Als Größenordnung, in der sich ein angemessenes Honorar bewegen könnte, wurden in einem richterlichen Beschluss 0,4 bis 0,6 % der Netto-Bausumme genannt (OLG Celle, Beschluss vom 5.7.2004 – 14 W 63/03). Eine Analyse der Architektenkammer Baden-Württemberg stufte die angemessene Honorierung für durchschnittliche Bauwerke zwischen 0,6 und 1,2 % der Baukosten ein (Morlock, 2010). Beide Angaben konnten aufgrund der Erkenntnisse aus Wissenschaft und Praxis für eine generelle Honorierungsgrundlage nicht herangezogen werden.

4.1.1 Honorarberechnung nach Nr. 15 der AHO-Schriftenreihe

Aufgrund der Entwicklung der RAB, der Erfahrungen aus der Praxis und der wissenschaftlichen Auswertung von Bauvorhaben unterschiedlicher Art und Größe hat die AHO-Fachkommission „Baustellenverordnung" im Jahr 2011 eine grundlegend überarbeitete und erweiterte Auflage „Leistungen nach Baustellenverordnung" als Nr. 15 in der AHO-Schriftenreihe veröffentlicht.

„Eine erneute Umfrage zur Honorarsituation bei Koordinatoren und deren wissenschaftliche Auswertung haben gezeigt, dass neben den anrechenbaren Kosten auch die Bauzeit eine wesentliche Rolle bei der Ermittlung des Aufwands für die Leistungen nach der Baustellenverordnung spielt. Ferner besteht ein Mindestaufwand in der Planungsphase, der in jedem Fall anfällt. Da offensichtlich einige aufwandsbestimmende Faktoren mit der Bauzeit korrelieren, wurden die oben genannten Parameter bei der Überarbeitung der Honorarformel dahingehend berücksichtigt, dass die Neufassung des Honorarmodells nur noch eine Honorarformel enthält, die lediglich Zuschläge für Bauen im Bestand und Antreffen von Kontaminationen vorsieht." (AHO-Fachkommission Baustellenverordnung, 2011, S. V)

Die Erkenntnisse aus den Honorarauswertungen der Fachkommission sind in der abgeleiteten Honorarberechnungsformel dargestellt.

„Eine der wesentlichen Erkenntnisse der letzten Umfrage, die sich in der Berechnungsformel widerspiegelt, ist, dass es einen Honoraranteil gibt, der nicht mehr von dem Umfang und der Komplexität des Bauvorhabens, welche sich näherungsweise in den anrechenbaren Kosten abbilden lässt, sondern ganz wesentlich auch von der Bauzeit abhängt.

Die Abhängigkeit des Aufwands des Koordinators von der Bauzeit betrifft nur sehr geringfügig die Planungsphase, stark jedoch die Ausführungsphase.

Aufgrund dieser Honorarauswertungsergebnisse hat sich die zweigeteilte Berechnungsformel für die Ermittlung des empfohlenen Honorars bei Erbringung von Grundleistungen nach BaustellV ergeben.

Im ersten Teil der Formel wird der Aufwand berücksichtigt, der für die Leistungen des Koordinators in der Planungsphase entsteht. Dieser Honoraranteil ist von den anrechenbaren Kosten, also der Komplexität und dem Umfang der Bauleistungen abhängig.

Im zweiten Teil der Formel wird der Aufwand berücksichtigt, der für die Leistungen des Koordinators in der Ausführungsphase entsteht. Diese sind sowohl von den anrechenbaren Kosten als auch im Besonderen von der Bauzeit abhängig." (AHO-Fachkommission Baustellenverordnung, 2011, S. 21)

$$\text{Honorar}_{\text{gesamt}} = \text{Honorar}_{\text{Planung}} + \text{Honorar}_{\text{Ausführung}}$$

$$\text{Honorar}_{\text{gesamt}} = 4{,}045 \cdot \text{AK}^{0{,}4282} + \left(460 + \left(0{,}001 \cdot \frac{\text{AK}}{\text{BZ}}\right)\right) \cdot \text{BZ}$$

mit

AK anrechenbare Baukosten der Kostengruppe (KGr) 200 bis 500 nach DIN 276 „Kosten im Bauwesen" (2018) in Euro ohne Umsatzsteuer

BZ Bauzeit bzw. geplante Bauzeit des Bauvorhabens, während der eine Koordinierung nach BaustellV stattfindet in Monaten

In der AHO-Veröffentlichung wird das Honorarmodell zusätzlich als Honorartabelle und in Honorarkurven dargestellt. Die o. g. teilweise Entkopplung des Honorars von den Baukosten wurde durch die Auswertung von Praxiserfahrungen ermöglicht. Dabei wurde auch festgestellt, dass in der Planungsphase die Komplexität der Koordinatorenleistung mit den Baukosten korreliert. Die Einbeziehung der Bauzeit in die Berechnung des Honorars für die Ausführungsphase ist ein praxisgerechter Ansatz. Offen bleibt jedoch die Frage, in welchem Turnus Baustellenbesuche zu veranschlagen sind. Der Vergleich des nach der Formel berechneten Honorars mit einer Reihe von Aufträgen, die nach Aufwand kalkuliert wurden, hat ergeben, dass – auf Grundlage des Honorarmodells und abhängig von den Nebenkosten – etwa 2 bis 3 Baustellentermine pro Monat für das Grundhonorar realisiert werden können. Eine weitere Erkenntnis ist, dass einige den Aufwand des Koordinators bestimmende Faktoren nicht in das Modell eingeflossen sind (siehe Kapitel 4.2 4.2 Einsatzbedingungen und Praxiserfahrungen). Eine Anpassung der Honorare an die Preisentwicklung ist indirekt über den Baukostenindex bei den anrechenbaren Kosten gegeben. Wird jedoch ein Honorierungsmodell gewählt, dass unabhängig von den Baukosten funktionieren soll, muss die Preissteigerung auf andere Weise, wie z. B. über die Anlehnung an den Bürokostenvergleich (vsiehe Kapitel 4.1.2) vorgenommen werden.

4.1.2 Honorierung nach Stundenverrechnungssätzen

Einige Leistungen sind bei Vertragsabschluss hinsichtlich des zu erwartenden zeitlichen Aufwands nicht kalkulierbar, andere werden unverhofft erforderlich und bedürfen eines kurzfristigen Tätigwerdens des Koordinators. Dies tritt häufig bei Bedarfs- oder Zusatzleistungen auf. Hier bietet es sich an, Stundenverrechnungssätze für derartige Leistungen zu vereinbaren. Da diese Verrechnungssätze die Kostenstruktur des Anbieters widerspiegeln, sollten die Stundensätze auch die Basis sein, wenn Leistungen pauschaliert werden.

Zur Ermittlung der bürospezifischen Mitarbeiterverrechnungssätze werden aus der betriebswirtschaftlichen Auswertung (BWA) der abrechenbaren Mitarbeiterleistungen ein Gemeinkostenfaktor auf das Grundgehalt und evtl. Zusatzleistungen des Mitarbeiters errechnet. Daraus ergibt sich ein Deckungsbeitrag, auf Basis dessen die Stundensätze ohne Wagnis, Gewinn und Arbeitgeberanteile zur Sozialversicherung kalkuliert werden können.

Die Umlage der Ausfallzeiten für Urlaub, Weiterbildung usw., die nicht abrechenbar sind, sowie die Arbeitgeberanteile zur Sozialversicherung auf die tatsächlich abrechenbaren Stunden, ergeben den Mitarbeiterverrechnungssatz.

Weil mit der Offenlegung der Stundensätze der Gemeinkostenfaktor bekannt gegeben werden muss, bietet sich als Alternative die Ermittlung des Stundenverrechnungssatzes mit dem Stundensatzrechner des AHO an (siehe Kapitel 6.5.3). Auf Basis der jährlich ermittelten Daten der Umfrage „Wirtschaftliche Lage der Ingenieure und Architekten“ gibt der AHO einen Überblick über die derzeitige Ertragssituation der Büros. Mit dieser Umfrage werden auch die Gemeinkostenfaktoren (nach Bürogrößen geordnet) ermittelt, die dann bei der Berechnung einfließen. Da Gehalts- und Kostenstrukturen regional unterschiedlich sein können, ist es möglich, dass bei Projekten außerhalb des Bürostandorts der ortsübliche Stundensatz von dem Ergebnis des o. g. Stundensatzrechners abweicht.

In den Koordinationsverträgen sollten die Stundensätze sowie Zuschläge für evtl. erforderliche Wochenend-, Feiertags- oder Nachtarbeit festgelegt werden. Möglich ist auch eine komplette Beauftragung auf Zeitnachweis. In diesem Fall sollten aber die zu erbringenden Leistungen und der dafür abgeschätzte Zeitaufwand im Vorfeld weitestgehend festgelegt werden.

4.1.3 Nebenkosten

Reisekosten, Miete für Baustellenbüros, Kosten für Vervielfältigungen, Telefon, Porto, Registrierungskosten für internetbasierte Projekträume sind Beispiele für Ausgaben, die als Nebenkosten anfallen können.

Die Erstattung der Nebenkosten des Auftragnehmers können vertraglich vereinbart werden. Hierzu stehen folgende Möglichkeiten zur Verfügung:

- pauschale Übernahme
- prozentuale Übernahme
- Übernahme mit Einzelnachweis, sofern bei Auftragserteilung keine pauschale Abrechnung schriftlich vereinbart worden ist

Die Forderung nach vereinfachten Abrechnungsverfahren wird in der Praxis häufig so gehandhabt, dass die Nebenkosten in den Pauschalen oder Einheitspreisen bereits enthalten sind. Dies führt gelegentlich dazu, dass die ausgewiesenen Stunden- oder Tagesverrechnungssätze sehr hoch erscheinen.

Mit zunehmender Häufigkeit von Baustellenbesuchen nehmen auch die Nebenkosten in Form der Fahrtkosten zu. Fahrzeiten und Fahrtkosten sind entscheidende Größen bei der Preisbildung. Räumliche Nähe zur Baustelle oder Kombinationsmöglichkeiten mit anderen Aufträgen in der Baustellenbetreuung sind somit häufig die ausschlaggebenden Faktoren für die Wettbewerbsfähigkeit von Angeboten der Koordinatoren.

4.2 Einsatzbedingungen und Praxiserfahrungen

Wegen der fehlenden Rechtsverbindlichkeit bleibt das vom AHO veröffentlichte Honorarmodell nur eine Empfehlung zur Ermittlung der üblichen Vergütung. Dennoch ist der Ansatz zur Honorarermittlung geeignet, um zumindest in vielen Fällen ein angemessenes Grundhonorar für die Leistungen nach BaustellV zu definieren.

Wie in Kapitel 2.4.3 und 2.4.6 beschrieben, bezieht sich das Honorarmodell lediglich auf die Grundleistungen. Neben den Grundleistungen sind noch

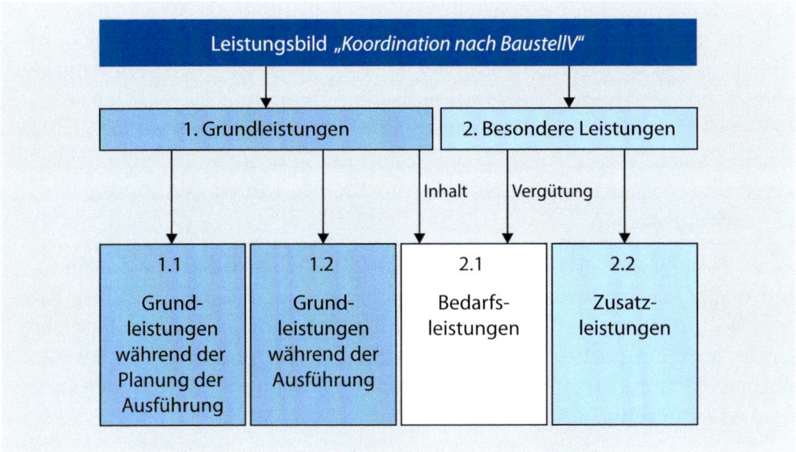

Abb. 4.1: Gliederung des Leistungsbildes Koordination nach BaustellV

Bedarfsleistungen zu berücksichtigen, die – falls sie erforderlich sind – zur Grundleistung werden, aber nicht im Grundhonorar enthalten sind (siehe Abb. 4.1). Diese Bedarfsleistungen sowie zusätzliche Leistungen, die nicht nach BaustellV bzw. RAB 30 (2003) gefordert sind, müssen als Besondere Leistungen beauftragt und separat vergütet werden. Hinzu kommt, dass Erschwernisse wie z. B. Bauen im Bestand, Berücksichtigung von Kontaminationen usw., einen erhöhten Aufwand des Koordinators bedeuten. Da in den meisten Fällen Bedarfsleistungen oder Besondere Leistungen erforderlich sind oder gewünscht werden bzw. aufgrund der Baustellenbedingungen zusätzliche Arbeiten zu leisten sind, ist das über die Berechnungsformel oder Tabelle ermittelte Honorar als Grundhonorar anzusehen, das entsprechend der zusätzlichen Anforderungen mit einem Aufschlag zu versehen ist.

Bei der praktischen Umsetzung des AHO-Konzepts treten jedoch häufig Probleme auf, die dazu führen, dass das Konzept entweder nicht angewendet werden kann oder die aufwandbestimmenden Faktoren nicht angemessen berücksichtigt werden. Hierzu zählen insbesondere folgende Umstände:

- keine (zutreffende) Angabe der anrechenbaren Kosten,
- falsche Angabe der Bauzeit und sich ändernde Fristen (Beginn, Dauer, Ende),
- Beschränkung der Beauftragung lediglich auf einen Teil der Grundleistungen,
- fehlende Mitwirkung des Bauherrn,
- unzureichende Abstimmungsmöglichkeiten mit den (Fach-) Planern,
- erforderliche Berücksichtigung von zusätzlichem Gefährdungspotenzial,
- Nichtgewährung von Zuschlägen bei Umbau- und Sanierungsmaßnahmen,
- wesentlich größere Zahl von Unternehmen auf der Baustelle (z. B. durch Weitervergabe von Leistungsteilen) und – damit zusammenhängend – besondere Anforderungen an die Kommunikation der (Weiter-)Vergabe von Leistungen an fremdsprachliche Unternehmen,
- Einbeziehung von Bedarfsleistungen und Besonderen Leistungen ohne Vertragserweiterung.

Einige der o. g. Defizite entstehen zwar durch Unkenntnis der Umstände, verhindern aber eine ordnungsgemäße Erfüllung der Aufgaben des Koordinators und damit die Erreichung der Ziele der BaustellV. Um dem entgegenzuwirken, ist es wichtig, die Leistungsbeschreibung und den Vertrag so zu gestalten, dass die notwendige Informationskette, die Mitwirkungspflichten und der Umgang mit den (sich ggf. ändernden) Baustellenbedingungen geregelt sind und auch bei der Honorierung der Koordinatorenleistung berücksichtigt werden.

Obwohl es Ziel des AHO ist, Instrumente und Arbeitshilfen für die Honorierung zu schaffen, wird das Leistungsbild, das auch in die Checkliste Koordinatorenvertrag (siehe Kapitel 2.4) Eingang gefunden hat, von Bauherrn häufig für die Ausschreibung von Koordinatorenleistungen genutzt, während bei Honorierung und Vertragsgestaltung die Empfehlungen der Fachkommission wenig Anwendung finden.

Der Honorierungsansatz des AHO bietet über die Honorarformel in Verbindung mit den Zuschlägen für besondere Umstände und der Möglichkeit, zusätzliche Leistungen pauschal oder nach Aufwand zu vergüten, ein transparentes Mittel, um die aufwandsgerechte Vergütung der Koordinatorenleistung zu ermitteln. Letztendlich bleibt es dem Markt überlassen, zu welchen Konditionen Aufträge vergeben werden. Hierbei tragen jedoch Auftraggeber und Auftragnehmer gemeinsam die Verantwortung dafür, dass einerseits die Anforderungen der BaustellV erfüllt und andererseits die Auskömmlichkeit der Honorare gegeben ist.

4.3 Arbeitshilfen zur Honorarermittlung

Um die leistungsgerechte Vergütung zu ermitteln, muss zunächst der Leistungsumfang möglichst genau festgelegt werden und danach der Aufwand zur Erbringung dieser Leistungen ermittelt werden. Für die üblichen Grundleistungen, die auch in RAB 30 (2003) als Aufgaben des Koordinators beschrieben sind, gibt es Erfahrungswerte, die in die Berechnungsformel des AHO eingeflossen sind. Für Leistungen, die nur unter bestimmten Bedingungen als Grundleistungen erforderlich sind oder Leistungen, die über die Anforderungen der BaustellV und der RAB 30 (2003) hinausgehen, ist der Aufwand im Einzelfall zu kalkulieren oder diese Leistungen werden auf Nachweis zu einem vereinbarten Stundensatz erbracht. Für die Ermittlung des daraus abzuleitenden Zusatzhonorars ist im Tabellenblatt „Aufgaben des Koordinators" der Checkliste Koordinatorenvertrag (siehe Kapitel 2.4 und 6.3) eine Spalte vorgesehen, in die Preise für die vorgesehenen Leistungen eingetragen werden können. Die hier ermittelten Werte sind im Tabellenblatt unter dem Titel „Vergütung" bei den Bedarfsleistungen bzw. bei den Besonderen Leistungen anzugeben.

Im Allgemeinen dient Abschnitt 1 „Festlegungen über Honorare und Zahlungen" des Tabellenblatts „Vergütung" als Checkliste dafür, welche Themen bei der vertraglichen Regelung der Vergütung zu beachten sind. Als weitere Arbeitshilfe ist in Abschnitt 2 der Honorarrechner nach AHO Heft 15 (AHO, 2011) hinterlegt. In der downloadbaren Excel-Variante (siehe Kapitel 6.3) sind die Formeln zur Honorarberechnung so hinterlegt, dass mit der Angabe der Bauzeit und der anrechenbaren Kosten das Grundhonorar ermittelt werden kann und mit der Bepreisung der Zusatzleistungen im Tabellenblatt „Aufgaben des Koordinators" diese Eingang in die Berechnung finden.

Da die hinterlegten Berechnungsgrundlagen aus der Auswertung von Praxisbeispielen stammen bietet das Honorarmodell eine gute Orientierungshilfe sowohl für Auftraggeber als auch für Auftragnehmer von Leistungen nach BaustellV. In jedem Fall sollte auftragnehmerseitig parallel eine Aufwandskalkulation durchgeführt werden, die die Kosten-, Personal- und Auftragsstruktur des anbietenden Büros berücksichtigt, um ein auskömmliches und wettbewerbsfähiges Angebot zu erstellen.

5 Haftung

Guido Meyer

Jedes menschliche Handeln und daher auch jede berufliche Tätigkeit ist haftungsträchtig. Auch derjenige, der Leistungen nach der Baustellenverordnung erbringt, wird sich daher mit den Voraussetzungen und Folgen einer möglichen Haftung im Zusammenhang mit seiner Tätigkeit auseinandersetzen. Dieses Kapitel behandelt die zivilrechtliche Haftung des Sicherheits- und Gesundheitsschutzkoordinators (im Folgenden: Koordinator). Die Voraussetzungen, unter denen eine Haftung Dritter im Zusammenhang mit dem Arbeitsschutz auf Baustellen möglich ist, werden nur insoweit behandelt, als dies für die Haftung des Koordinators von Bedeutung ist (siehe Kapitel 5.4.1).

5.1 Grundlagen

5.1.1 Rechtsgrundlagen zivilrechtlicher Haftung

Die Baustellenverordnung enthält keine unmittelbare Regelung zur zivilrechtlichen Haftung des Koordinators. Da es sich um eine arbeitsschutzrechtliche Vorschrift handelt, wäre dies auch systemfremd. Der Gesetzgeber war insoweit auch nicht befugt, in das allgemeine zivilrechtliche Haftungsregime einzugreifen. Für die Beurteilung von Haftungsvoraussetzungen- und -folgen ist daher auf die allgemeinen zivilrechtlichen Grundlagen zurückzugreifen. Diese richten sich im Wesentlichen nach den Vorschriften des Bürgerlichen Gesetzbuchs (BGB).

Zum Verständnis ist es hierfür erforderlich, die **Anspruchsvoraussetzungen** im Einzelnen zu untersuchen. Die Geltendmachung eines zivilrechtlichen Anspruchs setzt immer eine Rechtsgrundlage voraus. Diese kann sich aus gesetzlichen und vertraglichen Ansprüchen ergeben. Insofern wird daher nachfolgend nach den jeweiligen **Anspruchsgrundlagen** differenziert.

Systematik der Anspruchsgrundlagen

Die Abb. 5.1 beschränkt sich auf die praxisrelevanten Anspruchsgrundlagen. Sie orientiert sich zudem an der typischen Haftungskonstellation: einem **(Arbeits-)Unfall** auf der Baustelle. Die wesentlichen Anspruchsgrundlagen für einen Anspruch des Geschädigten auf **Schadensersatz** lassen sich wie folgt unterscheiden:

Anhand dieser Unterscheidung werden nachfolgend die Voraussetzungen der vertraglichen (siehe Kapitel 5.2.1) und der deliktischen Haftung (siehe Kapitel 5.2.2) sowie allgemeine – für sämtliche diesbezüglichen Ansprüche relevanten – Voraussetzungen dargestellt.

Neben der Haftung im Zusammenhang mit Arbeitsunfällen gegenüber Geschädigten kommen auch Ansprüche des Auftraggebers des Koordinators

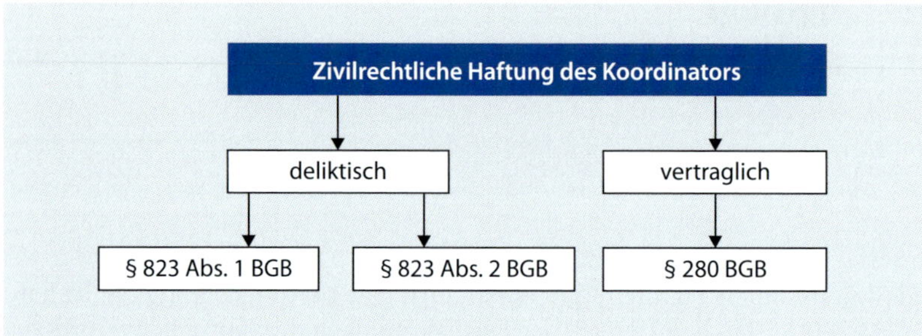

Abb. 5.1: Zivilrechtliche Anspruchgrundlagen

wegen Schlechterfüllung des Koordinatorenvertrags in Betracht (Mängelansprüche). Diese kann im weitesten Sinne zur Haftung des Koordinators gezählt werden. Sie werden der Vollständigkeit halber in Kapitel 5.1.2.2 im Kontext der vertraglichen Haftung des Koordinators thematisiert.

Anspruchsvoraussetzungen

Hinsichtlich der Haftung ist zwischen den Anspruchsvoraussetzungen (siehe Kapitel 5.2) und den Rechtsfolgen der Haftung (siehe Kapitel 5.3) zu unterscheiden. Es ist also immer zunächst danach zu fragen, ob überhaupt die jeweiligen Voraussetzungen einer Haftung vorliegen und im Anschluss daran, welche rechtlichen Konsequenzen dies hat. Soweit nachfolgend im Einzelnen die jeweiligen Anspruchsvoraussetzungen einer Anspruchsgrundlage dargestellt werden, müssen diese – sofern nicht ausdrücklich anders dargestellt – kumulativ vorliegen. Nur sofern also alle jeweiligen Voraussetzungen vorliegen, ist überhaupt allein dem Grunde nach eine Haftung des Koordinators gegenüber Dritten gegeben.

Grundsätzlich sind die Voraussetzungen hierbei

- Pflichtverletzung,
- Schaden,
- Verschulden,
- Kausalität.

Dabei kann sich die **Pflichtverletzung** aus unterschiedlichen Grundlagen ergeben: aus der Verletzung einer vertraglichen Pflicht (vertragliche Haftung, siehe Kapitel 5.2.1) oder aus einer Schutzgut- bzw. Schutzgesetzverletzung (deliktische Haftung, siehe Kapitel 5.2.2). Hieraus erklärt sich zugleich die systematische Differenzierung zwischen diesen unterschiedlichen Haftungsarten. Ansprüche können dabei im Einzelfall sowohl aus vertraglicher wie auch aus deliktischer Haftung gegeben sein. Zentrale Bedeutung kommt in diesem Zusammenhang auch dem Begriff der Verkehrssicherungspflicht zu (siehe Kapitel 5.2.2.1).

Beteiligte Dritte

Schließlich ist zu beachten, dass eine Haftung des Koordinators gegenüber Dritten nicht bedeuten muss, dass dieser alleine haftet. Es ist also durchaus denkbar, dass daneben der Anspruchsteller auch gegenüber weiteren Beteiligten Ansprüche geltend machen kann. Folglich ist auch zu betrachten, unter welchen Voraussetzungen dies der Fall ist und wie dann das Verhältnis mehrerer Haftender untereinander ist (siehe dazu Kapitel 5.4).

5.1.2 Abhängigkeit des Haftungsumfangs vom Leistungsumfang

Die Baustellenverordnung richtet sich an den Bauherrn (siehe im Einzelnen Kapitel 2.1.5). Dies hat Auswirkungen auf die Haftung des Koordinators. Der Koordinator als „Dritter" ist nicht der primäre Adressat der Baustellenverordnung. Seine Haftung resultiert regelmäßig aus den von ihm übernommenen Verpflichtungen. Die Haftung des Koordinators ist daher abhängig von den vom Koordinator im Einzelfall übernommenen Leistungen und Pflichten. Wenn im Folgenden von einem „Koordinator" die Rede ist, so wird dieser Begriff lediglich aus Gründen der Vereinfachung und besseren Lesbarkeit einheitlich zunächst unabhängig vom Leistungsumfang für jeglichen Auftragnehmer verwandt, der Leistungen im Sinne der BaustellV übernommen hat.

5.1.2.1 Leistungsbild

Maßgeblich ist daher insbesondere das **Leistungsbild** der vom Koordinator übernommenen Tätigkeiten. Die Baustellenverordnung unterscheidet verschiedene Leistungen, die in Leistungen der Planungsphase (siehe Kapitel 3.1) und der Ausführungsphase (siehe Kapitel 3.2) im Sinne der Baustellenverordnung differenziert werden können. Es ist aus rechtlicher Sicht nicht zwingend, dass der Bauherr ihn treffende Pflichten vollständig auf einen Dritten überträgt. Er kann Leistungen ganz oder teilweise (oder gar nicht) übertragen oder auch mehrere Dritte mit einzelnen Leistungen gesondert beauftragen.

Daneben ist für den Umfang der Haftung von Bedeutung, wie einzelne Leistungen nach der Baustellenverordnung **vertraglich näher beschrieben** sind. So ist es beispielsweise denkbar, dass die Pflichten des Koordinators in der Ausführungsphase vertraglich eingeschränkt sind (etwa im Hinblick auf den Umfang der Wahrnehmung von Baustellenterminen). Je nach vertraglicher Ausgestaltung kann eine Restverantwortlichkeit beim Bauherrn verbleiben und der Umfang der den Koordinator treffenden Pflichten beschränkt sein. Eine genaue Leistungsbeschreibung ist auch deshalb geboten, weil die Baustellenverordnung in ihr selbst nicht näher definierte Leistungen aufführt und hierzu Begriffe („Vorankündigung", „Unterlage", „Koordinator") verwendet, die also nicht näher definiert sind. Rechtlich wird bei einer derartigen Gesetzestechnik von „unbestimmten Rechtsbegriffen" gesprochen. Deren Auslegung obliegt letztverbindlich den Gerichten (vgl. Meyer, 2004, S. 1231). Die Vertragsparteien können aber im Hinblick auf die vom Koordinator geschuldeten Leistungen im Einzelnen hierzu ihr gemeinsames Verständnis im Rahmen des Koordinatorenvertrags regeln.

Im Zusammenhang mit den jeweils übernommenen Leistungen können sich unterschiedliche Pflichtverletzungen ergeben. **Beispielhaft** und praxisrelevant sind etwa ein fehlerhafter Sicherheits- oder Gesundheitsschutzplan, eine unvollständige Unterlage (dazu ausführlich Meyer, 2003a, S. 977 ff.; Meyer, 2004, S. 1225 ff.) oder eine mangelhafte Koordination in der Ausführungsphase im

Sinne der Baustellenverordnung (OLG Celle, Urteil vom 11.02.2004 – 9 U 208/03). Ohne „Fehler“ bei der Leistungserbringung keine Haftung. Zu den diesbezüglichen Anforderungen an die Leistungserbringung durch den Koordinator wird im Einzelnen auf die Ausführungen in den Kapiteln 3.1 und 3.2 verwiesen.

Hinweis

Inhalt und Umfang der vom Koordinator vertraglich übernommenen Pflichten sind maßgeblich für seine Haftung. Der Koordinator sollte daher auf die Ausgestaltung eines klaren und eindeutigen vertraglichen Leistungsbildes achten.

5.1.2.2 Weisungsbefugnisse

Der Umfang der Haftung des Koordinators ist zudem auch davon abhängig, welche **Rechte** ihm im Zusammenhang mit den von ihm übernommenen Pflichten gegenüber Dritten zustehen (siehe dazu auch Kapitel 2.2.9). Dabei ist insbesondere von Bedeutung, ob dem Koordinator Weisungsbefugnisse gegenüber sonstigen am Bau Beteiligten zustehen. Hiervon hängt auch ab, ob sich eine Verpflichtung der übrigen am Bau Beteiligten ergibt, derartige Weisungen des Koordinators zu beachten haben. Die Beantwortung dieser Frage hat unmittelbare Auswirkungen auf eine mögliche Haftung des Koordinators: Steht diesem ein Weisungsrecht zu, so ergibt sich im Falle des Erfordernisses einer Weisung in der konkreten Situation auch eine Weisungspflicht. Die Nichtausübung des Weisungsrechts wäre also pflichtwidrig.

Rechtslage nach der BaustellV

§ 6 Satz 2 BaustellV regelt im Hinblick auf die Pflichten *„sonstiger Personen“*, dass diese *„die Hinweise des Koordinators sowie den Sicherheits- und Gesundheitsschutzplan zu berücksichtigen“* haben. Dies bedeutet etwas anderes als „beachten“ oder „befolgen“ (Rozek; Röhl, 1999, S. 1400 unter Hinweis auf den französischen und englischen Text der EG-Richtlinie). Aus der Pflicht zur Berücksichtigung ergibt sich zwar, dass die Hinweise nicht völlig unverbindlich sein können. Andererseits wird sich daraus aber **kein umfassendes Weisungsrecht** herleiten lassen. Weisungen sind (verbindliche) Anordnungen. Die Pflicht zur Berücksichtigung der Hinweise stellt dann für die am Bau Beteiligten nur eine weitere Konkretisierung der allgemeinen Sicherheitsvorschriften dar, die der Koordinator selbst aber nicht mit Zwang durchsetzen kann. Dies entspricht wohl einhelliger Auffassung (vgl. Rozek; Röhl, 1999, S. 1394, 1401; Portz, 2002, S. 1160, 1166; Minoggio, 2002, 1200 f.; Kollmer, 2004, § 3 Rn. 59). Zivilrechtlich ist grundsätzlich davon auszugehen, dass gegenüber den auf der Baustelle beschäftigten Unternehmern (Auftragnehmern) lediglich der jeweilige Vertragspartner des Auftraggebers des Koordinators berechtigt ist, diesen im Rahmen des bestehenden Vertragsverhältnisses gegenüber „Weisungen“, zu erteilen. Dies ist (zumindest auf erster Stufe) zumeist der Bauherr.

Weigern sich Beschäftigte, „Hinweisen“ des Koordinators zu folgen, so muss dieser entweder den Weg über den Bauherrn gehen („melden“), der dann seinerseits Weisungen an seine Auftragnehmer erteilen muss. Anderenfalls sollte er, wenn **Gefahr in Verzug** ist, strafbewehrte Vorschriften im Bereich des Arbeitsschutzes verletzt werden oder aber eine unmittelbare Gefahr droht, die zuständige Behörde einschalten. Wird den Hinweisen des Koordinators auf der Baustelle keine Folge geleistet, so verstoßen die Arbeitgeber bzw. sonstige nach den §§ 5, 6 BaustellV Verpflichtete (siehe Kapitel 2.1.5) gegen die BaustellV. Dieser Verstoß hat aber keine Konsequenzen, solange durch die Nichtberücksichtigung kein Schaden entsteht.

Diese vom Grundsatz her fehlende Weisungsbefugnis begrenzt danach auch die Verantwortlichkeit des Koordinators. Erteilt der er die erforderlichen „Hinweise" und unternimmt auch ansonsten alles zur Koordination Erforderliche, so trägt er keine Verantwortung dafür, dass seinen Hinweisen keine Folge geleistet wurde (so auch Rozek; Röhl, 1999, S. 1394, 1401; Portz, 2002, S. 1160, 1166).

Anderweitige vertragliche Regelung

Der Gefahr, dass „Hinweise" des Koordinators leerlaufen, kann allein dadurch begegnet werden, dass dem Koordinator Weisungsrechte ausdrücklich im zwischen ihm und seinem Auftraggeber geschlossenen Koordinatorenvertrag eingeräumt werden. Originär dem Bauherrn als Auftraggeber zustehende Weisungsrechte können danach dem Koordinator im Rahmen des Koordinatorenvertrags übertragen werden.

Hinweis

Die Übertragung von Weisungsrechten auf den Koordinator bedarf einer eindeutigen Regelung im Koordinatorenvertrag, die auch den Umfang der Weisungsrechte im Einzelnen regelt.

Eine derartige Übertragung von Weisungsrechten führt faktisch zu einer Haftungserweiterung zu Lasten des Koordinators. Denn in diesen Fällen verfügt er über erweiterte Kompetenzen, die er auch wahrzunehmen hat. Er hat erforderliche Weisungen gegenüber Dritten zu erteilen und deren Befolgung zu überwachen. Die unterlassene Erteilung einer erforderlichen Weisung stellt regelmäßig eine Pflichtverletzung dar.

Hinweis

Der Koordinator sollte sich vor Vertragsschluss darüber im Klaren sein, ob er aus operativer Sicht die Einräumung von Weisungsbefugnissen benötigt, um seine Vertragspflichten sachgerecht erfüllen und seine Funktion hinreichend wahrnehmen zu können.

5.1.2.3 Maßgeblicher Leistungsstandard

Neben der vertraglichen Ausgestaltung ist für die Haftung des Koordinators allgemein von Bedeutung, nach welchem Leistungsstandard er seine Leistungen zu erbringen hat, welches Qualitätsniveau er also im Zusammenhang mit dem Arbeitsschutz zu berücksichtigen hat.

Stand der Technik

Nach § 4 Nr. 3 ArbSchG haben die Arbeitgeber bei Maßnahmen des Arbeitsschutzes den Stand von Technik, Arbeitsmedizin und Hygiene sowie sonstige gesicherte arbeitswissenschaftliche Erkenntnisse zu berücksichtigen. Diese allgemeinen Grundsätze nach § 4 ArbSchG sind nach § 2 Abs. 1 BaustellV in der Planungsphase im Sinne der BaustellV zu berücksichtigen. Der Koordinator hat zudem nach § 3 Abs. 3 Nr. 1 BaustellV die Anwendung der allgemeinen Grundsätze nach § 4 ArbSchG während der Ausführung des Bauvorhabens zu koordinieren. Über den Verweis auf § 4 ArbSchG bindet also auch die BaustellV den Bauherrn bzw. den Koordinator an den **Stand der Technik** im Rahmen des Arbeitsschutzes.

Als Stand der Technik kann der Entwicklungsstand fortschrittlicher Verfahren, Einrichtungen oder Betriebsweisen, der die praktische Eignung einer Maßnahme zur Erreichung eines allgemeinen hohen Schutzniveaus insgesamt gesichert erscheinen lässt, bezeichnet werden. Soweit die Beachtung des Standes der Technik vorgeschrieben ist, wird der rechtliche Maßstab für das Erlaubte oder Gebotene auf die (aktuelle) technische Entwicklung bezogen. Es ist gerade nicht (allein) die allgemeine Anerkennung bzw. die praktische Bewährung der technischen Neuerung ausschlaggebend. Der insoweit geforderte Leistungsstandard geht also über die Regeln der Technik hinaus. Er steht hierarchisch zwischen dem **Stand von Wissenschaft und Technik** und den **Regeln der Technik** (vgl. zur sog. Drei-Stufen-Theorie BVerfG, Urteil vom 08.08.1978 – 2 BvL 8/77).

Der Pflichtenmaßstab ist damit im Bereich des Arbeitsschutzrechts auf Baustellen – und auch und gerade für den Koordinator – strenger als etwa hinsichtlich der Beurteilung der Frage der Mangelfreiheit des Bauwerks hinsichtlich seiner baulichen Ausführung allgemein.

Regeln zum Arbeitsschutz auf Baustellen (RAB)

Besondere praktische Bedeutung im Zusammenhang mit der Auslegung der BaustellV und der Ermittlung des Inhalts der Pflichten des Koordinators kommen den Regeln zum Arbeitsschutz auf Baustellen (RAB) zu, die vom Ausschuss für Sicherheits- und Gesundheitsschutz auf Baustellen (ASGB) aufgestellt und vom Bundesministerium für Arbeit und Sozialordnung (BMAS) im Bundesarbeitsblatt (BArbBl.) bekannt gegeben wurden. Ihre Fortschreibung ist zwischenzeitlich eingestellt worden (siehe Kapitel 2.1.6).

Nach Nr. 1 RAB 01 (2000) (BArbBl. 01/2001 S. 77) stellen die Regeln zum Arbeitsschutz auf Baustellen eine Konkretisierung staatlicher Arbeitsschutzvorschriften für sichere und gesunde Arbeitsbedingungen auf Baustellen dar. Nach Nr. 4 RAB 01 (2000) sind in den RAB die Erkenntnisse darüber zusammengestellt, wie die im Arbeitsschutzgesetz und den darauf gestützten Verordnungen, insbesondere in der Verordnung über Sicherheit und Gesundheitsschutz auf Baustellen (BaustellV), gestellten Anforderungen erfüllt werden können. Nach ihrem eigenen Verständnis – so der Einleitungstext der jeweiligen RAB – geben die Regeln zum Arbeitsschutz auf Baustellen den *„Stand der Technik bezüglich Sicherheit und Gesundheitsschutz auf Baustellen wieder“*.

Die RAB stellen kein formelles oder materielles Gesetz dar, sind ihrem Wesen nach kein den Rechtsanwender unmittelbar bindendes Recht. Problematisch ist das Eigenverständnis der RAB insoweit, als sie sich selbst als Wiedergabe des „Standes der Technik" beschreiben, zumal auch eine Fortschreibung unterblieben ist (vgl. Kapitel 2.1.6). In der Praxis kommt den RAB gleichwohl eine nicht unerhebliche Bedeutung zu. Sie werden zur Bestimmung des Inhalts der Leistungen und Pflichten des Koordinators nicht selten herangezogen. Allerdings muss die dort vorgenommene Auslegung der unbestimmten Rechtsbegriffe (vgl. Kapitel 5.1.2.1) aufgrund des unverbindlichen Charakters der Regeln jeweils einer rechtlichen Überprüfung im Einzelfall unterzogen werden (im Einzelnen hierzu Meyer, 2017a, S. 642 ff.). Die letztverbindliche Auslegung obliegt den Gerichten. Sie ergibt sich nicht zwingend aus den Regeln zum Arbeitsschutz auf Baustellen.

5.1.3 „Verantwortlicher Dritter"

Nach § 4 BaustellV sind die Maßnahmen des § 2 und § 3 Abs. 1 Satz 1 BaustellV vom Bauherrn zu ergreifen, *„es sei denn, er beauftragt einen Dritten, die Maßnahmen in eigener Verantwortung zu treffen"*. § 4 BaustellV steht als eigenständige und gesonderte Regelung neben der Verpflichtung des Bauherrn zur Bestellung eines Koordinators nach § 3 Abs. 1 Satz 1 BaustellV. Zudem wurde durch § 3 Abs. 1a BaustellV ausdrücklich klargestellt, dass der Bauherr (oder ein von ihm beauftragter Dritter) durch die Beauftragung geeigneter Koordinatoren nicht von seiner Verantwortung entbunden wird (zur Eignung vgl. Kruse; Meyer, 2004, S. 48 ff.). Aus dieser Systematik folgt: Beauftragt der Bauherr einen Koordinator, so ist dieser nicht zugleich auch „verantwortlicher Dritter" im Sinne des § 4 BaustellV.

Hinweis

> Ein vom Bauherrn beauftragter Koordinator ist nicht ohne Weiteres auch „verantwortlicher Dritter" im Sinne des § 4 BaustellV. Die Übernahme der Stellung als „verantwortlicher Dritter" bedarf einer ausdrücklichen Regelung im Koordinatorenvertrag.

Der Bauherr kann jedoch den Koordinator auch „zusätzlich" damit beauftragen, die Funktion des „verantwortlichen Dritten" wahrzunehmen. Allerdings lag der BaustellV wohl eher die Vorstellung zu Grunde, der Bauherr werde – etwa im Rahmen von Baubetreuungsverträgen - die Funktion des verantwortlichen „Dritten" einem Bauunternehmen übertragen (vgl. Kollmer, 1998, S. 2636). „Verantwortlicher Dritter" kann insbesondere auch eine juristische Person (AG, GmbH) sein (Kleinhenz, 1999, S. 181). Zwingend ist dies nicht.

Die Übernahme der Funktion des „verantwortlichen Dritten" führt danach zu einer **Verschiebung von Verantwortlichkeiten** zwischen Bauherr und Koordinator, die Auswirkungen auf den Haftungsumfang des Koordinators hat. Nicht abschließend geklärt ist, ob und inwieweit neben der ausdrücklichen Beauftragung Anforderungen an die Eigenverantwortlichkeit zu stellen sind, um zu einer Haftungsverlagerung nach § 4 BaustellV zu gelangen. Nach Auffassung des OLG Schleswig setzt der Pflichtenübergang voraus, dass dem Beauftragten Aufgaben des Auftraggebers (Bauherrn) gerade

„in eigener Verantwortung“ übertragen wird (OLG Schleswig, Urteil vom 05.05.2003 – 2 Ss Owi 46/03). Dies beinhalte, dass der Beauftragten eine „sachliche Entscheidungskompetenz“ erhalte. Richtigerweise ist insoweit ein hinreichendes Maß an Eigenverantwortlichkeit des Koordinators erforderlich (Meyer, 2006, S. 607).

Hinweis

> Die Übernahme der Stellung als „verantwortlicher Dritter“ führt zu einer Verschiebung der Verantwortlichkeiten und Haftung zwischen Bauherrn und Koordinator.

Zugleich stellt sich die Frage nach dem Umfang einer etwaigen noch verbleibenden (Rest-)Verantwortlichkeit des Bauherrn (siehe dazu im Einzelnen Kapitel 5.4.1.1).

5.1.4 Faktische Leistungen

Daneben kann es außerhalb der vertraglichen Vereinbarungen auch zu einer Haftung des Koordinators im Zusammenhang mit „faktisch“ übernommenen Leistungen kommen. Dies resultiert insbesondere auch bestehenden Aufgabenüberschneidungen zwischen der Koordination der Baustellensicherheit sowie des Arbeitsschutzes einerseits und insbesondere der Bauleitung bzw. Objektüberwachung andererseits. Koordination bedeutet in der Planung der Ausführung die zur Baustellensicherheit und zum Arbeitsschutz vorzusehenden Schutzmaßnahmen aufeinander abzustimmen und in der Ausführung den sicheren Ablauf auf der Baustelle durch koordinierende Hinweise, ohne selbst Anweisungen zu erteilen, zu unterstützen. Als „Bauleitung“ im Sinne von Objektüberwachung wird die Überwachung der Übereinstimmung der Ausführung mit Baugenehmigung, Ausführungsplanung und Leistungsbeschreibung verstanden. In diesem Rahmen treffen den objektüberwachenden Architekten auch – jedoch andere – Koordinierungspflichten (Kruse; Meyer, 2014, S. 17).

Bauleitungstätigkeit kann allerdings – neben der zwischen Bauherrn und Architekt vereinbarten – auch in Form der **„faktischen Bauleitung“** auftreten. Auch unentgeltlich, als „Gefälligkeit“ oder stillschweigend übernommene Tätigkeiten können eine Haftung begründen (etwa grundsätzlich BGH, Urteil vom 11.01.1996 – VII ZR 85/95). Übernimmt ein Vertragspartner bei der Vertragsausführung Aufgaben, die nach dem Vertrag nicht geschuldet sind, so hat er für dabei schuldhaft verursachte Schäden einzustehen. Auch „faktische Tätigkeit“ ist damit haftungsträchtig. Für den Koordinator reicht unter Umständen schon eine vorgenommene Anweisung, um seinen Zuständigkeitsbereich zu verlassen und plötzlich „bauleitend“ tätig zu werden. Eine besondere Brisanz ergibt sich, wenn Vorgänge aus ursprünglich arbeitssicherheitstechnischer Veranlassung sich zu einem bauleitenden Tatbestand verschieben. Der Koordinator, der über seine Aufgaben in der Ausführungsphase hinaus „koordiniert“ und (aus Gefälligkeit) „bauleitende“ Tätigkeiten wahrnimmt, wird sich wie ein („faktischer“) Bauleiter behandeln lassen müssen – und haftet wie ein Bauleiter gegenüber seinem Auftraggeber.

Hinweis

Architekten und Koordinatoren sollten ihre Leistungen und Verantwortlichkeiten daher immer klar voneinander abgrenzen und diese Abgrenzung schriftlich im Vertrag dokumentieren. Vorsicht ist geboten, wenn „faktisch" Tätigkeiten übernommen werden, die eigentlich nicht zum eigenen Leistungsbild gehören.

5.2 Anspruchsvoraussetzungen

Hinsichtlich der Anspruchsvoraussetzungen ist zwischen der vertraglichen und der gesetzlichen Haftung des Koordinators zu differenzieren:

5.2.1 Vertragliche Haftung

Maßgeblich für eine vertragliche Haftung ist die jeweilige konkrete vertragliche Beziehung. Beauftragt der Bauherr einen Dritten (Koordinator), so kommt zwischen dem Bauherrn und dem Dritten ein schuldrechtlicher Vertrag zustande. Haftungsrechtlich ist dann regelmäßig der Koordinator Erfüllungsgehilfe des Bauherrn im Sinne des § 278 BGB (OLG Celle, Urteil vom 03.03.2004 – 9 U 208/03).

5.2.1.1 Charakter der geschuldeten Leistung

Für den mit der Erbringung von Leistungen im Sinne der §§ 2 und 3 der BaustellV beauftragten Koordinator stellt sich zunächst die Frage, wie das zwischen ihm und dem Bauherrn bestehende Vertragsverhältnis im Einzelnen zu qualifizieren ist. Dabei handelt es sich nicht (wie der Wortlaut des § 4 BaustellV nahelegen könnte) um einen „Auftrag" im Sinne des BGB. Denn nach § 662 BGB verpflichtet sich der „Beauftragte", ein ihm von dem Auftraggeber übertragenes Geschäft für diesen unentgeltlich zu besorgen. Dies war mit der BaustellV nicht gewollt.

Es stellt sich danach regelmäßig die Frage, ob es sich bei einem (und dem konkreten) Koordinatorenvertrag um einen **Dienstvertrag** (§§ 611 ff. BGB) oder um einen **Werkvertrag** (§§ 631 ff. BGB) handelt. Die Einordnung hat erhebliche Konsequenzen für die hieraus gesetzlich sich ergebenden Rechtsfolgen. Auch etwaige Ansprüche des Auftraggebers (regelmäßig des Bauherrn) gegenüber dem Koordinator als Auftragnehmer wegen Schlechtleistung (Mängeln) der Leistungserbringung unterscheiden sich danach, welcher Vertragsart der Koordinatorenvertrag zuzuordnen ist.

Dies ist höchstrichterlich bislang nicht abschließend geklärt. Insbesondere im älteren Schrifttum aus der Zeit nach Inkrafttreten der BaustellV findet sich die Auffassung, Leistungen des Koordinators nach der BaustellV seien grundsätzlich **dienstvertraglicher** Natur im Sinne des §§ 611 ff. BGB. Zur Begründung wird etwa angeführt, nach der BaustellV sei kein Erfolg geschuldet, sondern lediglich nach deren § 1 die „Verbesserung" von Sicherheit und Gesundheitsschutz der Beschäftigten auf Baustellen. Koordinations- und Organisationsleistungen seien üblicherweise reine Dienstleistungen (vgl. etwa Portz, 2002, S. 1165; Kollmer, 2004, § 5 Rn. 88 a; ähnlich Sohn, 2010, S. 560). Dem ist auch – allerdings für eine besondere und nicht verallgemeinerungsfähige Vertragskonstellation – das OLG Köln gefolgt (OLG

Köln, Urteil vom 08.06.2004 – 22 U 212/03; siehe dazu Meyer, 2006, S. 603 ff.). Nach anderer Auffassung handelt sich bei den Leistungen des Koordinators um **werkvertragliche** Leistungen im Sinne des §§ 631 ff. BGB. Tatsächlich ist die rechtliche Einordnung des Koordinatorenvertrags auch insoweit wiederum abhängig vom Umfang der vom Koordinator übernommenen Leistungen: Übernimmt der Koordinator lediglich Leistungen im Sinne der Planungsphase der BaustellV so sind diese werkvertraglicher Natur. Übernimmt er lediglich Leistungen in der Ausführungsphase so sind diese überwiegend dienstvertraglicher Natur. Übernimmt er sämtliche nach der BaustellV vorgesehenen Leistungen und Pflichten des Bauherrn so ist eine Gesamtbetrachtung vorzunehmen. In diesem Fall ist davon auszugehen, dassder werkvertragliche Charakter der Leistungen überwiegt und der Koordinatorenvertrag in seiner Gesamtheit dem Werkvertragsrecht unterfällt (Meyer, 2006, S. 604 m. w. N.).

5.2.1.2 Mängelrechte des Auftraggebers

Neben den Ansprüchen Geschädigter auf Schadensersatz kommen Ansprüche des Auftraggebers (regelmäßig des Bauherrn) gegen den Koordinator wegen Schlechterfüllung des Koordinatorenvertrags in Betracht. Insoweit geht es – sofern die Vertragsparteien im Koordinatorenvertrag nicht Abweichendes geregelt haben – um die (vertrags-)typischen Mängelrechte.

Voraussetzung hierfür ist zunächst ein **Mangel** bzw. eine Schlechterfüllung des Koordinatorenvertrags. Die tatsächliche Leistung („Ist") muss also vom vertraglich vereinbarten Leistungs-Soll abweichen. Dies hängt wiederum maßgeblich vom Umfang der vom Koordinator übernommenen Leistungen ab (vgl. Kapitel 5.1.2). Je nachdem, ob im konkreten Fall das Vertragsverhältnis Werk- oder Dienstvertragsrecht unterliegt, kommen unterschiedliche Ansprüche des Auftraggebers wegen Schlechterfüllung in Betracht. Dem Auftraggeber stehen dann (unter ggf. weiteren Voraussetzungen) grundsätzlich die in Tabelle 5.1 dargestellten **Ansprüche** zu.

5.2.1.3 Vertrag mit Schutzwirkung zu Gunsten Dritter

Ansprüche im Rahmen einer vertraglichen Haftung können grundsätzlich zunächst nur zwischen den jeweiligen Vertragsparteien geltend gemacht werden. Für die Begründung einer vertraglichen Haftung muss der Vertragspartner also zugleich der Geschädigte sein. Eine unmittelbare vertragliche Haftung (insbesondere aus § 280 BGB) kommt daher eigentlich nur in Betracht, wenn der Anspruchsteller zugleich der Vertragspartner des Koordinators (sein Auftraggeber) ist. Zumeist ist dies der Bauherr; es kann sich aber auch um einen Dritten handeln, der Pflichten nach der Baustellenverordnung vom Bauherrn übernommen hat (z. B. ein Generalunternehmer) und nun seinerseits den Koordinator als seinen Auftragnehmer beauftragt. Das ist für Arbeitsunfälle nicht die typische Konstellation, da dies eine Schädigung des Auftraggebers durch den Unfall voraussetzt.

Tabelle 5.1: Unterschiede Werkvertrag/Dienstvertrag

	Werkvertrag	Dienstvertrag
Geschuldete Leistung	Herstellung eines bestimmten Werks = herbeizuführender Erfolg	Leistung der versprochenen Dienste jeder Art
Voraussetzung der Vergütung	Erbringung des geschuldeten Erfolges und Abnahme	Erbringung der vereinbarten Tätigkeit
Ansprüche bei Schlechtleistung	Nacherfüllung Ersatzvornahme Rücktritt/Minderung Schadensersatz/Ersatz vergeblicher Aufwendungen	Schadensersatz
Gewährleistungsfrist/ Verjährung (bezogen auf Schlechtleistungen)	Regelmäßig 5 Jahre	Regelmäßig 3 Jahre
Kündigung	Ordentlich: Nach vertraglicher Regelung	Ordentlich: Im Rahmen gesetzlicher oder vertraglicher Kündigungsfristen
	Außerordentlich: Kündigung bei Beibehaltung des Werklohnanspruchs unter Abzug ersparter Aufwendungen	Außerordentlich: Nur Anspruch auf zeitanteilige Vergütung

Voraussetzungen

Ein (vertragliches) Schuldverhältnis, aus dem Schutzpflichten (§ 241 Abs. 2 BGB) entspringen, besteht allerdings nicht allein zwischen den Parteien eines Vertrags (also Auftraggeber und Auftragnehmer/Bauherr und Koordinator); es kann auch zu Gunsten Dritter, nämlich zu „*Personen entstehen, die nicht selbst Vertragspartei werden sollen*" (§ 311 Abs. 3 Satz 1 BGB). Die Rechtsprechung hat hierzu den Typus des „*Vertrages mit Schutzwirkung zu Gunsten Dritter*" entwickelt. Hieraus folgt, dass Dritte, die nicht selbst Vertragspartner sind, unter Umständen gleichwohl vertragliche (Schadensersatz-)Ansprüche geltend machen können, wenn sie in den Schutzbereich eines solchen Vertrags einbezogen sind (etwa BGH, Urteil vom 22.01.1968 – VIII ZR 195/65).

Drei typische **Fallgruppen** werden für die Anwendbarkeit eines Drittschutzes aufgrund Vertrags mit Schutzwirkung zugunsten Dritter genannt:
(1) Die Leistung soll an einen Dritten erbracht werden bzw. von ihm in Anspruch genommen werden oder (2) der Dritte ist der eigentlich Begünstigte

der Leistung oder (3) der Dritte kommt aufgrund seines privaten oder arbeitsrechtlichen Verhältnisses in Kontakt mit der geschuldeten Leistung. Zumindest die Anwendbarkeit der dritten Fallgruppe greift vorliegend bei Arbeitsunfällen im Zusammenhang mit Koordinationsleistungen regelmäßig ein. Für den (typischen) Koordinatorenvertrag wird eine derartige Einordnung daher angenommen (Moog, 1999, S. 798 f.; Meurer, 2002, S. 52; von Wietersheim, 2005, S. 307; ausführlich hierzu Meyer, 2010, S. 33 ff.). Dem ist auch etwa das OLG Celle gefolgt (OLG Celle, Urteil vom 11.02.2004 – 9 U 208/03; anders im Rahmen der Haftung des Bauherrn für einen Fall, bei dem der Bauherr keinen Koordinator beauftragt hatte OLG Hamm, Urteil vom 09.11.2012 – I-9 U 7/11). Der Koordinatorenvertrag stellt daher regelmäßig einen Vertrag mit Schutzwirkung zu Gunsten Dritter dar.

Schutzbereich

Der Koordinatorenvertrag entfaltet jedoch nur insoweit eine Schutzwirkung, als spezifische „Dritte" gerade in den **Schutzbereich** des Vertrags einbezogen sind. Dritte außerhalb des Schutzbereichs sind nicht geschützt und können insoweit keine vertraglichen Ansprüche geltend machen. Dem Umfang des konkreten Schutzbereichs kommt daher erhebliche Bedeutung für die Haftung zu. Nach der Rechtsprechung sind allgemeine Voraussetzungen für die Einbeziehung in den Schutzbereich

- die **Vertragsnähe** („Leistungsnähe"), wonach der Dritte typischerweise mit der geschuldeten Leistung in Berührung kommen muss,
- das **schutzwürdige Interesse des Vertragspartners** (Auftraggebers) an der sorgfältigen Ausführung der Leistung zugunsten des Dritten („Gläubigernähe"),
- die **Erkennbarkeit** des geschützten Personenkreises für den Schuldner (Auftragnehmer) und
- das **Schutzbedürfnis des Anspruchstellers** (Geschädigten), das im Zweifel entfällt, wenn diesem anderweitige vertragliche Ansprüche zustehen.

Für den Koordinatorenvertrag ist der Umfang des Schutzbereichs bislang nicht abschließend geklärt: Erfasst werden sollen nach teilweise vertretener Auffassung letztlich alle Personen sein, die sich berechtigt auf der Baustelle aufhalten (ausgenommen somit jene, die sich unberechtigt dort aufhalten), nach wesentlich einschränkender Auffassung *„die Arbeitnehmer der mit dem Bauherrn vertraglich verbundenen Werkunternehmer"*. Teilweise wird aus der Regelung des Zwecks in § 1 BaustellV hergeleitet, vom Schutzbereich seien *„die auf der Baustelle Beschäftigten"* erfasst. Letzterer Auffassung ist zuzustimmen. Grundsätzlich soll auch nach Auffassung des BGH der Drittschutz nicht uferlos ausgeweitet werden und ist daher im Zweifel eher eng zu ziehen. Die auf der Baustelle im Sinne des § 1 Abs. 1 BaustellV „Beschäftigten" – aber auch nur diese – sind vom Schutzzweck umfasst und daher in den Schutzbereich des Koordinatorenvertrags **einbezogen**. Zu ihren Gunsten wirkt der Koordinatorenvertrag als Vertrag mit Schutzwirkung zugunsten Dritter. Hingegen kommt es für die Einbeziehung in den Schutzzweck nicht auf die (unmittelbare) vertragliche Beziehung des Geschädigten oder seines Arbeitgebers zum Bauherrn an.

Danach sind in den Schutzbereich **nicht einbezogen** etwa Besucher und Passanten (unabhängig davon, ob sie sich berechtigt an oder auf der Baustelle aufhalten), spielende Kinder, Bauherrn sowie Mitarbeiter staatlicher oder berufsgenossenschaftlicher Überwachungsorgane. Im Einzelfall können diesen Personen deliktische Schadensersatzansprüche gegen den Koordinator zustehen (dazu Kapitel 5.2.2). Vertragliche Schadensersatzansprüche aus einem Vertrag mit Schutzwirkung zu Gunsten Dritter bestehen insoweit diesen gegenüber nicht (zum Ganzen Meyer, 2010, S. 33 ff.).

5.2.1.4 Haftung für Leistungen Dritter (Erfüllungsgehilfen)

Bedient sich der Koordinator zur Erfüllung seiner Pflichten Dritter, so hat er regelmäßig für deren Verschulden wie für eigenes Verschulden einzustehen (§ 278 BGB). Pflichtverletzungen dieser Dritten, die der Koordinator zur Vertragserfüllung hinzuzieht, treffen daher im Ergebnis den Koordinator (als Vertragspartei gegenüber seinem Auftraggeber bzw. in den Schutzbereich Einbezogener) selbst. Insbesondere für den Fall, dass sich der Koordinator selbst eigener Nachunternehmer bedient, hat er somit für deren Pflichtverletzungen einzustehen.

Hinweis

> Die Übertragung vom Koordinator übernommener Leistungen auf Dritte führt im Rahmen der vertraglichen Haftung regelmäßig dazu, dass der Koordinator für die „Fehler" seiner Nachunternehmer wie für eigene haftet. Hierdurch kann der Koordinator also unter Haftungsgesichtspunkten regelmäßig keine Vorteile erlangen.

5.2.2 Deliktische Haftung

Neben der vertraglichen Haftung ist gesetzlich die Möglichkeit der sog. deliktischen Haftung vorgesehen. Diese folgt im Wesentlichen aus den §§ 823 ff. BGB. Nach § 823 BGB haftet grundsätzlich, wer vorsätzlich oder fahrlässig ein Schutzgut (§ 823 Abs. 1 BGB) oder ein Schutzgesetz (§ 823 Abs. 2 BGB) verletzt. Beide Fallgruppen können in einer Haftungskonstellation auch kumulativ gegeben sein. (Spezielle Haftungsnormen im Zusammenhang mit Gebäuden stellen zudem die §§ 836 ff. BGB dar. Sie richten sich an Gebäudeeigentümer und -besitzer.) Für Ansprüche Geschädigter im Zusammenhang mit Unfällen auf der Baustelle sind Ansprüche nach §§ 823 ff. BGB von erheblicher Bedeutung, da sie – anders als die vertragliche Haftung nach § 280 BGB (siehe Kapitel 5.2.1) – gerade keine vertragliche Beziehung zwischen Schädiger und Geschädigten voraussetzen (und auch keine Begründung über ein Vertrag mit Schutzwirkung zu Gunsten Dritter erforderlich ist).

5.2.2.1 Schutzgutverletzung

Voraussetzung einer Haftung des Koordinators aus **§ 823 Abs. 1 BGB** ist die Verletzung eines „Schutzgutes" im Sinne dieser Vorschrift.

Grundlagen

„Das Leben, den Körper, die Gesundheit, die Freiheit, das Eigentum oder ein sonstiges Recht eines anderen" nennt § 823 Abs. 1 BGB als Schutzgut. Insbesondere der hierdurch bewirkte zivilrechtliche Schutz der Integrität eines Menschen und seiner körperlichen Unversehrtheit führt dazu, dass die Vorschrift eine der zentralen Normen im Zusammenhang mit einer Haftung für Unfälle auf der Baustelle ist.

Die Verletzung eines Schutzgutes kann durch aktives Tun oder durch Unterlassen erfolgen. Regelmäßig ist ein Unterlassen tatbestandsmäßig nur relevant, wenn eine Pflicht zum Handeln besteht.

Verkehrssicherungspflichten

Eine Pflicht zum Handeln kann sich insbesondere aus einer bestehenden Verkehrssicherungspflicht ergeben. Als Verkehrssicherungspflicht wird die Pflicht bezeichnet, die notwendigen und zumutbaren Vorkehrungen (Sicherungsmaßnahmen) zu treffen, um Schäden anderer zu verhindern, sofern eine Gefahrenquelle geschaffen oder unterhalten wurde. Verkehrssicherungspflichten begründen danach eine **Verhaltenspflicht**. Sie knüpfen an die Verantwortlichkeit für einen bestimmten Gefahrenbereich an. Dies können bei Baustellen

- die Eröffnung eines Verkehrsbereichs,
- die (tatsächliche) Beherrschung eines Verkehrsbereichs,
- die Schaffung einer besonderen Gefahrenlage,
- die amtliche oder berufliche Sicherheitsverantwortung

sein (Kesselring, 2002, S. 12).

Der konkrete Inhalt der hieraus resultierenden Verkehrssicherungspflicht ergibt sich regelmäßig insbesondere aus den maßgeblichen **DIN-Normen** sowie **Unfallverhütungsvorschriften**. Unfallverhütungsvorschriften enthalten allerdings keine abschließenden Verhaltensanforderungen. Darüber hinausgehende Sicherungsvorkehrungen bzw. sonstige Maßnahmen sind insbesondere dann zu treffen, wenn es sich bei der Gefahr, die sich verwirklichen kann, um eine naheliegende Gefahr handelt (BGH, Urteil vom 15.07.2003 – VI ZR 155/02). Die Verletzung einer DIN-Norm oder einer Unfallverhütungsvorschrift kann auch schon auf die Verletzung einer Verkehrssicherungspflicht hindeuten (BGH, Urteil vom 12.11.1996 - VI ZR 270/95).

Eine etwaige Verletzung von Verkehrssicherungspflichten wird auch im Zusammenhang mit der Haftung des Koordinators im Einzelfall zu prüfen sein. Sie wird eher die Ausnahme sein, da der Koordinator regelmäßig Gefahrenquellen nicht selbst eröffnet und die Verantwortung hierfür auch nicht ohne Weiteres vom Bauherrn oder einem ausführenden Unternehmen übernommen hat. Die Beherrschung eines Verkehrsbereichs obliegt ihm regelmäßig nicht und setzt jedenfalls auch die Einräumung von Weisungsrechten voraus. Die konkrete Beurteilung ist also abhängig von den übernommenen Leistungen (siehe Kapitel 5.1.2.1). Sie ist ferner davon abhängig, ob der Koordinator Weisungsbefugnisse (siehe Kapitel 5.1.2.2) übernommen hat (Meurer, 2002, S. 53). Aus dem Umfang der (rechtlichen) Möglichkeiten ergibt sich auch der Inhalt der konkreten aus der Verkehrssicherungspflicht resultierenden Handlungspflicht.

Hinweis

Die Übernahme einer bestimmten Verantwortung oder die Schaffung von Gefahren kann zur Begründung einer Verkehrssicherungspflicht und einer hieraus resultierenden Handlungspflicht führen. Die Verletzung der Handlungspflicht kann dann zu einer deliktischen Haftung durch Unterlassen führen. Insbesondere die eigenständige Schaffung von Gefahren ist auch aus diesem Grund zu vermeiden.

Der Koordinator ist allerdings **primär verkehrssicherungspflichtig** für von ihm veranlasste **Koordinationsmaßnahmen** (Löffelmann, 2000, S. 44; Kollmer, 2004, § 4 Rn. 88).

Hinweis

Die Intensität der von ihm in der Ausführungsphase im Sinne der BaustellV geschuldeten Leistungen (z. B. der Anzahl der wahrzunehmenden Baustellentermine) ist abhängig von Größe, Dauer und Komplexität der Baumaßnahme im Einzelfall.

Eine Verkehrssicherungspflicht des Koordinators aber wird nicht so weit gehen, dass dieser auch Sicherungen gegen Handlungen von Personen zu treffen hätte, die unbefugt Sicherungsmaßnahmen entfernen oder Sicherungsmaßnahmen ignorieren (LG Erfurt, Urteil vom 18.08.2011 - 10 O 1961/10).

5.2.2.2 Schutzgesetzverletzung

Daneben kann nach **§ 823 Abs. 2 BGB** auch die Verletzung eines „Schutzgesetzes" zu einer deliktischen Haftung führen. Schutzgesetz im Sinne von § 823 Abs. 2 BGB ist jede Rechtsnorm, die den Schutz eines anderen bezweckt. Dies ist dann der Fall, wenn diese Rechtsnorm gerade dazu dienen sollte, den Einzelnen oder einzelne Personenkreise gegen die Verletzung eines Rechtsguts zu schützen. Schutzgesetze stellen daher insbesondere strafgesetzliche Normen wie fahrlässige Körperverletzung (§ 229 StGB) oder fahrlässige Tötung (§ 222 StGB) dar.

Hinweis

Die Begehung einer strafbaren Handlung wie etwa fahrlässiger Körperverletzung führt regelmäßig zugleich zu einer Schutzgesetzverletzung im Sinne des § 823 Abs. 2 BGB und damit auch zu einer zivilrechtlichen Haftung auf Schadensersatz gegenüber dem Geschädigten.

Nach § 1 Abs. 1 BaustellV dient die Verordnung *„der wesentlichen Verbesserung von Sicherheit und Gesundheitsschutz der Beschäftigten auf Baustellen"*. Sie stellt daher auch selbst ein Schutzgesetz im Sinne des § 823 Abs. 2 BGB dar (Meyer, 2003b, S. 608; Kollmer, 2004, § 4 Rn. 61; Meyer, 2006, S. 599). Dies entspricht auch der Auffassung der Rechtsprechung (OLG Celle, Urteil vom 03.03.2004 - 9 U 208/03; OLG München, Urteil vom 01.12.2010 - 20 U 3336/10). Nicht zu den Schutzgesetzen zählen Regelwerke von Verbänden wie DIN-Normen (BGH, Urteil vom 14.05.1998 - VII ZR 184/97) oder Unfallverhütungsvorschriften der Berufsgenossenschaften (OLG Stuttgart, Urteil vom 12.03.1999 - 2 U 74/98) oder etwa die Regeln zum Arbeitsschutz auf Baustellen.

Hinweis

Die BaustellV ist Schutzgesetz im Sinne des § 823 Abs. 2 BGB. Jeder Verstoß gegen die BaustellV kann daher eine unerlaubte Handlung im zivilrechtlichen Sinne darstellen, die unter weiteren Voraussetzungen zu einer Haftung auf Schadensersatz führen kann.

Hierbei sind jedoch nicht jegliche Geschädigte auch geschützt, sondern nur diejenigen, zu deren Schutz das Schutzgesetz gerade geschaffen wurde. Dies sind nach der Intention der BaustellV jedenfalls die auf der Baustelle Beschäftigten. Nicht ohne Weiteres vom Schutz umfasst sind hier der Arbeitgeber des Geschädigten (Meyer, 2003b, S. 609) oder Dritte, die sich – berechtigt oder unberechtigt – auf der Baustelle aufhalten oder von dieser betroffen sind, wie z. B. Nachbarn, Teilnehmer am angrenzenden Verkehr oder Besucher (Kesselring, 2002, S. 158).

5.2.2.3 Haftung für Leistungen Dritter (Verrichtungsgehilfen)

Auch im Zusammenhang mit der deliktischen Haftung hat der Koordinator unter Umständen für das Verschulden Dritter einzustehen. Nach § 831 BGB haftet er für schuldhaft von Dritten verursachte Schäden, wenn er sich dieser als sog. Verrichtungsgehilfen bedient. Der Begriff des Verrichtungsgehilfen ist insoweit enger als der des im Rahmen der vertraglichen Haftung relevanten Erfüllungsgehilfen (siehe Kapitel 5.2.1.3). Verrichtungsgehilfe ist jeder, dem eine Tätigkeit von einem anderen übertragen worden ist, unter dessen Einfluss er allgemein oder im konkreten Fall handelt und zu dem er in einer gewissen Abhängigkeit steht (BGH, Urteil vom 06.11.2012 – VI ZR 174/11). Nachunternehmer stellen danach regelmäßig keine Verrichtungsgehilfen im Sinne des § 831 BGB dar (BGH, Urteil vom 21.06.1994 – VI ZR 215/93). Sofern sich der Koordinator Dritter bedient, wird danach nur ganz ausnahmsweise eine deliktische Haftung seinerseits für von diesen verursachte Schäden gegeben sein. Dies ist nur dann der Fall, wenn der Dritte seinerseits relativ weisungsabhängig für den Koordinator tätig wird.

Zudem besteht im Rahmen der Haftung nach § 831 BGB die Möglichkeit der Entlastung (Exkulpation). Nach § 831 Abs. 1 Satz 2 BGB besteht keine Ersatzpflicht, wenn bei der Auswahl des Dritten und dessen Tätigkeiten hinreichend sorgfältig vorgegangen und der Schaden auch bei Anwendung dieser Sorgfalt entstanden wäre (zu einer solchen Konstellation OLG Hamm, Urteil vom 09.11.2012 – I-9 U 7/11; dazu Meyer, 2015, S. 916 f.). Dabei hat der Koordinator jedoch einen derartigen Entlastungsbeweis zu erbringen.

Hinweis

Dritte, die für den Koordinator in dessen Auftrag Leistungen erbringen, sind vom Koordinator aus Gründen der Haftungsvermeidung sorgfältig auszuwählen und deren Leistungen sorgfältig zu überwachen. Auswahl und Überwachung sind zu Beweiszwecken hinreichend zu dokumentieren.

5.2.3 Schaden

Die Geltendmachung von Schadensersatzansprüchen setzt das Vorliegen eines Schadens voraus. Der Begriff des Schadens ist gesetzlich nicht definiert. Nach § 249 Abs. 1 BGB hat derjenige, der zum Schadensersatz verpflichtet ist, denjenigen Zustand herzustellen, der bestehen würde, wenn der zum Ersatz verpflichtende Umstand nicht eingetreten wäre. Schaden ist danach die Differenz zwischen dem tatsächlichen Vermögen des Geschädigten und einem fiktiven Vermögen, das bestehen würde, wenn das schädigende Ereignis hinweggedacht wird (sog. Differenzhypothese). Bei einem (Arbeits-)Unfall können Schäden in unterschiedlicher Form entstehen. In Betracht kommen insbesondere Kosten für den Ersatz persönlichen Eigentums, Behandlungs- und Pflegekosten oder Verdienstausfall bzw. -minderung des Geschädigten. Im Todesfall kann dies auch Ansprüche der Erben oder sonstiger Nachkommen umfassen, etwa in Form von Rentenansprüchen Hinterbliebener.

5.2.4 Verschulden

Haftung setzt zudem regelmäßig ein Verschulden des Schuldners voraus. Nach § 276 BGB hat er grundsätzlich **Vorsatz** und **Fahrlässigkeit** zu vertreten. Vorsätzlich handelt, wer den pflichtwidrigen Erfolg mit „Wissen und Wollen" herbeiführt. Fahrlässig handelt, wer die im Verkehr erforderliche Sorgfalt außer Acht lässt (§ 276 Abs. 2 BGB). Fahrlässigkeit kann dabei in unterschiedlichen Graden auftreten: Grob Fahrlässig handelt, wer die im Verkehr erforderliche Sorgfalt in besonders schwerem Maße verletzt. Die übrigen Fälle der Fahrlässigkeit werden als einfache (oder normale, gewöhnliche) Fahrlässigkeit bezeichnet.

Für eine vertragliche oder deliktische Haftung ist Fahrlässigkeit in der einfachen Form ausreichend. Die Unterscheidung nach dem Grad der Fahrlässigkeit erlangt jedoch im Rahmen der Gestaltung des Koordinatorenvertrags Bedeutung, sofern die Haftung für bestimmte Formen der Fahrlässigkeit ausgeschlossen werden soll. Dies ist unter bestimmten rechtlichen Voraussetzungen zulässig, grundsätzlich nicht jedoch für eine Haftung für Vorsatz (§ 276 Abs. 3 BGB). Eine weitere Einschränkung der Möglichkeiten der Haftungsbegrenzung folgt ferner aus § 309 Nr. 7 BGB gerade für die Fälle der Verletzung von Leben, Körper und Gesundheit, wenn es sich bei der vertraglichen Regelung um eine sog. Allgemeine Geschäftsbedingung handelt (§§ 305 ff. BGB).

Hinweis

> Es besteht die grundsätzliche Möglichkeit von Haftungsbeschränkungen im Koordinatorenvertrag im Hinblick auf den Grad des für die Haftung maßgeblichen Verschuldens. Die vertragliche Ausgestaltung unterliegt aber gesetzlichen Grenzen. Ein Verstoß gegen diese gesetzlichen Grenzen führt regelmäßig zur Unwirksamkeit der (haftungsbegrenzenden) Klausel. Die Ausgestaltung erfordert daher eine rechtliche Prüfung im Einzelfall.

5.2.5 Kausalität

Zwischen der (mit Verschulden begangenen) Pflichtverletzung und dem eingetretenen Schaden muss zur Haftungsbegründung ein **ursächlicher Zusammenhang** bestehen (Kausalität). Dies bedeutet, dass der Schaden gerade auf der Pflichtverletzung beruhen muss. Anders ausgedrückt: Würde die Pflichtverletzung weggedacht, dürfte der Schaden nicht eingetreten sein. Praktisch ist es regelmäßig schwierig, organisatorische Maßnahmen des Koordinators zu beschreiben, die den Unfall verhindert hätten, und daraus einen Vorwurf gegen die Maßnahme des Koordinators herzuleiten (anders noch Portz, 2002, S. 1165). Erforderlich ist nämlich gerade auch, dass eine konkrete – nicht irgendeine – Vornahme oder (häufiger) Nichtvornahme einer Maßnahme des Koordinators durch schuldhaftes Handeln des Koordinators zu dem Schaden geführt hat. Nicht jeder Arbeitsunfall führt schon aus diesem Grunde zu einer Haftung des Koordinators. Die Kausalität erlangt zudem erhebliche Bedeutung im Zusammenhang mit der Verteilung der Beweislast (vgl. hierzu unten Kapitel 5.5).

5.3 Rechtsfolgen

Liegen die vorstehend unter Kapitel 5.2 beschriebenen Voraussetzungen einer Anspruchsgrundlage (§ 280 BGB oder §§ 823 ff. BGB) vor, stellt sich die Frage nach den hieraus resultierenden Rechtsfolgen.

5.3.1 Schadensersatz

Regelmäßige Folge eines Anspruchs aus vertraglicher oder deliktischer Haftung ist die Verpflichtung zum Schadensersatz. Wer zum Schadensersatz verpflichtet ist, hat nach § 249 Abs. 1 BGB grundsätzlich den Zustand herzustellen, der bestehen würde, wenn der zum Ersatz verpflichtende Umstand nicht eingetreten wäre (sog. **Naturalrestitution**). Ist wegen der Verletzung einer Person oder wegen der Beschädigung einer Sache Schadensersatz zu leisten, so kann der Gläubiger nach § 249 Abs. 2 BGB statt der Herstellung den dafür erforderlichen Geldbetrag verlangen. Nach § 842 BGB erstreckt sich der Schadensersatz im Rahmen der deliktischen Haftung bei Verletzung einer Person etwa auch auf die Nachteile, welche die Handlung für den Erwerb oder das Fortkommen des Verletzten herbeiführt. Gesetzlich ausdrücklich normiert sind schließlich auch der Umfang der Ersatzansprüche, sofern es zu einem Todesfall kommt (§ 844 BGB).

Kommt ein Sozialversicherungsträger (etwa durch die Übernahme von Behandlungskosten) für Schäden des Geschädigten auf, so gehen die Ansprüche auf Schadensersatz nach § 116 SGB X kraft Gesetzes auf diesen über. Anspruchsteller ist dann regelmäßig der Sozialversicherungsträger.

5.3.2 Schmerzensgeld

Neben Schadensersatzansprüchen kommt die Geltendmachung weiterer Ansprüche durch den Geschädigten in Betracht. Typischer Fall ist ein etwaiger Anspruch des Geschädigten auf Schmerzensgeld. § 253 Abs. 2 BGB gewährt insbesondere bei der Verletzung von Körper und Gesundheit einen Geldausgleich für immaterielle Schäden. Dieser Schmerzensgeldanspruch hat eine Doppelfunktion: Er dient dem Ausgleich für erlittene immaterielle Beeinträchtigungen und dient der Genugtuung des Opfers (vgl. etwa BGH, Urteil vom 29.11.1994 – VI ZR 93/94).

5.4 Verhältnis zur Haftung Dritter

In der Praxis steht die Haftung des Koordinators häufig neben der Haftung Dritter. Dies zeigt auch die zur BaustellV ergangene Rechtsprechung und resultiert daraus, dass im Zusammenhang mit Baustellenunfällen häufig **Pflichtverletzungen mehrerer am Bau Beteiligter** vorliegen. Das hat Auswirkungen auf den Umfang der Haftung des Koordinators. Hierbei sind zumeist die arbeitsschutzrechtliche Ebene und die zivilrechtliche Ebene (insbesondere Verkehrssicherungspflichten) zu unterscheiden. Die zivilrechtlichen Regelungen ordnen dabei ausschließlich die Rechte und Pflichten zwischen Auftraggeber und Auftragnehmer. Eine Einschränkung der öffentlich-rechtlichen und insbesondere der arbeitsschutzrechtlichen Pflichten des Bauherrn bzw. eines von ihm beauftragten Koordinators ist hiermit nicht verbunden.

Die nachfolgende Darstellung bezieht sich auf typische Haftungskonstellationen in diesem Zusammenhang und ist insoweit nicht abschließend.

5.4.1 Beteiligte Dritte

Als weitere am Bauvorhaben beteiligte Dritte, die sich Ansprüchen ausgesetzt sehen können, kommen insbesondere der Bauherr, der (Bau-)Unternehmer, der (objektüberwachende) Architekt sowie der Bauleiter im öffentlich-rechtlichen Sinne in Betracht.

5.4.1.1 Bauherr

§ 3 Abs. 1a BaustellV stellt ausdrücklich klar, dass der Bauherr (oder ein von ihm beauftragter Dritter) durch die Beauftragung geeigneter Koordinatoren nicht von seiner Verantwortung entbunden wird.

Arbeitsschutzrecht

Im Hinblick auf die arbeitsschutzrechtlichen Pflichten des Bauherrn aus der BaustellV sind im Verhältnis zum Koordinator verschiedene Fallgruppen zu unterscheiden:

Bauherr beauftragt keinen Koordinator

Der Bauherr kann selbst Koordinator sein (Rozek; Röhl, 1999, S. 1397). Er ist nicht gesetzlich verpflichtet, einen Koordinator zu bestellen oder einen „verantwortlichen Dritten" einzusetzen. Ein anderweitiges Verständnis stünde im Widerspruch zu § 3 Abs. 2 Satz 2 BaustellV, wonach der Bauherr die Aufgabe des Koordinators selbst wahrnehmen kann. Beauftragt der Bauherr keinen Koordinator, so bleibt er **selbst vollumfänglich** für die Erfüllung der Verpflichtungen nach der Baustellenverordnung **verantwortlich**. Er hat in diesem Fall auch die Aufgaben des Koordinators nach § 3 Abs. 2 und 3 BaustellV selbst zu erfüllen. Der Bauherr kann sich bei fehlender Beauftragung eines Koordinators auch nicht zur Haftungsentlastung darauf berufen, er selbst besäße nicht die nötige Fachkunde; in diesen Fällen ist er gehalten, einen geeigneten Dritten zu beauftragen (OLG Hamm, Beschluss vom 09.08.2006 – 1 Ss Owi 417/06). Die Eignung des Koordinators wird daher auch als das wichtigste Entscheidungskriterium für dessen Auswahl bezeichnet (Kluge, 2006, S. 161).

Koordinator ist zugleich „verantwortlicher Dritter"

Inwieweit sich der Bauherr durch die Beauftragung eines „verantwortlichen Dritten" nach § 4 BaustellV (siehe Kapitel 5.1.3) von seiner eigenen Verantwortlichkeit und einer hieraus resultierenden Haftung im Zusammenhang mit der BaustellV befreien kann, ist nicht abschließend geklärt. Nach wohl überwiegender Auffassung soll den Bauherrn dann keine arbeitsschutzrechtliche Verantwortung im Sinne des BaustellV mehr treffen; es ist dann ausschließlich der „Dritte" verantwortlich (Kollmer, 1998, S. 2636; Portz, 2002, S. 1161; Kesselring, 2005, S. 101; in diesem Sinne auch OLG Schleswig, Urteil vom 05.05.2003 – 2 Ss OWi 46/03). Nach anderer Ansicht soll eine „Restverantwortlichkeit" beim Bauherrn verbleiben, was eine (zumindest stichprobenartige) Kontroll-/Aufsichtspflicht des Bauherrn hinsichtlich des Koordinators beinhalten soll (vgl. von Berchem, 2000, S. 55).

Es verbleibt jedoch in jedem Fall insoweit eine Verantwortlichkeit beim Bauherrn im Hinblick auf die **ordnungsgemäße Auswahl** des Dritten (zur Eignung des Koordinators ausführlich Kruse; Meyer, 2004, S. 48 ff.). Teilweise wird hierzu auch eine unterschiedlich stark ausgeprägte Restverantwortlichkeit des Bauherrn angenommen, etwa dahingehend, den Koordinator zu überwachen oder zumindest darauf zu achten, dass der Dritte auch die Maßnahmen nach der BaustellV ausführt (vgl. Müller-Petzer, 2006, S. 439 ff.).

Allerdings gilt dies auch insoweit nur für die aus der BaustellV unmittelbar resultierenden Pflichten und Verantwortlichkeiten. Sofern und soweit den Bauherrn im Übrigen arbeitsschutzrechtliche Pflichten treffen, sind diese weder durch die Beauftragung des Koordinators nach § 3 Abs. 1 Satz 1 BaustellV noch durch seine Einsetzung als „verantwortlicher Dritter" nach § 4 BaustellV auf den Koordinator übertragen worden.

Koordinator ist nicht zugleich „verantwortlicher Dritter"

Ist der beauftragte Koordinator nicht zugleich auch „verantwortlicher Dritter", so verbleibt eine weitergehende Verantwortlichkeit aus der BaustellV und dem übrigen Arbeitsschutzrecht beim Bauherrn. Auch insoweit sind die Pflichtenstellungen des Bauherrn und des Koordinators zueinander in Beziehung zu setzen. Beide Pflichtenstellungen decken sich nicht vollständig, sondern ergänzen sich vielmehr (Rozek; Röhl, 1999, S. 1399). Nur für den Teilbereich der Koordination der Abwehr von Gefahren, die gerade durch das Zusammenwirken mehrerer Beteiligter entstehen, trägt der Koordinator die (zusätzliche) spezifische Verantwortung.

Auch im Übrigen bleibt der Bauherr in der Verantwortung. Insbesondere verbleibt es auch bei seiner **(Organisations-)Verantwortung** hinsichtlich der Eignung des Koordinators (Minoggio, 2002, S. 1201). Eine fehlende Eignung des Koordinators kann insoweit zu einem Auswahlverschulden des Bauherrn führen. Darüber hinaus verbleibt jedoch jedenfalls hier auch eine

Pflicht des Bauherrn zu **Aufsichts- und Kontrollmaßnahmen** hinsichtlich der Leistungen des Koordinators (Kesselring, 2002, S. 161).

Zivilrecht

Der Bauherr ist regelmäßig der „Veranlasser" der Baumaßnahme. Mit der Veranlassung der Baumaßnahme schafft der Bauherr eine Gefahrenquelle und ist daher (primär) Adressat von Verkehrssicherungspflichten (vgl. schon grundlegend BGH, Urteil vom 22.12.1953 - V ZR 175/52; BGH, Urteil vom 21.01.1958 - VI ZR 306/56). Er kann aber seine Pflichten grundsätzlich relativ weitgehend insoweit an einen (geeigneten) Unternehmer delegieren (im Einzelnen dazu Kesselring, 2002, S. 65 ff.; Müller-Petzer, 2006, S. 439).

5.4.1.2 Unternehmer

Der Unternehmer ist der primär Verantwortliche für die Sicherheit seiner auf der Baustelle Beschäftigten. Dies wird durch die BaustellV grundsätzlich nicht modifiziert (vgl. Müller-Petzer, 2006, S. 438).

Arbeitsschutzrecht

Aus arbeitsschutzrechtlicher Sicht folgt dies unmittelbar aus dem ArbSchG, insbesondere aus § 4 ArbSchG, der allgemeine Grundsätze aufstellt, von denen der Arbeitgeber bei Maßnahmen des Arbeitsschutzes auszugehen hat. An dieser primären Verantwortlichkeit des Arbeitgebers hat die BaustellV nichts geändert (vgl. § 5 Abs. 3 BaustellV). Auch eine grundsätzliche Koordinationspflicht trifft den Unternehmer nach wie vor. Es besteht danach ein Nebeneinander der Verantwortlichkeiten zwischen dem Bauherrn (hinsichtlich der ihn unmittelbar treffenden Pflichten aus der BaustellV) und dem jeweiligen Arbeitgeber. § 5 Abs. 1 und 2 BaustellV behandeln weitere Pflichten des Unternehmers in seiner Eigenschaft als Arbeitgeber. Hierbei geht es aber letztlich allein um die Konkretisierung der allgemeinen Zuständigkeit für den Arbeitsschutz (Kesselring, 2002, S. 156 f.).

Zivilrecht

Gegenüber seinen eigenen Arbeitnehmern haftet der Unternehmer (als Arbeitgeber) schon im Rahmen des bestehenden Arbeitsvertragsverhältnisses. Nach §§ 617 ff. BGB treffen den Arbeitgeber „Fürsorgepflichten", insbesondere nach § 618 BGB „Pflicht zu Schutzmaßnahmen". Ein Verstoß kann zu einer Haftung auf Schadensersatz führen (§§ 618 Abs. 3, §§ 842 ff. BGB).

Nach Baubeginn treffen den bauausführenden Unternehmer zudem regelmäßig in erster Linie die Verkehrssicherungspflichten (siehe Kapitel 5.2.2.1), da er mit seinen Arbeiten die Gefahrenquelle unmittelbar schafft und die tatsächliche Verfügungsgewalt hat, um die erforderlichen Sicherungsmaßnahmen zu treffen; ihn trifft dann die sog. **primäre Verkehrssicherungspflicht**. Da es nur im Ausnahmefall Aufgabe des Koordinators ist, zu „kontrollieren", verbleibt insbesondere die Pflicht zur Kontrolle der Maßnahmen der Arbeitssicherheit bei den bauausführenden Unternehmen (Strampe; Bramann, 2002, S. 25). Allerdings gilt auch: Der Grat zwischen reiner Koordinatorentätigkeit und Kontrolltätigkeiten als Folge etwaiger Defizite der Tätigkeiten anderer Beteiligter ist schmal (Kluge, 2019, S. 37).

Bei wirksamer Vereinbarung der **VOB/B** hat zwar der Auftraggeber (zumeist auf erster Ebene der Bauherr) nach § 4 Abs. 1 Abs. Nr. 1 VOB/B für die Aufrechterhaltung der allgemeinen Ordnung auf der Baustelle zu sorgen und das Zusammenwirken der verschiedensten Unternehmer zu regeln. Nach § 4 Abs. 2 Nr. 1 VOB/B hat jedoch der Auftragnehmer die Leistung unter eigener Verantwortung nach dem Vertrag auszuführen. Dabei hat er die anerkannten Regeln der Technik und die gesetzlichen und behördlichen Bestimmungen zu beachten. Es ist seine Sache, die Ausführung seiner vertraglichen Leistung zu leiten und für Ordnung auf der Baustelle zu sorgen. Er ist danach auch für die Erfüllung der gesetzlichen, behördlichen und berufsgenossenschaftlichen Verpflichtungen gegenüber seinen Arbeitnehmern allein verantwortlich. Zu den vom Auftragnehmer einzuhaltenden Bestimmungen im Sinne des § 4 Abs. 2 Nr. 1 Satz 2 VOB/B gehören insbesondere die Vorschriften und Maßnahmen zur Unfallverhütung. In diesem Zusammenhang trifft etwa den Koordinator regelmäßig keine Pflicht zur Einweisung der Arbeitnehmer Dritter auf der Baustelle (OLG Köln, Urteil vom 23.11.2016 – 3 U 97/16; Meyer, 2017b, S. 23 f.).

5.4.1.3 Architekt

Im Hinblick auf den – insbesondere im Rahmen der Objektüberwachung tätigen – Architekten ist hinsichtlich der Haftung gegen über dem Bauherrn (als regelmäßig seinem Auftraggeber) sowie geschädigten Dritten zu unterscheiden:

Haftung gegenüber dem Bauherrn

Vertraglich haftet der Architekt zunächst gegenüber seinem Auftraggeber, regelmäßig dem Bauherrn. Mangelhafte Leistungen führen zu Mängelansprüchen. Der Architekt ist hier unter Umständen auch schadensersatzpflichtig gegenüber seinem Vertragspartner, wenn etwa ein Arbeitsunfall auf einem Mangel des Architektenwerks beruht. Die kann sich sowohl aus einer mangelhaften Planungsleistung wie (häufiger) aus mangelhaften Leistungen im Zusammenhang mit der Ausführung des Bauvorhabens im Sinne des § 650p Abs. 1 BGB (Objektüberwachung) ergeben.

Haftung gegenüber Dritten

Die Haftung gegenüber Dritten kann insbesondere aus § 823 Abs. 1 BGB in Verbindung mit einer Verletzung von Verkehrssicherungspflichten resultieren. Im Rahmen von auf der Baustelle entstehenden Gefahren wird grundsätzlich der bauausführende Unternehmer als primär verkehrssicherungspflichtig eingestuft, der (objektüberwachende) Architekt als sekundär verkehrssicherungspflichtig erachtet (etwa BGH, Urteil vom 06.10.1970 – VI ZR 223/69). Der Architekt braucht danach im Regelfall nur diejenigen Verkehrssicherungspflichten zu beachten, die dem Bauherrn als dem mittelbaren Veranlasser der aus der Bauausführung fließenden Gefahren obliegen. Seine Sicherungspflicht beschränkt sich grundsätzlich darauf, im Rahmen der von ihm vom Bauherrn übertragenen Bauüberwachung erkannte oder erkennbare Gefahren zu beseitigen. Ihm obliegen also lediglich sekundäre Verkehrssicherungspflichten (BGH, Urteil vom 10.03.1977 – VII ZR 278/75; BGH, Urteil vom 20.09.1983 – 6 ZR 248/81). Primäre Verkehrssicherungspflichten obliegen dem bauleitenden Architekten jedoch, wenn er selbst Maßnahmen an der Baustelle veranlasst, die sich als Gefahrenquelle erweisen können. (BGH, Urteil vom 20.09.1983 – 6 ZR 248/81; Siegburg, 1997, S. 20 f.)

Haftung des Architekten im Zusammenhang mit der Tätigkeit des Koordinators

Obwohl die Pflicht zur Bestellung eines Koordinators nach § 4 BaustellV grundsätzlich den Bauherrn trifft, kommt eine Haftung des Architekten in Betracht, wenn sich aus bestimmten Pflichtverletzungen für den Bauherrn als dem zur Koordination originär Verpflichteten kausal ein Schaden ergibt. Insoweit obliegen unter Umständen dem Architekt **„Kontrollpflichten"** im Zusammenhang mit der Tätigkeit des Koordinators. So kommt insoweit etwa eine Haftung in Betracht, wenn beispielsweise ein vom Koordinator erstellter Sicherheits- und Gesundheitsschutzplan ganz oder teilweise fehlerhaft ist und dieser die Mängel nicht beanstandet, die für ihn nach den von einem Architekten zu erwartenden Kenntnissen erkennbar waren (zum Ganzen Löffelmann, 2000, S. 42).

Den Architekten treffen zudem – auch bei Beauftragung eines Koordinators – eigene **Koordinationspflichten**. Diese liegen dann jedoch grundsätzlich außerhalb des Bereichs der vom Koordinator zu koordinierenden wechselseitigen Gefährdungen aus dem Bereich des Arbeitsschutzes. Die Koordinationspflicht umfasst dabei auch die Pflicht des Architekten, den Koordinator von einer Änderung des Bauablaufs zu informieren (OLG Hamburg, Urteil vom 20.02.2015 – 1 U 245/13). Insoweit kann von einer *„Koordination der Koordination"* gesprochen werden (ausführlich dazu Meyer, 2017c, S. 40 ff.).

Überschneiden sich die Pflichten des Architekten und des Koordinators, so haben grundsätzlich beide die ihnen obliegenden Leistungen in vollem Umfang zu erbringen.

5.4.1.4 Bauleiter im öffentlich-rechtlichen Sinne

Die Regelung der öffentlich-rechtlichen Bauleitung („verantwortlicher Bauleiter") ist ganz überwiegend ausdrücklich in den jeweiligen Landesbauordnungen geregelt (beispielhaft: § 56 BauO NRW).

Arbeitsschutzrecht

Die Regelungen der Landesbauordnungen stellen kein Arbeitsschutzrecht i.e.S. dar, schaffen aber öffentlich-rechtliche Pflichten, die sich auch und gerade auf die sichere Ausführung von Bauvorhaben beziehen. Danach hat regelmäßig der verantwortliche Bauleiter darüber zu wachen, dass die Baumaßnahme dem öffentlichen Baurecht, insbesondere den allgemein anerkannten Regeln der Technik und den Bauvorlagen entsprechend durchgeführt wird sowie die dafür erforderlichen Weisungen zu erteilen. Er hat im Rahmen dieser Aufgabe auf den sicheren bautechnischen Betrieb der Baustelle, insbesondere auf das gefahrlose Ineinandergreifen der Arbeiten der

Unternehmer und auf die Einhaltung der Arbeitsschutzbestimmungen zu achten. § 56 Abs. 1 Satz 3 BauO NRW stellt etwa ausdrücklich klar, dass hierdurch die Verantwortlichkeit der Unternehmer unberührt bleibt. Dies gilt allgemein auch außerhalb des örtlichen Anwendungsbereichs des § 56 BauO NRW. Der verantwortliche Bauleiter übernimmt die öffentlich-rechtliche Pflicht zur Sicherung der Baustelle.

Zivilrecht

Der Bauleiter ist auch zivilrechtlich allgemein verpflichtet, Dritte vor einer Gefahr zu schützen, die sich aus dem Bauwerk ergibt (BGH, Urteil vom 06.10.1970 - VI ZR 223/69; OLG Hamm, Urteil vom 10.02.1992 - 6 U 132/91). Ihn trifft eine *„erheblich gesteigerte sekundäre Verkehrssicherungspflicht“* (Kollmer, 2004, § 4 Rn. 50).

Eine Abgrenzung der Verantwortlichkeiten zwischen Koordinator und verantwortlichem Bauleiter folgt aus deren weitgehend unterschiedlichen Aufgaben im Zusammenhang mit dem Arbeitsschutz: Aufgabe des verantwortlichen Bauleiters ist die Überwachung und der konkrete Schutz, Aufgabe des Koordinators die Koordination der wechselseitigen Gefährdungen.

Hinweis

> Zwischen der Tätigkeit des verantwortlichen Bauleiters und des Koordinators kann es Überschneidungen geben. Haftungsrisiken lassen sich insoweit durch wechselseitige Information sowie Kooperation minimieren.

5.4.2 Gesamtschuld

Haften mehrere, so kann sich eine sog. **gesamtschuldnerische Haftung** dieser (bei vertraglichen Ansprüchen aus §§ 421 ff. BGB, bei deliktischen Ansprüchen aus § 840 BGB) ergeben. Dies hat zur Folge: Jeder Schuldner ist verpflichtet, die ganze Leistung zu bewirken, der Gläubiger kann sie jedoch lediglich einmal fordern. Praktisch bedeutet dies: Der Geschädigte/Anspruchsteller kann wählen, welchen Schädiger/Anspruchsgegner er in welchem Umfang hinsichtlich seines Schadens in Anspruch nimmt; er kann „aufteilen“ oder lediglich einen hinsichtlich der gesamten Forderung in Anspruch nehmen. Zwischen den Schädigern/Anspruchsgegnern hat dann nach § 426 BGB ein sog. **Gesamtschuldnerausgleich** stattzufinden. Der in Anspruch genommene kann bei den weiteren Schädigern Rückgriff nehmen; die „Haftungsverteilung“ – die insoweit maßgebliche Haftungsquote – ist zwischen diesen zu klären. Maßgeblich ist bei Arbeitsunfällen regelmäßig der jeweilige Verursachungs- und Verschuldensbeitrag. Zu Besonderheiten kann es in diesem Zusammenhang kommen, wenn ein Schädiger nach den sozialversicherungsrechtlichen Regelungen der §§ 104 ff. SGB VII haftungsprivilegiert ist. Dann kann auch der Anspruch des Schädigers von vornherein quotal beschränkt sein, sog. „gestörter Gesamtschuldnerausgleich“ (vgl. BGH, Urteil vom 12.06.1973 – VI ZR 163/71).

Ob im konkreten Haftungsfall zwischen mehreren Schädigern ein Gesamtschuldverhältnis besteht und diese daher gegenüber dem Geschädigten/Anspruchsteller gesamtschuldnerisch haften, ist einzelfallabhängig und in der konkreten Situation rechtlich zu prüfen.

5.5 Beweislast

Im Rahmen der Geltendmachung von Haftungsansprüchen kommt der Beweislastverteilung zwischen dem Anspruchsteller und dem Koordinator als Anspruchsgegner eine erhebliche Bedeutung zu.

Grundlagen

Nach allgemeinen Grundsätzen der Beweislast ist für das Vorliegen der Voraussetzungen eines Anspruchs – auch und gerade in einem zivilrechtlichen Rechtsstreit – allgemein derjenige darlegungs- und beweispflichtig, der einen Anspruch geltend machen will (instruktiv zum Nachweis der Pflichtverletzung OLG Bamberg, Urteil vom 11.09.2002 – 8 U 29/02). Regelmäßig ist dies in den hier behandelten Konstellationen daher der Geschädigte. Dazu gehört insbesondere auch der Nachweis der für die Begründetheit des konkreten Anspruchs erforderlichen Kausalität. Dies stellt den Anspruchsteller regelmäßig vor hohe Hürden hinsichtlich der Durchsetzung seines Anspruchs. Die Beweislast hat auch Auswirkungen auf die Verteilung der prozessualen Risiken in einem etwaigen Rechtsstreit.

Anscheinsbeweis

Eine Abweichung von diesem Grundsatz ergibt sich bei der Verletzung von **Schutzgesetzen** (siehe Kapitel 5.2.2.2) oder **Verkehrssicherungspflichten** (siehe Kapitel 5.2.2.1). Hier können die Grundsätze des sog. Anscheinsbeweises greifen. Dies ist dann der Fall, wenn das Schadensereignis nach allgemeiner Lebenserfahrung eine typische Folge der Pflichtverletzung darstellt. Hat der vom Verletzten in Anspruch Genommene gegen ein Schutzgesetz verstoßen, das typischen Gefährdungsmöglichkeiten entgegenwirken soll, und ist im Zusammenhang mit dem Verstoß gerade derjenige Schaden eingetreten, der mit Hilfe des Schutzgesetzes verhindert werden sollte, so spricht grundsätzlich der Beweis des ersten Anscheins dafür, dass der Verstoß für den Schadenseintritt ursächlich gewesen ist. Diese Voraussetzungen werden i. d. R. bei der Verletzung von Schutzgesetzen im Sinne des § 823 Abs. 2 BGB oder Verkehrssicherungspflichten bejaht (etwa BGH, Urteil vom 24.09.1968 – VI ZR 160/67; BGH, Urteil vom 14.12.1993 – VI ZR 271/92). In diesen Fällen kann insbesondere etwa das Vorliegen der erforderlichen Kausalität zunächst „vermutet" werden; der in Anspruch genommene Anspruchsgegner hat diesen Anscheinsbeweis (durch eigene Darlegung und Beweisführung) zu widerlegen. Da die BaustellV regelmäßig ein Schutzgesetz im Sinne des § 823 Abs. 2 BGB darstellt, ist dies besonders praxisrelevant.

Hinweis

> Die Verletzung der Baustellenverordnung kann zum Vorliegen eines Anscheinsbeweises für die Ursächlichkeit des Pflichtverstoßes für das Schadensereignis führen. Durch eine hinreichende Dokumentation der Leistungserbringung sollte Vorsorge dafür getragen werden, die Ordnungsgemäßheit der Leistungen auch nachträglich ausreichend darlegen und beweisen zu können.

Die Grundsätze des Anscheinsbeweises können zudem bei der Verletzung von **Unfallverhütungsvorschriften** greifen. Ein Verstoß soll insoweit jedoch nur dann vorliegen, wenn es sich um eine Unfallverhütungsvorschrift handelt, die sich mit Vorrichtungen zum Schutz der Beschäftigten vor tödlichen Gefahren befasst und daher elementare Sicherungspflichten zum Inhalt hat (BGH, Urteil vom 30.01.2001 - VI ZR 49/00).

5.6 Verjährung

Haftungsansprüche unterliegen der Verjährung. Sie können vom Anspruchsteller nicht zeitlich unbegrenzt geltend gemacht werden. Die Verjährung unterliegt jedoch unterschiedlichen Regelungen:

Schadensersatzansprüche, die insbesondere auf einer Verletzung des Lebens, des Körpers oder der Gesundheit beruhen, verjähren nach §§ 197 Abs. 1 Nr. 1, 199 Abs. 2 BGB erst nach 30 Jahren. Die Verjährung beginnt hier mit der Begehung der Handlung, der Pflichtverletzung oder dem sonstigen, den Schaden auslösenden Ereignis. Eine Haftung für Arbeitsunfälle unterliegt daher regelmäßig einer langen Verjährung.

Die ansonsten eingreifende (allgemeine) Regelverjährung beträgt nach § 195 BGB 3 Jahre. Die Frist beginnt nach § 199 Abs. 1 BGB mit dem Schluss des Jahres, in dem der Anspruch entstanden ist und der Gläubiger von den den Anspruch begründenden Umständen und der Person des Schuldners Kenntnis erlangt oder ohne grobe Fahrlässigkeit Kenntnis erlangen musste, die Höchstfrist beträgt 10 Jahre. Diese Verjährungsfrist ist regelmäßig für sonstige Ansprüche relevant, die nicht zu einer Verletzung von Leben, Körper oder Gesundheit führen. Zu einer Anwendung der Höchstfrist von 10 Jahren kann es hier insbesondere kommen, sofern dem Koordinator ein sog. Organisationsverschulden zur Last gelegt werden kann. Eine derartige - letztlich auf arglistiges Handeln gestützte - Haftung wird daraus begründet, dass der Auftragnehmer dafür einzustehen hat, wenn er die Überwachung und Prüfung nicht oder nicht richtig organisiert und eine mangelhafte Leistung bei richtiger Organisation entdeckt worden wäre (BGH, Urteil vom 12.03.1992 - VII ZR 5/91). Das Vorliegen eines solchen Organisationsverschuldens ist haftungsrechtlich und praktisch die Ausnahme. Der Vorwurf kann jedoch grundsätzlich auch den Koordinator treffen (im Einzelnen dazu Meyer, 2011, S. 16 ff.).

Diese Regelverjährung ist grundsätzlich auch einschlägig, sofern vertragliche Ansprüche geltend gemacht werden, die aus einer Schlechterfüllung (siehe Kapitel 5.2.1.1.) eines Vertrags mit dienstvertraglichem Charakter beruhen. Mängelansprüche aus Verträgen mit werkvertraglichen Charakter unterliegen in den hier relevanten Fällen nach § 634a Abs. 1 Nr. 2 BGB einer fünfjährigen Verjährungsfrist. Die Prüfung einer etwaigen Verjährung ist daher insbesondere davon abhängig, auf welche Anspruchsgrundlage der Anspruch gestützt wird.

6 Anhang

6.1 Sicherheitszeichen

6.1.1 Verbotszeichen aus ASR A1.3, Anhang 1

 P001 Allgemeines Verbotszeichen[3]	 P002 Rauchen verboten
 P003 Keine offene Flamme; Feuer, offene Zündquelle und Rauchen verboten	 P004 Für Fußgänger verboten

[3] Dieses Zeichen darf nur in Verbindung mit einem Zusatzzeichen angewendet werden, das das Verbot konkretisiert.

P005 Kein Trinkwasser	P006 Für Flurförderzeuge verboten

P007 Kein Zutritt für Personen mit Herzschrittmachern oder implantierten Defibrillatoren[4]	P010 Berühren verboten

P011 Mit Wasser löschen verboten	P012 Keine schwere Last[5]

[4] Das Verbot gilt auch für sonstige aktive Implantate.

[5] "Schwer" ist abhängig von dem Zusammenhang, in dem das Sicherheitszeichen verwendet werden soll. Das Sicherl ist erforderlichenfalls in Verbindung mit einem Zusatzzeichen anzuwenden, das die maximale zulässige Belastung kor (z. B. max. 100 kg).

 P013 Eingeschaltete Mobiltelefone verboten	 P014 Kein Zutritt für Personen mit Implantaten aus Metall
 P015 Hineinfassen verboten	 P020 Aufzug im Brandfall nicht benutzen
 P021 Mitführen von Hunden verboten[6]	 P022 Essen und Trinken verboten

[6] Das Verbot gilt auch für andere Tiere.

P023 Abstellen oder Lagern verboten	P024 Betreten der Fläche verboten

P027 Personenbeförderung verboten	P028 Benutzen von Handschuhen verboten

P031 Schalten verboten	D-P006 Zutritt für Unbefugte verboten[7]

[7] aus DIN 4844-2 „Graphische Symbole – Sicherheitsfarben und Sicherheitszeichen" Ausgabe Dezember 2012

 P016 Mit Wasser spritzen verboten	 P009 Aufsteigen verboten (In der Bedeutung von Besteigen für Unbefugte verboten)
 WSP001 Laufen verboten[8]	

[8] aus DIN 4844-2 „Graphische Symbole – Sicherheitsfarben und Sicherheitszeichen" Ausgabe Dezember 2012

6.1.2 Warnzeichen aus ASR A1.3, Anhang 1

W001 Allgemeines Warnzeichen[9]	W002 Warnung vor explosionsgefährlichen Stoffen

W003 Warnung vor radioaktiven Stoffen oder ionisierender Strahlung	W004 Warnung vor Laserstrahl

W005 Warnung vor nicht ionisierender Strahlung	W006 Warnung vor magnetischem Feld

[9] Dieses Zeichen darf nur in Verbindung mit einem Zusatzzeichen angewendet werden, das die Gefahr konkretisiert.

 W007 Warnung vor Hindernissen am Boden	 W008 Warnung vor Absturzgefahr
 W009 Warnung vor Biogefährdung	 W010 Warnung vor niedriger Temperatur/ Frost
 W011 Warnung vor Rutschgefahr	 W012 Warnung vor elektrischer Spannung

W014 Warnung vor Flurförderzeugen

W015 Warnung vor schwebender Last

W016 Warnung vor giftigen Stoffen

W017 Warnung vor heißer Oberfläche

W018 Warnung vor automatischem Anlauf

W019 Warnung vor Quetschgefahr

W021 Warnung vor feuergefährlichen Stoffen	W023 Warnung vor ätzenden Stoffen

W024 Warnung vor Handverletzungen	W025 Warnung vor gegenläufigen Rollen[10]

W026 Warnung vor Gefahren durch das Aufladen von Batterien	W027 Warnung vor optischer Strahlung

[10] Die Warnung gilt auch für Einzugsgefahren anderer Art.

W028 Warnung vor brandfördernden Stoffen

W029 Warnung vor Gasflaschen

D-W021 Warnung vor explosionsfähiger Atmosphäre[11]

[11] aus DIN 4844-2 „Graphische Symbole – Sicherheitsfarben und Sicherheitszeichen“ Ausgabe Dezember 2012

6.1.3 Gebotszeichen aus ASR A1.3, Anhang 1

 M001 Allgemeines Gebotszeichen[12]	 M003 Gehörschutz benutzen
 M004 Augenschutz benutzen	 M008 Fußschutz benutzen
 M009 Handschutz benutzen	 M010 Schutzkleidung benutzen

[12] Dieses Zeichen darf nur in Verbindung mit einem Zusatzzeichen angewendet werden, welches das Gebot konkretisiert.

M011 Hände waschen

M012 Handlauf benutzen

M013 Gesichtsschutz benutzen

M014 Kopfschutz benutzen

M015 Warnweste benutzen

M017 Atemschutz benutzen

M018 Auffanggurt benutzen

M020 Rückhaltesystem benutzen

M021 Vor Wartung oder Reparatur freischalten

M022 Hautschutzmittel benutzen

M023 Übergang benutzen

M024 Fußgängerweg benutzen

M026 Schutzschürze benutzen	WSM001 Rettungsweste benutzen[13]

[13] aus DIN 4844-2 „Graphische Symbole – Sicherheitsfarben und Sicherheitszeichen“ Ausgabe Dezember 2012

6.1.4 Rettungszeichen aus ASR A1.3, Anhang 1

 E001 Rettungsweg/Notausgang (links)[14]	 E002 Rettungsweg/Notausgang (rechts)[14]
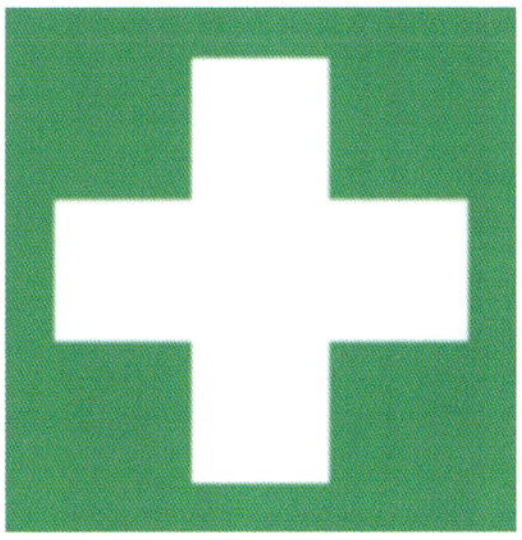 E003 Erste Hilfe	 E004 Notruftelefon
 E007 Sammelstelle	 E009 Arzt

[14] Dieses Rettungszeichen darf nur in Verbindung mit einem Zusatzzeichen (Richtungspfeil, Abb. 2) verwendet werden.

 E010 Automatisierter Externer Defibrillator (AED)	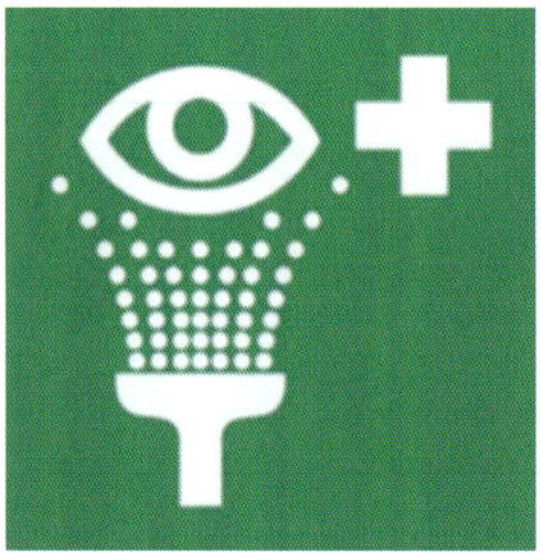 E011 Augenspüleinrichtung
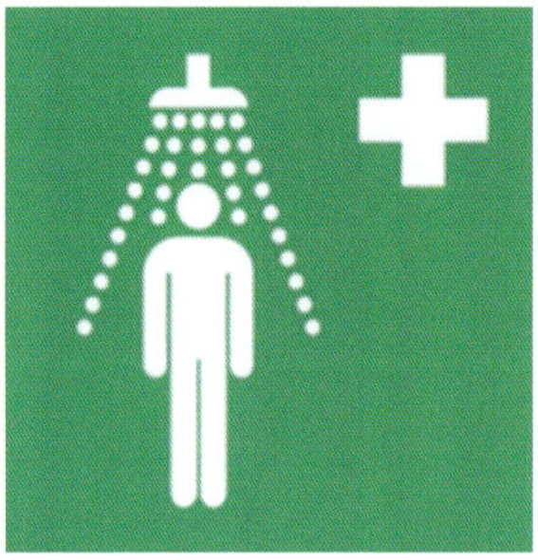 E012 Notdusche	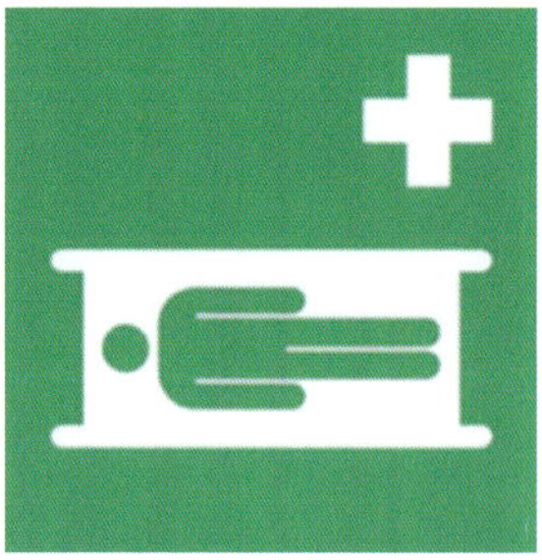 E013 Krankentrage
 E016 Notausstieg mit Fluchtleiter	 E017 Rettungsausstieg

WSE001 Öffentliche Rettungsausrüstung[15]

D-E019 Notausstieg[15]

Beispiel für Rettungsweg/Notausgang (E002) mit Zusatzzeichen (Richtungspfeil)

Beispiel für Rettungsweg/Notausgang (E002) mit Zusatzzeichen (Richtungspfeil)

[15] aus DIN 4844-2 „Graphische Symbole – Sicherheitsfarben und Sicherheitszeichen" Ausgabe Dezember 2012

6.1.5 Symbole auf elektrischen Betriebsmitteln

	Gefährliche elektrische Spannung
	Schutzisoliert (Schutzklasse II)
	Schutzkleinspannung (Schutzklasse III)
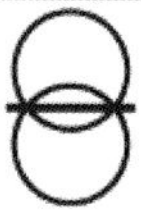	Trenntransformator (Schutztrennung)
	Explosionsgeschützte, baumustergeprüfte Betriebsmittel
	Für rauen Betrieb
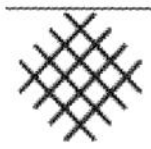	Staubgeschützt
	Regengeschützt (Sprühwassergeschützt)
	Spritzwassergeschützt
	Strahlwassergeschützt

Quelle: http://www.bgbau-medien.de/app/daten/bausteine/b_171/b_171.htm

6.2 Baustellenverordnung

Verordnung über Sicherheit und Gesundheitsschutz auf Baustellen (Baustellenverordnung - BaustellV)

BaustellV

Ausfertigungsdatum: 10.06.1998

Vollzitat:

„Baustellenverordnung vom 10. Juni 1998 (BGBl. I S. 1283), die zuletzt durch Artikel 27 des Gesetzes vom 27. Juni 2017 (BGBl. I S. 1966) geändert worden ist"

Stand: Zuletzt geändert durch Art. 27 G v. 27.6.2017 I 1966

Diese Verordnung dient in Verbindung mit dem Arbeitsschutzgesetz der Umsetzung der EG-Richtlinie 92/57/EWG des Rates vom 24. Juni 1992 über die auf zeitlich begrenzte oder ortsveränderliche Baustellen anzuwendenden Mindestvorschriften für die Sicherheit und den Gesundheitsschutz (Achte Einzelrichtlinie im Sinne des Artikels 16 Abs. 1 der Richtlinie 89/391/EWG) (ABl. EG Nr. L 245 S. 6).

Fußnote

(+++ Textnachweis ab: 1.7.1998 +++)

(+++ Amtlicher Hinweis des Normgebers auf EG-Recht: Umsetzung der EWGRL 57/92 (CELEX Nr: 392L0057) +++)

Eingangsformel

Auf Grund des § 19 des Arbeitsschutzgesetzes vom 7. August 1996 (BGBl. I S. 1246) verordnet die Bundesregierung:

§ 1 Ziele, Begriffe

(1) Diese Verordnung dient der wesentlichen Verbesserung von Sicherheit und Gesundheitsschutz der Beschäftigten auf Baustellen.

(2) Die Verordnung gilt nicht für Tätigkeiten und Einrichtungen im Sinne des § 2 des Bundesberggesetzes.

(3) Baustelle im Sinne dieser Verordnung ist der Ort, an dem ein Bauvorhaben ausgeführt wird. Ein Bauvorhaben ist das Vorhaben, eine oder mehrere bauliche Anlagen zu errichten, zu ändern oder abzubrechen.

§ 2 Planung der Ausführung des Bauvorhabens

(1) Bei der Planung der Ausführung eines Bauvorhabens, insbesondere bei der Einteilung der Arbeiten, die gleichzeitig oder nacheinander durchgeführt werden, und bei der Bemessung der Ausführungszeiten für diese Arbeiten, sind die allgemeinen Grundsätze nach § 4 des Arbeitsschutzgesetzes zu berücksichtigen.

(2) Für jede Baustelle, bei der

1. die voraussichtliche Dauer der Arbeiten mehr als 30 Arbeitstage beträgt und auf der mehr als 20 Beschäftigte gleichzeitig tätig werden, oder
2. der Umfang der Arbeiten voraussichtlich 500 Personentage überschreitet,

ist der zuständigen Behörde spätestens 2 Wochen vor Einrichtung der Baustelle eine Vorankündigung zu übermitteln, die mindestens die Angaben nach Anhang I enthält. Die Vorankündigung ist sichtbar auf der Baustelle auszuhängen und bei erheblichen Änderungen anzupassen.

(3) Ist für eine Baustelle, auf der Beschäftigte mehrerer Arbeitgeber tätig werden, eine Vorankündigung zu übermitteln, oder werden auf einer Baustelle, auf der Beschäftigte mehrerer Arbeitgeber tätig werden, besonders gefährliche Arbeiten nach Anhang II ausgeführt, so ist dafür zu sorgen, daß vor Einrichtung der Baustelle ein Sicherheits- und Gesundheitsschutzplan erstellt wird. Der Plan muß die für die betreffende Baustelle anzuwendenden Arbeitsschutzbestimmungen erkennen lassen und besondere Maßnahmen für die besonders gefährlichen Arbeiten nach Anhang II enthalten. Erforderlichenfalls sind bei Erstellung des Planes betriebliche Tätigkeiten auf dem Gelände zu berücksichtigen.

§ 3 Koordinierung

(1) Für Baustellen, auf denen Beschäftigte mehrerer Arbeitgeber tätig werden, sind ein oder mehrere geeignete Koordinatoren zu bestellen. Der Bauherr oder der von ihm nach § 4 beauftragte Dritte kann die Aufgaben des Koordinators selbst wahrnehmen.

(1a) Der Bauherr oder der von ihm beauftragte Dritte wird durch die Beauftragung geeigneter Koordinatoren nicht von seiner Verantwortung entbunden.

(2) Während der Planung der Ausführung des Bauvorhabens hat der Koordinator

1. die in § 2 Abs. 1 vorgesehenen Maßnahmen zu koordinieren,
2. den Sicherheits- und Gesundheitsschutzplan auszuarbeiten oder ausarbeiten zu lassen und
3. eine Unterlage mit den erforderlichen, bei möglichen späteren Arbeiten an der baulichen Anlage zu berücksichtigenden Angaben zur Sicherheit und Gesundheitsschutz zusammenzustellen.

(3) Während der Ausführung des Bauvorhabens hat der Koordinator

1. die Anwendung der allgemeinen Grundsätze nach § 4 des Arbeitsschutzgesetzes zu koordinieren,
2. darauf zu achten, daß die Arbeitgeber und die Unternehmer ohne Beschäftigte ihre Pflichten nach dieser Verordnung erfüllen,
3. den Sicherheits- und Gesundheitsschutzplan bei erheblichen Änderungen in der Ausführung des Bauvorhabens anzupassen oder anpassen zu lassen,
4. die Zusammenarbeit der Arbeitgeber zu organisieren und
5. die Überwachung der ordnungsgemäßen Anwendung der Arbeitsverfahren durch die Arbeitgeber zu koordinieren.

§ 4 Beauftragung

Die Maßnahmen nach § 2 und § 3 Abs. 1 Satz 1 hat der Bauherr zu treffen, es sei denn, er beauftragt einen Dritten, diese Maßnahmen in eigener Verantwortung zu treffen.

§ 5 Pflichten der Arbeitgeber

(1) Die Arbeitgeber haben bei der Ausführung der Arbeiten die erforderlichen Maßnahmen des Arbeitsschutzes insbesondere in bezug auf die

1. Instandhaltung der Arbeitsmittel,
2. Vorkehrungen zur Lagerung und Entsorgung der Arbeitsstoffe und Abfälle, insbesondere der Gefahrstoffe,
3. Anpassung der Ausführungszeiten für die Arbeiten unter Berücksichtigung der Gegebenheiten auf der Baustelle,
4. Zusammenarbeit zwischen Arbeitgebern und Unternehmern ohne Beschäftigte,
5. Wechselwirkungen zwischen den Arbeiten auf der Baustelle und anderen betrieblichen Tätigkeiten auf dem Gelände, auf dem oder in dessen Nähe die erstgenannten Arbeiten ausgeführt werden,

zu treffen sowie die Hinweise des Koordinators und den Sicherheits- und Gesundheitsschutzplan zu berücksichtigen.

(2) Die Arbeitgeber haben die Beschäftigten in verständlicher Form und Sprache über die sie betreffenden Schutzmaßnahmen zu informieren.

(3) Die Verantwortlichkeit der Arbeitgeber für die Erfüllung ihrer Arbeitsschutzpflichten wird durch die Maßnahmen nach den §§ 2 und 3 nicht berührt.

§ 6 Pflichten sonstiger Personen

Zur Gewährleistung von Sicherheit und Gesundheitsschutz der Beschäftigten haben auch die auf einer Baustelle tätigen Unternehmer ohne Beschäftigte die bei den Arbeiten anzuwendenden Arbeitsschutzvorschriften einzuhalten. Sie haben die Hinweise des Koordinators sowie den Sicherheits- und Gesundheitsschutzplan zu berücksichtigen. Die Sätze 1 und 2 gelten auch für Arbeitgeber, die selbst auf der Baustelle tätig sind.

§ 7 Ordnungswidrigkeiten und Strafvorschriften

(1) Ordnungswidrig im Sinne des § 25 Abs. 1 Nr. 1 des Arbeitsschutzgesetzes handelt, wer vorsätzlich oder fahrlässig

1. entgegen § 2 Abs. 2 Satz 1 in Verbindung mit § 4 der zuständigen Behörde eine Vorankündigung nicht, nicht richtig, nicht vollständig oder nicht rechtzeitig übermittelt, oder
2. entgegen § 2 Abs. 3 Satz 1 in Verbindung mit § 4 nicht dafür sorgt, daß vor Einrichtung der Baustelle ein Sicherheits- und Gesundheitsschutzplan erstellt wird.

(2) Wer durch eine im Absatz 1 bezeichnete vorsätzliche Handlung Leben oder Gesundheit eines Beschäftigten gefährdet, ist nach § 26 Nr. 2 des Arbeitsschutzgesetzes strafbar.

§ 8 Inkrafttreten

(1) Diese Verordnung tritt am ersten Tage des auf die Verkündung folgenden Kalendermonats in Kraft.

(2) Für Bauvorhaben, mit deren Ausführung bereits vor dem 1. Juli 1998 begonnen worden ist, bleiben die bisherigen Vorschriften maßgebend.

Schlußformel

Der Bundesrat hat zugestimmt.

Anhang I

Fundstelle des Originaltextes: BGBl. I 1998, 1285

1. Ort der Baustelle,
2. Name und Anschrift des Bauherrn,
3. Art des Bauvorhabens,
4. Name und Anschrift des anstelle des Bauherrn verantwortlichen Dritten,
5. Name und Anschrift des Koordinators,
6. voraussichtlicher Beginn und voraussichtliche Dauer der Arbeiten,
7. voraussichtliche Höchstzahl der Beschäftigten auf der Baustelle,
8. Zahl der Arbeitgeber und Unternehmer ohne Beschäftigte, die voraussichtlich auf der Baustelle tätig werden,
9. Angabe der bereits ausgewählten Arbeitgeber und Unternehmer ohne Beschäftigte.

Anhang II

(Fundstelle: BGBl. I 1998, 1285; bzgl. der einzelnen Änderungen vgl. Fußnote)

Besonders gefährliche Arbeiten im Sinne des § 2 Abs. 3 sind:

1. Arbeiten, bei denen die Beschäftigten der Gefahr des Versinkens, des Verschüttetwerdens in Baugruben oder in Gräben mit einer Tiefe von mehr als 5 m oder des Absturzes aus einer Höhe von mehr als 7 m ausgesetzt sind,
2. Arbeiten, bei denen Beschäftigte ausgesetzt sind gegenüber
   a) biologischen Arbeitsstoffen der Risikogruppen 3 oder 4 im Sinne der Biostoffverordnung oder
   b) Stoffen oder Gemischen im Sinne der Gefahrstoffverordnung, die eingestuft sind als
      aa) akut toxisch Kategorie 1 oder 2,
      bb) krebserzeugend, keimzellmutagen oder reproduktionstoxisch jeweils Kategorie 1A oder 1B,
      cc) entzündbare Flüssigkeit Kategorie 1 oder 2,
      dd) explosiv oder
      ee) Erzeugnis mit Explosivstoff,
3. Arbeiten mit ionisierenden Strahlungen, die die Festlegung von Kontroll- oder Überwachungsbereichen im Sinne des Strahlenschutzgesetzes und der auf dessen Grundlage erlassenen Rechtsverordnungen erfordern,

4. Arbeiten in einem geringeren Abstand als 5 m von Hochspannungsleitungen,
5. Arbeiten, bei denen die unmittelbare Gefahr des Ertrinkens besteht,
6. Brunnenbau, unterirdische Erdarbeiten und Tunnelbau,
7. Arbeiten mit Tauchgeräten,
8. Arbeiten in Druckluft,
9. Arbeiten, bei denen Sprengstoff oder Sprengschnüre eingesetzt werden,
10. Aufbau oder Abbau von Massivbauelementen mit mehr als 10 t Einzelgewicht.

6.3 Musterdokumente und Arbeitshilfen zum Download

Zu diesem Buch stehen exklusiv für Buchkäufer folgende Musterdokumente und Arbeitshilfen zum Download zur Verfügung:

- Checkliste Koordinatorenvertrag mit Honorarrechner nach AHO Heft 15, 2011 (Seite 100)
- Musterformblatt Vorankündigung (Seite 121)
- Muster Baustellenordnung (nur als Download verfügbar)

Öffnen Sie dazu unsere Plattform www.bauleiter-plattform.de.
Dort finden Sie die Dokumente unter dem Reiter „Buchkäufer".

Über die Adresse www.bauleiter-plattform.de/download-sigeko
gelangen Sie alternativ direkt zum Downloadbereich.

Für den Zugriff auf die Dokumente benötigen Sie einen persönlichen Zugangscode.

Ihr Zugangscode lautete: SiGeKo#2020

6.4 Software für PC und Mobilgeräte

Auf dem Markt sind diverse Programme, die sich an Koordinatoren nach Baustellenverordnung richten. Oft trägt die Software bereits im Titel ein Kürzel wie SiGe o. Ä. Diese Programme und Apps bieten Unterstützung an bei diversen Aufgaben des Koordinators, insbesondere bei der Dokumentation, u. a. bei diesen Aufgaben:

- Vorankündigung erstellen
- SiGe-Plan erstellen
- Unterlage erstellen
- Begehungsberichte und Mängelberichte erstellen
- alle Pläne, Berichte, Protokolle verwalten
- Ausdrucke erstellen für Behörden, Bauherren
- Gefährdungen ermitteln
- eigene Checklisten erstellen
- Vordrucke für Formulare, Aushänge, Alarmpläne usw.

Auswahlkriterien sind Mandantenfähigkeit, Import- und Export von Dateiformaten und die Zusammenarbeit mit anderen Programmen bzw. den eigenen Betriebssystemen. Zu beachten ist, dass einige der unten genannten Produkte nicht als eigenständige Programme fungieren, sondern Module oder Aufsätze darstellen, die zum Funktionieren eine weitere Software benötigen. Da sich Technik und Markt ständig weiterentwickeln, verzichtet dieses Werk darauf, Empfehlungen auszusprechen.

In alphabetischer Reihenfolge, ohne Anspruch auf Vollständigkeit:

ABIS SiGe - Plan
http://www.abisplan.de/sige-ko.html

abisava baukoordination / SiGe-Plan
http://www.abis-software.at/de/ava_baukoordination.html

Asta SigeControl für Easyplan
http://support.astadev.de/downloads/sigecontrol-fuer-easyplan

Asta SigeControl
http://support.astadev.de/downloads/sigecontrol

AUER Safety
http://www.bausoftware.com/inhalt-AUER_Safety-64-0.html

BauKoord
http://www.wp-software.at/cms/index.php?page=BauKoord-SiGePlan#ae-image-0

BauKoord
http://www.wp-software.at/cms/index.php?page=BauKoord-SiGePlan

BaustellenPilot
http://www.wp-software.at/cms/index.php?page=BaustellenPilot-Bau-Koordination

bitBau Planungsinstrument Sicherheit
https://www.baltic-it.de/produkt/bitbau/

General-SiGe-Plan für Microsoft® Excel
http://www.sigerom.de/sigerom6/sigerom_general_sige_plan.html

IQSigePlan
https://www.iqsoftware.de/produkte/iqsigeplan

Kompendium Arbeitsschutz BG BAU
https://jvshop.jedermann.de/shop/emedien/kompas/bgbau

pro-SiGe
https://www.gripsware.de/de/produkte/sige-koordinator-bau-software-info.php

SIDOUN SiGePlan
http://www.sidoun.at/de/produkte/baukoordination/index.php

SiGe Manager 2019 i
https://www.vordruckverlag.de/shop/software/sige-koordination/netzwerkversion/sige-manager-cs-vollversion.htm

SiGe Manager 2019
http://www.wesa-software.de/html/sige_manager_2010.html

SiGe Mobile Freeware, App
https://www.vordruckverlag.de/htm/software_sige_mobile.htm

SIGEPLAN basic und SIGEPLAN plus
https://www.acad-systemhaus.de/sigeplan.html

SiGe-Plan für Microsoft® - Project
http://www.sigerom.de/sigerom6/sigerom_sige_plan_ms_project.html

SiGeRom 6
http://www.sigerom.de/sigerom6/

Für Mobilgeräte

Bausteine App der BG BAU
https://www.bgbau.de/service/angebote/medien-center/medium/bausteine-app/

- als App für Android-Geräte
  https://play.google.com/store/apps/details?id=de.bcverlag.bausteine&feature=search_r
- als App für Apple-Geräte
  https://apps.apple.com/de/app/bausteine-der-bg-bau/id482014496

App „Ergänzende Gefährdungsbeurteilung“ (BG ETEM)
https://www.bgetem.de/medien-service/arbeitssicherheit-gesundheitsschutz/app-gefaerdungsbeurteilung

6.5 Verzeichnisse

6.5.1 Wichtige Abkürzungen

ABAS	Ausschuss für Biologische Arbeitsstoffe
ABS	Ausschuss für Betriebssicherheit
AfAMed	Ausschuss für Arbeitsmedizin
AGS	Ausschuss für Gefahrstoffe
AGW	Arbeitsplatzgrenzwert
AIA	Auftraggeber-Informations-Anforderungen
AMR	Arbeitsmedizinische Regel
AMS	Arbeitsschutzmanagementsystem
ArbMedVV	Verordnung zur arbeitsmedizinischen Vorsorge
ArbSchG	Arbeitsschutzgesetz
ArbStättV	Arbeitsstättenverordnung
ArbZG	Arbeitszeitgesetz
ASA	Arbeitsschutzausschuss
ASGB	Ausschuss für Sicherheit und Gesundheitsschutz auf Baustellen
ASGW	Allgemeiner Staubgrenzwert
ASI-Arbeiten	Abbruch-, Sanierungs- und Instandhaltungsarbeiten
ASiG	Arbeitssicherheitsgesetz
ASMK	Arbeits- und Sozialministerkonferenz
ASR	Technische Regeln für Arbeitsstätten
ASTA	Ausschuss für Arbeitsstätten
AU	Arbeitsunfähigkeitsbescheinigung
AÜG	Arbeitnehmerüberlassungsgesetz
AuS	Arbeiten unter Spannung
AVV	Allgemeine Verwaltungsvorschrift
AVV Baulärm	Allgemeine Verwaltungsvorschrift zum Schutz gegen Baulärm
AwSV	Anlagen zum Umgang mit wassergefährdenden Stoffen
BAP	BIM-Abwicklungsplan
BArbBl	Bundesarbeitsblatt
Basi e. V.	Bundesarbeitsgemeinschaft für Sicherheit und Gesundheit bei der Arbeit
BAuA	Bundesanstalt für Arbeitsschutz und Arbeitsmedizin
BauKG	Baustellenkoordinationsgesetz
bauma	Weltleitmesse für Baumaschinen, Baustoffmaschinen, Bergbaumaschinen, Baufahrzeuge und Baugeräte
BCF-Format	BIM Collaboration Format
BDK	Bundesverband Deutscher Baukoordinatoren e. V.
BE-Plan	Baustelleneinrichtungsplans
BekGS	Bekanntmachungen zu Gefahrstoffen
BEM	Betriebliches Eingliederungsmanagement
BetrSichV	Betriebssicherheitsverordnung
BFR KMR	Baufachliche Richtlinien Kampfmittelräumung
BG	(gewerbliche) Berufsgenossenschaft

BG BAU	Berufsgenossenschaft der Bauwirtschaft
BG ETEM	Berufsgenossenschaft Energie Textil Elektro Medienerzeugnisse
BG RCI	Berufsgenossenschaft Rohstoffe und chemische Industrie
BG Verkehr	Berufsgenossenschaft Verkehrswirtschaft Post-Logistik Telekommunikation
BGHM	Berufsgenossenschaft Holz und Metall
BGHW	Berufsgenossenschaft Handel und Warenlogistik
BGN	Berufsgenossenschaft Nahrungsmittel und Gastgewerbe
BGW	Berufsgenossenschaft für Gesundheitsdienst und Wohlfahrtspflege
BIM	Building Information Modeling
BioStoffV	Biostoffverordnung
BK	Berufskrankheit
BKV	Berufskrankheiten-Verordnung
BMAS	Bundesministerium für Arbeit und Soziales
BWA	betriebswirtschaftliche Auswertung
BWDM	Bauwerksdatenmodell
CDE	Common Data Environment
ChemG	Chemikaliengesetz
CO	Kohlenmonoxid
DGUV	Deutsche Gesetzliche Unfallversicherung
DIN	Deutsches Institut für Normung
DME	Dieselmotoremissionen
DPF	Dieselpartikelfilter
DruckLV	Druckluftverordnung
DWA	Deutsche Vereinigung für Wasserwirtschaft, Abwasser und Abfall e. V.
ECHA	Europäische Chemikalienagentur
EfK	Elektrofachkraft
EfKffT	Elektrofachkraft für festgelegte Tätigkeiten
EMFV	Verordnung zu elektromagnetischen Feldern
EMKG	Einfaches Maßnahmenkonzept Gefahrstoffe
EU-OSHA	Europäische Agentur für Sicherheit und Gesundheitsschutz am Arbeitsplatz
EuP	Elektrotechnisch unterwiesene Person
EX-RL	Explosionsschutz-Regeln
FAR	Fachplaner Architektur
FAS	Fachplaner Arbeitsschutz
FaSi	Fachkraft für Arbeitssicherheit
FASI	Fachvereinigung Arbeitssicherheit
FBS	Fachplaner Brandschutz
FFZ	Flurförder(fahr)zeuge
FST	Fachplaner Statik
GDV	Gesamtverband der Deutschen Versicherungswirtschaft e. V.
GefStoffV	Gefahrstoffverordnung

GHS	Globally Harmonized System of Classification, Labelling and Packaging of Chemicals
GKV	Ganzkörper-Vibrationen
GU	Generalunternehmer
GUID	Global Unit Identifier
HAV	Hand-Arm-Vibrationen
HOAI	Honorarordnung für Architekten und Ingenieure
IAO	Internationale Arbeitsorganisation
IFA	Institut für Arbeitsschutz der DGUV
IFC	Industry Foundation Classes
INQA	Initiative Neue Qualität der Arbeit
IOSH	Institution of Occupational Safety and Health
IPAF	International Powered Access Federation
JArbSchG	Jugendarbeitsschutzgesetz
KAN	Kommission Arbeitsschutz und Normung
KGr	Kostengruppe
KMF	Künstliche Mineralfasern
KrWG	Kreislaufwirtschaftsgesetz
LärmVibrations-ArbSchV	Lärm- und Vibrations-Arbeitsschutzverordnung
LASI	Länderausschuss für Arbeitsschutz und Sicherheitstechnik
LasthandhabV	Lastenhandhabungsverordnung
m. w. N.	mit weiteren Nachweisen
MBO	Musterbauordnung
MSE	Muskel-Skelett-Erkrankungen
MuSchG	MutterschutzgesetzOHSAS: Occupational Health- and Safety Assessment, Managementsystem zum Arbeitsschutz
OStrV	Verordnung zu künstlicher optischer Strahlung
PAK	polyzyklische aromatische Kohlenwasserstoffe
PCB	Polychlorierte Biphenyle
PRCD-S	Portable Residual Current Device (ortsveränderliche Fehlerstrom-Schutzeinrichtung mit geschaltetem Schutzleiter)
PSA	Persönliche Schutzausrüstung
PSA-BV	PSA-Benutzungsverordnung
PSAgA	Persönliche Schutzausrüstung gegen Absturz
QMS	Qualitätsmanagementsystem
RAB	Regeln zum Arbeitsschutz auf Baustellen
RBBau	Richtlinien für die Durchführung von Bauaufgaben des Bundes
RCD	Fehlerstrom-Schutzschalter (Residual Current Device)
REACH	Registration, Evaluation, Authorisation and Restriction of Chemicals
ROP	Return on Prevention
RSA	Richtlinien für die Sicherung von Arbeitsstellen an Straßen
RWA	Rauch- und Wärmeabzugsanlagen
SDB	Sicherheitsdatenblatt
SdT	Stand der Technik

SGB	Sozialgesetzbuch
SHCC	Safety and Health Construction Coordinator
SiBe	Sicherheitsbeauftragter
SiFa/Sifa/SIFA	Fachkraft für Arbeitssicherheit
SiGe-Plan	Sicherheits- und Gesundheitsschutzplan
SiGeKo	Sicherheits- und Gesundheitsschutzkoordinator
SprengG	Gesetz über explosionsgefährliche Stoffe = Sprengstoffgesetz
SRS-Unfälle	Stolpern-Rutschen-Stürzen-Unfälle
StGB	Strafgesetzbuch
StrlSchV	Strahlenschutzverordnung
Suva	Schweizerische Unfallversicherung
SWE	Schnellwechseleinrichtungen
TAD	Technischer Außendienst der BG
TR	Technische Regel (TRBA, TRBS, TRGS, TRLV ...)
TRBA	Technische Regen für Biologische Arbeitsstoffe
TRBS	Technische Regel für Betriebssicherheit
TRGS	Technische Regel für Gefahrstoffe
TRLV	Technische Regel zur Lärm- und Vibrations-Arbeitsschutzverordnung
TROS	Technische Regel zur Arbeitsschutzverordnung zu künstlicher optischer Strahlung
UK	Unfallkassen
UMS	Umweltmanagementsystem
UVgO	Unterschwellenvergabeordnung
UVT	Unfallversicherungsträger
UVV	Unfallverhütungsvorschriften
V.S.G.K.	Verband der Sicherheits- und Gesundheitsschutzkoordinatoren Deutschlands e. V.
VBG	Verwaltungs-Berufsgenossenschaft
VDE	Verband der Elektrotechnik Elektronik Informationstechnik
VDI	Verein Deutscher Ingenieure
VDSI	Verband Deutscher Sicherheitsingenieure e. V.
VgV	Vergabeverordnung
VOB	Vergabe- und Vertragsordnung für Bauleistungen
VOF	Vergabeordnung für freiberufliche Leistungen
VOL	Vergabe- und Vertragsordnung für Leistungen
VR	Virtual Reality
WHG	Wasserhaushaltsgesetz
ZDB	Zentralverband des Deutschen Baugewerbes
ZTV BEA-StB	Zusätzliche Technische Vertragsbedingungen und Richtlinien für die Bauliche Erhaltung von Verkehrsflächenbefestigungen – Asphaltbauweisen
ZTV-SA	Zusätzliche Technische Vertragsbedingungen und Richtlinien für Sicherungsarbeiten an Arbeitsstellen an Straßen
ZÜS	Zugelassene Überwachungsstelle

6.5.2 Normen, Rechtsvorschriften, Literatur

6.5.2.1 Normen

DIN 13157:2009-11 Erste-Hilfe-Material – Verbandkasten C

DIN 13169:2009-11 Erste-Hilfe-Material – Verbandkasten E

DIN 14095:2007-05 Feuerwehrpläne für bauliche Anlagen

DIN 31051:2019-06 Grundlagen der Instandhaltung

DIN 4123:2013-04 Ausschachtungen, Gründungen und Unterfangungen im Bereich bestehender Gebäude

DIN 4124:2012-01 Baugruben und Gräben – Böschungen, Verbau, Arbeitsraumbreiten

DIN 4420-1:2004-03 Arbeits- und Schutzgerüste – Teil 1: Schutzgerüste – Leistungsanforderungen, Entwurf, Konstruktion und Bemessung

DIN 4420-3:2006-01 Arbeits- und Schutzgerüste – Teil 3: Ausgewählte Gerüstbauarten und ihre Regelausführungen

DIN 4426:2017-01 Einrichtungen zur Instandhaltung baulicher Anlagen – Sicherheitstechnische Anforderungen an Arbeitsplätze und Verkehrswege – Planung und Ausführung

DIN 4811:2017-12 Flüssiggas-Druckregelgeräte und Sicherheitseinrichtungen – Anforderungen

DIN EN 1127-1:2019-10 Explosionsfähige Atmosphären – Explosionsschutz – Teil 1: Grundlagen und Methodik

DIN EN ISO 7010:2012-10 Graphische Symbole – Sicherheitsfarben und Sicherheitszeichen – Registrierte Sicherheitszeichen (ISO 7010:2011)

DIN EN ISO 9000:2015-11 Qualitätsmanagementsysteme – Grundlagen und Begriffe (ISO 9000:2015)

DIN EN ISO 14001:2015-11 Umweltmanagementsysteme – Anforderungen mit Anleitung zur Anwendung (ISO 14001:2015)

DIN ISO 45001:2018-06 Managementsysteme für Sicherheit und Gesundheit bei der Arbeit – Anforderungen mit Anleitung zur Anwendung (ISO 45001:2018)

DIN VDE 0100-704:2018-10 Errichten von Niederspannungsanlagen – Teil 7-704: Anforderungen für Betriebsstätten, Räume und Anlagen besonderer Art – Baustellen

DIN VDE 0105 Betrieb von elektrischen Anlagen

VOB/A: Vergabe- und Vertragsordnung für Bauleistungen – Teil A: Allgemeine Bestimmungen für die Vergabe von Bauleistungen, Fassung 2019

VOB/B: Vergabe- und Vertragsordnung für Bauleistungen – Teil B: Allgemeine Vertragsbedingungen für die Ausführung von Bauleistungen, Fassung 2016

VOB/C: Vergabe- und Vertragsordnung für Bauleistungen – Teil C: Allgemeine Technische Vertragsbedingungen für Bauleistungen, Fassung 2019

6.5.2.2 Rechtsvorschriften

Allgemeine Verwaltungsvorschrift zum Schutz gegen Baulärm (Geräuschimmissionen – AVV Baulärm) v. 19.088.1970

Arbeitsschutzgesetz: Gesetz über die Durchführung von Maßnahmen des Arbeitsschutzes zur Verbesserung der Sicherheit und des Gesundheitsschutzes der Beschäftigten bei der Arbeit (Arbeitsschutzgesetz – ArbSchG) v. 07.08.1996

[Arbeitsschutz-Rahmenrichtlinie]: Richtlinie 89/391/EWG des Rates vom 12. Juni 1989 über die Durchführung von Maßnahmen zur Verbesserung der Sicherheit und des Gesundheitsschutzes der Arbeitnehmer bei der Arbeit

[Arbeitsstättenrichtlinie]: Richtlinie 89/654/EWG des Rates vom 30. November 1989 über Mindestvorschriften für Sicherheit und Gesundheitsschutz in Arbeitsstätten (Erste Einzelrichtlinie im Sinne des Artikels 16 Absatz 1 der Richtlinie 89/391/EWG)

Arbeitsstättenverordnung: Verordnung über Arbeitsstätten (Arbeitsstättenverordnung – ArbStättV) v. 12.08.2004, zuletzt geändert durch Art. 5 Abs. 1 V v. 18.10.2017

Arbeitszeitgesetz (ArbZG) v. 06.06.1994, zuletzt geändert durch Art. 12a G v. 11.11.2016

ArbMedVV: Verordnung zur arbeitsmedizinischen Vorsorge (ArbMedVV) v. 18.12.2008, zuletzt geändert durch Art. 1 V v. 12.7.2019

[ASiG – Arbeitssicherheitsgesetz]: Gesetz über Betriebsärzte, Sicherheitsingenieure und andere Fachkräfte für v. 12.121973, zuletzt geändert durch Art. 3 Abs. 5 G v. 20.4.2013

[Bauprodukte-Verordnung]: Verordnung (EU) 305/2011 des Europäischen Parlaments und des Rates vom 9. März 2011 zur Festlegung harmonisierter Bedingungen für die Vermarktung von Bauprodukten und zur Aufhebung der Richtlinie 89/106/EWG des Rates

[Baustellenrichtlinie]: Richtlinie 92/57/EWG des Rates vom 24. Juni 1992 über die auf zeitlich begrenzte oder ortsveränderliche Baustellen anzuwendenden Mindestvorschriften für die Sicherheit und den Gesundheitsschutz (Achte Einzelrichtlinie im Sinne des Artikels 16 Absatz 1 der Richtlinie 89/391/EWG)

Baustellenverordnung: Verordnung über Sicherheit und Gesundheitsschutz auf Baustellen (Baustellenverordnung – BaustellV) v. 10.06.1998

Berufskrankheiten-Verordnung (BKV) v. 31.10.1997, zuletzt geändert durch Art. 1 V v. 10.7.2017

Beschränkung chemischer Stoffe (REACH), zur Schaffung einer Europäischen Agentur für chemische Stoffe, zur Änderung der Richtlinie 1999/45/EG und zur Aufhebung der Verordnung (EWG) Nr. 793/93 des Rates, der Verordnung (EG) Nr. 1488/94 der Kommission, der Richtlinie 76/769/EWG des Rates sowie der Richtlinien 91/155/EWG, 93/67/EWG, 93/105/EG und 2000/21/EG der Kommission

Betriebssicherheitsverordnung: Verordnung über Sicherheit und Gesundheitsschutz bei der Verwendung von Arbeitsmitteln (Betriebssicherheitsverordnung – BetrSichV), v. 03.02.2015, zuletzt geändert durch Art. 1 V v. 30.4.2019

BGB: Bürgerliches Gesetzbuch (BGB) v. 18.08.1896, zuletzt geändert durch Art. 7 G v. 31.1.2019

Bundes-Immissionsschutzgesetz: Gesetz zum Schutz vor schädlichen Umwelteinwirkungen durch Luftverunreinigungen, Geräusche, Erschütterungen und ähnliche Vorgänge (Bundes-Immissionsschutzgesetz – BimSchG) v. 15.03.1974, zuletzt geändert durch Art. 1 G v. 8.4.2019

Chemikaliengesetz: Gesetz zum Schutz vor gefährlichen Stoffen (Chemikaliengesetz – ChemG) v. 16.09.1980, zuletzt geändert durch Art. 2 G v. 18.7.2017

Druckluftverordnung: Verordnung über Arbeiten in Druckluft (Druckluftverordnung) v. 04.10.1972, zuletzt geändert durch Art. 103 G v. 29.3.2017

Gefahrstoffverordnung: Verordnung zum Schutz vor Gefahrstoffen (Gefahrstoffverordnung – GefStoffV), v. 26.11.2010, zuletzt geändert durch Art. 148 G v. 29.3.2017

Geräte- und Maschinenlärmschutzverordnung: 32. Verordnung zur Durchführung des Bundes-Immissionsschutzgesetzes (Geräte- und Maschinenlärmschutzverordnung – 32. BImSchV) v. 29.08.2002, zuletzt geändert durch Art. 83 V v. 31.8.2015

HOAI: Verordnung über die Honorare für Architekten- und Ingenieurleistungen (Honorarordnung für Architekten und Ingenieure – HOAI) v. 10.07.2013, Bundesgesetzblatt 1, Nr.1, S.2276

Jugendarbeitsschutzgesetz: Gesetz zum Schutze der arbeitenden Jugend (Jugendarbeitsschutzgesetz – JarbSchG) v. 12.04.1976, zuletzt geändert durch Art. 13 G v. 10.3.2017

Lärm- und Vibrations-Arbeitsschutzverordnung: Verordnung zum Schutz der Beschäftigten vor Gefährdungen durch Lärm und Vibrationen (Lärm- und Vibrations-Arbeitsschutzverordnung – LärmVibrationsArbSchV) v. 06.03.2007, zuletzt geändert durch Art. 5 Abs. 5 V v. 18.10.2017

[Maschinenrichtlinie]: Richtlinie 2006/42/EG des Europäischen Parlaments und des Rates vom 17. Mai 2006 über Maschinen und zur Änderung der Richtlinie 95/16/EG (Neufassung)

Musterbauordnung – MBO, Fassung November 2002, zuletzt geändert durch Beschluss der Bauministerkonferenz v. 13.05.2016

Mutterschutzgesetz: Gesetz zum Schutz von Müttern bei der Arbeit, in der Ausbildung und im Studium (Mutterschutzgesetz – MuSchG) v. 23.05.2017

PSA-Benutzungsverordnung: Verordnung über Sicherheit und Gesundheitsschutz bei der Benutzung persönlicher Schutzausrüstungen bei der Arbeit (PSA-Benutzungsverordnung – PSA-BV) v. 04.12.1996

[PSA-Verordnung]: Verordnung (EU) 2016/425 des Europäischen Parlaments und des Rates vom 9. März 2016 über persönliche Schutzausrüstungen und zur Aufhebung der Richtlinie 89/686/EWG des Rates

[REACH-Verordnung]: Verordnung (EG) Nr. 1907/2006 des Europäischen Parlaments und des Rates vom 18. Dezember 2006 zur Registrierung, Bewertung, Zulassung und

[Richtlinie Befristete Arbeitsverhältnisse/Leiharbeit]: Richtlinie 91/383/EWG des Rates vom 25. Juni 1991 zur Ergänzung der Maßnahmen zur Verbesserung der Sicherheit und des Gesundheitsschutzes von Arbeitnehmern mit befristetem Arbeitsverhältnis oder Leiharbeitsverhältnis

[SGB VII]: Siebtes Buch Sozialgesetzbuch – Gesetzliche Unfallversicherung – (Artikel 1 des Gesetzes vom 7. August 1996, BGBl. I S. 1254) v. 07.08.1996, zuletzt geändert durch Art. 4 G v. 15.11.2019

SGB X: Zehntes Buch Sozialgesetzbuch – Sozialverwaltungsverfahren und Sozialdatenschutz – (SGB X) v. 18.08.1980, zuletzt geändert durch Art. 47 G v. 15.8.2019

Sprengstoffgesetz: Gesetz über explosionsgefährliche Stoffe (Sprengstoffgesetz – SprengG) v. 13.09.1976, zuletzt geändert durch Art. 1 G v. 11.6.2017

StGB: Strafgesetzbuch (StGB) 15.05.1871, zuletzt geändert durch Art. 8 G v. 15.11.2019

Strahlenschutzverordnung: Verordnung zum Schutz vor der schädlichen Wirkung ionisierender Strahlung (Strahlenschutzverordnung – StrlSchV) v. 29.11.2018

Unterschwellenvergabeordnung: Verfahrensordnung für die Vergabe öffentlicher Liefer- und Dienstleistungsaufträge unterhalb der EU-Schwellenwerte (Unterschwellenvergabeordnung – UVgO) v. 07.02.2017

Vergabeordnung für freiberufliche Leistungen (VOF), v. 18.11.2009, außer Kraft gesetzt mit Inkrafttreten der Vergabeverordnung (VgV) im April 2016

Vergabeordnung: Verordnung über die Vergabe öffentlicher Aufträge (Vergabeordnung – VgV) v. 12.04.2016, zuletzt geändert durch Art. 1 V v. 12.7.2019

Verordnung über Anlagen zum Umgang mit wassergefährdenden Stoffen (AwSV) v. 18.04.2017

Verordnung über die Prüfung zum anerkannten Abschluß Geprüfter Baumaschinenführer v. 12.12.1977

Verordnung zu elektromagnetischen Feldern: Verordnung zum Schutz der Beschäftigten vor Gefährdungen durch elektromagnetische Felder (Arbeitsschutzverordnung zu elektromagnetischen Feldern – EMFV) v. 15.11.2016, geändert durch Art. 2 V v. 30.4.2019

Verordnung zu künstlicher optischer Strahlung: Verordnung zum Schutz der Beschäftigten vor Gefährdungen durch künstliche optische Strahlung (Arbeitsschutzverordnung zu künstlicher optischer Strahlung – OstrV) v. 19.07.2010, zuletzt geändert durch Art. 5 Abs. 6 V v. 18.10.2017

Verordnung zum Schutz vor Gefahrstoffen (Gefahrstoffverordnung – GefStoffV) v. 26.11.2010, zuletzt geändert durch Artikel 148 des Gesetzes vom 29.03.2017

6.5.2.3 Literatur

Berufsgenossenschaftliches Regelwerk

DGUV Grundsätze

DGUV Grundsatz 308-001. Ausbildung und Beauftragung der Fahrer von Flurförderzeugen mit Fahrersitz und Fahrerstand (bisher: BGG 925). Stand: November 2007. Berlin: Deutsche Gesetzliche Unfallversicherung e. V. (DGUV), 2007

DGUV Grundsatz 308-008. Ausbildung und Beauftragung der Bediener von Hubarbeitsbühnen. Stand: April 2010. Berlin: Deutsche Gesetzliche Unfallversicherung e. V. (DGUV), 2010

DGUV Grundsatz 309-003. Auswahl, Unterweisung und Befähigungsnachweis von Kranführern. Stand: März 2013. Berlin: Deutsche Gesetzliche Unfallversicherung e. V. (DGUV), 2013

DGUV Grundsatz 309-009. Kan-Kontrollbuch. Stand: September 2017. Berlin: Deutsche Gesetzliche Unfallversicherung e. V. (DGUV), 2017

DGUV Informationen

DGUV Information 201-011. Handlungsanleitung für den Umgang mit Arbeits- und Schutzgerüsten. Stand: Juni 2011. Berlin: Deutsche Gesetzliche Unfallversicherung e. V. (DGUV), 2011

DGUV Information 201-012. Verfahren mit geringer Exposition gegenüber Asbest bei Abbruch-, Sanierungs- und Instandhaltungsarbeiten (bisher: BGI 664). Stand: Juli 2000. Sankt Augustin: Hauptverband der gewerblichen Berufsgenossenschaften, Berufsgenossenschaftliches Institut für Arbeitssicherheit des HVBG (BIA), 2000

DGUV Information 201-023. Einsatz von Seitenschutz und Seitenschutzsystemen sowie Randsicherungen als Schutzvorrichtungen bei Bauarbeiten. Stand: September 2018. Berlin: Deutsche Gesetzliche Unfallversicherung e. V. (DGUV), 2018

DGUV Information 201-026. Auswahl und Einsatz von Transportbühnen bei Bauarbeiten (bisher: BGI 825). Stand: Mai 2002. Berlin: Deutsche Gesetzliche Unfallversicherung e. V. (DGUV), 2002

DGUV Information 201-027. Handlungsanleitung zur Gefährdungsbeurteilung und Festlegung von Schutzmaßnahmen bei der Kampfmittelräumung (bisher: BGI 833). Stand: Oktober 2007. Berlin: Deutsche Gesetzliche Unfallversicherung e. V. (DGUV), 2007

DGUV Information 201-028. Handlungsanleitung: Gesundheitsgefährdung durch biologische Arbeitsstoffe bei der Gebäudesanierung (bisher: BGI 858). Stand: Oktober 2006. Berlin: Deutsche Gesetzliche Unfallversicherung e. V. (DGUV), 2006

DGUV Information 201-031. Handlungsanleitung zur Gefährdungsbeurteilung nach Biostoffverordnung (BioStoffV). Gesundheitsgefährdungen durch Taubenkot (bisher: BGI 892). Stand: November 2006. Berlin: Deutsche Gesetzliche Unfallversicherung e. V. (DGUV), 2006

DGUV Information 201-054. Dach-, Zimmer- und Holzbauarbeiten. Stand: Oktober 2015. Berlin: Deutsche Gesetzliche Unfallversicherung e. V. (DGUV), 2015

DGUV Information 201-055. Feuerfest-, Turm- und Schornsteinbau. Stand: Februar 2016. Berlin: Deutsche Gesetzliche Unfallversicherung e. V. (DGUV), 2016

DGUV Information 201-056. Planungsgrundlagen von Anschlageinrichtungen auf Dächern. Stand: August 2015. Berlin: Deutsche Gesetzliche Unfallversicherung e. V. (DGUV), 2015

DGUV Information 201-057. Maßnahmen zum Schutz gegen Absturz bei Bauarbeiten. Stand: Januar 2015. Berlin: Deutsche Gesetzliche Unfallversicherung e. V. (DGUV), 2015

DGUV Information 203-004. Einsatz elektrischer Betriebsmittel bei erhöhter elektrischer Gefährdung. Stand: April 2018. Berlin: Deutsche Gesetzliche Unfallversicherung e. V. (DGUV), 2018

DGUV Information 203-005. Auswahl und Betrieb ortsveränderlicher elektrischer Betriebsmittel nach Einsatzbedingungen. Stand: Mai 2012. Berlin: Deutsche Gesetzliche Unfallversicherung e. V. (DGUV), 2012

DGUV Information 203-006. Auswahl und Betrieb elektrischer Anlagen und Betriebsmittel auf Bau- und Montagestellen (bisher: BGI/GUV-I 608). Stand: Mai 2012. Berlin: Deutsche Gesetzliche Unfallversicherung e. V. (DGUV), 2012

DGUV Information 203-017. Schutzmaßnahmen bei Erdarbeiten in der Nähe erdverlegter Kabel und Rohrleitungen. Stand: Februar 2019. Berlin: Deutsche Gesetzliche Unfallversicherung e. V. (DGUV), 2019

DGUV Information 203-032. Auswahl und Betrieb von Stromerzeugern auf Bau- und Montagestellen. Stand: Mai 2016. Berlin: Deutsche Gesetzliche Unfallversicherung e. V. (DGUV), 2016

DGUV Information 203-058. Schutz gegen Absturz bei Arbeiten an elektrischen Anlagen auf Dächern (bisher: BGI/GUV-I 8683). Stand: Oktober 2010. Berlin: Deutsche Gesetzliche Unfallversicherung e. V. (DGUV), 2010

DGUV Information 203-085. Arbeiten unter der Sonne. Stand: August 2016. Berlin: Deutsche Gesetzliche Unfallversicherung e. V. (DGUV), 2016

DGUV Information 205-001. Arbeitssicherheit durch vorbeugenden Brandschutz (bisher: BGI 560). Stand: November 2013. Berlin: Deutsche Gesetzliche Unfallversicherung e. V. (DGUV), 2013

DGUV Information 208-016. Handlungsanleitung für den Umgang mit Leitern und Tritten. Stand: November 2007. Berlin: Deutsche Gesetzliche Unfallversicherung e. V. (DGUV), 2007

DGUV Information 208-019. Sicherer Umgang mit fahrbaren Hubarbeitsbühnen. Stand: Januar 2013. Berlin: Deutsche Gesetzliche Unfallversicherung e. V. (DGUV), 2013

DGUV Information 209-003. Metallbau-Montagearbeiten. Stand: Mai 2019. Berlin: Deutsche Gesetzliche Unfallversicherung e. V. (DGUV), 2019

DGUV Information 209-010. Lichtbogenschweißen. Stand: März 2017. Berlin: Deutsche Gesetzliche Unfallversicherung e. V. (DGUV), 2017

DGUV Information 209-011. Gasschweißen. Stand: Oktober 2018. Berlin: Deutsche Gesetzliche Unfallversicherung e. V. (DGUV), 2018

DGUV Information 209-012. Kranführer. Stand: September 2012. Berlin: Deutsche Gesetzliche Unfallversicherung e. V. (DGUV), 2012

DGUV Information 209-013. Anschläger. Stand: September 2012. Berlin: Deutsche Gesetzliche Unfallversicherung e. V. (DGUV), 2012

DGUV Information 209-016. Schadstoffe beim Schweißen und bei verwandten Verfahren (bisher: BGI 593). Stand: November 2012. Mainz: Berufsgenossenschaft Holz und Metall (BGHM), 2012 [zurückgezogen]

DGUV Information 209-021. Belastungstabellen für Anschlagmittel aus Rundstahlketten, Stahldrahtseilen, Rundschlingen, Chemiefaserhebebändern, Chemiefaserseilen, Naturfaserseilen. Stand: Januar 2018. Berlin: Deutsche Gesetzliche Unfallversicherung e. V. (DGUV), 2018

DGUV Information 209-044. Holzstaub. Stand: Februar 2019. Berlin: Deutsche Gesetzliche Unfallversicherung e. V. (DGUV), 2019

DGUV Information 209-061. Gebrauch von Hebebändern und Rundschlingen aus Chemiefasern. Stand: Mai 2013. Berlin: Deutsche Gesetzliche Unfallversicherung e. V. (DGUV), 2013

DGUV Information 212-017. Auswahl, Bereitstellung und Benutzung von beruflichen Hautmitteln. Stand: Juni 2019. Berlin: Deutsche Gesetzliche Unfallversicherung e. V. (DGUV), 2019

DGUV Information 213-020. Handlungsanleitung. Auswahl und Qualifizierung von Betonpumpenmaschinisten. Stand: Juni 2006. Berlin: Deutsche Gesetzliche Unfallversicherung e. V. (DGUV), 2006

DGUV Information 213-031. Tätigkeiten mit Mineralwolle-Dämmstoffen (Glaswolle, Steinwolle). Stand: Juli 2019. Berlin: Deutsche Gesetzliche Unfallversicherung e. V. (DGUV), 2019

DGUV Regeln

DGUV Regel 101-004. Kontaminierte Bereiche (bisher: BGR 128). Stand: Februar 2006. Sankt Augustin: Hauptverband der gewerblichen Berufsgenossenschaften, Fachausschuss „Tiefbau“ der BGZ, 2006

DGUV Regel 101-005. Hochziehbare Personenaufnahmemittel. Stand: Januar 2015. Berlin: Deutsche Gesetzliche Unfallversicherung e. V. (DGUV), 2015

DGUV Regel 101-011. Einsatz von Schutznetzen (Sicherheitsnetzen). Stand: Juli 2016. Berlin: Deutsche Gesetzliche Unfallversicherung e. V. (DGUV), 2016

DGUV Regel 100-500. Betreiben von Arbeitsmitteln. Stand: März 2017. Berlin: Deutsche Gesetzliche Unfallversicherung e. V. (DGUV), 2017

DGUV Regel 101-601. Branche Rohbau. Stand: Februar 2017. Berlin: Deutsche Gesetzliche Unfallversicherung e. V. (DGUV), 2017

DGUV Regel 101-602. Branche Ausbau. Stand: August 2018. Berlin: Deutsche Gesetzliche Unfallversicherung e. V. (DGUV), 2018

DGUV Regel 101-603. Branche Abbruch und Rückbau. Stand: Februar 2019. Berlin: Deutsche Gesetzliche Unfallversicherung e. V. (DGUV), 2019

DGUV Regel 112-189. Benutzung von Schutzkleidung (bisher: BGR 189). Stand: Oktober 2007. Berlin: Deutsche Gesetzliche Unfallversicherung e. V. (DGUV), 2007

DGUV Regel 112-190. Benutzung von Atemschutzgeräten (bisher: BGR/GUV-R 190). Stand: Dezember 2011. Berlin: Deutsche Gesetzliche Unfallversicherung e. V. (DGUV), 2011

DGUV Regel 112-192. Benutzung von Augen- und Gesichtsschutz (bisher: BGR 192). Stand: Februar 2006. Köln: Hauptverband der gewerblichen Berufsgenossenschaften, Fachausschuss „Persönliche Schutzausrüstungen“ der BGZ, 2006

DGUV Regel 112-193. Benutzung von Kopfschutz (bisher BGR 193). Stand: September 2008. Berlin: Deutsche Gesetzliche Unfallversicherung e. V. (DGUV), 2008

DGUV Regel 112-194. Benutzung von Gehörschutz (bisher: BGR/GUV-R 194). Stand: Januar 2015. Berlin: Deutsche Gesetzliche Unfallversicherung e. V. (DGUV), 2015

DGUV Regel 112-195. Benutzung von Schutzhandschuhen (bisher BGR 195). Stand: Oktober 2007. Berlin: Deutsche Gesetzliche Unfallversicherung e. V. (DGUV), 2007

DGUV Regel 112-198. Benutzung von persönlichen Schutzausrüstungen gegen Absturz (bisher BGR/GUV-R 198). Stand: September 2019. Berlin: Deutsche Gesetzliche Unfallversicherung e. V. (DGUV), 2019

DGUV Regel 112-991. Benutzung von Fuß- und Knieschutz (bisher: BGR/GUV-R 191). Stand: März 2007. Berlin: Deutsche Gesetzliche Unfallversicherung e. V. (DGUV), 2007

DGUV Regel 113-013. Tätigkeiten mit Epoxidharzen (bisher: GUV-R 227). Stand: November 2006. Berlin: Deutsche Gesetzliche Unfallversicherung e. V. (DGUV), 2006

DGUV Vorschriften

DGUV Vorschrift 1. Unfallverhütungsvorschrift. Grundsätze der Prävention. Stand: November 2013. Berlin: Deutsche Gesetzliche Unfallversicherung e. V. (DGUV), 2013

DGUV Vorschrift 2. Unfallverhütungsvorschrift. Betriebsärzte und Fachkräfte für Arbeitssicherheit. Stand: Januar 2012. Aktualisierte Nachdruckfassung Oktober 2016. Berlin: Deutsche Gesetzliche Unfallversicherung e. V. (DGUV), 2016

DGUV Vorschrift 3. Unfallverhütungsvorschrift. Elektrische Anlagen und Betriebsmittel. Stand: Januar 1997. Berlin: Deutsche Gesetzliche Unfallversicherung e. V. (DGUV), 1997

DGUV Vorschrift 38. Unfallverhütungsvorschrift. Bauarbeiten. Stand: Januar 1997. Berlin: Deutsche Gesetzliche Unfallversicherung e. V. (DGUV), 1997

DGUV Vorschrift 52. Unfallverhütungsvorschrift. Krane. Stand: Oktober 2000. Berlin: Deutsche Gesetzliche Unfallversicherung e. V. (DGUV), 2000

DGUV Vorschrift 53. Unfallverhütungsvorschrift. Krane. Mit Durchführungsanweisungen vom Juli 2001. Stand: Juli 2001. Berlin: Deutsche Gesetzliche Unfallversicherung e. V. (DGUV), 2001

DGUV Vorschrift 54. Unfallverhütungsvorschrift. Winden, Hub- und Zuggeräte. Stand: Januar 1997. Berlin: Deutsche Gesetzliche Unfallversicherung e. V. (DGUV), 1997

DGUV Vorschrift 68. Unfallverhütungsvorschrift. Flurförderzeuge. Stand: Januar 1997. Berlin: Deutsche Gesetzliche Unfallversicherung e. V. (DGUV), 1997

DGUV Vorschrift 70. Unfallverhütungsvorschrift. Fahrzeuge. Stand: Januar 2000. Berlin: Deutsche Gesetzliche Unfallversicherung e. V. (DGUV), 2000

DGUV Vorschrift 79. Unfallverhütungsvorschrift. Verwendung von Flüssiggas. Stand: Januar 1997. Berlin: Deutsche Gesetzliche Unfallversicherung e. V. (DGUV), 1997

DGUV Vorschrift 81. Unfallverhütungsvorschrift. Schulen. Mit Durchführungsanweisungen vom Juni 2002. Stand: Mai 2001. Berlin: Deutsche Gesetzliche Unfallversicherung e. V. (DGUV), 2001

DGUV Vorschrift 82. Unfallverhütungsvorschrift. Kindertageseinrichtungen. Stand: Mai 2007. Berlin: Deutsche Gesetzliche Unfallversicherung e. V. (DGUV), 2007

Technisches Regelwerk

Regeln zum Arbeitsschutz auf Baustellen (RAB)

RAB 01. Gegenstand, Zustandekommen, Aufbau, Anwendung und Wirksamwerden der RAB. Stand: 02.11.2000. Berlin: Bundesanstalt für Arbeitsschutz und Arbeitsmedizin, Ausschuss für Sicherheit und Gesundheitsschutz auf Baustellen (ASGB), 2000, BArbBl. 1/2001, S. 77 ff.

RAB 10. Begriffsbestimmungen (Konkretisierung von Begriffen der BaustellV). Stand: 12.11.2003. Berlin: Bundesanstalt für Arbeitsschutz und Arbeitsmedizin, Ausschuss für Sicherheit und Gesundheitsschutz auf Baustellen (ASGB), 2003, BArbBl. 3/2004, S. 42 ff.

RAB 25. Arbeiten in Druckluft (Konkretisierungen zur Druckluftverordnung). Stand: 12.11.2003. Berlin: Bundesanstalt für Arbeitsschutz und Arbeitsmedizin, Ausschuss für Sicherheit und Gesundheitsschutz auf Baustellen (ASGB), 2003, BArbBl. 13/2004, S. 48 ff.

RAB 30. Geeigneter Koordinator (Konkretisierung zu § 3 BaustellV). Stand: 27.03.2003. Berlin: Bundesanstalt für Arbeitsschutz und Arbeitsmedizin, Ausschuss für Sicherheit und Gesundheitsschutz auf Baustellen (ASGB), 2003, BArbBl. 6/2003, S. 64 ff.

RAB 31. Sicherheits- und Gesundheitsschutzplan – SiGe-Plan. Stand: 12.11.2003. Berlin: Bundesanstalt für Arbeitsschutz und Arbeitsmedizin, Ausschuss für Sicherheit und Gesundheitsschutz auf Baustellen (ASGB), 2003, BArbBl. 3/2004, S. 59 ff.

RAB 32. Unterlage für spätere Arbeiten (Konkretisierung zu § 3 Abs. 2 Nr. 3 BaustellV). Stand: 27.03.2003. Berlin: Bundesanstalt für Arbeitsschutz und Arbeitsmedizin, Ausschuss für Sicherheit und Gesundheitsschutz auf Baustellen (ASGB), 2003, BArbBl. 6/2003, S. 73 ff.

RAB 33. Allgemeine Grundsätze nach § 4 des Arbeitsschutzgesetzes bei Anwendung der Baustellenverordnung. Stand: 12.11.2003. Berlin: Bundesanstalt für Arbeitsschutz und Arbeitsmedizin, Ausschuss für Sicherheit und Gesundheitsschutz auf Baustellen (ASGB), 2003, BArbBl. 3/2004, S. 65 ff.

Technische Regeln zu Arbeitsstätten (ASR)

ASR A1.2. Raumabmessungen und Bewegungsflächen. Ausgabe: September 2013. Berlin: Bundesanstalt für Arbeitsschutz und Arbeitsmedizin, Ausschuss für Arbeitsstätten, 2013, zuletzt geändert: GMBl 2018, S. 471

ASR A1.3. Sicherheits- und Gesundheitsschutzkennzeichnung. Ausgabe: Februar 2013. Berlin: Bundesanstalt für Arbeitsschutz und Arbeitsmedizin, Ausschuss für Arbeitsstätten, 2013, zuletzt geändert: GMBl 2017, S. 398

ASR A1.5/1,2. Fußböden. Ausgabe: Februar 2013. Berlin: Bundesanstalt für Arbeitsschutz und Arbeitsmedizin, Ausschuss für Arbeitsstätten, 2013, zuletzt geändert: GMBl 2019, S. 70

ASR A1.6. Fenster, Oberlichter, lichtdurchlässige Wände. Ausgabe: Januar 2012. Berlin: Bundesanstalt für Arbeitsschutz und Arbeitsmedizin, Ausschuss für Arbeitsstätten, 2012, zuletzt geändert: GMBl 2019, S. 70

ASR A1.7. Türen und Tore. Ausgabe: November 2009. Berlin: Bundesanstalt für Arbeitsschutz und Arbeitsmedizin, Ausschuss für Arbeitsstätten, 2009, zuletzt geändert: GMBl 2018, S. 472

ASR A1.8. Verkehrswege. Ausgabe: November 2012. Berlin: Bundesanstalt für Arbeitsschutz und Arbeitsmedizin, Ausschuss für Arbeitsstätten, 2012, zuletzt geändert: GMBl 2018, S. 473

ASR A2.1. Schutz vor Absturz und herabfallenden Gegenständen, Betreten von Gefahrenbereichen. Ausgabe: November 2012. Berlin: Bundesanstalt für Arbeitsschutz und Arbeitsmedizin, Ausschuss für Arbeitsstätten, 2012, zuletzt geändert: GMBl 2018, S. 473

ASR A2.2. Maßnahmen gegen Brände. Ausgabe: Mai 2018. Berlin: Bundesanstalt für Arbeitsschutz und Arbeitsmedizin, Ausschuss für Arbeitsstätten, 2018, GMBl 2018, S. 446

ASR A2.3. Fluchtwege und Notausgänge, Flucht- und Rettungsplan. Ausgabe: August 2007. Berlin: Bundesanstalt für Arbeitsschutz und Arbeitsmedizin, Ausschuss für Arbeitsstätten, 2007, zuletzt geändert: GMBl 2017, S. 8

ASR A3.4. Beleuchtung. Ausgabe: April 2011. Berlin: Bundesanstalt für Arbeitsschutz und Arbeitsmedizin, Ausschuss für Arbeitsstätten, 2011, zuletzt geändert: GMBl 2014, S. 287

ASR A3.4/7. Sicherheitsbeleuchtung, optische Sicherheitsleitsysteme. Ausgabe: Mai 2009. Berlin: Bundesanstalt für Arbeitsschutz und Arbeitsmedizin, Ausschuss für Arbeitsstätten, 2009, zuletzt geändert: GMBl 2017, S. 400

ASR A3.5. Raumtemperatur. Ausgabe: Juni 2010. Berlin: Bundesanstalt für Arbeitsschutz und Arbeitsmedizin, Ausschuss für Arbeitsstätten, 2010, zuletzt geändert: GMBl 2018, S. 474

ASR A3.6. Lüftung. Ausgabe: Januar 2012. Berlin: Bundesanstalt für Arbeitsschutz und Arbeitsmedizin, Ausschuss für Arbeitsstätten, 2012, zuletzt geändert: GMBl 2018, S. 474

ASR A3.7. Lärm. Ausgabe: Mai 2018. Berlin: Bundesanstalt für Arbeitsschutz und Arbeitsmedizin, Ausschuss für Arbeitsstätten, 2018, GMBl 2018, S. 456

ASR A4.1. Sanitärräume. Ausgabe: September 2013. Berlin: Bundesanstalt für Arbeitsschutz und Arbeitsmedizin, Ausschuss für Arbeitsstätten, 2013, zuletzt geändert: GMBl 2017, S. 401

ASR A4.2. Pausen- und Bereitschaftsräume. Ausgabe: August 2012. Berlin: Bundesanstalt für Arbeitsschutz und Arbeitsmedizin, Ausschuss für Arbeitsstätten, 2012, zuletzt geändert: GMBl 2018, S. 474

ASR A4.3. Erste-Hilfe-Räume, Mittel und Einrichtungen zur Ersten Hilfe. Ausgabe: Dezember 2010. Berlin: Bundesanstalt für Arbeitsschutz und Arbeitsmedizin, Ausschuss für Arbeitsstätten, 2010, zuletzt geändert: GMBl 2019, S. 71

ASR A4.4. Unterkünfte. Ausgabe: Juni 2010. Berlin: Bundesanstalt für Arbeitsschutz und Arbeitsmedizin, Ausschuss für Arbeitsstätten, 2010, zuletzt geändert: GMBl 2017, S. 402

ASR A5.2. Anforderungen an Arbeitsplätze und Verkehrswege auf Baustellen im Grenzbereich zum Straßenverkehr – Straßenbaustellen. Ausgabe: Dezember 2018. Berlin: Bundesanstalt für Arbeitsschutz und Arbeitsmedizin, Ausschuss für Arbeitsstätten, 2018, GMBl 2018, S. 1160

ASR V3. Gefährdungsbeurteilung. Ausgabe: Juli 2017. Berlin: Bundesanstalt für Arbeitsschutz und Arbeitsmedizin, Ausschuss für Arbeitsstätten, 2017, GMBl 2017, S. 390

ASR V3a.2. Barrierefreie Gestaltung von Arbeitsstätten. Ausgabe: August 2012. Berlin: Bundesanstalt für Arbeitsschutz und Arbeitsmedizin, Ausschuss für Arbeitsstätten, 2012, zuletzt geändert: GMBl 2018, S. 469

Technische Regeln für Betriebssicherheit (TRBS)

TRBS 1201. Prüfungen und Kontrollen von Arbeitsmitteln und überwachungsbedürftigen Anlagen. Ausgabe: März 2019. Berlin: Bundesanstalt für Arbeitsschutz und Arbeitsmedizin, Ausschuss für Betriebssicherheit, 2019, zuletzt geändert: GMBl 2019, S. 431

TRBS 1203. Zur Prüfung befähigte Personen. Ausgabe: März 2019. Berlin: Bundesanstalt für Arbeitsschutz und Arbeitsmedizin, Ausschuss für Betriebssicherheit, 2019, GMBl 2019, S. 262

TRBS 2121. Gefährdung von Personen durch Absturz – Allgemeine Anforderungen. Ausgabe: Juli 2018. Berlin: Bundesanstalt für Arbeitsschutz und Arbeitsmedizin, Ausschuss für Betriebssicherheit, 2018, GMBl 2018, S. 741

TRBS 2121 Teil 1. Gefährdung von Beschäftigten durch Absturz bei der Verwendung von Gerüsten. Ausgabe: Januar 2019. Berlin: Bundesanstalt für Arbeitsschutz und Arbeitsmedizin, Ausschuss für Betriebssicherheit, 2019, GMBl 2019, S. 28

TRBS 2121 Teil 2. Gefährdung von Beschäftigten bei der Verwendung von Leitern. Ausgabe: Dezember 2018. Berlin: Bundesanstalt für Arbeitsschutz und Arbeitsmedizin, Ausschuss für Betriebssicherheit, 2018, GMBl 2018, S. 1171

TRBS 2121 Teil 3. Gefährdung von Beschäftigten durch Absturz bei der Verwendung von Zugangs- und Positionierungsverfahren unter Zuhilfenahme von Seilen. Ausgabe: Januar 2019. Berlin: Bundesanstalt für Arbeitsschutz und Arbeitsmedizin, Ausschuss für Betriebssicherheit, 2019, GMBl 2019, S. 36

TRBS 2121 Teil 4. Gefährdung von Beschäftigten durch Absturz – Ausnahmsweises Heben von Beschäftigten mit hierfür nicht vorgesehenen Arbeitsmitteln. Ausgabe: Januar 2019. Berlin: Bundesanstalt für Arbeitsschutz und Arbeitsmedizin, Ausschuss für Betriebssicherheit, 2019, GMBl 2019, S. 39

TRBS 3145. Ortsbewegliche Druckgasbehälter – Füllen, Bereithalten, innerbetriebliche Beförderung, Entleeren. Ausgabe: Februar 2016. Berlin: Bundesanstalt für Arbeitsschutz und Arbeitsmedizin, Ausschuss für Betriebssicherheit, 2016, GMBl 2016, S. 256–314

Technische Regeln für Gefahrstoffe (TRGS)

TRGS 407. Tätigkeiten mit Gasen – Gefährdungsbeurteilung. Ausgabe: Februar 2016. Berlin: Bundesanstalt für Arbeitsschutz und Arbeitsmedizin, Ausschuss für Gefahrstoffe (AGS), 2016, zuletzt geändert und ergänzt: GMBl 2016, S. 880

TRGS 510. Lagerung von Gefahrstoffen in ortsbeweglichen Behältern. Ausgabe: Januar 2013. Berlin: Bundesanstalt für Arbeitsschutz und Arbeitsmedizin, Ausschuss für Gefahrstoffe (AGS), 2013, zuletzt berichtigt: GMBl 2015, S. 1320

TRGS 517. Tätigkeiten mit potenziell asbesthaltigen mineralischen Rohstoffen und daraus hergestellten Gemischen und Erzeugnissen. Ausgabe: Februar 2013. Berlin: Bundesanstalt für Arbeitsschutz und Arbeitsmedizin, Ausschuss für Gefahrstoffe (AGS), 2013, zuletzt geändert und ergänzt: GMBl 2015, S. 137–138

TRGS 519. Asbest: Abbruch-, Sanierungs- oder Instandhaltungsarbeiten. Ausgabe: Januar 2014. Berlin: Bundesanstalt für Arbeitsschutz und Arbeitsmedizin, Ausschuss für Gefahrstoffe (AGS), 2014, zuletzt geändert und ergänzt: GMBl 2019, S. 786–798

TRGS 521. Abbruch-, Sanierungs- und Instandhaltungsarbeiten mit alter Mineralwolle. Ausgabe: Februar 2008. Berlin: Bundesanstalt für Arbeitsschutz und Arbeitsmedizin, Ausschuss für Gefahrstoffe (AGS), 2008, GMBl, S. 278

TRGS 524. Schutzmaßnahmen bei Tätigkeiten in kontaminierten Bereichen. Ausgabe: Februar 2010. Berlin: Bundesanstalt für Arbeitsschutz und Arbeitsmedizin, Ausschuss für Gefahrstoffe (AGS), 2010, zuletzt geändert und ergänzt: GMBl 2011, S. 1018–1019

TRGS 528. Schweißtechnische Arbeiten. Ausgabe: Februar 2009. Berlin: Bundesanstalt für Arbeitsschutz und Arbeitsmedizin, Ausschuss für Gefahrstoffe (AGS), 2009, GMBl, S. 235

TRGS 553. Holzstaub. Ausgabe: August 2008. Berlin: Bundesanstalt für Arbeitsschutz und Arbeitsmedizin, Ausschuss für Gefahrstoffe (AGS), 2008, GMBl 2008, S. 955

TRGS 554. Abgase von Dieselmotoren. Ausgabe: Januar 2019. Berlin: Bundesanstalt für Arbeitsschutz und Arbeitsmedizin, Ausschuss für Gefahrstoffe (AGS), 2019, GMBl 2010, S. 902

TRGS 558. Tätigkeiten mit Hochtemperaturwolle. Ausgabe: Juni 2010. Berlin: Bundesanstalt für Arbeitsschutz und Arbeitsmedizin, Ausschuss für Gefahrstoffe (AGS), 2010, GMBl 2016, S. 880

TRGS 559. Mineralischer Staub. Ausgabe: Februar 2010. Berlin: Bundesanstalt für Arbeitsschutz und Arbeitsmedizin, Ausschuss für Gefahrstoffe (AGS), 2010, zuletzt geändert und ergänzt: GMBl 2011, S. 578–579

TRGS 900. Arbeitsplatzgrenzwerte. Ausgabe: Januar 2006. Berlin: Bundesanstalt für Arbeitsschutz und Arbeitsmedizin, Ausschuss für Gefahrstoffe (AGS), 2006, zuletzt geändert und ergänzt: GMBl 2019, S. 117–119

TRGS 906. Verzeichnis krebserzeugender Tätigkeiten oder Verfahren nach § 3 Abs. 2 Nr. 3 GefStoffV. Ausgabe: Juli 2005. Berlin: Bundesanstalt für Arbeitsschutz und Arbeitsmedizin, Ausschuss für Gefahrstoffe (AGS), 2005, zuletzt geändert und ergänzt: GMBl 2007, S. 514

Technischen Regeln zur Lärm- und Vibrations-Arbeitsschutzverordnung (TRLV Lärm)

TRLV Lärm Teil: Allgemeines. Ausgabe: August 2017. Berlin: Bundesanstalt für Arbeitsschutz und Arbeitsmedizin, Ausschuss für Betriebssicherheit und Ausschuss für Arbeitsmedizin, 2017, GMBl 2017, S. 590

TRLV Lärm Teil 1. Beurteilung der Gefährdung durch Lärm. August 2017. Berlin: Bundesanstalt für Arbeitsschutz und Arbeitsmedizin, Ausschuss für Betriebssicherheit und Ausschuss für Arbeitsmedizin, 2017, GMBl 2017, S. 592

TRLV Lärm Teil 2. Messung von Lärm. August 2017. Berlin: Bundesanstalt für Arbeitsschutz und Arbeitsmedizin, Ausschuss für Betriebssicherheit und Ausschuss für Arbeitsmedizin, 2017, GMBl 2017, S. 609

TRLV Lärm Teil 3. Lärmschutzmaßnahmen. August 2017. Berlin: Bundesanstalt für Arbeitsschutz und Arbeitsmedizin, Ausschuss für Betriebssicherheit und Ausschuss für Arbeitsmedizin, 2017, GMBl 2017, S. 615

Technische Regeln zur Arbeitsschutzverordnung zu künstlicher optischer Strahlung – TROS Inkohärente Optische Strahlung (TROS IOS)

TROS IOS Teil: Allgemeines. Ausgabe: November 2013. Berlin: Bundesanstalt für Arbeitsschutz und Arbeitsmedizin, Ausschuss für Betriebssicherheit und Ausschuss für Arbeitsmedizin, 2013, GMBl 2013, S. 1302

TROS IOS Teil 1. Beurteilung der Gefährdung durch inkohärente optische Strahlung. Ausgabe: November 2013. Berlin: Bundesanstalt für Arbeitsschutz und Arbeitsmedizin, Ausschuss für Betriebssicherheit und Ausschuss für Arbeitsmedizin, 2013, GMBl 2013, S. 1312

TROS IOS Teil 2. Messungen und Berechnungen von Expositionen gegenüber inkohärenter optischer Strahlung. Ausgabe: November 2013. Berlin: Bundesanstalt für Arbeitsschutz und Arbeitsmedizin, Ausschuss für Betriebssicherheit und Ausschuss für Arbeitsmedizin, 2013, zuletzt korrigiert: GMBl 2014, S. 630

TROS IOS Teil 3. Maßnahmen zum Schutz vor Gefährdungen durch inkohärente optische Strahlung. Ausgabe: November 2013. Berlin: Bundesanstalt für Arbeitsschutz und Arbeitsmedizin, Ausschuss für Betriebssicherheit und Ausschuss für Arbeitsmedizin, 2013, zuletzt korrigiert: GMBl 2014, S. 630

Technische Regeln zur Arbeitsschutzverordnung zu künstlicher optischer Strahlung – TROS Laserstrahlung (TROS Laserstrahlung)

TROS Laserstrahlung Teil: Allgemeines. Ausgabe: Juli 2018. Berlin: Bundesanstalt für Arbeitsschutz und Arbeitsmedizin, Ausschuss für Betriebssicherheit und Ausschuss für Arbeitsmedizin, 2018, GMBl 2018, S. 962

TROS Laserstrahlung Teil 1. Beurteilung der Gefährdung durch Laserstrahlung. Juli 2018. Berlin: Bundesanstalt für Arbeitsschutz und Arbeitsmedizin, Ausschuss für Betriebssicherheit und Ausschuss für Arbeitsmedizin, 2018, GMBl 2018, S. 982

TROS Laserstrahlung Teil 2. Messungen und Berechnungen von Expositionen gegenüber Laserstrahlung. Juli 2018. Berlin: Bundesanstalt für Arbeitsschutz und Arbeitsmedizin, Ausschuss für Betriebssicherheit und Ausschuss für Arbeitsmedizin, 2018, GMBl 2018, S. 1000

TROS Laserstrahlung Teil 3. Maßnahmen zum Schutz vor Gefährdungen durch Laserstrahlung. Juli 2018. Berlin: Bundesanstalt für Arbeitsschutz und Arbeitsmedizin, Ausschuss für Betriebssicherheit und Ausschuss für Arbeitsmedizin, 2018, GMBl 2018, S. 1030

Weitere Vorschriften und Regeln

Richtlinien für die Sicherung von Arbeitsstellen an Straßen (RSA). Ausgabe 1995. Berlin: Bundesministerium für Verkehr, Bau- und Wohnungswesen, Abteilung Straßenbau, 1995

Technische Regel zum Sprengstoffrecht „Sprengarbeiten“ (SprengTR 310 – Sprengarbeiten) v. 05.10.2016, BAnz AT 11.10.2016 B1

Zusätzliche Technische Vertragsbedingungen und Richtlinien für die Bauliche Erhaltung von Verkehrsflächenbefestigungen – Asphaltbauweisen (ZTV BEA-StB 09/13). Ausgabe 2009/Fassung 2013. Köln: Forschungsgesellschaft für Straßen- und Verkehrswesen (FGSV), 2013

Zusätzliche Technische Vertragsbedingungen und Richtlinien für Sicherungsarbeiten an Arbeitsstellen an Straßen (ZTV-SA 97). Ausgabe: 1997/2001. Berlin: Bundesministerium für Verkehr, Bau und Stadtentwicklung (BMVBS), 2001

Weitere Literatur

[AHO Heft 15]: Leistungsbild und Honorierung. Leistungen nach der Baustellenverordnung. Stand: März 2011. Erarb.: AHO-Fachkommission „Baustellenverordnung“. Hrsg.: Ausschuss der Verbände und Kammern der Ingenieure und Architekten für die Honorarordnung e. V. (AHO). 2., vollst. überarb. und erweiterte Aufl. Köln: Bundesanzeiger Verlag, 2011

Arbeitsverfahren C 467. Ausschachtungen neben Gebäuden. Stand: 07/2019. Berlin: BG BAU – Berufsgenossenschaft der Bauwirtschaft, 2019

Arbeitsverfahren C 469. Geböschte Baugruben und Gräben. Stand: 07/2019. Berlin: BG BAU – Berufsgenossenschaft der Bauwirtschaft, 2019

Arbeitswelt im Wandel. Zahlen – Daten – Fakten. Ausgabe 2019. Dortmund: Bundesanstalt für Arbeitsschutz und Arbeitsmedizin (BAuA), 2019 [online]. Internet: https://www.baua.de/DE/Angebote/Publikationen/Praxis/A100.pdf?__blob=publicationFile&v=7 [Zugriff: 20.12.2019]

Australischer Roboter Hadrian mauert Haus in 48 Stunden [online]. Düsseldorf: VDI Verlag GmbH, 2015. Internet: https://www.ingenieur.de/technik/fachbereiche/bau/australischer-roboter-hadrian-mauert-haus-in-48-stunden/ [Zugriff 04.09.2019]

Badura, Bernhard; Ducki, Antje; Schröder; Klose, Joachim; Meyer, Markus (Hrsg.): Fehlzeitenreport 2018. Sinn erleben – Arbeit und Gesundheit. Berlin: Springer-Verlag, 2018

Baldwin, Mark: Der Bim-Manager. Praktische Anleitung für das BIM-Projektmanagement. 1. Aufl. Hrsg.: DIN Deutsches Institut für Normung e. V.; Mensch und Maschine Schweiz AG. Berlin: Beuth Verlag GmbH, 2018

Bauch, Ulrich; Bargstädt, Hans-Joachim: Praxishandbuch Bauleiter. Bauleistungen sicher überwachen. 2., akt. u. erw. Aufl. Köln: Verlagsgesellschaft Rudolf Müller, 2017

Blochmann, Günter; Mahlstedt, Hans: Wirtschaftliche und sichere Baustelleneinrichtung – Teil I: Planung der Baustelleneinrichtung. Hrsg.: Bundesanstalt für Arbeitsschutz und Arbeitsmedizin (BAuA). Dortmund: Bundesanstalt für Arbeitsschutz und Arbeitsmedizin (BAuA), 2014 [online]. Internet: https://www.baua.de/DE/Angebote/Publikationen/Praxis/A84.pdf?__blob=publicationFile&v=4 [Zugriff 04.09.2019]

Borrmann, André; König, Markus; Koch, Christian; Beetz, Jakob: Building Information Modeling. Technology Foundations and Industry Practice. 1. Aufl. Cham, Schweiz: Springer International Publishing, 2018

Bräunig, Dietmar; Kohstall, Thomas: DGUV Report 1/2013. Berechnung des internationalen ‚Return on Prevention' für Unternehmen: Kosten und Nutzen von Investitionen in den betrieblichen Arbeits- und Gesundheitsschutz. Abschlussbericht. 2. Fassung, Februar 2013. Berlin: Deutsche Gesetzliche Unfallversicherung e. V. (DGUV), 2013 [online]. Internet: https://publikationen.dguv.de/widgets/pdf/download/article/2799 [Zugriff 30.12.2019]

Check Gute Koordination – Nutzen sichtbar machen. Eine Praxishilfe der Offensive Gutes Bauen für Koordinatoren nach Baustellenverordnung. Hrsg.: Offensive Gutes Bauen. 3. Auflage. Berlin: Initiative Neue Qualität der Arbeit, 2018 [online]. Internet: https://www.inqa.de/SharedDocs/PDFs/DE/Publikationen/check-gute-koordination.pdf;jsessionid=686BBF6F4F0034B0BFDB600C01B44006?__blob=publicationFile&v=3 [Zugriff 05.01.2020]

Deutsche Versicherer (Hrsg.): Baustellen – Unverbindlicher Leitfaden für ein umfassendes Schutzkonzept. Stand: Juni 2016. Köln: VdS Schadenverhütung GmbH Verlag, 2016 [online]. Internet: https://shop.vds.de/de/download/29d4cd3d14c07427b69a1f009576ad35/ [Zugriff 30.12.2019]

Dudek, Thomas: Integration der Koordination nach Baustellenverordnung in die Methode Building Information Modeling (BIM). Wuppertal: Verband der Sicherheits- und Gesundheitsschutzkoordinatoren e. V. (VSGK), 2020 (Schriftenreihe des VSGK, Band 7)

Factsheet 11. Arbeitsbedingungen am Bau – Immer noch schwere körperliche Arbeit trotz technischen Fortschritts. Stand: Oktober 2014. Dortmund: Bundesanstalt für Arbeitsschutz und Arbeitsmedizin (BAuA), 2014 [online]. Internet: https://www.baua.de/DE/Angebote/Publikationen/Fakten/BIBB-BAuA-11.pdf?__blob=publicationFile&v=6 [Zugriff 30.12.2019]

Gefährdungsbeurteilung: Handbuch – Gefährdungsfaktoren. Stand: 2019. Dortmund: Bundesanstalt für Arbeitsschutz und Arbeitsmedizin (BAuA), 2019 [online]. Internet: https://www.baua.de/DE/Themen/Arbeitsgestaltung-im-Betrieb/Gefaehrdungsbeurteilung/Expertenwissen/Expertenwissen.html?view=pdfViewExt [Zugriff: 05.01.2020]

Gefahrstoffe am Bau. Handlungshilfen für Unternehmer und Führungskräfte. Ausgabe: 11/2016. Berlin: Berufsgenossenschaft der Bauwirtschaft (BG BAU), 2016 [online]. Internet: https://www.bgbau.de/fileadmin/Gisbau/624_Gefahrstoffe_am_Bau_11-2016.pdf [Zugriff 30.12.2019]

Graefe, Robert: Kellersanierung. 2., akt. u. erw. Aufl. Köln: Verlagsgesellschaft Rudolf Müller, 2017

Handlungshilfen Gefährdungsbeurteilung. Version 3.81 – 10/2019. Berufsgenossenschaft der Bauwirtschaft (BG BAU), 2019. https://www.bgbau-medien.de/handlungshilfen_gb/ [Zugriff: 05.01.2020]

Hausknecht, Kerstin; Liebich, Thomas: BIM-Kompendium. Building Information Modeling als neue Planungsmethode. Stuttgart: Fraunhofer IRB Verlag, 2016

Hellmeister, Gregor; Jäger, Michael; Peter, Wilfried; Roth, Axel; Scheyk, Christel: Leitfaden für die Ausarbeitung eines Sicherheits- und Gesundheitsplans (SiGe-Plan) nach BaustellV. Wuppertal: Verband der Sicherheits- und Gesundheitsschutzkoordinatoren e. V. (VSGK), 2012 (Schriftenreihe des VSGK, Band 4)

Helmus, Manfred; Meins-Becker, Anica; Kelm, Agnes; Bodtländer, Christoph; Bresser, Andreas; Dudek, Thomas: Anwendung der Methode Building Information Modeling und Einsatz der RFID-Technik zur Verbesserung des Arbeitsschutzes in der Bau-und Immobilienwirtschaft. Wuppertal: Bergische Universität Wuppertal, 2017 [online]. Internet: https://www.dguv.de/projektdatenbank/0389/ab_31.01.2018_fp389_final.pdf [Zugriff 30.12.2019]

[Jahresbericht BG BAU]: Jahresbericht 2017. Berlin: Berufsgenossenschaft der Bauwirtschaft (BG BAU), 2018 [online]. Internet: https://www.bgbau.de/fileadmin/Medien-Objekte/Medien/Broschuere_Flyer/Jahresbericht_2017.pdf [Zugriff 30.12.2019]

Kesselring, Roland: Der SiGeKo nach der Baustellenverordnung. In: Zeitschrift für das Recht der Bauinvestoren (BTR), Bauträger und Projektentwickler (2005), S. 99–102

Kesselring, Roland: Verkehrssicherungspflichten am Bau. Neuwied: Werner Verlag, 2002

Kleinhenz, Bernhardine: Die Verordnung über Sicherheit und Gesundheitsschutz auf Baustellen (Baustellenverordnung). In: Zeitschrift für deutsches und internationales Bau- und Vergaberecht (ZfBR) (1999), S. 179–182

Kluge, Ingo: 20 Jahre Baustellenverordnung. Positives bewirken – in einem nicht ganz optimalen Umfeld. In: Deutsches Ingenieurblatt (DIB) (01–02/2019), S. 36–38

Kluge, Ingo: Sieben Jahre Baustellen-Verordnung. Die Arbeit des Sicherheits- und Gesundheitsschutz-Koordinators. In: sicher ist sicher (sis) (2006), S. 161–167

Kohte, Wolfgang; Faber, Ulrich; Feldhoff, Kerstin: Gesamtes Arbeitsschutzrecht. Handkommentar. 1. Aufl., Baden-Baden: Nomos Verlagsgesellschaft, 2014

Kollmer, Norbert: Baustellenverordnung. 2. Aufl. München: Verlag C.H.Beck, 2004

Kollmer, Norbert: Die neue Baustellenverordnung. In: Neue Juristische Wochenschrift (NJW) (1998), S. 2634–2637

Kruse, Holger; Meyer, Guido: Koordination und (faktische) Bauleitung. In: Deutsches Architektenblatt (DAB) (2014), Nr. 10, S. 17

Kruse, Holger; Meyer, Guido: Wer ist wann „geeignet". In: Deutsches Ingenieurblatt (DIB) (2004), Nr. 9, S. 48–52

Leitbild Koordination nach Baustellenverordnung. 3. Aufl. Mai 2011. Dortmund: Bundesanstalt für Arbeitsschutz und Arbeitsmedizin (BAuA), 2011 [online]. Internet: https://www.baua.de/DE/Angebote/Publikationen/Praxis/A73.pdf?__blob=publicationFile&v=2 [Zugriff 03.01.2020]

Leitfaden für die Erstellung einer Baustellenordnung. Eine Praxishilfe der Offensive Gutes Bauen. Hrsg.: Offensive Gutes Bauen. 3., überarb. Auflage. Berlin: Initiative Neue Qualität der Arbeit, 2018 [online]. Internet: https://www.inqa.de/SharedDocs/PDFs/DE/Publikationen/leitfaden-baustellenordnung.pdf?__blob=publicationFile&v=5 [Zugriff 03.01.2020]

Löffelmann, Peter: Baustellenverordnung und Sicherheitskoordinator. Zusätzliche Haftung für Architekten. In: Deutsches Architektenblatt (DAB) (2000), Nr. 1, S. 42–44

Merz, B.: Eine Frage der Verantwortung. In: BG BAU aktuell (2019), Nr. 2, S. 14

Meurer, Karsten: Die Haftung der am Bau Beteiligten bei der Verletzung der Pflichten nach der Baustellenverordnung. In: Deutsches Architektenblatt (DAB) (2002), Nr. 3, S. 49–55

Meyer, Guido [2003a]: Die Unterlage nach der Baustellenverordnung bei Überlassung des Bauwerks an Dritte. In: Zeitschrift für Immobilienrecht (ZfIR) 2003, S. 977–981

Meyer, Guido [2003b]: Die Haftung des Sicherheits- und Gesundheitsschutzkoordinators nach der Baustellenverordnung. In: Neue Zeitschrift für Baurecht und Vergaberecht (NZBau) (2003), S. 607–609

Meyer, Guido [2017a]: Der Stand der Technik im Arbeitsschutzrecht auf Baustellen. In: Neue Zeitschrift für Baurecht und Vergaberecht (NZBau) (2017), S. 642–646

Meyer, Guido [2017b]: Unterweisung, Einweisung und Anweisung. In: agbau (2017), Nr. 4, S. 22–24

Meyer, Guido [2017c]: Die Koordination der Koordination. In: agbau (2017), Nr. 2, S. 40–43

Meyer, Guido: Aushebelung der kurzen Verjährungsfrist. In: SiGeKoBau (2011), S. 16–19

Meyer, Guido: Der Koordinatorenvertrag als Vertrag mit Schutzwirkung zu Gunsten Dritter. In: SiGeKoBau (2010), Nr. 3, S. 33–35

Meyer, Guido: Die Unterlage nach § 3 Abs. 2 Nr. 3 Baustellenverordnung. In: baurecht (BauR) (2004), S. 1225–1237

Meyer, Guido: Obergerichtliche Rechtsprechung zur Baustellenverordnung. In: baurecht (BauR) (2006), S. 597–608

Meyer, Guido: Obergerichtliche Rechtsprechung zur Baustellenverordnung seit 2006. In: baurecht (BauR) (2015), S. 913–920

Minoggio, Ingo: Der Sicherheitskoordinator nach BaustellV als Schadensmanager – unzulässige Kostenminimierung zu Lasten der Sicherheit? In: Versicherungsrecht (VersR) (2002), S. 1200–1205

Moog, Ilona: Von Risiken und Nebenwirkungen der Baustellenverordnung (BaustellV). In: baurecht (BauR) (1999), S. 795–800

Morlock, A.: SiGeKo. Honorar nicht nach HOAI. 2010. Architektenkammer Baden-Württemberg, 2010 [online]. Internet: https://www.akbw.de/recht/hoai/sigeko.html [Zugriff 14.08.2019]

Müller-Petzer, Sabine: Wer haftet nach Baustellenunfall? Baustellenverordnung im Fokus der Gerichte. In: Die Berufsgenossenschaft (BG) (2006), S. 437–443

Portz, Evelin: Die Honorierung des Sicherheits- und Gesundheitsschutzkoordinators nach der Baustellenverordnung. In: Baurecht (BauR) (2002), S. 1160–1167

Positionspapier der Tarifvertragsparteien des Baugewerbes zum Arbeits- und Gesundheitsschutz. Stand: 02.11.2011. Berlin/Frankfurt am Main: Zentralverband des Deutschen Baugewerbes e. V.; Hauptverband der Deutschen Bauindustrie e. V.; Industriegewerkschaft Bauen-Agrar-Umwelt, 2011 [online]. Internet: https://www.bauindustrie.de/media/documents/2011-11_Positionspapier_Arbeitsschutz_TVP.pdf [Zugriff 20.11.2019]

Praxisleitfaden für den Umgang mit Epoxidharzen. Ausgabe 02/2018. Berlin: Berufsgenossenschaft der Bauwirtschaft (BG BAU), 2018 [online]. Internet: https://www.bgbau.de/fileadmin/Medien-Objekte/Medien/Broschuere_Flyer/bau676.pdf [Zugriff 05.01.2020]

Preißler, Hans Albert; Georges, Ulrike: SiGeKo auf Baustellen. Taschenbuch zur Sicherheits- und Gesundheitsschutz-Koordination. Köln: Verlagsgesellschaft Rudolf Müller, 2002

[Pressemeldung des MAGS NRW]: 70 Prozent der Baustellen in Nordrhein-Westfalen mit Sicherheitsmängeln! Pressemitteilung vom 10.07.2018. Düsseldorf: Ministerium für Arbeit, Gesundheit und Soziales des Landes Nordrhein-Westfalen (MAGS NRW), 2018 [online]. Internet: https://www.mags.nrw/pressemitteilung/70-prozent-der-baustellen-nordrhein-westfalen-mit-sicherheitsmaengeln [Zugriff: 04.09.2019]

[Pressemeldung des MAGS NRW]: Kontrollen von Arbeitsschutz und Zoll im nordrhein-westfälischen Baugewerbe. Pressemitteilung vom 18.09.2017. Düsseldorf: Ministerium für Arbeit, Gesundheit und Soziales des Landes Nordrhein-Westfalen (MAGS NRW), 2017 [online]. Internet: https://www.mags.nrw/pressemitteilung/kontrollen-von-arbeitsschutz-und-zoll-im-nordrhein-westfaelischen-baugewerbe [Zugriff: 04.09.2019]

[Pressemitteilung des AHO]: EuGH: Verbindliche Mindest- und Höchstsätze der HOAI europarechtswidrig. Pressemitteilung vom 04.07.2019. Berlin: Ausschuss der Verbände und Kammern der Ingenieure und Architekten für die Honorarordnung e. V. (AHO), 2019 [online]. Internet: https://www.aho.de/wp-content/uploads/2019/07/AHO-Pressemitteilung-04072019.pdf [Zugriff: 20.12.2019]

Pressemitteilung der EU-OSHA vom 04.09.2017. Bilbao: Europäische Agentur für Sicherheit und Gesundheitsschutz am Arbeitsplatz (EU-OSHA), 2017 [online]. Internet: https://osha.europa.eu/de/about-eu-osha/press-room/eu-osha-presents-new-figures-costs-poor-workplace-safety-and-health-world [Zugriff: 04.09.2019]

RBBau – Richtlinien für die Durchführung von Bauaufgaben des Bundes. Stand: 5. August 2019. Berlin: Bundesministerium für Umwelt, Naturschutz, Bau und Reaktorsicherheit, 2019 [online]. Internet: https://www.fib-bund.de/Inhalt/Richtlinien/RBBau/RBBau_Onlinefassung_05.August19.pdf [Zugriff 23.08.2019]

Rozek, Jochen; Röhl, Matthias: Zur Rechtsstellung des Sicherheitskoordinators nach der Baustellenverordnung. In: baurecht (BauR) (1999), S. 1394–1402

Sicherheit und Gesundheit bei der Arbeit – Berichtsjahr 2017. Unfallverhütungsbericht Arbeit. 1. Aufl. 2018. Dortmund/Berlin/Dresden: Bundesministerium für Arbeit und Soziales (BMAS); Bundesanstalt für Arbeitsschutz und Arbeitsmedizin (BAuA), 2018 [online]. Internet: https://www.baua.de/DE/Angebote/Publikationen/Berichte/Suga-2017.pdf%3F__blob%3DpublicationFile%26v%3D13 [Zugriff: 05.01.2020]

Siegburg, Peter: Haftung von Architekt und Bauherr für Bauunfälle. Köln: Rws Kommunikationsforum, 1997

SiGeKo. Düsseldorf: Architektenkammer Nordrhein-Westfalen [online]. Internet: https://www.aknw.de/aktuell/sonderthemen/sigeko/ [Zugriff 13.08.2019]

Sohn, Peter: Der Sicherheits- und Gesundheitsschutzkoordinator – Rechtsstellung, Aufgaben und Haftung des „SiGeKo“. In: Festschrift für Wolfgang Koeble. München: Verlag C.H. Beck, 2010, S. 549–562.

Statistik anschaulich. Bedeutung der Bauwirtschaft. Hauptverband der Deutschen Bauindustrie e. V., 2020. https://www.bauindustrie.de/zahlen-fakten/statistik-anschaulich/bedeutung-der-bauwirtschaft/ [Zugriff: 05.01.2020]

Strampe, Wolfgang; Bramann, Helmut: Baustellenverordnung – Anspruch und Wirklichkeit. In: Baumarkt + Bauwirtschaft (2002), S. 24–27

Studie: Betriebliche Gesundheitsvorsorge. Felix Burda Stiftung. https://www.felix-burda-stiftung.de/betriebliche-praevention/warum/studie-betriebliche-gesundheitsvorsorge [Zugriff: 05.01.2020]

Umgang mit Mineralwolle-Dämmstoffen (Glaswolle, Steinwolle). Handlungsanleitung. Ausgabe: 02/2018. Berlin: Berufsgenossenschaft der Bauwirtschaft (BG BAU), 2018 [online]. Internet: https://www.bgbau.de/fileadmin/Medien-Objekte/Medien/Bausteine/341/bau341.pdf [Zugriff 30.12.2019]

Voigt, Andreas: Vertrag über Koordinatoren-Leistungen nach der Baustellenverordnung (BaustellV). In: Haufe Arbeitsschutz Office Professional Online (Stand: 17.11.2015)

Voigt, Andreas: Wirksame Baustellenkoordination. In: Haufe Arbeitsschutz Office Professional Online (Stand: 07.11.2017)

von Berchem, Sabine: Die neue Baustellenverordnung. Neuwied: Werner Verlag, 2000

von Wietersheim, Mark: Die Baustellenverordnung. In: Baurechtsberater (BauRB) (2005), S. 303–308

Wahl-Wachendorf, Anette; Imhof, Stephan: Was belastet? In: BG BAU aktuell (2018), Nr. 1, S. 20–212

Wandel der Arbeitswelt. Chance für eine sichere Bauwirtschaft? Ausgabe: Juni 2018. Berlin: Berufsgenossenschaft der Bauwirtschaft (BG BAU), 2018 [online]. Internet: https://www.bgbau.de/fileadmin/Medien-Objekte/Medien/Zeitschrift/Wandel_der_Arbeitswelt_.pdf [Zugriff 30.12.2019]

6.5.3 Weiterführende Informationen

Adressen der für den Arbeitsschutz zuständigen staatlichen Behörden: http://www.baua.de/de/Themen-von-A-Z/Baustellen/Hilfen-fuer-Bauherren/pdf/Arbeitsschutzbehoerden.pdf

Adressen der für den Arbeitsschutz zuständigen staatlichen Behörden: https://www.baua.de/DE/Themen/Arbeitsgestaltung-im-Betrieb/Branchen/Bauwirtschaft/Baustellenverordnung/pdf/Arbeitsschutzbehoerden.pdf?__blob=publicationFile&v=18 http://www.baua.de/de/Themen-von-A-Z/Baustellen/Hilfen-fuer-Bauherren/pdf/Arbeitsschutzbehoerden.pdf)

Adressenliste „Fachfirmen für Luftbildauswertung“ (Kriegsluftbilder, Blindgängerrisiko): http://www.stmi.bayern.de/assets/stmi/sus/katastrophenschutz/id4_33_03_03_fachfirmen_luftbildauswertung_201807.pdf

Adressenliste „Fachfirmen in der Kampfmittelbeseitigung“: http://www.stmi.bayern.de/assets/stmi/sus/katastrophenschutz/id4_33_03_02_fachfirmen_kmbeseitigung_201807.pdf

Aktionsprogramm „Staubminimierung beim Bauen“: https://www.staub-war-gestern.de/

Aktivitäten nach der Baustellenverordnung (Übersicht): https://www.baua.de/DE/Themen/Arbeitsgestaltung-im-Betrieb/Branchen/Bauwirtschaft/Baustellenverordnung/pdf/Aktivitaeten.pdf?__blob=publicationFile&v=2

Aktuelle Ergänzungen zur DGUV Information 201-012: https://www.dguv.de/ifa/praxishilfen/praxishilfen-gefahrstoffe/asbestsanierung/aktuelle-ergaenzungen/index.jsp

AMS BAU, Arbeitsschutzmanagement für das Baugewerbe: https://www.bgbau.de/service/angebote/ams-bau-arbeitsschutzmanagementsystem/ams-bau-arbeitsschutz-mit-system/

Anerkannte Berufskrankheiten, DGUV: https://www.dguv.de/de/zahlen-fakten/bk-geschehen/anerkannte-bken/index.jsp

Anleitung zum Umgang mit Stress und psychischen Belastungen, EU-OSHA: https://eguides.osha.europa.eu/stress/DE-DE/?src=asp-cu&typ=dl&cid=3852

Ansprechpartner der Prävention der BG BAU: https://www.ansprechpartnerderbgbau.de/index.php?content=praevention

Arbeitsmittel „Sehen + Verstehen“ der BG BAU mit Bildern und in 12 Sprachen: https://www.bgbau.de/service/angebote/medien-center/bausteine/bausteine-mit-sehen-verstehen/

Arbeitsschutzprämien – Förderfähige Maßnahmen und Arbeitsschutzprämien der BG BAU: https://www.bgbau.de/service/angebote/arbeitsschutzpraemien/

Arbeitsschutzprämien der BG BAU: https://www.bgbau.de/service/angebote/arbeitsschutzpraemien/

Bau auf Sicherheit. Bau auf Dich – Präventionsprogramm der BG BAU: https://www.bau-auf-sicherheit.de

Bauen im Bestand – gewerkeübergreifendes Nachrichtenportal für Handwerker und Planer: https://www.bauenimbestand24.de

Baufachliche Richtlinien Kampfmittelräumung (BFR KMR): https://www.arbeitshilfen-kampfmittelraeumung.de/dokumente/BFR_KMR_Stand_September_2018.pdf

Bausteine – Sicherheitshinweise der BG BAU: https://www.bgbau.de/service/angebote/medien-center/medium/bausteine-app/, als Web-App: http://www.bgbau-medien.de/app/index.html

Baustellen – Unverbindlicher Leitfaden für ein umfassendes Schutzkonzept, Deutsche Versicherer: https://shop.vds.de/de/download/29d4cd3d14c07427b69a1f009576ad35/

Baustellenverordnung – Antworten auf häufige Fragen (FAQ): https://www.baua.de/DE/Themen/Arbeitsgestaltung-im-Betrieb/Branchen/Bauwirtschaft/Baustellenverordnung/FAQ/pdf/FAQ-Baustellen.pdf?__blob=publicationFile&v=2

Berufsgenossenschaftliches Regelwerk (DGUV Vorschriften, DGUV Informationen, DGUV Regeln, DGUV Grundlagen), Fachbereich Bauwesen: https://publikationen.dguv.de/dguv/udt_dguv_main.aspx?QPX=TUlEPSZDSUQ9MTAwMDE6RkljQmF1d2VzZW4=

Betriebsanweisung für Arbeitsmittel (Blankoformular): http://www.bgbau-medien.de/handlungshilfen_gb/daten/ga_bau/formular/BA_Masch/Blanko_BA_Masch.doc

BG BAU – Berufsgenossenschaft der Bauwirtschaft: www.bgbau.de

Bundeskoordinatorentag (mit Links zu den Referaten vergangener Veranstaltungen): www.bundeskoordinatorentag.de

Bundesverband Deutscher Baukoordinatoren e. V. (BDK): www.bdk-baukoordinatoren.de

Check Gute Koordination – Nutzen sichtbar machen. Eine Praxishilfe der Offensive Gutes Bauen für Koordinatoren nach Baustellenverordnung: https://www.inqa.de/SharedDocs/PDFs/DE/Publikationen/check-gute-koordination.pdf;jsessionid=686BBF6F4F0034B0BFDB600C01B44006?__blob=publicationFile&v=3

Checkliste Baufeldbesichtigung (BAuA): https://www.baua.de/DE/Angebote/Publikationen/Praxis/pdf/A84-Checkliste-1.pdf?__blob=publicationFile&v=4

Checkliste Planung der Baustelleneinrichtung (BAuA): https://www.baua.de/DE/Angebote/Publikationen/Praxis/pdf/A84-Checkliste-2.pdf?__blob=publicationFile&v=4

DGUV: Vorschriften- und Regelwerk: https://publikationen.dguv.de/dguv/udt_dguv_main.aspx?QPX=TUlEPTEwMDEmRENYUEFSVElEPTEwMDA4Jk1NU1Y9TU1TVjE=

Einfaches Maßnahmenkonzept Gefahrstoffe (EMKG): https://www.baua.de/DE/Themen/Arbeitsgestaltung-im-Betrieb/Gefahrstoffe/EMKG/Einfaches-Massnahmenkonzept-EMKG_node.html

Einsatzempfehlungen für Fahrzeug-Rückhaltesysteme (Bundesanstalt für Straßenwesen), Version 05, Stand 03/2019: https://www.bast.de/BASt_2017/DE/Publikationen/Regelwerke/Verkehrstechnik/Downloads/V4-Einsatz-Rueckhaltesysteme.html

EXINFO – Explosionsschutzportal der BG RCI: https://www.bgrci.de/exinfode/start/

Fachbereich Bauwesen der DGUV: www.dguv.de/fb-bauwesen/index.jsp

Fachliche Ansprechpartner im Fachbereich Bauwesen der DGUV: https://www.dguv.de/medien/fb-bauwesen/dokumente/ansprechpartner.pdf

Gefährdungsbeurteilung: Handbuch – Gefährdungsfaktoren, Stand: 2019, BAuA: https://www.baua.de/DE/Themen/Arbeitsgestaltung-im-Betrieb/Gefaehrdungsbeurteilung/Expertenwissen/Expertenwissen.html?view=pdfViewExt

Gefahrstoff-Poster der BAuA: https://www.baua.de/DE/Angebote/Publikationen/Praxis/Poster/GHS-01.html

GefKomm-Bau (Gefahrstoffkommunikation in der Lieferkette der Bauwirtschaft): https://www.gefkomm-bau.de/

Geschäftsstelle des Fachbereichs Bauwesen der DGUV: https://www.dguv.de/fb-bauwesen/wir-ueber-uns/index.jsp

GESTIS (Stoffdatenbank der DGUV): https://www.dguv.de/ifa%3B/gestis/gestis-stoffdatenbank/index.jsp

GISBAU (Gefahrstoff-Informationssystem der BG BAU): https://www.bgbau.de/themen/sicherheit-und-gesundheit/gefahrstoffe/gisbau/

GisChem (Chemikalien-Informationssystem der BG RCI und der BGHM): https://www.gischem.de/index.htm

Handlungshilfen Gefährdungsbeurteilung, Version 3.81 – 10/2019, BG Bau: https://www.bgbau-medien.de/handlungshilfen_gb/

Hauptverband der Deutschen Bauindustrie e. V.: https://www.bauindustrie.de/

International Safety and Health Construction Coordinators Organisation (ISHCCO) (europäischer SiGeKo-Dachverband): https://www.ishcco.org/

Internationale Arbeitsorganisation: https://www.ilo.org/berlin/sozialpartner/osh/lang--de/index.htm

ISi Informationssystem für Sicherheitsdatenblätter (ISi) des Instituts für Arbeitsschutz (IFA): https://isiweb.dguv.de/

Kampfmittelfrei Bauen: http://www.kampfmittelportal.de/

Komnet, Beratungsservice des Landesinstituts für Arbeitsgestaltung NRW: https://www.komnet.nrw.de/index.html

Kran-Kontrollbuch der BG BAU: https://www.bgbau.de/fileadmin/Medien-Objekte/Medien/DGUV-Grundsaetze/309-009/309_009.pdf

Lagerung von Gefahrstoffen auf dem Bau –Handlungshilfe für Unternehmer und Führungskräfte: https://www.bgbau.de/fileadmin/Gisbau/bau659_4.pdf

Lehrgangsträger und Dozenten für die Fort- und Weiterbildung von Koordinatoren nach Baustellenverordnung: https://www.baua.de/DE/Themen/Arbeitsgestaltung-im-Betrieb/Branchen/Bauwirtschaft/Baustellenverordnung/pdf/Lehrgangstraeger.pdf?__blob=publicationFile&v=4

Leitfaden für die Erstellung einer Baustellenordnung. Eine Praxishilfe der Offensive Gutes Bauen: https://www.inqa.de/SharedDocs/PDFs/DE/Publikationen/leitfaden-baustellenordnung.pdf?__blob=publicationFile&v=5

Leitlinien zur Gefahrstoffverordnung (LV 45), Länderausschuss für Arbeitsschutz und Sicherheitstechnik, 3. überarbeitete Auflage mit Ergänzungen im Abschnitt Asbest: https://lasi-info.com/uploads/media/lv45-3.pdf

Musterbauordnung (MBO): https://www.bauministerkonferenz.de/lbo/VTMB102.pdf

Musterbetriebsanweisung der Sparte Handwerk zum Thema Maschinen /Handwerkzeuge, RCI: https://downloadcenter.bgrci.de/shop?query=/mba-handwerk-maschinen-handwerkzeuge.xml&field=path

Normen-Recherche Arbeitsschutz (NoRA): nora.kan-praxis.de

Offensive Gutes Bauen – Bundesweite Initiative von 120 Organisationen der Bauwirtschaft wie Sozialpartner, Fachverbände, Präventionsdienstleister, Verbraucherschutzverbände der Bauherren und Ministerien: www.offensive-gutes-bauen.de

Online-Datenbank von Bauunternehmen und Handwerksbetriebe aus allen Bereichen der Bauwirtschaft, die sich zu Qualität und guter Arbeitsorganisation verpflichtet haben: www.gute-bauunternehmen.de

Praxis-Check für Architekturbüros – Erfolgreich, sicher und gesund arbeiten – der kompakte Selbsttest für Ihr Unternehmen: http://www.vbg.de/SharedDocs/Medien-Center/DE/Broschuere/Branchen/Ingenieure_Architekten_Bauplaner/PRAXIS_CHECK_Architekturbueros_VBG_Praxis_Kompakt.pdf?__blob=publicationFile&v=7

Praxis-Check für Ingenieurbüros – Erfolgreich, sicher und gesund arbeiten – der kompakte Selbsttest für Ihr Unternehmen: http://www.vbg.de/SharedDocs/Medien-Center/DE/Broschuere/Themen/Arbeitsschutz_organisieren/PRAXIS_CHECK_Ingenieurbueros_VBG_Praxis_Kompakt.pdf?__blob=publicationFile&v=8

Psychischen Belastungen, Informationsmaterialien der BG BAU: https://www.bgbau.de/themen/sicherheit-und-gesundheit/gefaehrdungsbeurteilung/gefaehrdungsbeurteilung-psychischer-belastungen/

psyGA, ein Portal für psychische Gesundheit am Arbeitsplatz: https://www.psyga.info/

RAB (Regeln zum Arbeitsschutz auf Baustellen): https://www.baua.de/DE/Angebote/Rechtstexte-und-Technische-Regeln/Regelwerk/RAB/RAB.html

Schweizerische Unfallversicherung: www.suva.ch/sigebau

Selbsttest Hautkrebs, BG BAU und Arbeitsgemeinschaft Dermatologische Prävention und der Deutschen Krebshilfe: www.bau-auf-sicherheit.de/entdecken/selbsttest-hautkrebs

Sicherheits- und Gesundheitsschutzplan für Baustellen (SUVA Schweiz): www.suva.ch/sigebau

Staub bei Elektroinstallationsarbeiten, Branchenlösung: https://medien.bgetem.de/medienportal/artikel/UzAzMg--/@@download/download

Staub war gestern. Lösungen für staubarmes Arbeiten beim Bauen: https://www.bmas.de/SharedDocs/Downloads/DE/PDF-Publikationen/a231-staub-war-gestern.pdf?__blob=publicationFile&v=1

Staub-Expositionen bei Arbeiten in der Bauwirtschaft (BG BAU, mit guten und weniger guten Beispielen: https://www.bgbau.de/fileadmin/Themen/Arbeitsschutz/ExpoMatrixAundQuarz.pdf

Staubarmes Arbeiten, Branchenlösungen und Praxisanleitungen für viele Gewerke: https://www.handwerk.com/staubarmes-arbeiten-8-handlungshilfen-fuer-den-bau

Stundensatzrechner des AHO: https://www.aho.de/service/stundensatzrechner/

Technisches Regelwerk: https://www.baua.de/DE/Angebote/Rechtstexte-und-Technische-Regeln/Technischer-Arbeitsschutz/Technischer-Arbeitsschutz_node.html

TRGS (alle Technischen Regeln für Gefahrstoffe in einer gezippten Datei: https://www.baua.de/media/BAuAInternet/download/TRGS.zip

Unterlegplattenrechner für Hubarbeitsbühnen (IPAF): https://www.ipaf.org/de/unterlegplatten-rechner

Verband der Sicherheits- und Gesundheitsschutzkoordinatoren Deutschlands e. V. (V.S.G.K.): www.vsgk.de

Vorankündigung, Muster-Formblatt der BAuA: https://www.baua.de/DE/Themen/Arbeitsgestaltung-im-Betrieb/Branchen/Bauwirtschaft/Baustellenverordnung/pdf/Muster-Vorankuendigung.pdf?__blob=publicationFile&v=2

WINGIS (Gefahrstoffinformationssystem der BG BAU): https://www.wingisonline.de/, als Software-Lösung für PC: https://www.bgbau.de/fileadmin/Gisbau/WINGIS/WINGIS_3.0.22_Setup.zip

Zahlen und Fakten – Meldepflichtige Arbeitsunfälle (DGUV): https://www.dguv.de/de/zahlen-fakten/au-wu-geschehen/au-1000-vollarbeiter/index.jsp

Zentrale Expositionsdatenbank (ZED) der DGUV: https://zed.dguv.de/zed/#!/login

6.5.4 Stichwortverzeichnis